國際
匯兌與結算

李賀、趙昂◎編著

財經錢線

前 言

《國際匯兌與結算》以探討國際間貨幣運動的實務問題為核心，目的是讓讀者具備國際金融市場和國際結算票據、方式的基本操作技能。為此，我們組織了長期從事專業教學和具有豐富實踐經驗的「雙師型」教師，依據中國對外經濟交易與往來的發展變化對專業人才的需求、涉外行業企業和相關部門職業崗位實際工作任務的需要、學科知識體系的內在聯繫性，將國際金融基礎實務知識與國際結算實務操作結合起來編寫了這本最新的《國際匯兌與結算》。

本書共分為二個模塊、九個項目，涵蓋了模塊一「國際匯兌篇」，包括國際收支、外匯與匯率、外匯市場與外匯交易、匯率制度與外匯管制；模塊二「國際結算篇」，包括國際結算票據、國際結算方式——匯款、國際結算方式——托收、國際結算方式——信用證、國際結算中的商業單據。每個項目內容包括：知識目標、技能目標、情意目標、教學目標、項目引例；每個任務內容插入了同步案例、實例，增強了內容的趣味性和認知性，突出了現代教育的案例教學與實操；課后安排了兩部分項目訓練，應知考核部分包括主要概念、基礎訓練（含單項選擇題、多項選擇題、簡答題），應會考核部分包括技能案例、實踐訓練。

本教材的編寫具有以下特點：

（1）學科知識全面系統，內容資料充實新穎。教材內容包括了國際金融基礎實務知識，如外匯與匯率、外匯市場與外匯交易等；國際結算票據、國際結算方式，如匯票、本票、支票、匯款、托收、信用證等，可使讀者對國際金融和國際結算有一個完整而系統的認識。

（2）突出實用性和可操作性，注重實務。教材在對國際匯兌與結算的基本概念和基本原理介紹的基礎上，強調國際金融外匯與匯率、國際結算中的票據和結算方式、風險防範等，注重管理手段和操作

前言

方法的運用，並通過同步案例、實例等各種方式體現出來，增強了學科知識的趣味性和針對性，課后配有相應的技能案例和實踐訓練。

（3）結構設計合理並有所創新。教材將傳統體系結構進行了合理的整合，採用現代教學模式「項目引領、任務驅動」的模式，在設計與內容安排上更富於科學性且便於組織教學。在基本概念介紹的同時，為了更加細緻地說明其中原理，也穿插了一些重要的國際金融理論和國際結算操作，力圖做到深入淺出、通俗易懂地將基礎知識融入到實踐教學中，突出動手能力的培養，將知識轉化為能力，達到學以致用的目標。

（4）教輔資料完備。本書各項目首先指明本項目的知識目標、技能目標、情意目標、教學目標、項目引例，幫助讀者和授課教師理解本項目要闡述的背景、核心內容以及要達到的基本要求，通過案例啟發導引任務。任務內容中配有同步案例、實例，幫助讀者更深入地理解和掌握重點內容。各項目的最后配有應知考核和應會考核，幫助讀者回顧所學的知識。此外，本書配有免費的電子教學課件、習題參考答案，力圖為讀者提供細緻周到的教學資源增值服務，使教材的選用更具有便利性。

本書由李賀、趙昂編著，其中李賀撰寫了項目一至項目三，項目五至項目九；趙昂撰寫了項目四，最后由李賀定稿。本書適用於高職高專及應用型本科院校的金融學、國際經濟與貿易、工商管理、財政學、證券與投資、市場營銷、會計學、經濟學、電子商務、商務英語等專業的學生。

本書在編寫過程中參考了許多同類教材、論著和論文，特此向這些作者表示由衷的感謝。由於編寫水平有限，疏漏或不當之處在所難免，敬請廣大讀者批評指正。

編者

目 錄

模塊一　國際匯兌篇

項目一　國際收支 …………………………………………………（3）
　　任務一　國際收支概述 …………………………………………（4）
　　任務二　國際收支平衡表 ………………………………………（6）
　　任務三　國際收支不平衡調節 …………………………………（17）
　　任務四　國際收支理論 …………………………………………（28）
　　應知考核 …………………………………………………………（32）
　　應會考核 …………………………………………………………（34）

項目二　外匯與匯率 ………………………………………………（37）
　　任務一　外匯 ……………………………………………………（38）
　　任務二　匯率 ……………………………………………………（42）
　　任務三　影響匯率變動的因素 …………………………………（49）
　　任務四　匯率變動對經濟的影響 ………………………………（55）
　　任務五　匯率決定理論 …………………………………………（58）
　　應知考核 …………………………………………………………（65）
　　應會考核 …………………………………………………………（67）

項目三　外匯市場與外匯交易 ……………………………………（69）
　　任務一　外匯市場 ………………………………………………（70）
　　任務二　外匯交易 ………………………………………………（78）
　　任務三　擇期交易與掉期交易 …………………………………（87）
　　任務四　套匯交易 ………………………………………………（90）
　　任務五　套利交易 ………………………………………………（92）
　　任務六　外匯期貨交易 …………………………………………（94）
　　任務七　外匯期權交易 …………………………………………（100）
　　應知考核 …………………………………………………………（105）
　　應會考核 …………………………………………………………（107）

目錄

項目四 匯率制度與外匯管制 …………………………………… （109）
    任務一　匯率制度 ………………………………………………… （110）
    任務二　外匯管制 ………………………………………………… （121）
    任務三　人民幣匯率制度及外匯管理制度 ……………………… （129）
    應知考核 …………………………………………………………… （133）
    應會考核 …………………………………………………………… （135）

模塊二　國際結算篇

項目五 國際結算票據 …………………………………………… （139）
    任務一　國際結算概述 …………………………………………… （140）
    任務二　國際結算票據概述 ……………………………………… （146）
    任務三　國際結算票據——匯票 ………………………………… （150）
    任務四　國際結算票據——本票 ………………………………… （170）
    任務五　國際結算票據——支票 ………………………………… （172）
    應知考核 …………………………………………………………… （175）
    應會考核 …………………………………………………………… （177）

項目六 國際結算方式——匯款 ………………………………… （179）
    任務一　國際結算方式概述 ……………………………………… （180）
    任務二　國際結算方式——匯款 ………………………………… （181）
    任務三　匯款在國際貿易中的應用及風險防範 ………………… （192）
    應知考核 …………………………………………………………… （194）
    應會考核 …………………………………………………………… （196）

項目七 國際結算方式——托收 ………………………………… （197）
    任務一　托收方式概述 …………………………………………… （198）
    任務二　托收業務資金融通 ……………………………………… （207）
    任務三　托收業務風險及其防範 ………………………………… （208）
    應知考核 …………………………………………………………… （209）

目　錄

　　應會考核 ……………………………………………………（211）

項目八　國際結算方式——信用證 ………………………………（213）
　　任務一　信用證概述 ………………………………………（214）
　　任務二　信用證的種類 ……………………………………（226）
　　任務三　進出口信用證結算實務 …………………………（238）
　　任務四　其他結算方式 ……………………………………（248）
　　應知考核 …………………………………………………（260）
　　應會考核 …………………………………………………（262）

項目九　國際結算中的商業單據 …………………………………（266）
　　任務一　商業發票 …………………………………………（267）
　　任務二　海運提單 …………………………………………（272）
　　任務三　其他貨物運輸單據 ………………………………（281）
　　任務四　保險單據 …………………………………………（290）
　　任務五　其他商業單據 ……………………………………（297）
　　應知考核 …………………………………………………（307）
　　應會考核 …………………………………………………（309）

模塊一　國際匯兌篇

項目一　國際收支

■知識目標

理解：國際收支、國際收支平衡表、國際收支不平衡等相關概念；

熟知：國際收支平衡表的主要內容和原則，國際收支不平衡的原因及對經濟的影響；

掌握：對國際收支平衡表的分析、國際收支不平衡的調節方法、國際收支理論。

■技能目標

學生能夠運用國際收支不平衡調節手段對一國的國際收支狀況進行調節並對該國所採取的政策予以評價和預測。

■情意目標

學生能夠按照國際收支平衡表的基本方法對一國的國際收支平衡表進行簡單分析。

■教學目標

教師要培養學生認知國際收支平衡表，具有讀懂並分析國際收支平衡表、讀解一國調節國際收支的各項政策及效果的能力。

【項目引例】

國際收支順差的分析

　　國家外貿管理局 2013 年 7 月 31 日發布的 2013 年第二季度中國國際收支平衡表初步數據顯示，中國國際收支經常項目呈現順差 482 億美元，而資本與金融項目逆差(含錯誤與遺漏，下同)。這是繼 2012 年第二季度和第三季度之后，國際收支資本與金融項目再現逆差。

　　國家行政學院諮詢部研究員陳炳才表示，上半年的資本項目逆差主要產生在 5 月和 6 月，而這種變化的產生受政策影響巨大。國家外匯管理局 5 月初步發布《關於加強外匯資金流入管理有關問題的通知》，從加強銀行結售匯綜合頭寸管理、嚴查虛假貿易、加大外匯管理核查檢查力度等多方面嚴控外匯資金流入。「監管當局嚴查虛假貿易，大大限制了流入境內的套利資金。由於套利資金以開貿易信用證的境外融資方式進入境內，因此這類資金的減少，體現了資本項目下流入資金的減少。」陳炳才說。

　　國家外匯管理局指出，1~4 月份，受全球流動性充裕、中國經濟基本面保持穩定、人民幣匯率升值預期增強等因素的影響，跨境資金延續了 2012 年 10 月下旬以來外匯流

入較多的格局，銀行結售匯月均順差約321億美元。5月份以來，受國外經濟環境變化和國內相關政策調整等多種因素影響，中國外匯淨流入明顯放緩。其中，5月份銀行結售匯順差104億美元，6月份銀行結售匯小幅逆差4億美元。

業內人士認為，這種國際收支的格局在未來可能將是常態。若回顧去年的國際收支情況，就已初步形成「經常項目順差、資本和金融項目逆差」的國際收支平衡新格局，其中，資本與金融項目在第一季度呈現順差，第二、三季度轉為逆差，第四季度又重現順差。

陳炳才指出，在2013年下半年，資本項目有可能還會出現逆差，但不必過於擔心，「資本項目逆差體現了正常的資金的流入和流出，目前並不存在資金外逃的壓力」。

資料來源：http://www.chinairn.com/news/20130801/135917520.html。

什麼是國際收支？國際收支平衡表的內容有哪些？影響著國際收支的因素有哪些？國際收支不平衡對經濟的影響有哪些？

【知識支撐】

任務一　國際收支概述

一、國際收支的起源與發展

商品經濟的發展帶動各國經濟往來，國際收支的概念隨之出現。這一概念最早出現於17世紀初期，為促進資本主義原始累積，在重商主義的影響下，各國十分重視對外貿易。很長一段時間裡，國際收支被簡單地解釋為一個國家的對外貿易收支。

隨著國際經濟交往的內容、範圍不斷擴展，特別是第一次世界大戰之後，國際金本位制度崩潰，原先的概念已經不適用，人們開始把國與國之間的債權債務關係，以及由於債權債務的清償而產生的外匯收支作為國際收支的全部內容。這一轉變將國際收支的統計範圍建立在現金基礎上，後定義為狹義的國際收支的概念，即一國在一定時期內，由於政治、經濟、文化等國際經濟活動而產生的、必須立即結清的外匯收支。

第二次世界大戰以後，國際間的經濟聯繫日益加強。政府無償捐助、私人捐贈、企業之間的易貨貿易、補償貿易、記帳貿易等新型國際經濟交往方式層出不窮，建立在外匯收支基礎上的狹義國際收支概念已經不能適應國際經濟發展的形勢。為了瞭解一國對外經濟交往的全貌，國際收支的概念有了新的改變，概念的重心轉移，形成了當今各國普遍採用的廣義的國際收支的概念。它不僅包括涉及外匯收支的各種國際經濟交易，還包括不涉及外匯收支的各種國際經濟交易，如無償援助、僑民匯款、捐贈、賠款等。建立在全部國際經濟交易基礎上的國際收支概念完整地反應了一國對外經濟狀況。

二、國際收支的概念

國際貨幣基金組織（International Monetary Fund，IMF）出版的《國際收支手冊》[①]的第五版規定：國際收支（Balance of Payments，BOP）是指一國在一定時期內（通常為1年）全部對外經濟往來的系統的貨幣記錄。它包括：①一個經濟體與世界其他經濟體之間商品、勞務和收益交易；②一個經濟體的貨幣黃金、特別提款權的所有權變動與其他變動，以及這個經濟體對世界上其他經濟體的債權、債務的變化；③無法轉移以及在會計上需要對上述不能相互抵消的交易和變化加以平衡的對應記錄。要正確把握這一概念的內涵，可以從三個方面進行理解。

（一）國際收支記錄的是一國居民與非居民之間的經濟交易

居民是一個經濟概念，劃分居民與非居民的主要依據是居住地和居住時間。區分居住地，並不以國籍或者法律規定為標準，而是以交易者的經濟利益中心（Center of Economic Interest）所在地，即從事生產、消費等經濟活動和交易的所在地作為劃分標準，並且從事相關活動的期限需在1年以上。按照該原則，IMF作了如下規定。

（1）企業、非營利機構和政府等法人，屬所在國居民。例如，美國通用汽車公司在巴西的子公司屬於巴西的居民而非美國的居民。

（2）自然人，無論其國籍如何，只要在所在國從事1年以上的經濟活動與交易，即為所在國的居民。例如，逗留期在1年以上的留學生和旅遊者屬所在國居民。同理，移民屬於工作所在國的居民。

（3）外交人員、駐外軍事人員永遠都是所在國的非居民，而是派出國的居民。

（4）國際機構，如聯合國、IMF、世界貿易組織、世界銀行等是所有國家的非居民。

（二）國際收支記錄的是全部的經濟交易

國際收支不是以外匯收支為基礎，而是以經濟交易為基礎，有些交易可能不涉及貨幣支付，但也要折成貨幣進行記錄。所以國際收支概念中的經濟交易，指的是經濟價值從一個經濟實體向另一個經濟實體的轉移。根據轉移的內容和方向，經濟交易可以分成以下四類。

（1）交換。交換是一個交易者向另一個交易者提供了具有一定經濟價值的實際資源，並從對方那裡得到價值相等的回報。交換包括：①商品、服務與商品、服務之間的交換，如易貨貿易、補償貿易等；②金融資產與商品、服務的交換，如進出口貿易等；③金融資產與金融資產的交換，如貨幣資本借貸、貨幣或商品的直接投資、有價證券投資及無形資產（如專利權、版權）的轉讓買賣等。

（2）轉移。轉移是一個交易者向另一個交易者提供了具有一定經濟價值的實際資源、資產，但是沒有任何補償。轉移包括：①商品、服務由一方向另一方無償轉移，如無償的物資捐贈、技術援助等；②金融資產由一方向另一方無償轉移，如債權國對債務國給予債務註銷。

---

① 1948年、1950年、1961年、1977年、1995年和2008年，隨著國際交易方式的變化，國際貨幣基金組織分別編撰了六版《國際收支手冊》。該手冊是國際收支統計概念框架的國際標準，幫助各國在世界範圍內系統地收集、組織國際收支的統計數據，從而提高數據的可比性。

（3）移居。移居是指一個人把住所從一個經濟體搬遷到另一個經濟體的行為。移居后，其原有的資產負債關係隨之轉移，從而使得兩個經濟體的對外資產、負債關係均發生變化。

（4）根據推論存在的交易。有些居民與非居民之間的交易並沒有發生實際資源的流動，但是可以根據推論確定交易的存在，這也需要在國際收支中予以記錄。

（三）國際收支是一個流量指標

國際收支概念中的「一定時期」的界定說明國際收支是一個流量指標。流量指標是時期指標，與存量指標不同，存量指標是時點指標。在提及國際收支時要指明屬於哪一階段，記錄的是在這一階段內一國的對外經濟交易活動情況。

三、國際借貸的概念

國際借貸（International Indebtedness）是指一個國家在一定時期對外資產或對外負債的匯總記錄，反應的是一國或地區對外債權債務的綜合狀況。國際收支與國際借貸既有聯繫，又有區別。兩者的聯繫是，在非現金結算條件下，國家之間的經濟交往總是先形成債權債務關係，如商品、勞務和資本的輸出輸入等，兩國在未進行結算前，輸出國形成對外債權，輸入國形成對外債務，這種關係就是國際借貸關係。國際借貸關係一經結算即告消失，但在結算過程中卻引起國際收支的發生，債權國會得到外匯收入，債務國會支出外匯，這就分別形成了兩個國家的國際收支。可見，國際借貸是產生國際收支的直接原因。但有時，國際收支又反作用於國際借貸，因為國際收支的某些變化會引起國際借貸活動的展開。

國際收支與國際借貸的區別表現在以下方面：

（1）國際借貸表示一個國家在一定時期對外債權債務的綜合情況；而國際收支則表示一個國家在一定時期對外全部經濟交易的綜合情況。

（2）國際借貸是個靜態的概念，表示的是一種存量（余額）；而國際收支是個動態的概念，表示的是一種流量（發生額）。

（3）國際借貸只包括形成債權債務關係的經濟交易，範圍小；國際收支則包括一切對外發生的經濟交易，範圍大（如對外捐贈屬國際收支範疇，但並未體現國際借貸關係）。

任務二　國際收支平衡表

一、國際收支平衡表的概念

國際收支平衡表（Balance of Payment Statement），也稱國際收支差額表，是指按照一定的編製原則和格式，對一個國家在一定時期內的國際經濟交易進行分類、匯總，反應和說明該國國際收支狀況的統計報表。各國編製國際收支平衡表的目的是為了有利於全面瞭解本國的涉外經濟關係，並以此進行經濟分析，制定合理的對外經濟政策。

二、國際收支平衡表的標準構成

國際貨幣基金組織的《國際收支手冊》中提供了一套有關國際收支平衡表的項目

分類建議，稱為標準組成部分，供各國參考。在實務中，一些國家目前仍沿用《國際收支手冊》第四版的規定，一些理論研究也經常採用第四版的規定，所以在介紹國際收支平衡表的標準構成時將《國際收支手冊》第五版與第四版的編製規定進行了比較（見表 1-1），以便更好地理解國際收支平衡表。

表 1-1　　　　　　　　IMF 國際收支平衡表的標準構成

《國際收支手冊》第五版中的規定	《國際收支手冊》第四版中的規定
一、經常帳戶	一、經常帳戶
1. 貨物	1. 貨物
2. 服務	2. 無形貿易（含服務、收入）
3. 收入	3. 單方面轉移（含經常轉移與資本轉移）
4. 經常轉移	
二、資本與金融帳戶	二、資本帳戶
1. 資本帳戶 資本轉移，非生產、非金融資產的收購與出售	1. 長期資本流動（含直接投資、證券投資及其他投資中償還期限在 1 年以上的部分）
	2. 短期資本流動（含證券投資、其他投資中償還期限在 1 年以下的部分）
2. 金融帳戶 　直接投資 　證券投資 　其他投資 　官方儲備	三、儲備帳戶（即官方儲備）
三、錯誤與遺漏帳戶	四、錯誤與遺漏帳戶

通過表 1-1 可以看出，《國際收支手冊》第五版將第四版中經常帳戶的無形貿易帳戶拆分成服務與收入兩個帳戶；第五版首次將經常轉移與資本轉移區別開來，這一變化導致對原來國際收支平衡表中的資本帳戶的重新定義，改稱為資本與金融帳戶；第五版經常帳戶中的經常轉移是第四版單方面轉移帳戶的一部分，而第四版單方面轉移帳戶下的資本轉移部分調整到了資本與金融帳戶的資本帳戶中。資本帳戶在第五版和第四版中的含義是不同的，第五版中資本帳戶包含的內容更廣，按照投資標的劃分得更詳細、更科學，便於實務中應用。第四版中長期資本流動相當於第五版金融帳戶下的直接投資、證券投資，第四版中短期資本流動相當於第五版金融帳戶下的其他投資。而且，第五版將第四版的儲備帳戶調整到了金融帳戶下。

三、國際收支平衡表的主要內容

國際收支平衡表所包括的內容十分廣泛，由於世界各國的編製要求不同，往往都根據其不同的需要和具體情況來自行編製，因此，各國國際收支平衡表的內容有很大差異，詳簡不一，但其主要結構還是基本一致的，國際基金組織編製的國際收支平衡表通常分為經常項目、資本和金融項目、錯誤與遺漏三大類。

（一）**經常項目**（Current Account）

經常項目是本國與外國交往中經常發生的國際收支項目，它反應了一國與他國之間真實資源的轉移狀況，在整個國際收支中佔有主要地位，往往會影響和制約國際收

支的其他項目。它包括貨物項目、服務項目、收入項目和經常性轉移項目四個子項目。

1. 貨物項目（Goods Account）

貨物又稱作商品貿易或有形貿易，一般包括以下幾項內容：①一般商品。指居民向非居民出口或從非居民處進口的大多數可移動貨物，除個別情況外，可移動貨物的所有權發生了變更。②用於加工的貨物。包括跨越邊境運到國外加工的貨物的出口以及隨后的再進口。③貨物修理。包括向非居民提供的或從非居民哪裡得到的船舶和飛機等運輸工具上的貨物修理活動。④非貨幣黃金。非貨幣黃金包括不作為貨幣當局儲備資產（貨幣黃金）的所有黃金的進口與出口，非貨幣黃金等同於其他商品。

國際貨幣基金組織建議，所有貨物的進出口一律按離岸價格（Free On Board, FOB）計算。在實際中，很多國家為了統計方便，對出口商品按離岸價格計算，對進口商品卻按到岸價格（Cost Insurance and Freight，CIF）計算，這樣會影響到國際收支平衡表的精確性，甚至還會引起國家之間的貿易爭端。這兩種不同的價格條件，在計算進出口總值時，會產生一定的差額。例如，進口商品以 CIF 計價，其中運費和保險費屬於勞務方面的支出，這樣就會產生重複入帳的項目，結果影響了國際收支平衡表的精確性。

2. 服務項目（Service Account）

服務又稱作勞務貿易或無形貿易，主要包括以下內容：①運輸。包括一國或地區的居民向另一國或地區的居民所提供的涉及客運、貨運、備有機組人員的運輸工具的租金和其他輔助性服務。②旅遊。旅遊不僅僅是一項具體的服務，而是旅遊者消費的一整套服務。包括非居民旅遊或因公、因私在另一國或地區停留不足一年的時間裡從該國或地區所獲得的貨物和服務。學生和求醫人員不論在外多長時間都被視為旅遊者。③其他各類服務。包括運輸和旅遊項下沒有包括的國際服務交易，如通信服務、保險服務、金融服務、專利使用費和特許經營權使用費等。

國際服務的生產和貿易不同於貨物的生產和貿易。一經濟體生產的貨物運輸到另一經濟體的居民那裡，其居民有可能並不知道貨物的具體生產時間。而服務的生產在生產發生之前就同某一經濟體的生產者與另一經濟體的消費者或一組消費者事先做出的一項安排聯繫在一起，其生產過程中就涉及居民與非居民雙方。當然，在現今經濟高速發展與融合的前提下，貨物和服務的界限已變得相當模糊，貨物項目中可能包含有服務的成分，而服務的項目下也有出現貨物的可能。

目前，勞務收支的重要性日趨突出，不少國家的勞務收支在該國的國際收支中佔有舉足輕重的地位，有的甚至還超出了有形貿易收支。

3. 收入項目（Income Account）

收入又稱為「收益」，反應生產要素流動引起的生產要素報酬的收支。國際間流動的生產要素有勞動與資本兩項，因此，收入下設「職工報酬」與「投資收入」兩項內容。

（1）職工報酬。職工報酬指以現金或實物形式支付給非居民工人（季節工人、邊境工人、短期工作工人和使館工作的當地工作人員）的工資、薪金和其他福利。

（2）投資收入。投資收入包括居民因擁有國外金融資產而得到的收入，包括直接投資收入、間接投資收入和其他投資收入三部分。投資收入強調報酬的收支，因而有其特殊性，例如，在一筆債務還本付息時，本金的流動記入金融帳戶，而利息記入經

常帳戶的投資收入。

4. 經常轉移項目（Current Transfer Account）

經常轉移。經常轉移又稱為「無償轉移」或「單方面轉移」，主要包括所有非資本轉移的轉移項目，即排除以下三項所有權轉移的所有轉移項目：①固定資產所有權的轉移；②同固定資產的收買或放棄相聯繫的或以其為條件的資金轉移；③債權人不索取任何回報而取消的債務。

以上三項轉移均屬於資本轉移。國際貨幣基金組織出版的《國際收支手冊》第五版中，將轉移劃分為經常轉移與資本轉移，這種劃分與國民帳戶體系中的處理方式和其他統計方式一致。

根據實施轉移的主體不同，經常轉移可分為政府轉移（如無償援助、戰爭賠款、政府向國際組織定期交納的費用等）與私人轉移（如僑匯、捐贈、繼承、瞻養費、資助性匯款、退休金等）。

(二) 資本和金融項目（Capital and Financial Account）

資本和金融項目由資本項目與金融項目兩部分構成。

1. 資本項目

資本項目反應了資產在居民與非居民之間的轉移。其作為《國際收支手冊》第五版新列示的內容，與原來第四版中的資本項目的概念是完全不同的。主要包括以下兩個方面內容：

(1) 資本轉移。資本轉移包括三項所有權轉移：固定資產所有權的資產轉移；同國定資產收買/放棄相聯繫的或以其為條件的資產轉移；債權人不索取回報而取消的債權。

(2) 非生產、非金融資產的收買或放棄。主要包括不是由生產創造出來的有形資產（如土地和地下資產）與無形資產（專利、版權、商標、經銷權等）的收買或放棄。對於無形資產，所涵蓋交易其實也涉及了經常項目與資本項目兩項。經常項目的服務項下記錄的是無形資產的運用所引起的收支，資本帳戶的資本轉移項下記錄的則是無形資產所有權的買賣所引起的收支。

2. 金融項目

金融項目反應的是居民與非居民之間投資與借貸的增減變化。第五版《國際收支手冊》中的金融項目相當於以前第四版手冊中的資本項目，以前的分類方式是分成長期資本與短期資本，由於金融創新的不斷湧現和資本流動的迅猛發展，長期資本與短期資本的區分越來越困難，因此，目前金融項目的劃分主要分為直接投資、證券投資、其他投資、儲備資產四種。

(1) 直接投資。直接投資反應某一經濟體的居民單位（直接投資者）對另一經濟體的居民單位（直接投資企業）的永久性權益，它包括直接投資者和直接投資企業之間的所有交易。直接投資項下包括股本資本、用於再投資的收益和其他資本。

(2) 證券投資。證券投資包括股本證券和債務證券的交易。股本證券交易包括股票、參股或其他類似文件。債務證券包括長期債券、物抵押品的公司債券、中期債券等；還包括可轉讓的貨幣市場的債務工具，如短期國庫券、商業票據、銀行承兌匯票、可轉讓的大額存單等；另外，衍生金融工具也包括在內。

(3) 其他投資。其他投資是指所有直接投資和證券投資未包括的金融交易，包括

貿易信貸、貸款、預付款、金融租賃項下的貨物、貨幣和存款等。

(4) 儲備資產。儲備資產包括某一經濟體的貨幣當局認為可以用來滿足國際收支和在某些情況下滿足其他目的的各類資產的交易。涉及的項目包括貨幣化黃金、在國際貨幣基金組織的儲備頭寸、特別提款權、外匯資產以及其他債權。值得注意的是，在第五版《國際收支手冊》中，同交易無關的儲備資產變化不包括在國際收支平衡表中，例如儲備資產的計價變化、特別提款權的分配與撤銷、黃金的貨幣化或者非貨幣化及抵消上述變化的對應項目。

(三) 錯誤與遺漏項目（Errors and Omissions Account）

國際收支平衡表由於其編製原則採用復式記帳法，其借方總額與貸方總額相抵之後的總淨值應該為零。但實際上，一國國際收支平衡表會不可避免地出現數字金額借貸方不平衡的現象，一般認為這種金額差異是由於統計資料有誤差遺漏而形成的。出現錯誤與遺漏的原因主要有：

(1) 編製國際收支平衡表的原始統計資料來自各個方面，在原始資料的形成過程中，不可避免地會出現某些當事人故意改變、偽造某些項目數字的做法，造成了原始資料的失實或不完全。例如走私、資本外逃等。

(2) 統計數字的重複計算和漏算，原始統計資料來自四面八方，有的來自海關統計，有的來自銀行報表，還有的來自官方主管機構的統計報表，這就難免發生統計口徑不一致而造成重複計算與漏算。例如，一個美國人從墨西哥以現金購買了價值1萬美元的物品（在途中卻未能通過海關官員的檢查），結果這1萬美元落到了墨西哥的銀行系統中，並被按慣例計入儲備變動項目，但是這筆交易的另外一面卻中斷了。政府當局懷疑這些貨物是違法物品，但在沒有可靠的證據下，它不能記錄下這筆交易。

(3) 有的統計數字本身就是估算的。有關單位提供的統計數字也不是百分之百的準確無誤，有的僅僅是估算數字。

因此，為了使國際收支平衡表的借貸雙方實現平衡，便人為地設立了「錯誤與遺漏」項目。

四、國際收支平衡表的編製原則

(一) 編製原理

國際收支平衡表是按照國際會計的通行準則——復式簿記原理來系統地記錄每筆國際經濟交易，以「有借必有貸，借貸必相等」的原則在兩個或兩個以上的有關帳戶中作相互聯繫的登記。這樣，每一筆國際經濟交易都會產生對相關金額的一項借方記錄和一項貸方記錄，而且從理論上講，國際收支平衡表的借方總額和貸方總額是相等的，淨差額為零。

(二) 記帳法則

在國際收支平衡表中，不論是實際資產還是金融資產，貸方記錄用正號「+」表示，借方記錄用負號「-」表示。對於資產，貸記（+）代表資產持有量的減少，借記（-）則代表資產持有量的增加；相反，對於負債，貸記（+）代表增加，借記（-）代表減少。當轉移為之平衡的帳戶是借方時，根據復式簿記的原理，轉移記為貸方；當轉移為之平衡的帳戶是貸方時，轉移記為借方。

根據復式記帳法的常規，製表經濟體記入貸方的帳戶是：①表明出口的實際資源；

②反應一經濟體的對外資產減少或一經濟體的對外負債增加的金融帳戶。相反，製表的經濟體記入借方的帳戶是：①反應進口的實際資源；②反應一經濟體的對外資產增加或一經濟體的對外負債減少的金融帳戶。更具體地說：①進口商品屬於借方項目，出口商品屬於貸方項目；②非居民為本國居民提供服務或從本國取得收入屬於借方項目，本國居民為非居民提供服務或從外國取得收入屬於貸方項目；③本國居民對非居民的單方面轉移屬於借方項目，本國居民收到國外的單方面轉移屬於貸方項目；④本國居民獲得外國資產或對外國投資屬於借方項目，外國居民獲得本國資產或對本國投資屬於貸方項目；⑤本國居民償還非居民債務屬於借方項目，非居民償還本國居民債務屬於貸方項目；⑥官方儲備增加屬於借方項目，官方儲備減少屬於貸方項目。

（三）計價原則

國際收支平衡表採用統一計價的原則，對各類國際收支平衡表帳戶實行統一計價是保持連貫性地編製匯總各項交易的前提。在記錄每筆交易時，使用成交的實際市場價格作為交易計價的基礎。市場價格的定義為：在自願基礎上買方從賣方手中獲取某件物品而支付的貨幣金額。但是，在易貨貿易、稅收支付、企業的分支機構與母公司的交易、附屬企業的交易、轉移等交易中，市場價格可能不存在。在這種情況下，習慣的做法是利用同等條件下形成的已知市場價格來推算。經常轉移和優惠的政府貸款等非商業性交易的計價，也要假定這類資源是以市場價格賣出的，以市場價格來計價。在市場價格不存在的情況下，應按其生產要素所決定的成本計算或按照銷售資源可能得到的款項來計算。對於不在市場上交易的金融項目（主要是不同形式的貸款），則以它的面值作為市場價格來計算。

另外，在國際貿易中，由於交易方式多種多樣，交易價格千差萬別，為統一口徑，減少重複計算，IMF規定國際收支中的進出口一律採用離岸價格來計算。因此，如果實際交易是以到岸價格成交的，則要將其調整為離岸價格，其中所包含的保險費和運輸費列入經常帳戶中的服務帳戶。

（四）記載時間原則

在進行國際經濟交易過程中，與之有關的時間概念很多，如商務談判、簽訂合同、發貨、結算等。為了使各國所編製的國際收支平衡表具有可比性，IMF規定按照權責發生制的原則指導交易的記載時間。所以，一旦經濟價值產生、改變、變換、轉移和消失，即按照所有權變更的時間作為交易的記錄時間。根據這一原則，國際收支平衡表中記錄的各種經濟交易包括：一是在編製報表時期內全部結清的經濟交易；二是已經到期必須結清的經濟交易，無論該交易是否已經結清，比如到期應支付的利息，不論實際是否已經支付，都要記錄；三是已經發生，但需跨年度結清的經濟交易，例如採用預付款或延期付款方式結算的貿易。對於跨越兩個編表時期才結清的交易項目，因為所有權已經發生轉移，所以應根據實際發生時間進行記錄。

（五）國際收支平衡表記帳實例

以A國為例，以下列舉六筆交易來說明國際收支平衡表帳戶的記帳方法。

（1）A國一企業出口價值100萬美元的設備，將出口款項存入該企業在海外銀行的存款帳戶。

解析：出口行為意味著本國擁有的資源減少，應記入貸方；出口伴隨著資本流出所形成的海外資產增加——該企業在海外銀行的存款增加，屬於金融帳戶中的其他投

資帳戶，應記入借方。這筆交易應記錄如下：

　　借：資本與金融帳戶——金融帳戶——其他投資　　　　100 萬美元
　　貸：經常帳戶——貨物——出口　　　　　　　　　　　100 萬美元

（2）A 國居民到外國旅遊花費了 30 萬美元，這筆費用從該居民的海外存款帳戶中扣除。

解析：一國居民到國外旅遊屬於服務的進口，意味著本國擁有的資源增加，應記入借方；進口伴隨著資本流入所形成的海外資產減少——該居民在海外銀行的存款相應減少，這屬於金融帳戶中的其他投資帳戶，應記入貸方。這筆交易可記錄如下：

　　借：經常帳戶——服務——進口　　　　　　　　　　30 萬美元
　　貸：資本與金融帳戶——金融帳戶——其他投資　　　30 萬美元

（3）外商以價值 1,000 萬美元的設備投入 A 國，興辦合資企業。

解析：該外商的投資行為屬於直接投資，外國居民對本國投資應記入貸方；由於投入的是設備，應視為商品的進口，意味著本國擁有的資源增加，應記入借方。這筆交易可記錄如下：

　　借：經常帳戶——貨物——進口　　　　　　　　　　1,000 萬美元
　　貸：資本與金融帳戶——金融帳戶——直接投資　　　1,000 萬美元

（4）A 國政府動用外匯儲備 40 萬美元向外國提供無償援助，另提供相當於 60 萬美元的糧食、藥品援助。

解析：A 國政府向外國提供無償援助屬於單方面轉移性質，本國居民對非居民的單方面轉移應記入借方。甲國的無償援助分為兩部分，一部分是以外匯儲備提供的資金援助，官方儲備減少應記入貸方；另一部分是以糧食、藥品等提供的物資援助，可視為商品出口，應記入貸方。這筆交易可記錄如下：

　　借：經常帳戶——經常轉移　　　　　　　　　　　　100 萬美元
　　貸：資本與金融帳戶——金融帳戶——官方儲備　　　40 萬美元
　　　　經常帳戶——貨物——出口　　　　　　　　　　60 萬美元

（5）A 國某企業在海外投資所得利潤 150 萬美元，其中 75 萬美元用於當地的再投資，50 萬美元購買當地商品運回國內，25 萬美元匯回國內結匯。

解析：投資收入是引起外匯收入的經濟交易，屬於經常帳戶的收入帳戶，本國居民從外國取得的收入應記入貸方。該企業將投資收入的一部分在當地進行再投資，屬於直接投資，本國居民對外國投資應記入借方；企業購買當地商品屬於商品進口，應記入借方；企業將剩餘資金匯回國內結匯，就是把外匯賣給政府，會導致本國的官方儲備增加，官方儲備增加應記入借方。這筆交易可記錄如下：

　　借：資本與金融帳戶——金融帳戶——直接投資　　　75 萬美元
　　　　經常帳戶——貨物——進口　　　　　　　　　　50 萬美元
　　　　資本與金融帳戶——金融帳戶——官方儲備　　　25 萬美元
　　貸：經常帳戶——收入　　　　　　　　　　　　　　150 萬美元

（6）甲國居民動用其在海外存款 40 萬美元，用於購買外國某公司的股票。

解析：購買外國公司的股票屬於證券投資行為，本國居民通過證券投資獲得外國資產應記入借方；由於投資動用了海外存款，造成對外資產的減少，這屬於金融帳戶中的其他投資帳戶，應記入貸方。這筆交易應記錄如下：

借：資本與金融帳戶——金融帳戶——證券投資　　　40 萬美元
　　貸：資本與金融帳戶——金融帳戶——其他投資　　　40 萬美元
將上述各筆交易記入 A 國國際收支平衡表中（見表 1-2）。

表 1-2　　　　　　A 國由六筆交易構成的國際收支平衡表[①]　　　　單位：萬美元

項目	借方（-）	貸方（+）	差額
一、經常帳戶	1,180	310	-870
1. 貨物	$1,000_3+50_5$	100_1+60_4	-890
2. 服務	30_2		-30
3. 收入		150_5	+150
4. 經常轉移	100_4		-100
二、資本與金融帳戶	240	1,110	+870
1. 資本帳戶			
2. 金融帳戶	240	1,110	+870
直接投資	75_5	$1,000_3$	+925
證券投資	40_6		-40
其他投資	100_1	30_2+40_6	-30
官方儲備	25_5	40_4	+15
三、錯誤與遺漏帳戶			
合計	1,420	1,420	0

五、國際收支平衡表的分析

(一) 國際收支平衡表是重要的經濟分析工具

國際收支平衡表不僅綜合記載了一國在一定時期內與世界各國的經濟往來情況和在世界經濟中的地位及其消長對比情況，而且還集中反應了該國的經濟類型和經濟結構，因此，國際收支平衡表是經濟分析的重要工具。分析國際收支平衡表，對編表國家或非編表國家都具有重要的意義。

對於編表國家來說，通過對國際收支平衡表的分析，能夠全面掌握本國對外經濟交易的綜合情況，找出造成國際收支順、逆差的原因，以便於採取正確的調節措施。而且，它能使本國政府充分掌握其外匯資金來源和運用方面的資料，特別是官方的儲備變動情況，以便於編製切實可行的外匯預算計劃。而且它能使一國全面地瞭解本國的國際經濟地位，制定出與本國國力相適應的貿易、投資、經濟援助、借貸等方面的對外經濟政策。

對於非編表國家來說，它同樣具有重要的意義和作用。這是因為：隨著世界經濟一體化的不斷發展，各國在經濟、政治等各方面的聯繫日益密切，一個國家不僅要瞭

---

① 表中各數字的下角標表示該數字來自於第幾筆交易。

解自己，而且要瞭解外國的政治經濟實力與對外經濟政策的動向，以及世界經濟發展的趨勢。通過對別國國際收支平衡表的分析，有助於預測編表國家的國際收支、貨幣匯率及其對外經濟政策動向，也有助於瞭解各國的經濟實力和預測世界經濟與世界貿易的發展趨勢。

(二) 國際收支平衡表的幾個差額

分析國際收支平衡表必須首先瞭解國際收支平衡表的結構，即弄清國際收支平衡表的項目構成及其相互關係。國際收支平衡表是由經常項目、資本與金融項目和錯誤與遺漏項目所構成，每一項目下又分為若干小項目。國際收支平衡表的每個項目都有借方、貸方和差額三欄數字，分別反應一定時期內各項對外經濟活動的發生額。由於國際收支平衡表是採用復式簿記法入帳，因此，借貸雙方總額總是相等的，但其中的某些項目或帳戶可能出現盈餘或赤字，需由其他項目或帳戶的赤字或盈餘來抵消，這就形成了不同的項目差額。按照人們的傳統習慣和國際貨幣基金組織的做法，項目差額主要有以下四種：

1. 貿易收支差額

貿易收支差額是指一國進出口收支差額。儘管貿易項目僅僅是國際收支的一個組成部分，不能代表國際收支的整體，但是，對於某些國家來說，貿易收支在全部國際收支中所占比重相當大，以至於經常性地把貿易收支作為國際收支的近似代表。此外，貿易收支在國際收支中還有它的特殊重要性。商品的進出口情況綜合反應了一國的產業結構、產品質量和勞動生產率狀況，反應了該國產業在國際上的競爭能力。因此，即使對於發達國家這種資本項目比重相當大的國家，仍然非常重視貿易收支的差額。

2. 經常項目差額

經常項目包括貿易收支、服務收支、收入和經常性轉移收支，前兩項構成經常項目收支的主體。雖然經常項目的收支也不能代表全部國際收支，但它綜合反應了一個國家的進出口狀況（包括服務貿易），因而被各國廣為使用，並被當作制訂國際收支政策和產業政策的重要依據。同時，國際經濟協調組織也經常採用這一指標對成員國經濟進行衡量，例如國際貨幣基金組織就特別重視各國經常項目的收支狀況。

3. 資本和金融項目差額

資本和金融項目差額反應的是該項目下直接投資、證券投資和其他投資交易（包括貿易信貸、貸款和存款）及儲備資產交易的差額（假設資本轉移淨額為零），它記錄了世界其他國家對本國的投資淨額或貸款/借款淨額。

資本和金融項目具有兩個方面的分析作用：第一，通過資本和金融項目規模可以看出一個國家資本市場的開放程度和金融市場的發達程度，一般而言，資本市場越開放，金融市場越發達，資本與金融項目的流量總額就越大。第二，資本與金融項目和經常項目之間具有融資關係，所以，資本與金融項目的餘額可以折射出一國經常項目的狀況。根據復式簿記法原則，在國際收支中一筆貿易流量通常對應一筆金融流量，可以說，經常項目中實際資源的流動與資本和金融項目中資產所有權的流動是一個活動的兩個方面。因此，如果不考慮錯誤與遺漏，經常項目的餘額與資本和金融項目的餘額必然數量相等，符號相反。也就是說，經常項目的餘額與資本和金融項目的餘額之和等於零。

4. 綜合項目差額或總差額

綜合項目差額是指經常項目加上資本和金融項目中的資本轉移、直接投資、證券

投資、其他投資后的余額，也就是將國際收支項目中官方儲備剔除后的余額。由於綜合項目差額必然導致官方儲備的反方向變動，所以，可用它來衡量國際收支對一國儲備帶來的壓力。

當一國實行固定匯率制時，綜合項目差額的分析意義更為重要。因為，國際收支的各種行為將導致外國貨幣與本國貨幣在外匯市場上的供求變動，從而影響到兩個幣種比價的穩定性。為了保持外匯市場匯率的穩定，政府必須利用官方儲備介入市場以實現供求平衡。所以，綜合項目差額在政府有義務維護固定匯率制時是極其重要的。而在浮動匯率制度下，政府原則上可以不動用官方儲備而聽任匯率變動，或是動用官方儲備調節市場的任務有所彈性，相應的，這一差額的分析意義略為弱化。

（三）國際收支平衡表的分析方法

在對一國國際收支進行分析時，一定要把這三種分析方法結合起來一起分析，才能對一國經濟進行全面、正確深入的分析。國際收支平衡表的分析方法主要有以下幾種：

1. 靜態分析法

靜態分析法是指對某國在某一時期（一年、一季或一個月）的國際收支平衡表進行分析的方法。具體講就是計算和分析國際收支平衡表中的各個項目及其差額，分析各個差額形成的原因及其對國際收支總差額的影響，從而找出總差額形成的原因。當然，由於各個項目差額的產生原因是多方面的，在分析其差額的形成原因時，只利用單一資料不能全面地掌握和認識實際情況，還應該結合其他有關資料，進行綜合分析。靜態分析的方法和應注意的問題有：

（1）貿易收支。一國貿易收支出現順差或逆差，主要受多個方面的因素影響，它包括經濟週期的更替、財政與貨幣政策變化所決定的總供給與總需求的對比關係，氣候與自然條件的變化，國際市場的供求關係，本國產品的國際競爭力，本國貨幣的匯率水平等。結合這些方面的資料進行分析，有助於找出編表國家貿易收支差額形成的原因。

（2）服務收支。服務收支反應著編表國家有關行業的發達程度與消長狀況。如運費收支的狀況直接反應了一國運輸能力的強弱，一般發展中國家總是支出的，而一些經濟發達的國家由於擁有強大的商船隊而收入頗豐；還有銀行和保險業務收支狀況則反應了一個國家金融機構的完善狀況。對本國來說分析這些狀況可以為尋找改進對策提供依據；對別國來說，分析這些狀況則為選擇由哪個國家提供相關業務的服務提供了依據。

（3）單方面轉移收入中的重點是研究官方轉移收入。第二次世界大戰后，國際援助相對來說在不斷增加，這種援助包括軍事援助和經濟援助兩種，其中又分低息貸款和無償援助兩部分。在分析這個項目時除考慮其數額大小外，還要分析這種援助的背景、影響及其后果，並對趨勢作一分析。

（4）資本與金融項目中涉及許多子項目，比如直接投資、間接投資、國際借貸和延期付款信用等，一般來說前三項處於主要地位。直接投資狀況反應了一國資本國際競爭能力的高低（對發達國家而言）或一國投資利潤前景的好壞（對發展中國家而言）。國際借款狀況反應了一國借用國際市場資本條件的優劣，從而反應了該國的國際信譽高低。二戰后，短期資本在國際間移動的規模與頻繁程度都是空前的，它對有關

國家的國際收支與貨幣匯率的變化都有主要影響。因而研究、分析短期資本在國際間移動的流量、方向與方式，對研究國際金融動態和發展趨勢具有重要意義。

（5）分析官方儲備項目，重點分析國際儲備資產變動的方向，因為這些反應了一國對付各種意外衝擊能力的變化。錯誤與遺漏項目，主要分析其數額大小的變化。因為錯誤與遺漏的規模一方面反應了一國國際收支平衡表虛假性的大小，規模越大，國際收支平衡表對該國國際經濟活動的反應就越不準確；另一方面在某種程度上它也反應了一國經濟開放的程度，一般來說經濟越開放，錯誤與遺漏的規模就越大。

2. 動態分析法

動態分析是指分析某國若干連續時期的國際收支平衡表。一國一定時期的國際收支狀況，是過去一定時期該國經濟結構狀態、經濟發展進程及經濟政策導向的綜合結果。而經濟結構、經濟發展以及經濟政策並不是一成不變的，它隨著時間的變化、環境的變化而不斷變化著。因此，一國的國際收支也處於一個連續不斷的運動過程之中。無論對順差還是逆差，都不能僅僅從靜止的角度來考察，還必須考察其發展變化的情況。

3. 比較分析法

比較分析中的縱向比較是指對一國若干連續時期的國際收支平衡表進行比較分析。這一點可以結合前面所說的動態分析考慮。比較分析中的橫向比較是指對不同國家在相同時期的國際收支平衡表進行比較分析。隨著國際間政治、經濟和軍事關係的變化，一國與其他有關國家的國際收支會相應發生變化。因此，必須對相關國家的國際收支平衡表進行橫向的比較分析。當然，由於每個國家的國際收支平衡表的項目設置與編製方法都不盡相同，可能在統計口徑上橫向比較會出現偏差，對於這一問題，可以利用國際貨幣基金組織公布的有關國際收支統計資料，由於這些有關資料均是經過重新整理后編製的，在統計口徑上達到一致，因此國與國之間的數據具有可比性。

【同步案例 1-1】

某年巴西國際收支平衡表有如下數據（單位：億美元）

商品輸出 FOB	60.93
商品輸入 FOB	-61.54
勞務收入	9.44
勞務支出	-30.69
私人單方面轉移	0.11
政府單方面轉移	0.17
直接投資	13.41
證券投資	——
其他長期投資淨額	27.56
其他短期投資淨額	0.03
誤差和遺漏	——
特別提款權的價值變動	-0.67
對外官方債務	——
外匯儲備變化	-22.30

請分析：

（1）錯誤與遺漏項目的數額是多少？
（2）該國的國際收支是順差還是逆差，金額是多少？
（3）表中是通過哪些措施取得平衡的？
（4）外匯儲備變化數為-22.30億美元，是指外匯儲備增加了還是減少了？

分析提示：
（1）錯誤與遺漏項目的數額是3.55億美元。
（2）該國的國際收支是順差，金額是18.75億元。
（3）表中是通過動用外匯儲備彌補逆差取得平衡的。
（4）外匯儲備的變化數為-22.30億美元，是指外匯儲備增加了。

任務三　國際收支不平衡調節

一、國際收支不平衡的概念

在國際收支平衡表中，經常項目與資本項目及平衡項目的借貸雙方在帳面上總是平衡的，這種平衡是會計意義上的概念。但是，本項目所講的「平衡」與「不平衡」並非會計意義上的，而是指實際經濟意義上的。國際經濟交易反應到國際收支平衡表上有若干項目，各個項目都有各自的特點，按其交易的性質可分為自主性交易（Autonomous Transactions）和補償性交易（Compensatory Transactions）。所謂自主性交易是指個人或企業為某種自主性目的（比如追逐利潤、追求市場、旅遊、匯款贍養親友等）而進行的交易，由於其具有自主性質，必然經常地出現差額；補償性交易是為了彌補自主性交易差額或缺口而進行的各種交易活動，如分期付款、商業信用、動用官方儲備等。有了這樣的區別後，我們就能較準確地判斷國際收支是平衡還是不平衡。如果基於自主性交易就能維持平衡，則該國的國際收支是平衡的，如果自主性交易收支不能相抵，必須用補償性交易來軋平，這樣達到的平衡是形式上的平衡，被動的平衡，其實質就是國際收支的不平衡。

這種識別國際收支不平衡的方法，從理論上看是很有道理的，但在概念上很難準確區別自主性交易與補償性交易，在統計上也很難加以區別。因為一筆交易從不同的角度看可以是不同的歸類。例如，一國貨幣當局以提高利率來吸引外資，就投資者而言屬自主性交易，就貨幣當局而言卻屬調節性交易，若投資者系該國居民，則同一筆交易既可歸入自主性項目，也可列入調節性項目。因此，按交易動機識別國際收支的平衡與不平衡僅僅是提供了一種思維方式，迄今為止，還無法將這一思維付諸實踐。

按照人們的傳統習慣和國際貨幣基金組織的做法，國際收支平衡是指國際收支平衡表中橫線以上項目的平衡，即綜合項目的平衡。橫線以下的項目即平衡項目是彌補國際收支赤字或反應國際收支盈餘的項目，也就是官方儲備項目。國際收支的逆差表現為國際儲備的減少，國際收支的順差表現為國際儲備的增加，一般來說，國際收支平衡表中橫線以上項目會出現差額或缺口，這時就出現了國際收支的不平衡。

二、國際收支不平衡的原因

國際收支不平衡的現象是經常的、絕對的，而平衡卻是偶然的、相對的，因此，

國際收支的調節無時不在進行著。為了順利而有效地調節國際收支，首先必須研究國際收支不平衡的原因，然后才能採取與之相適應的措施來進行調節。各國發生國際收支不平衡的原因繁多而複雜，這些原因中既有一般的原因，又有特殊的原因。

(一) 一般原因

西方經濟學家按發生國際收支不平衡一般原因的不同，將國際收支不平衡分為以下五種類型：

1. 週期性不平衡（Cyclical Disequilibrium）

週期性不平衡是一國經濟週期波動引起該國國民收入、價格水平、生產和就業發生變化而導致的國際收支不平衡。週期性不平衡是世界各國國際收支不平衡常見的原因。因為，在經濟發展過程中，各國經濟不同程度地處於週期波動之中，周而復始出現繁榮、衰退、蕭條、復甦，而經濟週期的不同階段對國際收支會產生不同的影響。在經濟衰退階段，國民收入減少，總需求下降，物價下跌，會促使出口增長，進口減少，從而出現順差；而在經濟繁榮階段，國民收入增加，總需求上升，物價上漲，則使進口增加，出口減少，從而出現逆差。

2. 貨幣性不平衡（Monetary Disequilibrium）

貨幣性不平衡是指一國貨幣增長速度、商品成本和物價水平與其他國家相比發生較大變化而引起的國際收支不平衡。這種不平衡主要是由於國內通貨膨脹或通貨緊縮引起的，一般直觀地表現為價格水平的不一致，故又稱價格性的不平衡（Price Disequilibrium）。例如，一國發生通貨膨脹，其出口商品成本必然上升，使用外國貨幣計價的本國出口商品的價格就會上漲，就會削弱本國商品在國際市場上的競爭能力，客觀上起著抑制出口的作用。相反，由於國內商品物價普遍上升，相比較而言，進口商品就顯得便宜，鼓勵了外國商品的進口，從而出現貿易收支的逆差。不過在這裡還得注意的是，通貨膨脹還會引起該國貨幣匯率一定程度的貶值，但一般來說此時匯率貶值的幅度要比物價上漲的幅度小得多，因而其影響也小得多。它只能緩和但不會改變通貨膨脹對國際收支的影響。貨幣性不平衡可以是短期的，也可以是中期的或長期的。

3. 結構性不平衡（Structural Disequilibrium）

結構性不平衡是指當國際分工的結構（或世界市場）發生變化時，一國經濟結構的變動不能適應這種變化而產生的國際收支不平衡。

世界各國由於地理環境、資源分佈、技術水平、勞動生產率差異等經濟條件和歷史條件不同，形成了各自的經濟佈局和產業結構，從而形成了各自的進出口商品和地區結構，各國的產業、外貿結構綜合成國際分工結構。若在原有的國際分工結構下，一國的進出口尚能平衡，但在某一時期，若世界市場對該國的出口需求或對該國進口的供給發生變化，則該國勢必要改變其經濟結構以適應這種國際變化，即原有的相對平衡和經濟秩序受到了衝擊。若該國經濟結構不能靈活調整以適應國際分工結構的變化，則會產生國際收支的結構性不平衡。

改變結構性不平衡需要重新組織生產，並對生產要素的使用進行重新組合，以適應需求和供給的新結構，否則這種不平衡現象難以克服，而生產的重新組合阻力較大，進展緩慢，因此結構性不平衡具有長期性，扭轉起來相當困難。結構性不平衡在發展中國家尤其普遍，因為發展中國家進出口商品具有以下兩個特點：其一，產品出口需求的收入彈性低，而產品進口需求的收入彈性高，所以出口難以大幅度增加，而進口

則能大幅度增加；其二，產品出口需求的價格彈性大，而產品進口需求的價格彈性小，於是進口價格上漲快於出口價格上漲，貿易條件惡化。

4. 收入性不平衡（Income Disequilibrium）

收入性不平衡是指由於各種經濟條件的惡化引起國民收入的較大變動而引起的國際收支不平衡。國民收入變動的原因很多，一種是經濟週期波動所致，這屬於週期性不平衡；另外一種是因經濟增長率的變化而產生的，在這裡是指這種不平衡，它具有長期性。一般來說，國民收入大幅度增加，全社會消費水平就會提高，社會總需求也會擴大，在開放型經濟下，社會總需求的擴大，通常不一定會表現為價格上漲，而表現為增加進口，減少出口，從而導致國際收支出現逆差；反之當經濟增長率較低時，國民收入減少時，國際收支就會出現順差。

5. 臨時性不平衡（Temporary Disequilibrium）

臨時性不平衡是指短期的由非確定或偶然因素引起的國際收支不平衡。例如，伊拉克入侵科威特，國際社會對伊拉克實行全面經濟制裁，世界各國一度曾中止與伊拉克的一切經濟往來，伊拉克的石油不能輸出，引起出口收入劇減，貿易收入惡化；相反，由於國際市場石油短缺，石油輸出國擴大了石油輸出，從而使這些國家的國際收支得到了改善。這種性質的國際不平衡，程度一般較輕，持續時間也不長，帶有可逆性，因此，可以認為是一種正常現象。

（二）特殊原因

西方經濟學家把引起國際收支不平衡的原因分為五種類型，但這些原因並不都適合所有國家。實際上，不同類型的國家如發達國家、發展中國家和計劃經濟國家的國際收支不平衡的原因是各有差異的。

發達國家國際收支不平衡的原因和特點表現為：第一，商品、勞務、資本輸入過多或不足的直接原因主要是國際競爭力、利潤率和未經抵補的利息率的變化。第二，資本項目在國際收支中的地位日趨重要，資本輸出、輸入頻繁且不穩定。第三，由於高度一體化的全球國際金融市場上資金對有資信的國家來說是充裕的，因而較易發生的是國際儲備過多（而不是不足）的情形。

發展中國家國際收支不平衡的原因和特點是：第一，一些商品勞務輸入不足與另一些輸入過多並存；商品、勞務的輸出時而不足、時而過多，尤其是世界經濟結構全面而深刻的變化，使他們面臨出口構成嚴重不合理的情況。第二，資本淨輸入過多與不足相交替，但國際儲備的水平經常處於適度水平線以下。第三，國際收支不平衡常常表現為過度逆差。

社會主義計劃經濟國家國際收支不平衡的原因和特點是：第一，出口構成不合理，而且大部分出口因缺乏國際競爭力而常常輸出不足，小部分出口因支付逆差所需而常常輸出過多。第二，處於對外開放過程中的國家國際收支不平衡往往表現為：先是經常項目過度逆差、外資輸入過多，然后是外匯儲備不足、進口不足、外資輸入不足。第三，由於貨幣不可自由兌換，因而能否通過進口來平衡貨幣供應和貨幣需求、總供給和總需求，以抑制或消除通貨膨脹，必定受制於本國的外匯儲備水平或對外借貸能力。

三、國際收支不平衡對經濟的影響

國際收支是一國對外經濟關係的綜合反應，隨著各國經濟日趨國際化，對外經濟與對內經濟關係日益密切，相應的，國際收支不平衡對一國經濟的影響範圍越來越廣，程度也越來越深。持續的、大規模的國際收支逆差對一國經濟的影響表現為以下幾個方面：

（1）持續性順差會使一國所持有的外國貨幣資金增加，或者在國際金融市場上發生搶購本國貨幣的情況，這就必然產生對本國貨幣需求量的增加，由於市場法則的作用，本國貨幣對外國貨幣的匯價就會上漲，不利於本國商品的出口，從而對本國經濟的增長產生不良影響。

（2）持續性順差會導致一國通貨膨脹壓力加大。因為如果國際貿易出現順差，那麼就意味著國內大量商品被用於出口，可能導致國內市場商品供應短缺，帶來通貨膨脹的壓力。另外，出口公司將會出售大量外匯兌換本幣收購出口產品從而增加了國內市場貨幣投放量，帶來通貨膨脹壓力。如果資本項目出現順差，大量的資本流入，該國政府就必須投放本國貨幣來購買這些外匯，從而也會增加該國的貨幣流通量，帶來通貨膨脹壓力。

（3）一國國際收支持續順差容易引起國際摩擦，而不利於國際經濟關係的發展，因為一國國際收支出現順差也就意味著世界其他一些國家因其順差而國際收支出現逆差，從而影響這些國家的經濟發展，他們要求順差國調整國內政策，以調節過大的順差，這就必然導致國際摩擦，例如20世紀80年代以來越演越烈的歐、美、日貿易摩擦就是因為歐共體國家、美國、日本之間國際收支狀況不對稱之故。

可見，一國國際收支持續不平衡時，無論是順差還是逆差，都會給該國經濟帶來危害，政府必須採取適當的調節，以使該國的國內經濟和國際經濟得到健康的發展。

四、國際收支不平衡的評價

評價一個國家的國際收支不平衡必須採取客觀的、辯證的態度，具體要注意以下幾點：

（1）國際收支平衡是各國追求的目標，不平衡從理論上講對一國經濟是不利的，但是國際收支平衡是相對的，不平衡才是絕對的；換句話說，各國出現國際收支不平衡是一種正常現象，長期處於平衡狀態是不可能的。

（2）相比較而言，在各國政策制定者的心目中，出現順差要比出現逆差來得好，以至於有些人認為逆差才算是國際收支不平衡，順差不算是不平衡，這是因為順差不會對國內經濟立即產生或帶來不良影響，順差的調節要比逆差的調節容易得多，而且在目前的國際金融環境下始終存在著國際收支調節的不對稱，即國際組織（如國際貨幣基金組織）一直把國際不平衡的主要責任推到逆差國，因此為調節各國的國際收支，國際組織常常要求逆差國採取各種各樣的緊縮性經濟政策，即便是犧牲該逆差國經濟增長也在所不惜。但是，正如前面所分析的，一國如果長期保持巨額的國際收支順差對本國經濟發展也是不利的，比如日本目前正在「享受」長期高額順差的苦果：日元升值，國內企業紛紛虧損、倒閉，國內生產空洞化，失業問題日趨嚴重，經濟增長停止不前等。另外，世界各國都是順差是不可能的，總有一部分國家出現順差，另一部

分國家出現逆差,這也就是說某些國家出現逆差是不可避免的。

(3) 相比較追求國際收支量上的平衡而言,各國政府更重視追求國際收支結構上的平衡。換句話說,國際收支結構的好壞對一國經濟的影響要比國際收支量上是否平衡的影響更大。這裡的國際收支結構是指國際收支各項目差額的結構,最主要的又是經常項目差額與資本與金融項目差額(不包括官方儲備)的結構。一般有四種情況:①經常項目和資本與金融項目都出現順差,這時不僅國際收支量上出現順差,而且結構也較好,因而一般認為是最好的一種情況。②經常項目與資本與金融項目都出現逆差,這是最壞的一種情況。③經常項目出現順差、資本與金融項目出現逆差,此時不管最后國際收支是順差還是逆差,都不失為一種好的國際收支狀況,因為它結構較好:經常項目出現順差表明該國商品、勞務的國際競爭能力很強,出口多於進口,國家外匯儲備增加;資本項目出現逆差,反應出一國資本的國際競爭能力很強,對外投資大於資本流入。④經常項目出現逆差、資本與金融項目出現順差,此時即使最后國際收支能夠達到平衡或順差,都不是一種好的狀態,因為這種國際收支結構不好。

(4) 對於某些國家來說,在特殊時期,上述第四種情況的國際收支狀況可能是一種政策性的選擇,即為了達到一定的政策目標,政府採取的一種策略。比如發展中國家在經濟起飛時期,由於經濟基礎較薄弱,商品、勞務的國際競爭力較差,經常項目出現赤字,但該國政府為了能在較短的時間裡改變這種狀況,採取各種優惠政策吸引外資,從而出現了經常項目逆差、資本與金融項目順差的狀況,其目的是為了在較短的時間裡達到經常項目順差、資本與金融項目逆差的國際收支結構。

綜上所述,對一國國際收支的不平衡必須採取具體的、全面的、辯證的分析方法,同時我們也可明確各國採取各種措施來調節國際收支不平衡,其目標是改變一國過長時間、過大規模的逆差或順差狀況,而不是徹底消除不平衡,因為這是不現實的。

五、國際收支不平衡的調節

一國國際收支持續出現不平衡,不管是順差還是逆差,對其經濟的協調、健康發展都非常不利,因此,各國政府都非常關心對國際收支不平衡的調節問題。國際收支的調節大體可分為兩類,一類是自動調節,另一類是人為的政策調節。

(一) 國際金本位制下的自動調節機制

在國際間普遍實行金本位制的條件下,一個國家的國際收支可通過物價的漲落和黃金的輸出輸入自動恢復平衡。這一自動調節規律稱為「物價—現金流動機制」(Price Specie-Flow Mechanism)。它是在1752年由英國經濟學家大衛·休謨(Hume David)提出的,所以又叫「休謨機制」。

物價—現金流動機制自動調節國際收支的具體過程如下:一國的國際收支如果出現逆差,則外匯供不應求,外匯匯率上升,若外匯匯率上升超過了黃金輸送點,則本國商人不再用本幣購買外匯付給商人,而是直接用黃金支付給外國出口商,這樣黃金就大量流出。黃金外流導致本國銀行準備金降低,從而使流通中貨幣量減少,物價下跌,而物價下跌使得出口成本降低,本國商品的出口競爭力增強,出口增加,進口減少,直至國際收支改善。這樣,國際收支的不平衡完全能夠自發調節,用不著任何人為的干預。如果一國國際收支出現順差,其自動調節過程完全一樣,只是各經濟變量的變動方向相反而已。物價—現金流動機制對國際收支的自動調節過程如圖1-1所示。

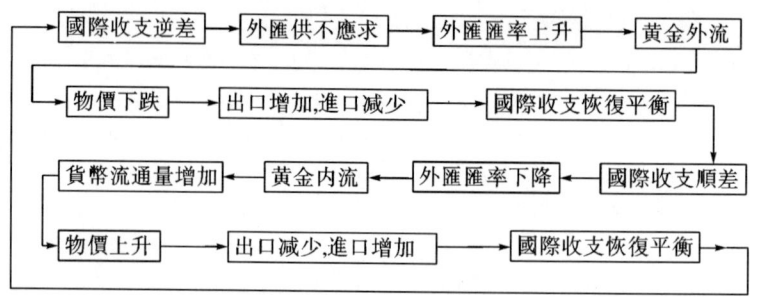

图 1-1 物价—现金流动机制

休谟的物价—现金流动机制在理论分析上存在著一系列缺陷：第一，他是以货币数量论为依据的，因而得出物价仅因货币数量变化而变化；第二，在金币流通的情形下，黄金流动不一定会引起物价变动，因为金属货币可以自发调节到必要的数量；第三，其强调相对价格的变动，而忽视了产量和就业的变动；第四，黄金流动同恢复国际收支平衡自动联系起来，金融当局没有进行干预的余地。正是因为休谟忽略了上述四方面的情况因而过高估计了物价—现金流动机制对国际收支不平衡的调节作用。

（二）纸币流通条件下的国际收支自动调节机制

在信用货币流通的制度下，纸币流通使国际间货币流动失去直接清偿性，国际间的货币交换必须通过汇率来实现，因此，物价—现金流动机制已不复存在。虽然如此，在出现国际收支失衡时，仍然会存在某些调节机制，具有使国际收支自动恢复均衡的作用。根据起作用的变量不同，可将自动调节机制分为四类：利率调节机制、价格调节机制、收入调节机制和汇率调节机制。

1. 利率的自动调节机制

利率的自动调节机制是指一国国际收支不平衡会影响利率的水平，而利率水平的变动反过来又会对国际收支不平衡起到一定的调节作用，主要从经常帐户和资本帐户两个方面进行调节。

一国国际收支出现逆差，即表明该国银行所持有的外国货币存款或其他外国资产减少，负债增加，因此产生了银行信用紧缩，使国内金融市场的银根趋于紧张，利率水平逐渐上升。而利率的上升表明本国金融资产的收益率上升，从而对本国金融资产的需求相对上升，对外国金融资产的需求相对降低，资本内流增加、外流减少，资本项目逆差逐渐减少，甚至出现顺差。另一方面，利率上升使国内投资成本上升，消费机会成本上升，因而国内总需求下降，对国外商品的进口需求也随之减少，出口增加，这样，贸易逆差也会减少，整个国际收支趋于平衡。反之，国际收支盈余会通过货币供应量的上升和利率水平的下降，导致本国资本外流增加，外国资本流入减少，国内总需求上升，使其国际收支盈余减少甚至消除。利率机制对国际收支的自动调节过程如图 1-2 所示。

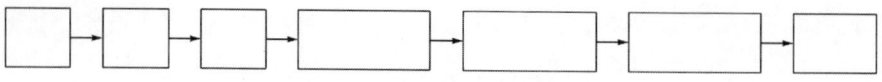

图 1-2 利率机制的自动调节过程

2. 價格的自動調節機制

價格的變動在國際收支自動調節機制中也發揮著重要的作用。當一國的國際收支出現逆差時，由於外匯支付手段的減少，容易導致國內信用緊縮，貨幣供應量的下降會使公眾所持有的現金餘額低於其意願水平，該國居民就會縮減對商品和勞務的開支，從而引起價格水平的下降。本國商品相對價格的下降，會提高本國商品的國際競爭力，從而使本國的出口增加，進口減少，該國國際收支狀況得以改善。反之，當一國的國際收支出現順差時，由於外匯支付手段的增多，容易導致國內信用膨脹、利率下降、投資與消費相應上升、國內需求量擴大，從而對貨幣形成一種膨脹性壓力，使國內物價與出口商品價格隨之上升，從而削弱出口商品的國際競爭能力，導致出口減少而進口增加，使原來的國際收支順差逐漸消除。價格機制對國際收支的自動調節過程如圖1-3所示。

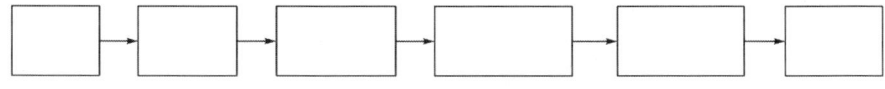

圖1-3 價格機制的自動調節過程

3. 收入的自動調節機制

收入的自動調節機制是指在一國國際收支不平衡時，該國的國民收入、社會總需求會發生變動，而這些變動反過來又會減弱國際收支的不平衡。當一國國際收支出現逆差時，會使其外匯支出增加，引起國內信用緊縮、利率上升，總需求下降，國民收入也隨之減少，國民收入的減少必然使進口需求下降，貿易逆差逐漸縮小，國際收支不平衡也會得到緩和。反之，當一國國際收支出現順差時，會使其外匯收入增加，從而產生信用膨脹、利率下降，總需求上升，國民收入也隨之增加，因而導致進口需求上升，貿易順差減少，國際收支恢復平衡。收入機制對國際收支的自動調節過程如圖1-4所示。

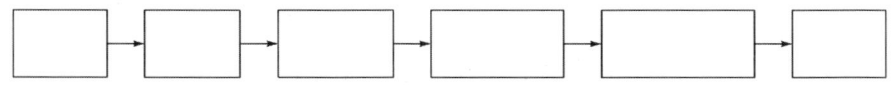

圖1-4 收入機制的自動調節過程

4. 匯率的自動調節機制

匯率的自動調節機制是指在浮動匯率制度下，匯率的自發變動在很大程度上具有自動調節國際收支的功能。當一國出現國際收支失衡時，必然會對外匯市場產生壓力，促使外匯匯率變動。如果該國政府允許匯率自發變動，而不進行干預，則國際收支的失衡就有可能會被外匯匯率的變動所消除，從而使該國國際收支自動恢復均衡。當一國國際收支出現逆差時，外匯市場上本外幣供求關係發生變化，外匯需求大於外匯供給，導致外匯匯率上升，本幣匯率下降，出口商品以外幣計算的價格下跌，而進口商品以本幣計算的價格上升，於是刺激了出口，抑制了進口，貿易收支逆差逐漸減少，國際收支不平衡得到緩和。反之，當一國國際收支順差時，外匯供給大於外匯需求，本幣匯率上升，進口商品以本幣計算的價格下跌，而出口商品以外幣計算的價格上漲，因此，出口減少、進口增加，貿易順差減少，國際收支不平衡得到緩和。匯率機制對

國際收支的自動調節過程如圖1-5所示。

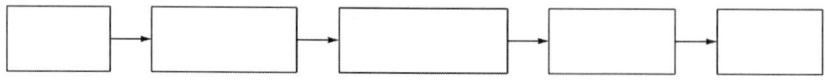

圖1-5 匯率機制的自動調節過程

在紙幣流通條件下，國際收支自動調節機制的正常運行具有很大的局限性，往往難以有效地發揮作用，因為它要受到各方面因素的影響和制約。

（1）國際收支的自動調節只有在純粹的自由經濟中才能產生作用。政府的某些宏觀經濟政策會干擾自動調節過程，使其作用下降、扭曲或根本不起作用。自西方國家盛行凱恩斯主義以來，大多數國家都不同程度地加強了對經濟的干預。

（2）自動調節機制只有在進出口商品的供給和需求彈性較大時，才能發揮其調節的功能。如果進出口商品供給、需求彈性較小，就無法減少進口、擴大出口，或擴大進口、減少出口，改變入超或出超狀況。

（3）自動調節機制要求國內總需求和資本流動對利率升降有較敏感的反應。如果對利率變動的反應遲鈍，那麼，即使是信用有所擴張或緊縮，也難以引起資本的流入或流出和社會總需求的變化。對利率反應的靈敏程度與利率結構相關聯，也與一國金融市場業務的發展情況息息相關。

由於自動調節機制充分發揮作用要滿足上述三個條件，而在當前經濟條件下，這些條件不可能完全存在，從而導致了國際收支自動調節機制往往不能有效地發揮作用。因此，當國際收支不平衡時，各國政府往往根據各自的利益採取不同的經濟政策，使國際收支恢復平衡。

（三）國際收支的政策調節

國際收支的政策調節是指國際收支不平衡的國家通過改變其宏觀經濟政策和加強國際間的經濟合作，主動地對本國的國際收支進行調節，以使其恢復平衡。人為的政策調節相對來說比較有力，但也容易產生負面的作用（如考慮了外部平衡而忽視了內部平衡），有時還會因時滯效應達不到預期的目的。

1. 外匯緩衝政策

外匯緩衝政策是指一國運用所持有的一定數量的國際儲備，主要是黃金和外匯，作為外匯穩定或平準基金（Exchange Stabilization Fund），來抵消市場超額外匯供給或需求，從而改善其國際收支狀況。它是解決一次性或季節性、臨時性國際收支不平衡簡便而有利的政策措施。

一國國際收支不平衡往往會導致該國國際儲備的增減，進而影響國內經濟和金融。因此，當一國國際收支發生逆差或順差時，中央銀行可利用外匯平準基金，在外匯市場上買賣外匯，調節外匯供求，使國際收支不平衡產生的消極影響止於國際儲備，避免匯率上下劇烈動盪，而保持國內經濟和金融的穩定。但是動用國際儲備，實施外匯緩衝政策不能用於解決持續性的長期國際收支逆差，因為一國儲備畢竟有限，長期性逆差勢必會耗竭一國所擁有的國際儲備而難以達到緩衝的最終政策，特別是當一國貨幣幣值不穩定，使人們對該國貨幣的信心動搖，因而引起大規模資金外逃時，外匯緩衝政策更難達到預期效果。

2. 財政政策

財政政策主要是採取縮減或擴大財政開支和調整稅率的方式,以調節國際收支的順差或逆差。

如果國際收支發生逆差,那麼第一,可削減政府財政預算、壓縮財政支出,由於支出乘數的作用,國民收入減少,國內社會總需求下降,物價下跌,出口商品的國際競爭力增強,進口需求減少,從而改善國際收支逆差;第二,提高稅率,國內投資利潤下降,個人可支配收入減少,導致國內投資和消費需求降低,在稅賦乘數作用下,國民收入倍減,迫使國內物價下降,擴大商品出口,減少進口,從而縮小逆差。

可見,通過財政政策來調節國際收支不平衡主要是通過調節社會總需求、國民收入的水平來起作用的,這一過程的最中心環節是社會企業和個人的「需求伸縮」,它在不同的體制背景下作用的機制和反應的快捷程度是不一致的,這取決於其產權制約關係的狀況。

3. 貨幣政策

貨幣政策主要是通過調整利率來達到政策實施目標的。調整利率是指調整中央銀行貼現率,進而影響市場利率,以抑制或刺激需求,影響本國的商品進出口,達到國際收支平衡的目的。當國際收支產生逆差時,政府可實行緊縮的貨幣政策,即提高中央銀行貼現率,使市場利率上升,以抑制社會總需求,迫使物價下跌,出口增加,進口減少,資本也大量流入本國,從而逆差逐漸消除,國際收支恢復平衡。相反,國際收支產生順差,則可實行擴張的貨幣政策,即通過降低中央銀行貼現率來刺激社會總需求,迫使物價上升,出口減少,進口增加,資本外流,從而順差逐漸減少,國際收支恢復平衡。

但是,利率政策對國際收支不平衡的調節存在著一些局限性:其一,利率的高低只是影響國際資本流向的因素之一,國際資本流向很大程度上還要受國際投資環境政治因素的影響,如一國政治經濟局勢較為穩定,地理位置受國際政治動盪事件的影響小,則在這裡投資較安全,可能成為國際遊資的避難所。此外,國際資本流向還與外匯市場動向有關,匯率市場、遊資金融轉向投機目的以獲取更高利潤,因此一國金融市場動盪,即使利率較高也難以吸引資本流入;其二,國內投資、消費要對利率升降有敏感反應,而且對進口商品的需求彈性、國外供給彈性要有足夠大,利率的調整才能起到調節國際收支不平衡的效果。反之,若國內投資、消費對利率反應遲鈍,利率提高時,國內投資、消費不能因此減少,則進口需求也不會減少,出口也難以提高。國際收支逆差也難以改善;其三,提高利率短期內有可能吸引資本流入本國,起到暫時改善國際收支的作用,但從國內經濟角度看,由於利率上升,經濟緊縮,勢必削弱本國的出口競爭力,從而不利於從根本上改善國際收支。相反,為了促進出口而活躍經濟必須降低利率,這又會導致資本外流,勢必加劇國際收支不平衡,因此利率政策調節國際收支不平衡容易產生內外均衡的矛盾。

4. 匯率政策

匯率政策是指通過調整匯率來調節國際收支的不平衡。這裡所謂的「調整匯率」是指一國貨幣金融當局公開宣布的貨幣法定升值與法定貶值,而不包括金融市場上一般性的匯率變動。

匯率調整政策是通過改變外匯的供需關係,並經由進出口商品的價格變化,資本

融進融出的實際收益（或成本）的變化等渠道來實現對國際收支不平衡的調節。當國際收支出現逆差時實行貨幣貶值，當國際收支出現順差時實行貨幣升值。

匯率調整政策同上述財政政策、貨幣政策相比較而言，對國際收支的調節無論是表現在經常項目、資本項目或是儲備項目上都更為直接、更為迅速。因為，匯率是各國間貨幣交換和經濟貿易的尺度，同國際收支的貿易往來、資本往來的「敏感系數」較大；同時，匯率調整對一國經濟發展也會帶來多方面的副作用。比如說，貶值容易給一國帶來通貨膨脹壓力，從而陷入「貶值→通貨膨脹→貶值」的惡性循環。它還可能導致其他國家採取報復性措施，從而不利於國際關係的發展等。

因此，一般只有當財政、貨幣政策不能調節國際收支不平衡時，才使用匯率手段。

同時，匯率調整政策有時對國際收支不平衡的調節不一定能起到立竿見影的效果，因為其調節效果還取決於現實的經濟和非經濟因素：第一，匯率變動對貿易收支的調節受進出口商品價格彈性和時間滯后的影響，這在前面已經分析過，這裡不再重複；第二，匯率變動對資本收支的影響不一定有效，其影響要看外匯市場情況而定。如果一國匯率下跌引起一般人預測匯率還會繼續下跌，則國內資金將會外逃，資本收支將會惡化，並且資本輸出入主要還是要看一國的利率政策、融資環境等，這些都無法隨匯率的變化而變化；第三，匯率變動對國際收支的調節還受制於各國對國際經濟的管制和干預程度。這些管制和干預包括貿易壁壘的設置、外匯管制政策的松嚴等。

【同步案例 1-2】

日元的貶值帶來的影響

2013 年以來，日元兌美元匯率明顯轉弱，在日本政府和央行的聯合干預下，日元貶值之勢並未停歇。美元對日元已攻破 92 整數關口。歐元對日元也觸及三年來的高位。日本央行行長人選已接近確定，在新行長上任後，日本央行推動貨幣寬鬆的力度勢必還會進一步加大。分析人士指出，以目前市場環境來看，日元繼續貶值的可能性很大，日元的走低將進一步有利於日本的出口，並帶動日股走強。一些東亞和東南亞國家均感到日元貶值帶來的壓力。紛紛表示必要時本幣將追隨日元貶值。日元貶值為何會給其他亞洲國家帶來壓力呢？

多年來，東亞和東南亞各國形成了與日本大致相同的產業結構和進出口結構，在電子產品、汽車、鋼鐵等產品的出口領域與日本競爭激烈。日元貶值后，以外幣（如美元）表示的日本商品價格便會大幅下降，提升了日本產品在國際市場上的競爭力，極力地促進了日本產品對歐美等國家的出口，奪取了韓國等東南亞國家的海外市場，據韓國的有關部門統計，以往日元每貶值 10%，韓國將減少出口 27 億美元，占全年出口總額的 9%，進口也將減少 8 億美元，同理，亞洲其他國家的進出口貿易都將受到影響。

資料來源：http://sh.gtja.com/sh/cms_gjcj/cms_11809252.html.

5. 直接管制政策

財政、貨幣和匯率政策的實施有兩個特點，一是這些政策發生的效應要通過市場機制方能實現，二是這些政策的實施不能立即收到效果，其發揮效應的過程較長。因此，在某種情況下，各國還必須採取直接的管制政策來干預國際收支。

直接管制政策包括外匯管制和貿易管制兩個方面：

（1）外匯管制方面主要是通過對外匯的買賣直接加以管制以控製外匯市場的供求，從而維持本國貨幣對外匯率的穩定。如對外匯實行統購統銷，保證外匯統一使用和管理，從而影響本國商品及勞務的進出口和資本流動，調節國際收支不平衡。

（2）貿易管制方面的主要內容是獎出限入。在獎出方面常見的措施有：①出口信貸；②出口信貸國家擔保制；③出口補貼。而在限入方面，主要是實行提高關稅、進口配額制和進口許可證制，此外，還有許多非關稅壁壘的限制措施。

實施直接管制措施調節國際收支不平衡見效快，同時選擇性強，對局部性的國際收支不平衡可以採取有針對性的措施直接加以調節，不必涉及整體經濟。例如，國際收支不平衡是由於出口減少造成的，就可直接施以鼓勵出口的各種措施加以調節。但直接管制會導致一系列行政弊端，如行政費用過大，官僚、賄賂之風盛行等，同時它往往會激起相應國家的報復，以致使其效果大大減弱，甚至起反作用，所以，在實施直接管制以調節國際收支不平衡時，各國一般都比較謹慎。

6. 國際借貸

國際借貸就是通過國際金融市場、國際金融機構和政府間貸款的方式，彌補國際收支不平衡。國際收支逆差嚴重而又發生支付危機的國家，常常採取國際借貸的方式暫緩國際收支危機。但在這種情況下的借貸條件一般比較苛刻，這又勢必增加將來還本付息的負擔，使國際收支狀況惡化，因此運用國際借貸方法調節國際收支不平衡僅僅是一種權宜之計。

7. 國際經濟、金融合作

當國際收支不平衡時，各國根據本國的利益採取的調節政策和管制政策措施，有可能引起國家之間的利益衝突和矛盾。因此，除了實施上述調節措施以外，有關國家還試圖通過加強國際經濟、金融合作的方式，從根本上解決國際收支不平衡的問題。其主要形式有：

（1）國際間債務清算自由化。第二次世界大戰後成立的國際貨幣基金組織（IMF）和歐洲支付同盟（European Payment Union，EPU）的主要任務是促使各國放鬆外匯管制，使國際間的債權債務關係在這些組織內順利地得到清算，從而達到國際收支平衡。

（2）國際貿易自由化。為了調節國際收支，必須使商品在國際間自由流動，排除任何人為的阻礙，使國際貿易得以順利進行，為此或訂立國際間的一些協定，或推行經濟一體化，如歐洲共同市場（European Common Market）、拉丁美洲自由貿易區（Latin American Free Trade Association）、石油輸出國組織（Organization of Petroleum Exporting Countries，OPEC）等等。

（3）協調經濟關係。隨著20世紀80年代全球性國際收支不平衡的加劇，西方主要工業國日益感到開展國際磋商對話、協調彼此經濟政策以減少摩擦，共同調節國際收支不平衡的必要性和重要性。如自1985年起一年一次的西方七國財長會議，就是協調各國經濟政策的途徑之一，通過西方七國財長會議的協調，近幾年來，在糾正全球性國際收支不平衡方面已取得了一些積極成果。

（四）選擇國際收支調節方式的一般原則

國際收支不平衡的調節方式有很多，但是每一種調節方式都有自己的特點，對國際收支不平衡調節的側重點也不同，因此在具體調節一國國際收支不平衡時選擇適當

調節措施是非常重要的，一般來說應遵循三個原則：

1. 按照國際收支不平衡產生的原因來選擇調節方式

國際收支不平衡產生的原因是多方面的，根據其產生原因的不同選擇適當的調節方式可以有的放矢、事半功倍。例如，一國國際收支不平衡是經濟週期波動所致，說明這種不平衡是短期的，因而可以用本國的國際儲備或通過從國外獲得短期貸款來彌補，以達到平衡的目的，但這種方式用於持續性巨額逆差的調整不能收到預期效果。如果國際收支不平衡是由於貨幣性因素引起的，則可採取匯率調整方法。如果國際收支不平衡是因為總需求大於總供給而出現的收入性不平衡時，則可實行調節國內支出的措施，如實行財政金融的緊縮性政策。如果發生結構性的不平衡，則可採取直接管制和經濟結構調整方式來調節。

2. 選擇國際收支調節方式應盡量不與國內經濟發生衝突

國際收支是一國宏觀經濟的有機組成部分，調整國際收支勢必對國內經濟產生直接影響。一般來說，要達到內外均衡是很困難的，往往調節國際收支的措施對國內經濟會產生不利影響，而謀求國內均衡的政策又會導致國際收支不平衡。因此，必須按其輕重緩急，在不同的時期和經濟發展的不同階段分別作出抉擇。當然最一般的原則是盡量採用國內平衡與國際收支平衡相配合的政策。

3. 選擇調節國際收支的方式應盡可能減少來自他國的阻力

在選擇調節國際收支的方式時，各國都以自身的利益為出發點，各國利益的不同必然使調節國際收支的對策對不同國家產生不同的影響，有利於一國的調節國際收支的措施往往有害於其他國家，從而導致這些國家採取一些報復措施，其后果不僅影響了國際收支調節的效果，而且還不利於國際經濟關係的發展，因此，在選擇調節國際收支的方式時，應盡量避免損人過甚的措施，最大限度地減輕來自他國的阻力。

任務四　國際收支理論

一、重商主義（學派）的理論

重商主義是在西方封建社會的晚期和資本主義的初期，為適應資本原始累積的需要而產生的一種代表商業資產階級利益的經濟學說。

重商主義認為金銀或貨幣是財富的唯一形態，一切經濟活動的目的就是獲得金銀。在他們看來，除了開採金銀礦藏之外，只有對外貿易才是貨幣財富的真正源泉。因為國內商業雖然有益處，只不過是使一部分人獲利而另一部分人虧損，並不能增加國內的貨幣量。而只有對外貿易才能使一國的金銀增多，國家才能富裕。重商主義由此得出結論：國家為了致富，必須發展對外貿易，而在對外貿易中，又必須遵守多賣少買、多收入少支出的原則，以求得對外貿易的順差。貿易順差這個名詞是重商主義提出來的。為了達到這個目的，國家必須積極干預經濟生活。在如何保持貿易順差、增加貨幣的問題上，重商主義的觀點是不同的。因而就有早期重商主義和晚期重商主義之分。

早期重商主義為擴大貨幣存量，將多賣少買這一公式絕對化，尤其強調少買或不買。他們認為，一切購買都會使貨幣減少，一切銷售都會使貨幣增加，盡量少買或不買，就可以少花錢而將貨幣累積起來，使國家致富。反之，貨幣就會離手，財富就會

流出，國家趨於貧困。因此，他們主張採取行政手段，吸收和保存國內的金銀，同時禁止貨幣輸出。當時許多國家，如英國、西班牙和葡萄牙等，就根據早期重商主義學派的主張，頒布了各種法令，甚至規定嚴厲的刑法，禁止貨幣輸出國外。其同時規定，外國商人必須將出售所得貨幣，全部用於購買當地商品。早期重商主義的學說被稱為貨幣差額論。

如果說早期重商主義是以守財奴的眼光看待貨幣，晚期重商主義則是用資本家的眼光來看貨幣。他們懂得貨幣擱置不用是不會產生貨幣的，必須使貨幣運動，將貨幣投入流通，才能取得更多的貨幣。因此他們主張，國家不應禁止貨幣輸出，而應允許將貨幣輸出國外以便擴大對國外商品的購買。但他們要求在對外貿易中，必須保持貿易順差的原則，其目的是最終使更多的貨幣流向本國。重商學派的代表人物托馬斯·孟曾用播種來比喻貨幣增殖，他說，農夫在播種的時候，把許多好穀粒拋在地上，假如只以此時的農夫行為來判斷，我們會說他是一個瘋子。但到了秋天，我們會看到他所得到的報酬是很豐富的。因此，晚期重商主義學說也被稱為貿易差額論。為鼓勵輸出，實現出超，晚期重商主義者主張國家必須實行保護關稅的政策。例如輸出商品時，國家全部或部分退還資本家原先繳納的稅款，當進口商品經過本國加工後重新輸出時，國家則退還這些商品在輸入時所交付的關稅。另外重商主義主張發展製造業，因為工業品的出口價格遠遠大於原料。

二、休謨的國際收支調節理論

大衛·休謨是英國哲學家、歷史學家和經濟學家，他也是英國古典經濟學的主要代表人物之一。他把貨幣數量學說應用到國際收支的分析，提出了著名的「價格—現金流動機制」。他認為，只要世界各國相互保持貿易關係，則一國對外貿易差額將自動調節。它以英國為例來說明這種國際價格機制的自動調節作用。假設英國的貨幣一夜之間消失了五分之四，那麼一切商品的價格將會相應下降。在這樣的價格條件下，還有哪個國家能在國際市場上與英國競爭，或以與英國同樣的價格從事海運和出售工業品呢？於是用不了多長時間，英國就會彌補他所損失的貨幣量並趕上鄰國的水平。一旦達到這個目的，英國就會立即喪失其廉價商品和廉價勞動的有利條件，外國貨幣也就不再流入英國。相反，如果英國的貨幣在一夜之間增加1倍，則勞動和商品的價格將相應提高，這樣哪個國家能買得起英國貨物呢？英國無法阻止外國商品進口，無法限制本國貨幣外流，直到英國的貨幣量下降到與鄰國相等為止。

在休謨時代，國際收支順差和黃金流入引起貨幣供應量增加是不成問題的。因為在那個時代，貨幣、黃金和儲備基本上是同一回事，也就是說，國際收支直接表現為貨幣儲備量的變動。至於休謨關於貨幣供應量增大最終會使物價上升的論點是以貨幣數量說為基礎的。但休謨的這種從貨幣量變動到國內物價變動再到貿易差額變動的推理，需要有一個基本的既定條件，這就是進出口彈性條件。休謨沒有就此進行深入的分析，這個問題留待了后來的馬歇爾、勒納及羅賓遜夫人來解決。

三、彈性論

彈性論是運用新古典學派的創始人——馬歇爾的彈性理論，用以分析匯率變動在國際收支中的調節作用。該理論的前提條件是：其他一切條件不變（收入不變、偏好

不變、其他商品價格不變），只考慮匯率變化對進出口商品的影響；貿易商品的供給彈性無限大；沒有資本移動，國際收支等於貿易收支；貶值前貿易收支處於平衡狀態。

在這些假設條件下，彈性論認為，匯率變動引起進出口商品價格的變動，價格的變動引起進出口數量的變動，從而導致國際收支的變化。如一國國際收支出現逆差，該國可採取貨幣貶值的辦法擴大出口額、減少進口額，但貶值的效果取決於一國進出口商品的需求彈性。

所謂需求彈性是指需求量對價格的反應程度。各種商品在商品價格變動后，需求量的變化是不一樣的。需求量的變動幅度小於價格的變動幅度，稱為需求彈性小於 1，反之則稱為需求彈性大於 1，需求量的變動幅度如等於價格變動的幅度，則為需求彈性等於 1。在匯率發生變動后，如進出口商品的需求彈性不同，對貿易收支的影響也不同。

假設以 D_x 代表出口商品的需求彈性，D_m 代表進口商品的需求彈性，貨幣貶值后可能出現三種情況：

（1）$|D_x+D_m|>1$，即出口商品的需求彈性和進口商品的需求彈性之和大於 1，在這種情況下，外匯收入的增加量和外匯支出的減少量之和大於由於出口價格下跌而減少的外匯收入量和由於進口價格上漲而增加的外匯支出量之和，貶值可以改善貿易收支。

（2）$|D_x+D_m|<1$，即出口商品的需求彈性和進口商品的需求彈性之和小於 1，在這種情況下，外匯收入的增加量和外匯支出的減少量之和小於由於出口價格下跌而減少的外匯收入量和由於進口價格上漲而增加的外匯支出量之和，貶值反而惡化貿易收支。

（3）$|D_x+D_m|<1$，即出口商品的需求彈性和進口商品的需求彈性之和等於 1，在這種情況下，外匯收入的增加量和外匯支出的減少量之和等於由於出口價格下跌而減少的外匯收入量和由於進口價格上漲而增加的外匯支出量之和，貶值對貿易收支沒有影響。

由此可見，匯率調整改善貿易收支是有條件的，是受進出口商品需求彈性的制約的。只有當 $|D_x+D_m|>1$ 時，國際收支失衡現象才會在匯率調整後得到糾正，因此該條件被稱為外匯市場穩定條件，也稱「馬歇爾—勒納條件」。

彈性論在國際收支理論中具有一定的實際意義和參考價值。但該理論是一種局部均衡，它以一切條件不變為前提，只考慮匯率變動對進出口貿易的影響，忽略了其他因素，故有一定的局限性。

四、吸收論

吸收論是米德和亞歷山大在第二次世界大戰后初期提出來的。它以凱恩斯宏觀經濟理論為基礎，分析開放經濟條件下，國民收入各變量和總量對國際收支的影響。該理論認為，由於國內商品和勞務的消費大於生產，因此必須輸入國外的商品和勞務加以彌補，故出現國際收支逆差。

凱恩斯的國民收入均衡公式是：

國民收入＝消費+投資

總收入＝總支出

但凱恩斯是以封閉經濟作為考察對象，如果把對外貿易包括在內，則國民收入的均衡公式為：

$$Y = C + I + G\ (X - M) \tag{1-1}$$

移項：

$$X - M = Y - (C + I + G) \tag{1-2}$$

亞歷山大將 $X-M$ 用 B 表示，$C+I+G$ 用 A 表示，則：

$$B = Y - A \tag{1-3}$$

其中，B 為國際收支差額，Y 為國民收入，A 為總支出或總吸收。

該公式表明國民收入減去國內總支出等於國際收支差額。國際收支順差意味著總收入大於總吸收，逆差意味著總收入小於總支出。所以一國國際收支最終要通過改變收入或吸收來調節，或增加收入或減少支出。因此吸收論的政策主張是：增加產量 Y 或減少支出 A。約翰遜分別稱之為支出轉向政策和支出減少政策。

支出轉向（轉換）政策具體分為兩種：一是貨幣貶值，二是貿易控製（包括關稅、補貼和數量限制等）。貶值的目的是通過相對價格的變動把國內支出轉向國內產品，貿易控製一般針對進口，目的是把國內支出從進口轉向國內產品。有時也用於刺激出口，目的是把外國支出轉向本國產品。

而支出減少政策通常採用的是貨幣限制、預算限制甚至直接控製等方式，這些政策往往會減少收入和就業。如果一國不僅有國際收支逆差，而且還有通貨膨脹的壓力，那麼這些政策就有額外的吸引力。但是一國如果處於通貨膨脹狀態，這一政策就有相應的缺點。

吸收論把國際收支的調節同國內經濟聯繫起來，說明通過國內經濟的調整，可以起到調節國際收支的作用。但是，該理論僅把進出口貿易作為研究對象，在國際資本流動因素日趨重要的今天，這種理論在國際收支分析中就顯得有一定的局限性。

五、貨幣論

彈性論和吸收論都強調商品市場流量均衡在國際收支調整中的作用，而貨幣論則強調貨幣市場存量均衡的作用。貨幣論的歷史淵源是大衛·休謨的價格—現金流動機制。其揭示了金本位制下國際收支通過貨幣供求的存量失衡，引起貨幣量和物價水平的調整而自動均衡的機制。20世紀60年代後期，蒙代爾、約翰遜和弗蘭克爾等人將封閉條件下的貨幣主義原理引申到開放經濟中來，從而發展了國際收支貨幣論。

貨幣論認為，國際儲備的變動是貨幣市場均衡的結果。貨幣需求是收入和利率的函數。

$$M_d = f(Y,\ r) \tag{1-4}$$

一國貨幣的供給分成兩部分：①國內創造部分（D），這是通過銀行體系所創造的信用。②國外部分（R），這是經國際收支所獲得的盈余，即國際儲備。

$$M_s = D + R \tag{1-5}$$

假定在長期中，貨幣需求等於貨幣供給，即

$$M_d = M_s \tag{1-6}$$

由此可以導出最基本的方程式：

$$R = M_d - D \tag{1-7}$$

该式表明，國際收支差額，無論是順差還是逆差，不過是貨幣需求與國內貨幣供應量之間的差額。如果 $M_d>D$，即貨幣需求大於國內的貨幣供給，則 $R>0$，國際收支會出現順差。這是因為，在 $M_d>D$ 的條件下，貨幣需求在國內得不到滿足的部分會通過對外借款或增加出口、減少進口等渠道得到調整。如果 $M_d<D$，則 $R<0$，國際收支出現逆差。因為此時國內多余的貨幣會通過對外投資或增加進口、減少出口加以調整。如果 $M_d=D$，則 $R=0$，國際收支平衡。

該理論的政策主張是：①所有國際收支不平衡都可以由國內貨幣政策來解決，而不需要改變匯率。②一國國際收支赤字的根源在於國內信貸擴張過大，因此應實行緊縮貨幣政策，使貨幣增長與經濟增長保持一致的速度。③在貨幣供給不變的情況下，收入增長和價格上升通過提高貨幣需求，將會帶來國際收支盈余，而利率上升則將通過降低貨幣需求，導致國際收支逆差。

貨幣論的獨創之處是它將國際收支失衡與貨幣余額的增減聯繫起來，並強調了貨幣政策的重要性。但貨幣論把貨幣因素列為國際收支的唯一決定性因素，而忽略了其他實物性因素對國際收支的影響，顯然是不全面的。

應知考核

■ **主要概念**

國際收支　國際借貸　國際收支平衡表　經常項目　經常項目差額　貿易收支差額　資本和金融項目差額　國際收支不平衡　週期性不平衡　貨幣性不平衡　結構性不平衡　收入性不平衡　臨時性不平衡　馬歇爾—勒納條件　外匯緩衝政策　自主性交易　補償性交易

■ **基礎訓練**

一、單選題

1. 國際收支平衡表按照（　　）原理進行統計記錄。
   A. 單式記帳　　　　　　　　B. 復式記帳
   C. 增減記帳　　　　　　　　D. 收付記帳

2. 國際收支平衡表中的金融帳戶包括一國的（　　）。
   A. 投資捐贈　　　　　　　　B. 專利買賣
   C. 對外借貸的收支　　　　　D. 對外投資的收支

3. 下列四項中，（　　）不屬於經常項目。
   A. 旅遊收支　　　　　　　　B. 僑民匯款
   C. 通訊運輸　　　　　　　　D. 直接投資

4. 一國國際收支失衡是指（　　）收支失衡。
   A. 自主性交易　　　　　　　B. 補償性交易
   C. 事前交易　　　　　　　　D. 事后交易

5. 一國國際收支失衡調節的利率機制是通過影響（　　）來發揮其作用的。
   A. 貨幣供應量　　　　　　　B. 國民收入
   C. 利率　　　　　　　　　　D. 相對價格水平

6. 價格—現金流動機制是（　　）貨幣制度下的國際收支的自動調節理論。
    A. 金幣本位制　　　　　　　　B. 金匯兌本位制
    C. 金塊本位制　　　　　　　　D. 紙幣本位制
7. 一國貨幣升值對其進出口產生的影響是（　　）。
    A. 出口增加，進口減少　　　　B. 出口減少，進口增加
    C. 出口增加，進口增加　　　　D. 出口減少，進口減少
8. 一國貨幣貶值對其進出口產生的影響是（　　）。
    A. 出口增加，進口減少　　　　B. 出口減少，進口增加
    C. 出口增加，進口增加　　　　D. 出口減少，進口減少
9. 馬歇爾—勒納的條件是指（　　）。
    A. 一國進出口需求彈性的絕對值之和大於 1
    B. 一國進出口需求彈性的絕對值之和等於 1
    C. 一國進出口需求彈性的絕對值之和小於 1
    D. 一國進出口供求彈性的絕對值之和大於 1
10. 下列交易中，（　　）應記入本國國際收支平衡表。
    A. 本國某企業到國外設立分公司
    B. 本國某銀行購買外國國庫券後因貨幣貶值而發生損失
    C. 某外國居民來本國長期工作獲得的工資收入
    D. 本國在外國投資建廠，該廠產品在當地市場的銷售收入

二、多選題
1. 國際收支統計所指的「居民」是指在一國經濟領土上具有經濟利益，且居住期限在一年以上的法人和自然人，它包括（　　）。
    A. 該國政府及其職能部門　　　B. 外國設在該國的企業
    C. 外國政府駐該國大使館　　　D. 外國到該國留學人員
2. 國際收支記錄的經濟交易包括（　　）。
    A. 海外投資利潤轉移　　　　　B. 政府間軍事援助
    C. 商品貿易收支　　　　　　　D. 他國愛心捐贈
3. 國際收支經常項目包含的經濟交易有（　　）。
    A. 商品貿易　　　　　　　　　B. 證券投資
    C. 投資收益收支　　　　　　　D. 政府單方面轉移收支
4. 國際收支金融帳戶包含的經濟交易有（　　）。
    A. 海外直接投資　　　　　　　B. 國際證券投資
    C. 資本轉移　　　　　　　　　D. 非生產非金融資產購買與放棄
5. 根據國際收入平衡表的記帳原則，屬於貸方項目的是（　　）。
    A. 進口貨物　　　　　　　　　B. 居民向非居民提供服務
    C. 非居民從本國取得收入　　　D. 非居民償還居民債務

三、簡答題
1. 簡述國際收支的概念，如何理解國際收支的特徵？
2. 簡述國際收支平衡表的主要內容。
3. 簡述國際收支平衡表的分析方法。

4. 簡述國際收支不平衡對經濟的影響。
5. 簡述國際收支不平衡的原因有哪些？如何對國際收支不平衡進行調節？

應會考核

■ 技能案例

【案例背景】

2014年一季度，中國經常項目順差442億元人民幣，其中，按照國際收支統計口徑計算（下同），貨物貿易順差2,471億元人民幣，服務貿易逆差2,009億元人民幣，收益順差211億元人民幣，經常轉移逆差232億元人民幣。資本和金融項目（含淨誤差與遺漏，下同）順差7,235億元人民幣，其中，直接投資淨流入3,130億元人民幣。國際儲備資產增加7,677億元人民幣，其中，外匯儲備資產（不含匯率、價格等非交易價值變動影響，下同）增加7,698億元人民幣，特別提款權及在基金組織的儲備頭寸減少21億元人民幣。

按美元計價，2014年一季度，中國經常項目順差72億美元，其中，貨物貿易順差404億美元，服務貿易逆差328億美元，收益順差35億美元，經常轉移逆差38億美元。資本和金融項目順差1,183億美元，其中，直接投資淨流入512億美元。國際儲備資產增加1,255億美元，其中，外匯儲備資產增加1,258億美元，特別提款權及在基金組織的儲備頭寸減少3億美元。

資料來源：http://www.jjckb.cn/2014-04/25/content_502135.htm。

【技能思考】

1. 順差是否屬於國際收支失衡？
2. 順差越多越有利於一國國內經濟的穩定與發展，這一說法對嗎？為什麼？

■ 實踐訓練

【實訓項目】

編製國際收支平衡表

【實訓情境設計】

某國2013年對外經濟活動的資料如下：

(1) A國從該國進口180萬美元的紡織品。該國將此筆貨款存入美聯儲銀行；

(2) 該國從B國購入價值3,600萬美元的機器設備，由該國駐B國的銀行機構以美元支票付款；

(3) 該國向C國提供8萬美元的工業品援助；

(4) 該國動用外匯儲備60萬美元，分別從A國和D國進口小麥；

(5) E國保險公司承保(2)、(4)項商品，該國支付保險費2.5萬美元；

(6) 該國租用F國的船只運送(2)、(4)兩項商品，運費12萬美元，付款方式

同（2）；
    （7）外國遊客在該國旅遊，收入為 15 萬美元；
    （8）該國在海外的僑胞匯回本國 25 萬美元；
    （9）該國對外承包建築工程 30 萬美元，分別存入所在國銀行；
    （10）外國在該國直接投資 1,500 萬美元；
    （11）該國向 G 國出口 25 萬美元商品，以清償對 G 國銀行的貸款；
    （12）該國在國外發行價值 100 萬美元的 10 年期債券，該筆款項存入國外銀行；
    （13）該國向國際貨幣基金組織借入短期資金 30 萬美元，以增加外匯儲備；
    （14）據年底核查，該國外匯儲備實際增加了 75 萬美元。

【實訓任務】

針對上述幾筆國際經濟交易，作出會計分錄，編製國際收支平衡表，並分析平衡關係，解釋該年的國際收支狀況。通過實訓使學生能夠運用所學知識和理論，結合中國的實際情況對國際收支的狀況進行分析。

（一）編製草表

國際收支平衡表（草表）　　　　　單位：萬美元

借方		貸方	
貿易進口		貿易出口	
非貿易輸入		非貿易輸出	
無償轉移支出		無償轉移收入	
資本項目		資本項目	
金融項目		金融項目	
儲備資產的增加		儲備資產的減少	
誤差與遺漏		誤差與遺漏	
合計		合計	

(二) 編製國際收支平衡表

	借方	貸方	差額
一、經常項目收支合計			
(1) 貿易收支			
(2) 非貿易收支			
(3) 無償轉移收支			
二、資本與金融項目合計			
(1) 資本項目			
(2) 金融項目			
三、誤差與遺漏			
四、儲備資產的增加			

項目二
外匯與匯率

■知識目標
理解：狹義外匯的概念和特徵、匯率的概念；
熟知：外匯和匯率的種類、匯率的標價方法、匯率決定理論；
掌握：影響匯率變動的因素、匯率變動對經濟的影響。

■技能目標
學生能夠運用所學的知識按照不同的匯率標價方法對外匯匯率進行換算。

■情意目標
學生能夠按照所學的基本理論來分析一國匯率變動的主要影響因素以及匯率變動對經濟的影響。

■教學目標
教師要培養學生認知當前國際金融行情，分析研究當前人民幣的走勢，預測人民幣的可自由兌換情況。

【項目引例】

人民幣即期匯率強勁反彈

2014年5月在周二、周三（5月27、28日）連續兩個交易日顯著走貶之后，周四（5月29日）人民幣兌美元（6.254,5, 0.000,0, 0.00%）即期匯價在中間價再創階段新低的背景下，一舉扭轉跌勢，出現單日157個基點的強勁反彈。

中國外匯交易中心公布，2014年5月29日銀行間外匯市場上人民幣兌美元匯率中間價報6.170,5，較28日小跌11個基點，再創2013年9月9日以來的逾八個月新低。

而當日即期市場上，人民幣兌美元即期匯價低開高走，一舉扭轉了前兩個交易日的急速下跌勢頭。人民幣即期匯價早盤曾低開48個基點於6.260,4，但隨即在美元的逐波賣壓下大幅反彈，尾盤收於6.239,9，全天下跌157個基點或0.25%。

分析人士表示，近期美元指數（80.330,0, -0.010,0, -0.01%）階段性反彈，疊加年中企業分紅購匯衝擊，使得人民幣匯率一度走軟，但考慮到宏觀基本面等人民幣匯率主要影響因素並未發生顯著變化，后市人民幣匯率有望重新回到區間震盪的運行格局。

資料來源：http://finance.china.com.cn/money/forex/whzx/20140530/2437057.shtml。

什麼是外匯？如何進行報價？匯率變動受哪些因素的影響？匯率變動對經濟的影響有哪些？

【知識支撐】

任務一　外匯

一、外匯的概念

(一) 動態的外匯

在國際金融領域，「外匯」是一個最基本的概念，它已成為各國從事國際經濟活動不可缺少的媒介。「外匯」是「國際匯兌」（Foreign Exchange）的簡稱，「匯」指資金轉移，「兌」指貨幣兌換。國際經濟交易和國際支付，必然會產生國際債權債務關係，由於各國貨幣制度的不同，所以國際債權債務的清償需要用本國貨幣與外國貨幣兌換。這種兌換由銀行來辦理，往往不必用現金支付，而是由銀行之間通過不同國家貨幣的買賣來進行結算，銀行的這種國際清償業務就叫國際匯兌。很顯然，這是一個動態的概念，是指一種匯兌行為，就是把一個國家的貨幣兌換成另一個國家的貨幣，然後以匯付或托收方式，借助於各種信用流通工具對國際間債權債務關係進行非現金結算的專門性經營活動。比如中國某進出口公司從美國進口一批機器設備，雙方約定用美元支付，而我方公司只有人民幣存款，為了解決支付問題，該公司用人民幣向中國銀行購買相應金額的美元匯票，寄給美國出口商，美國出口商收到匯票後，即可向當地銀行兌取美元。這樣一個過程就是國際匯兌，也就是外匯最原始的概念。

(二) 靜態的外匯

隨著世界經濟的發展，國際經濟活動日益活躍，國際匯兌業務也越來越廣泛，「國際匯兌」由一個過程的概念演變為國際匯兌過程中國際支付手段這樣一個靜態概念，從而形成了目前外匯的一般靜態定義：即外幣或用外幣表示的用於國際結算的支付憑證。在這個一般定義的基礎上，各國政府、各個國際組織由於具體情況的差異，出自不同使用者不同的需要，對外匯的概括又略有不同。靜態的外匯概念又有廣義和狹義之分。

廣義的外匯是指國際貨幣基金組織和各國外匯管理法令中的外匯。國際貨幣基金組織（IMF）對外匯的解釋是：「外匯是貨幣行政當局（中央銀行、貨幣機構、外匯平準基金及財政部）以銀行存款、財政部庫券、長短期政府債券等形式所持有的在國際收支逆差時可使用的債權。」從這個解釋中，可看出國際貨幣基金組織特別強調外匯應具備平衡國際收支逆差的能力及中央政府持有性。中國政府根據中國國情，對外匯也有特殊的規定，2008年8月1日實施的新修訂的《中華人民共和國外匯管理條例》中第三條明確規定，中國的外匯是指下列以外幣表示的可以用作國際清償的支付手段和資產：①外國貨幣，包括紙幣、鑄幣；②外幣支付憑證，包括票據、銀行存款憑證、郵政儲蓄憑證等；③外幣有價證券，包括政府債券、公司債券、股票等；④特別提款權、歐洲貨幣單位（即歐元）；⑤其他外幣資產，其中「其他外匯資金」主要是指各種外幣投資收益，比如股息、利息、債息、紅利等。

狹義的外匯是我們通常所說的外匯，它是指以外幣表示的用於國際結算的支付手段。狹義的外匯一般應具備三個基本特徵：

（1）以外幣表示的國外資產

用本國貨幣表示的信用工具和有價證券不能視為外匯。美元為國際支付中常用的貨幣，但對美國人來說，凡是用美元對外進行的收付都不算是動用了外匯。而只有對美國以外的人來說，美元才算是外匯。

（2）可以兌換成其他支付手段的外幣資產

外國貨幣不一定是外匯。因為外匯必須具備可兌換性，一般來說，只有能自由兌換成其他國家的貨幣，同時能不受限制地存入該國商業銀行的普通帳戶才算作外匯。例如美元可以自由兌換成日元、英鎊、歐元等其他貨幣，因而美元對其他國家的人來說是一種外匯；而中國2013年人民幣首次超過瑞典克朗、港元，進入全球十大交易最頻繁貨幣榜單，成為世界第九大交易貨幣，日均交易額占全球交易總量的2.2%，中國的人民幣國際化還停留在經常項目下的自由兌換，並沒有實現資本項目下的自由兌換，人民幣無法自由兌換，將會使中國貿易夥伴持有人民幣的成本增加，他們無法通過在資本市場上交易人民幣來獲得利率收益，假如人民幣貶值，也無法及時拋出。這就減少了人民幣吸引國外投資和境外資本回流的能力，使人民幣還不能成為真正意義上的國際貨幣，所以中國人民幣儘管對其他國家來說也是一種外幣，卻不能稱作是外匯。

（3）在國際上能得到償還的貨幣債權

空頭支票、拒付的匯票等均不能視為外匯。因為如果是這樣，國際匯兌的過程也就無法進行，同時在多邊結算制度下，在國際上得不到償還的債權顯然不能用作本國對第三國債務的清償。

二、外匯的種類

（一）根據是否可自由兌換劃分

1. 自由外匯

自由外匯是指無需貨幣發行國批准，可以隨時動用、自由兌換為其他貨幣或可以向第三國辦理支付的外匯。發達國家的貨幣一般都是自由外匯。可自由兌換的貨幣有美元、英鎊、歐元、日元、瑞士法郎、加拿大元等。可自由兌換的貨幣有兩個條件：一是該貨幣被廣泛用於對國際交易進行支付；二是在主要外匯市場上普遍進行交易。

2. 有限自由兌換外匯

有限自由兌換外匯是指未經貨幣發行國批准，不能自由兌換成其他貨幣或對第三國進行支付的外匯。國際貨幣基金組織規定凡對國際性經常往來的付款和資金轉移有一定限制的貨幣均屬於有限自由兌換貨幣。目前中國人民幣在經常項目下已經可以自由兌換，但在資本項目下還不能自由兌換。

3. 記帳外匯

記帳外匯又稱協定外匯或清算外匯，是指未經貨幣發行國批准，不能自由兌換成其他貨幣或對第三國進行支付的外匯。它是經兩國政府協商在雙方銀行各自開立專門帳戶記載使用的外匯，記帳外匯只能用於貿易協定國雙方之間的貿易收付結算，不能轉給第三者使用。

（二）按外匯的來源或用途劃分

1. 貿易外匯

貿易外匯是指通過出口商品而取得的外匯和用於進口商品的外匯。與進出口商品相關的保險費、運費、裝卸費、儲藏費等作為貿易從屬外匯。

2. 非貿易外匯

非貿易外匯是指一切非來源於出口貿易和非用於進口商品的外匯，包括旅遊外匯、勞務外匯、僑匯、資本流動性質的外匯。

（三）按外匯買賣交割期限劃分

1. 即期外匯

即期外匯，又稱現匯。是指外匯買賣成交后，在當日或在兩個營業日內辦理交割的外匯。所謂交割是指本幣的所有者與外幣所有者互相交換其本幣的所有權和外幣的所有權的行為，即外匯買賣中的實際支付。即期外匯是外匯市場上最常見、最普遍的一種形式。

2. 遠期外匯

遠期外匯，又稱期匯。是指買賣雙方不需即時交割，而僅僅簽訂一紙買賣合同，預定將來在某一時間（在兩個營業日以後）進行交割的外匯。遠期外匯通常是由國際貿易結算中的遠期付款條件引起的。買賣遠期外匯的目的，主要是為了避免或減少由於匯率變動所造成的風險損失。遠期外匯的交割期限從1個月到1年不等，通常是3~6個月。

三、外匯的作用

外匯一方面是國際經濟交往的必然產物，同時它又在國際貿易中起著媒介作用，推動著國際經貿關係的進一步發展，而且外匯在國際政治往來、科學文化交流等領域中也起著非常重要的紐帶作用。

（一）外匯作為國際結算的計價手段和支付工具，轉移國際間的購買力，使國與國之間的貨幣流通成為可能，方便了國際結算

國際間各種形式的經濟交往形成了國際間的債權債務關係，國際間債權債務的清算需要一定的支付手段。以貴金屬貨幣充當國際支付手段時，國際間經濟交往要靠相互運送大量貴金屬來進行，這給國際經濟交往帶來許多麻煩和不便，妨礙了國際經濟交往的擴大和發展。以外匯作為國際支付手段和支付工具進行國際清償，不僅節省了運送貴金屬的費用，而且縮短了支付時間，大大方便了國際支付。

（二）外匯的出現促進了國際貿易的發展

以外匯清算國際上的債權、債務關係，不僅大大節約了輸送現金的費用，可以避免風險，重要的是通過各種信用工具的運送，使國際貿易中進出口商之間的信用授受成為可能，因而促進了國際間商品交換的發展，具有安全、便利、節省費用和節省時間的特點，因此加速了國際貿易的發展進程，擴大了國際貿易範圍。

（三）外匯能調節資金在國際間的流動，調節國際間資金供求的不平衡，加速世界經濟一體化的進程

各種外匯票據在國際貿易中的運用，使國際間的資金融通範圍擴大，同時隨著各國開放度不斷加強，剩餘資本借助外匯實現了全球範圍的流動，因此外匯加快了資本流動

的速度，擴大了資本流動的規模，促進了世界經濟一體化進程的加快。同時，世界各國經濟發展的不平衡，導致了資金余缺狀況不同，存在著調節資金余缺的客觀需要。一般而言，發達國家存在著資金過剩，而發展中國家則資金短缺，外匯可以加速資金在國際間流動，有助於國際投資和資本轉移，使國際資本供求關係得到調節。

（四）外匯可以充當國際儲備手段

一國需要一定的國際儲備，以應付各種國際支付的需要。在黃金充當國際支付手段時期，各國的國際儲備主要是黃金。隨著黃金的非貨幣化，外匯作為國際支付手段，在國際結算中被廣泛採用，因此外匯成為各國一項十分重要的儲備資產。若一國存在國際收支逆差，就可以動用外匯儲備來彌補；若一國的外匯儲備多，則代表該國國際清償能力強。外匯在國際支付中的重要作用，決定著它是重要的國際儲備手段；外匯在充當國際儲備手段時，不像黃金那樣必須存放在金庫中，成為一種不能帶來收益的暫時閒置資產。它廣泛地以銀行存款和以安全性好、流動性強的有價證券為存在形式，給持有國帶來收益。

四、國際標準化貨幣符號

為了能夠準確而簡易地表示各國貨幣的名稱，便於開展國際貿易、金融業務和計算機數據通信，國際標準化組織規定了貨幣的標準代碼。該標準代碼為三字符貨幣代碼，前兩個字符代表該種貨幣所屬的國家或地區，第三個字符代表貨幣單位。表 2-1 是常用國家和地區的貨幣名稱符號代碼表，為了便於識別和記憶，我們將代碼表進行了簡化。

表 2-1　　　　　常用國家和地區的貨幣名稱符號代碼表

國家或地區	貨幣名稱	國際標準三字符貨幣代碼	慣用縮寫
China（中國）	Renminbi Yuan（人民幣）	CNY	RMB￥
Hong Kong（香港）	Hong Kong Dollar（港元）	HKD	HK＄
Japan（日本）	Yen（日元）	JPY	JP￥
Korea（韓國）	Won（韓元）	KRW	W
Singapore（新加坡）	Singapore Dollar（新加坡元）	SGD	S＄
Viet Nam（越南）	Dong（盾）	VND	D
Thailand（泰國）	Baht（泰銖）	THB	B
Malaysia（馬來西亞）	Malaysia Ringgit（林吉特）	MYR	Mal$
European Union（歐盟）	Euro（歐元）	EUR	€
United Kingdom（英國）	Pound Sterling（英鎊）	GBP	£
Switzerland（瑞士）	Swiss Franc（瑞士法郎）	CHF	SF
United States（美國）	US Dollar（美元）	USD	US$
Canada（加拿大）	Canadian Dollar（加拿大元）	CAD	Can$
Mexico（墨西哥）	Mexican Peso（墨西哥比索）	MXN	MEX

表2-1(續)

國家或地區	貨幣名稱	國際標準三字符貨幣代碼	慣用縮寫
Australia（澳大利亞）	Australian Dollar（澳大利亞元）	AUD	A$
New Zealand（新西蘭）	New Zealand Dollar（新西蘭元）	NZD	NZ$

任務二　匯率

一、匯率的概念

匯率（Exchange Rate）是指一個國家的貨幣用另一個國家的貨幣所表示的價格，也就是用一個國家的貨幣兌換成另一個國家的貨幣時買進、賣出的價格，換句話說，匯率就是兩種不同貨幣之間的交換比率或比價，故又稱為「匯價」「兌換率」。

外匯作為一種特殊的商品，可以在外匯市場上買賣，這就是外匯交易，進行交易的外匯必須有價格，因此匯率又被稱為「匯價」。由於外匯市場上的供求經常變化，匯率也經常發生波動，因此，匯率又被稱為「外匯行市」。在一些國家，本幣兌換外幣的匯率通常在銀行掛牌對外公布，這時，匯率又被稱為「外匯牌價」。

從匯率的定義可以看到，匯率是一個「價格」的概念，它跟一般商品的價格有許多類似之處，不過它是各國的特殊商品——貨幣的價格，因而這種「價格」也具有一些特殊之處。首先，匯率作為兩國貨幣之間的交換比例，客觀上使一國貨幣等於若干量的其他國家貨幣，從而使一國貨幣的價值（或所代表的價值）通過另一國貨幣表現出來。而在一國範圍內，貨幣是沒有價格的，因為價格無非是價值的貨幣表現，貨幣不能通過自身來表現自己的價值。其次，匯率作為一種特殊價格指標，通過對其他價格變量的作用而對一國經濟社會具有特殊的影響力。作為貨幣的特殊價格，作為本國貨幣與外國貨幣之間價值聯繫的橋樑，匯率在本國物價和外國物價之間起著一種紐帶作用，它首先會對國際貿易產生重要影響，同時也對本國的生產結構產生影響，因為匯率的高低會影響資源在出口部門和其他部門之間的分配。除此之外，匯率也會在貨幣領域引起反應。匯率這種既能影響經濟社會的實體部門，同時又能影響貨幣部門的特殊影響力，是其他各種價格指標所不具備的。

二、匯率的標價方法

確定兩種貨幣之間的比價，首先應確定用哪個國家的貨幣作為標準。由於確定的標準不同，產生了不同的標價方法。無論採用哪種標價方法，我們把數量固定不變的貨幣稱為標準貨幣或基準貨幣，數量不斷改變的貨幣稱為報價貨幣或從價貨幣。

（一）直接標價法

直接標價法（Direct Quotation），又稱為應付標價法（Giving Quotation），是以一定單位（1個，100個或10,000個外幣單位）的外國貨幣為標準，折算成若干單位的本國貨幣來表示，即以本國貨幣表示外國貨幣的價格。當今世界上，絕大多數國家均使用直接標價法。

在直接標價法下，匯率具有以下兩大特徵：第一，標準貨幣是外幣，報價貨幣是本幣；第二，外匯匯率的升（貶）值與報價貨幣數額的多少呈同方向變化。外國貨幣的數額保持固定不變，本國貨幣的數額隨著外國貨幣或本國貨幣幣值的變化以及外幣供求條件的變化而變動。如果一定單位的外國貨幣升值或本國貨幣貶值，則報價貨幣的數額增加；反之，如果一定單位的外國貨幣貶值或本國貨幣升值，則報價貨幣的數額減少。

（二）間接標價法

間接標價法（Indirect Quotation），又稱為應收標價法（Receiving Quotation），是以一定單位的本國貨幣為標準，折算成若干單位的外國貨幣來表示，即以外國貨幣表示本國貨幣的價格。當今世界上，實行間接標價法的國家和地區較少，主要是英國、美國、歐元區、新西蘭、加拿大、澳大利亞等少數國家和地區。

在間接標價法下，匯率具有以下兩大特徵：第一，標準貨幣是本幣，報價貨幣是外幣；第二，外匯匯率的升（貶）值與報價貨幣數額的多少呈反方向變化。本國貨幣的數額保持固定不變，外國貨幣的數額隨著本國貨幣或外國貨幣幣值的變化以及外匯供求條件的變化而變動。如果外國貨幣升值或本國貨幣貶值，則報價貨幣的數額減少；反之，如果外國貨幣貶值或本國貨幣升值，則報價貨幣的數額增加。

這裡有兩點需要注意：第一，我們在判斷直接標價法和間接標價法時，一定要明確來源於哪一個外匯市場。例如，某日在紐約市場 1 美元 = 1.654,5 瑞士法郎為間接標價法，對於同樣的匯價，若在蘇黎世市場則變為直接標價法，若在香港市場，則既不是直接標價法，也不是間接標價法。第二，對於同一外匯市場，直接標價法和間接標價法互為倒數。例如，某日在紐約市場 1 美元 = 1.654,5 瑞士法郎為間接標價法，而 1 瑞士法郎 = 1/1.654,5 美元，則為直接標價法。

（三）美元標價法和非美元標價法

美元標價法（US Dollar Quotation），是以一定單位的美元為標準，折算成若干單位的其他貨幣來表示。非美元標價法是以非美元貨幣為標準，折算成若干單位的美元來表示。在國際外匯市場上，除英鎊、澳大利亞元、新西蘭元、歐元、南非蘭特等幾種貨幣採用非美元標價法以外，其余大多數貨幣均採用美元標價法。這一慣例已被全世界的市場參與者所接受。

直接標價法和間接標價法都是針對本國貨幣和外國貨幣之間的關係而言的。相對於某個國家或某個外匯市場而言，本幣以外其他各種貨幣之間的比價則無法用直接或間接標價法來表示。事實上，第二次世界大戰以後，特別是歐洲貨幣市場興起以來，國際金融市場之間外匯交易量迅速增長，為便於在國際上進行外匯業務交易，銀行間的報價，一般都以美元為標準來表示各國貨幣的價格，至今已成習慣。世界各金融中心的國際銀行所公布的外匯牌價，一般都是美元對其他主要貨幣的匯率。非美元貨幣之間的匯率則將各自對美元的匯率作為基礎，進行套算。

【同步案例 2-1】

2013 年 6 月 6 日，中國 A 公司按當時匯率 USD1 = EUR0.795,3 向德國 B 商人報出銷售花生的美元價和歐元價任其選擇，B 商人決定按美元計價成交，並與 A 公司簽訂了數量為 1,000 噸的合同，價值為 750 萬美元。但到了同年 9 月 6 日，美元與歐元的匯

率卻變為 USD1＝EUR0.801,2，於是 B 商人提出改按 6 月 6 日所報歐元價計算並以增加 0.5%的貨價作為交換條件。你認為中國 A 公司能否同意 B 商人的要求？為什麼？

分析提示：中國 A 公司不能同意。因為如果按照 2013 年 6 月 6 日的匯率 USD1＝EUR0.795,3，則 750 美元的貨款等於 596.52 歐元，增加 0.5%的貨價后等於 599.50 萬歐元，而如果按照 9 月 6 日的 USD1＝EUR0.801,2，則 750 萬美元等於 600.90 萬歐元，所以，仍然按照原合同號規定的支付方法比較有利。

（四）雙向標價法

外匯市場上的報價一般為雙向報價，即由報價方同時報出自己的買入價和賣出價，由客戶自行決定買賣方向。買入價和賣出價的價差越小，對於投資者來說意味著成本越小。銀行間交易的報價點差正常為 2～3 點，銀行（或交易商）向客戶的報價點差依各家情況差別較大，目前國外保證金交易的報價點差基本在 3～5 點，香港在 6～8 點，國內銀行實盤交易在 10～50 點不等。

三、匯率的種類

外匯匯率的種類很多，有各種不同的劃分方法，特別是在實際業務中，分類更加複雜，主要有以下幾種分類：

（一）從匯率制定的角度，分為基本匯率和套算匯率

（1）基本匯率（Basic Rate）或基準匯率，是指一國貨幣對關鍵貨幣的比率。所謂關鍵貨幣（Key Money），是指在國際交往中使用最多、在外匯儲備中所占比重最大、在國際上普遍接受的可自由兌換的貨幣。美元作為國際上主要的結算貨幣和儲備貨幣，成為外匯市場的關鍵貨幣。因而，目前大多數國家都把本國貨幣與美元的匯率作為基本匯率。基本匯率是確定一國貨幣與其他國家貨幣匯率的基礎。

（2）套算匯率（Cross Rate）又稱為交叉匯率，是通過兩種不同貨幣與關鍵貨幣的匯率間接地計算出兩種不同貨幣之間的匯率。套算匯率的計算方法有兩種，即「同項相乘法」和「交叉相除法」。「同項相乘法」適用於關鍵貨幣不同的套算匯率的計算，「交叉相除法」適用於關鍵貨幣相同的套算匯率的計算，我們將舉例予以說明。

套算匯率的具體套算方法可分為三種情況，簡述如下：

1. 兩種匯率的中心貨幣相同時，採用交叉相除法

【實例 2－1】已知外匯市場的即期匯率為 GBP1＝USD 1.505,0/60，AUD1＝USD1.381,0/20，試求英鎊兌澳元的套算匯率？

解：把匯率改成如下形式：GBP/USD＝1.505,0/60
$$AUD/USD = 1.381,0/20$$

進行運算，得到　　$GBP/AUD = \dfrac{GBP}{USD} \div \dfrac{AUD}{USD}$

根據「交叉相除法」的原則進行計算，即小÷大＝小，大÷小＝大，得到

英鎊的買入價為：$1.505,0 \div 1.382,0 = 1.089,0$

英鎊的賣出價為：$1.506,0 \div 1.381,0 = 1.090,5$

即 GBP1＝AUD1.089,0/905

2. 兩種匯率的中心貨幣不同時，採用同邊相乘法

【實例 2－2】已知外匯市場的即期匯率為 GBP1＝USD1.433,3/38，USD1＝

HKD7.753,2/40，試求英鎊兌港元的套算匯率？

解：把匯率改成如下形式：GBP/USD＝1.433,3/38

USD/HKD＝7.753,2/40

進行運算，得到 $GBP/HKD = \dfrac{GBP}{USD} \times \dfrac{USD}{HKD}$

根據「同項相乘法」的原則進行計算，即小×小＝小，大×大＝大，得到

英鎊的買入價為：1.433,3×7.753,2＝11.112,7

英鎊的賣出價為：1.433,8×7.754,0＝11.117,7

即 GBP1＝HKD11.112,7/77

3. 按中間匯率求套算匯率

【實例2-3】某日電訊行市：1 GBP＝1.770,1 USD，1 USD＝109.71 JPY

則英鎊對日元的套算匯率為：1 GBP＝1.770,1×109.71 JPY＝194.197,6 JPY

（二） 從銀行買賣外匯的角度，分為買入匯率、賣出匯率、中間匯率、現鈔匯率

（1） 買入匯率（Buying Rate） 又稱為買入匯價或買價，是銀行從同業或客戶買入外匯時所使用的匯率。

（2） 賣出匯率（Selling Rate） 又稱為賣出價或賣價，是銀行向同業或客戶賣出外匯時所使用的匯率。

買入匯率和賣出匯率都是從銀行（報價銀行）的角度出發的，外匯銀行買賣外匯的目的是為了追求利潤，因而，他們總是以低價買入某種貨幣，然后高價賣出，即外匯銀行在經營外匯的過程中始終遵循賤買貴賣原則。買入匯率和賣出匯率二者之間的差額就是銀行買賣外匯的收益。在直接標價法時，外幣折合本幣數額較少的那個匯率是買入匯率，外幣折合本幣數額較多的那個匯率是賣出匯率；在間接標價法時，本幣折合外幣數額較多的那個匯率是買入匯率，本幣折合外幣數額較少的那個匯率是賣出匯率；在既不是直接標價法，也不是間接標價法時，標準貨幣折合報價貨幣數額較少的那個匯率是標準貨幣買入匯率（報價貨幣賣出匯率），標準貨幣折合報價貨幣數額較多的那個匯率是標準貨幣賣出匯率（報價貨幣買入匯率）。

例如，在香港外匯市場上某銀行給出的美元對港元的即期匯率為 USD1＝HKD7.752,0/32，是直接標價法，則美元作為外匯，美元買入價為7.752,0，美元賣出價為7.753,2，每買賣1美元銀行可獲得0.001,2港元的收益；若在紐約外匯市場上某銀行給出的美元對港元的即期匯率仍為 USD1＝HKD7.752,0/32，則是間接標價法，港元作為外匯，港元買入價為7.753,2，港元賣出價為7.752,0，每買賣價值1美元的港元，銀行可獲得0.001,2港元的收益；若在倫敦外匯市場上某銀行給出的美元對港元的即期匯率仍為 USD1＝HKD7.752,0/32，則既不是直接標價法也不是間接標價法，美元和港元均為外匯，外匯銀行根據賤買貴賣原則買賣外匯，銀行若買入1美元，支付給客戶7.752,0港元，銀行若賣出1美元，收入7.753,2港元，因此，美元的買入價為7.752,0，美元的賣出價為7.753,2。由於銀行買入美元而支付港元，也可以看作是銀行賣出港元而買入美元，因此，在這裡，美元的買入價，就是港元的賣出價。同樣道理，美元的賣出價，就是港元的買入價。

按照匯率標價慣例，無論何種匯率的標價方法，總是數字較小的在前面，數字較大的在后面，為了方便記憶，我們總結出買入匯率和賣出匯率的判斷方法為：直接標價法，「前買后賣」（即買入價在前，賣出價在后）；間接標價法，「前賣后買」（即賣

出價在前，買入價在後）；標準貨幣，「前買后賣」（即標準貨幣的買入價在前，賣出價在後）；報價貨幣，「前賣后買」（即報價貨幣的賣出價在前，買入價在後）。

（3）中間匯率（Middle Rate），也稱中間價，是銀行外匯的買入匯率與賣出匯率的平均數，即買入匯率加賣出匯率之和除以2。中間匯率不是外匯買賣的執行價格，常用於對匯率的分析。報刊、電視報導匯率時也常用中間匯率。

（4）現鈔匯率（Bank Notes Rate）又稱為現鈔買入價，是指銀行從客戶那裡購買外幣現鈔時所使用的匯率。現鈔買入價一般低於現匯買入價，而現鈔賣出價與現匯賣出價相同。前述的買入匯率、賣出匯率是指銀行購買或出賣外幣支付憑證的價格。銀行在買入外幣支付憑證后，通過劃帳，資金很快就存入外國銀行，開始生息或可調撥使用。一般國家都規定，不允許外國貨幣在本國流通。銀行收兌進來的外國現鈔，除少量部分用來滿足外國人回國或本國人出國的兌換需要外，余下部分累積到一定的數量后，必須運送到各外幣現鈔發行國去或存入其發行國銀行及有關外國銀行才能使用或獲取利息，這樣就產生了外幣現鈔的保管、運送、保險等費用及利息損失，銀行要將這些費用及利息損失轉嫁給出賣外幣現鈔的顧客，所以銀行買入外幣現鈔的匯率要低於現匯買入匯率（見表2-2）。

表2-2　　　　　　　　　　　　中國銀行人民幣外匯牌價
（交易單位：人民幣/100外幣）

貨幣名稱	現匯買入價	現鈔買入價	現匯賣出價	現鈔賣出價	中行折算價	發布日期	發布時間
澳大利亞元	581.32	563.38	585.4	585.4	577.1	2014-06-09	12：01：30
巴西里亞爾		266.64		291.64	277.5	2014-06-09	12：01：30
加拿大元	568.32	550.77	572.88	572.88	562.15	2014-06-09	12：01：30
瑞士法郎	695.26	673.79	700.84	700.84	697.64	2014-06-09	12：01：30
丹麥克朗	113.61	110.11	114.53	114.53	113.97	2014-06-09	12：01：30
歐元	847.81	821.63	854.61	854.61	838.99	2014-06-09	12：01：30
英鎊	1,044.32	1,012.07	1,052.7	1,052.7	1,033.38	2014-06-09	12：01：30
港幣	80.3	79.66	80.6	80.6	79.31	2014-06-09	12：01：30
印尼盧比		0.051,2		0.054,8	0.052,9	2014-06-09	12：01：30
日元	6.062	5.874,9	6.104,6	6.104,6	6.027,6	2014-06-09	12：01：30
韓國元		0.591,6		0.641,6	0.612,7	2014-06-09	12：01：30
澳門元	78.06	75.43	78.35	80.87	78.08	2014-06-09	12：01：30
林吉特	194.4		195.76		194.04	2014-06-09	12：01：30
挪威克朗	104.47	101.25	105.31	105.31	104.77	2014-06-09	12：01：30
新西蘭元	529.16	512.83	532.88	536.06	525.81	2014-06-09	12：01：30
菲律賓比索	14.25	13.81	14.37	14.81	14.32	2014-06-09	12：01：30
盧布	18.02	17.51	18.16	18.76	18.09	2014-06-09	12：01：30
瑞典克朗	93.73	90.84	94.49	94.49	93.99	2014-06-09	12：01：30
新加坡元	496.67	481.33	500.65	500.65	498.68	2014-06-09	12：01：30
泰國銖	19.18	18.59	19.34	19.93	19.24	2014-06-09	12：01：30
新臺幣		20.09		21.53	20.79	2014-06-09	12：01：30
美元	622.53	617.54	625.03	625.03	614.85	2014-06-09	12：01：30

（三）按國際貨幣制度的演變，分為固定匯率和浮動匯率

固定匯率（Fixed Rate）是指一國貨幣同另一國貨幣的匯率保持基本固定，匯率的波動限制在一定幅度以內。固定匯率是在金本位制和布雷頓森林貨幣制度下各國貨幣匯率安排的主要形式。在金本位制下，貨幣的含金量是決定匯率的基礎，黃金輸送點是匯率波動的界限，在這種制度下，各國貨幣的匯率變動幅度很小，基本上是固定的，故稱固定匯率；二戰后到 20 世紀 70 年代初，在布雷頓森林貨幣制度下，因國際貨幣基金組織的成員國貨幣與美元掛鉤，規定它的平價，外匯匯率的波動幅度也規定在一定的界限以內（上下 1%），因而也是一種固定匯率。

浮動匯率（Floating Rate）指一個國家不規定本國貨幣的固定比價，也沒有任何匯率波動幅度的上下限，而是聽任匯率隨外匯市場的供求關係自由波動，浮動匯率是自 20 世紀 70 年代初布雷頓森林貨幣制度崩潰以來各國匯率安排的主要形式，但是各國所實行的浮動匯率在具體內容上還是有區別的，進一步劃分如下：

1. 按一國政府是否對外匯市場進行干預分為管理浮動和自由浮動兩種

管理浮動（Managed Floating）是一國在實行浮動匯率的前提下，出於一定經濟目的，或明或暗地干預甚至操縱外匯市場匯率變動的匯率安排方式，這種受干預的浮動匯率又稱為「骯髒浮動」（Dirty Floating）；自由浮動（Free Floating）是一國政府對外匯市場不進行任何干預，完全由外匯市場的供求關係決定匯率變動的匯率安排方式，又稱為「清潔浮動」（Clean Floating）。管理浮動匯率是目前浮動匯率的主要形式，幾乎沒有一個國家能真正實行自由浮動，即便是美國、日本、德國也會不時地對外匯市場進行干預。

2. 按一國貨幣價值是否與其他國家保持某種特殊聯繫分為單獨浮動、聯合浮動和釘住浮動三種

單獨浮動（Independent Float）即本國貨幣價值不與他國貨幣發生固定聯繫，其匯率根據外匯市場的供求變化單獨浮動，如美元、日元、瑞士法郎、加拿大元等均採用單獨浮動。

聯合浮動（Joint Float）又稱蛇形浮動（The Snake System），它是指某些國家出於保護和發展本國經濟的需要，組成某種形式的經濟聯合體，在聯合體內各成員國之間訂出固定匯率，規定上下波動界限，而對成員國以外其他國家的貨幣匯率則採取共同浮動的辦法。1999 年 1 月歐元啟動前，歐洲經濟共同體成員國的貨幣一直實行聯合浮動。

釘住浮動（Pegged Float）指一國貨幣與另一國貨幣掛鉤或與另幾國貨幣所組成的「籃子貨幣」掛鉤（即定出它們之間的固定匯率），然后隨所掛鉤的貨幣匯率的波動而波動。釘住浮動是在當前國際外匯市場動盪不定的情況下，發展中國家匯率安排的主要方式。

（四）按匯率是否適用於不同的來源與用途，分為單一匯率和多種匯率或復匯率

單一匯率（Single Rate）指一國貨幣對某種貨幣僅有一種匯率，各種收支都按這種匯率結算。

多種匯率（Multiple Rate）指一國貨幣對某一外國貨幣的比價因用途及交易種類的不同而規定有兩種或兩種以上的匯率，也叫復匯率。

一國實行多種匯率的主要目的是為了某些特殊的經濟利益，比如鼓勵出口、限制

資本流入等。這種匯率安排方式在發展中國家，尤其是在較落后的發展中國家還具有一定的普遍性，不過由於各國具體情況不同，採用的復匯率在性質上也有些差異。

（五）按外匯資金用途和性質分為貿易匯率和金融匯率並存的復匯率

貿易匯率（Commercial Rate）是指用於進出口貿易及其從屬費用方面支付結算的匯率。金融匯率（Financial Rate）是指用於資本移動、旅遊和其他非貿易收支方面支付結算的匯率。一般來說，一國在實行這種復匯率時，金融外匯匯率要比貿易外匯匯率高一些，這樣，一方面可以達到鼓勵出口、改善貿易收支的目的，另一方面也可以控製國際資本流動對本國國際收支和經濟發展所帶來的衝擊。

（六）按各種匯率決定的不同方式實行官方匯率和市場匯率並存的復匯率

官方匯率（Official Rate）是指由國家機構（財政部、中央銀行或外匯管理機構）規定的匯率。

市場匯率（Market Rate）是指在外匯自由市場上自發形成的匯率。實行官方匯率與市場匯率並存的國家主要是一些外匯管制相對較松，外匯市場又不是特別完善的國家。這些國家規定官方匯率或者只起中心匯率的作用，或者用於特定項目的支付結算，或者只是有行無市，同時也允許外匯自由買賣，因而存在著外匯買賣自由市場，這個市場決定了該國的另一個匯率，即市場匯率。市場匯率往往是該國貨幣的實際匯率。

（七）按外匯交易支付工具和付款時間，分為電匯匯率、信匯匯率和票匯匯率

電匯匯率（T/T Rate）是銀行以電訊方式買賣外匯時所採用的匯率。由於電匯具有收付迅速安全、交易費用相對較高的特點，一方面，電匯匯率要比信匯匯率、票匯匯率高；另一方面，在當前信息社會，在國際業務中基本上以電匯業務支付結算，因而電匯匯率是基礎匯率，其他匯率都是以電匯匯率為基礎來計算，西方外匯市場上所顯示的匯率，多為銀行的電匯匯率。

信匯匯率（M/T Rate）是指以信函方式通知收付款時採用的匯率。信匯業務具有收付時間慢、安全性低、交易費用低的特點，因此一般來說，信匯匯率相對於電匯匯率要低一些。

票匯匯率（D/D Rate）是指兌換各種外匯匯票、支票和其他各種票據時所採用的匯率。票匯匯率根據票匯支付期限的不同，又可分為即期票匯匯率和遠期票匯匯率。即期票匯匯率是銀行買賣即期外匯的匯率，較電匯匯率低，大致同信匯匯率相當；遠期票匯匯率是銀行買賣遠期票匯的匯率。由於遠期票匯交付時間比較長，所以其匯率比即期票匯匯率還要低。

（八）按外匯交割期限不同，分為即期匯率和遠期匯率

即期匯率（Spot Rate）指買賣雙方成交后，於當時或兩個工作日之內進行外匯交割時所採用的匯率；而遠期匯率（Forward Rate）是指買賣雙方成交后，在約定的日期辦理交割時採用的匯率。

（九）按銀行營業時間劃分，分為開盤匯率和收盤匯率

開盤匯率（Opening Rate）又稱開盤價，是外匯銀行在一個營業日開始進行外匯買賣時使用的匯率。

收盤匯率（Closing Rate），又稱收盤價，是外匯銀行在一個營業日外匯交易終了時使用的匯率。

（十）按銀行外匯業務往來的對象劃分為同業匯率和商人匯率

同業匯率（Inter-bank Rate）是外匯銀行與外匯銀行同業之間買賣外匯的匯率。同業匯率的形成與變化由外匯市場供求關係決定，因此同業匯率就是外匯市場匯率。同業匯率以市場的銀行電匯匯率為基礎，買賣之間的差價很小。

商人匯率（Merchant Rate）是銀行與商人即客戶之間買賣外匯的匯率。商人匯率是根據同業匯率適當增大一些差價決定的，一般要高於銀行同業匯率，因為銀行要賺取一定的外匯買賣收益作為銀行的經營收入。

任務三　影響匯率變動的因素

匯率是一個國家的特殊商品——貨幣的價格，其變動的基本特點與一般商品的價格變動一樣，以兩國貨幣之間的價值比率為基礎，隨著供求波動而相應升降，因此，認識匯率變動原因的關鍵在於把握影響供求關係背後的因素，這些因素通過影響外匯市場的供求關係來影響一國的貨幣匯率。

一、外匯市場供求關係決定匯價的過程

外匯市場決定匯率的過程是這樣的：市場匯率是外匯需求等於供給時的均衡水平，當外匯的需求增加而供給不變時，外匯匯率上升；當外匯需求不變而供給增加時，外匯匯率下跌。

現在假定，外匯市場上只有一種外幣美元。外匯的需求主要取決於進口商品和對外投資者對美元的需求。外匯的供給則取決於出口商和在本國投資的外國人對美元的供應。這種供求關係對匯率的影響過程可由圖2-1來表示。

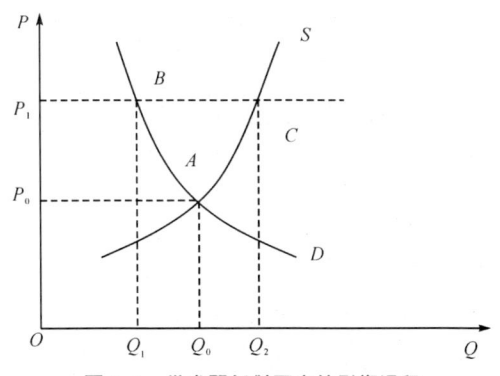

圖2-1　供求關係對匯率的影響過程

圖中縱軸 P 表示在直接標價法下外匯（美元）的匯率，橫軸 Q 表示一國所有國際經濟交易的外匯收入總額和外匯支出總額，即外幣美元的數量。曲線 S 是外匯美元的供給曲線，表示在外匯市場上，每一時期外匯持有人在各種可能的匯價上要用外匯購買本幣的數量，外匯供給曲線斜率為正，反應了外匯匯率越高，本國商品的國際競爭力越強，外國資本在本國的競爭力也越強，從而在外匯市場上的外匯供應就越多；曲

線 D 是外匯美元的需求曲線，表示在外匯市場上，每一時期本幣持有人在各種可能的匯價上要用本幣購買外幣的數量，外匯需求曲線斜率為負，反應了外匯匯率越高，外匯需求就越少。

現設均衡匯率為 P_0，均衡數量為 Q_0，均衡點為 A 點。若現在匯價偏離 P_0，而在 P_1 點，超過 P_0，於是外匯市場外匯需求量就下降為 Q_1，外匯供給量將增加到 Q_2，這樣就形成外匯供過於求，於是就出現數量為 (Q_2-Q_1) 的順差，但這只是暫時的現象，需求少，供給多，必然導致匯率下降，一直降到均衡點 A，匯價為 P_0 時，供給量和需求量相等，從而達到了市場均衡，同樣當匯價偏離 P_0 而較低時，也會因市場的作用回到均衡水平。

假若在某個時期某個因素發生變化使得外匯供給曲線和外匯需求曲線發生了偏移（見圖2-2）：

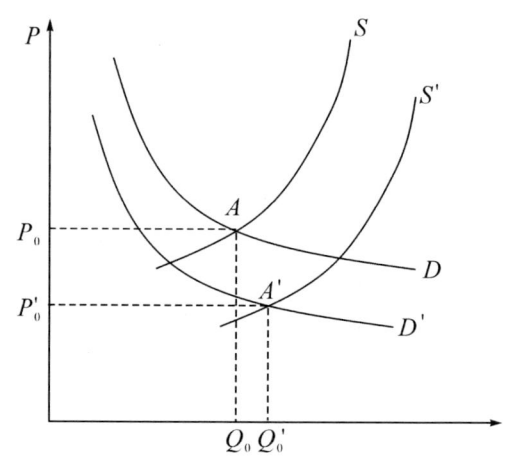

圖2-2 外匯供給與外匯需求曲線偏移解析圖

供給曲線往右下方移動，需求曲線往左下方移動，這樣原來均衡的匯率水平在新的外匯供求關係中已不適用，於是均衡匯率也會重新產生，如圖中 P_0'。可見，在圖中影響匯率變動的因素就是通過移動外匯供給曲線和外匯需求曲線來體現的。

二、匯率決定的各種理論

匯率決定理論是匯率理論的重要組成部分。匯率決定理論流派紛呈、日益複雜，此處擇其主要進行簡介。

（一）國際借貸說

在第一次世界大戰前的金本位制度盛行時期，國際借貸說是闡述匯率變動原因的主要理論。國際借貸理論認為國際間的商品勞務進出口、資本輸入以及其他形式的國際收支活動會引起國際借貸的發生，國際借貸又引起外匯供求的變動，進而引起外匯匯率的變動，因而國際借貸關係是決定匯率變動的主要因素。國際借貸理論進而認為，國際借貸按流動性強弱可分為固定借貸與流動借貸，前者是尚未進入實際支付階段的借貸，後者是已經進入支付階段的借貸。只有流動借貸才對外匯供求進而對匯率產生影響。當流動債權（外匯應收）大於流動債務（外匯應付）時，外匯供大於求，

外匯匯率下跌；當流動債權小於流動債務時，外匯供小於求，外匯匯率上升；只有當流動債權等於流動債務時，外匯供求也相等，外匯匯率保持穩定。這一理論中的國際借貸關係實際是指國際收支，因此國際借貸說又稱國際收支說。

(二) 購買力平價理論

購買力平價理論是第一次世界大戰之后最有影響力的匯率決定理論之一。該理論的基本思想是：人們之所以需要其他國家的貨幣，是因為這些貨幣在其發行國具有購買商品和服務的能力，這樣，兩國貨幣的兌換比率就主要應該由兩國貨幣的購買力之比決定。

購買力平價理論有絕對購買力平價和相對購買力平價兩種形式。

絕對購買力平價理論以開放經濟條件下的「一價定律」為基礎。所謂「一價定律」，是指在不考慮交易成本的條件下，以同一貨幣衡量的不同國家的某種可貿易商品的價格應該是相同的。例如，一件襯衫在中國賣 140 元人民幣，在美國賣 15 美元，如果當時人民幣與美元的兌換比率是 1 美元＝7 元人民幣，則該商品在中國的價格高於在美國的價格，價格差的存在提供了套利的可能性，即貿易商可以在美國以 15 美元的價格買入襯衫，將之運到中國，以 140 元人民幣的價格賣出，如果不考慮運費等交易成本，則其一件襯衫將賺 5 美元的差價。但這種持續的套利行為將產生對美元需求的增加，美元升值，人民幣貶值，直至一價定律成立。將開放經濟條件下的一價定律用公示表示，即為：

$$Ra = Pa \div Pb \qquad (2-1)$$

其中，Ra 代表本國貨幣兌換外國貨幣的匯率，Pa 代表本國物價指數，Pb 代表外國物價指數。這便是絕對購買力平價理論，它表明當所有商品都滿足一價定律，且在兩國物價指數的編製中各種可貿易商品所占比重相等的情況下，兩國貨幣在某一時點上的匯率水平取決於兩國物價指數（即貨幣購買力，因為物價指數的倒數就是貨幣購買力）之比。

相對購買力平價理論則認為，交易成本的存在使一價定律並不能完全存在，同時在各國物價指數的編製中，不同國家所選取的樣本商品及其所占的權重也不相同。在此情況下，該理論提出，一定時期兩國匯率水平的變動是兩國之間相對通貨膨脹率決定的，通貨膨脹率較高的國家貨幣應該貶值，反之則應該升值。

購買力平價理論提出后影響很大，也受到了很高的評價。應該說，該理論從貨幣的基本功能——充當交易媒介（對商品和勞務的購買力）角度出發研究了匯率的決定問題，抓住了匯率決定的主要方面，為紙幣制度下的匯率決定提供了理論依據，為兩國間長期均衡匯率的發展趨勢提供了分析思路。

但是，購買力平價理論也存在局限性。首先，該理論將物價水平視為決定匯率的唯一重要因素，而在現實中，決定匯率的因素既多又複雜。其次，在不同國家，因生產效率、收入水平和消費偏好的差異而存在的不可貿易品的價格差異，不可能通過套利行為促使價格趨同，因而總會存在匯率與購買力平價的背離。即使是可貿易品交易，由於消費者偏好的存在及變動，當這些產品在不同國家生產時，並不總是可以完全相互替代，也不一定存在套利的機會。最后，由於各國之間存在諸多差異，難以在技術層面實現統計和計算口徑的一致，購買力平價的精確計算較為困難，故影響了其可操作性。

(三) 匯兌心理說

匯兌心理說強調人們的心理因素對匯率決定的影響，其理論基礎是邊際效用價值論。該理論的核心觀點是：人們之所以需要外國貨幣，除了需要用外國貨幣購買商品外，還有滿足債務支付、進行投資或投機、資本逃避等需求，正是這種需求使外國貨幣具有了價值。因此，外國貨幣的價值取決於人們對外國貨幣所作出的主觀評價，而這種主觀評價的高低又依託於使用外國貨幣的邊際效用。由於每個經濟主體使用外國貨幣會有不同的邊際效應，他們對外幣的主觀評價也就不同，而不同的主觀評價產生了外匯的供給與需求，供求雙方通過市場達到均衡，均衡點就是外匯匯率。

(四) 利率平價理論

利率平價理論側重於分析利率與匯率的關係。該理論關注了金融市場參與者出於避險或盈利目的而進行的套利交易活動。所謂套利交易，是指套利者利用兩國貨幣市場的利率差異，通過外匯買賣將資金從低利率國家轉移投放至高利率國家，以賺取利差收益的交易行為。套利行為產生於市場的非均衡，但隨著套利交易的持續進行以及市場供求機制的作用，匯率與利率的均衡關係或者說利率平價關係會得以重新恢復。該理論提出，套利性的短期資本流動會驅使高利率國家的貨幣在遠期外匯市場上貼水，而低利率國家貨幣將在遠期外匯市場上升水，並且升貼水率等於兩國間的利率差。

利率平價理論是對匯率決定理論的重大發展，該理論對於分析遠期匯率的決定以及即期匯率與遠期匯率之間的關係具有重要價值，在當今金融全球化的背景下具有較強的適用性。由於該理論成立的重要前提是資本自由流動，且不考慮交易成本，但這種狀態在現實中並不完全存在，因此，其結果並不完全應驗。而且，該理論片面強調利差對匯率的決定作用，而忽視了匯率是對經濟基本面因素的綜合反應和預期。

(五) 貨幣分析說

貨幣分析說是從貨幣數量的角度闡釋匯率決定問題的。該理論假定國內外資產之間具有完全的可替代性，認為本國與外國之間實際國民收入水平、利率水平以及貨幣供給水平通過對各自物價水平的影響而決定了兩國間的匯率水平。該理論提出，當本國貨幣供給相對於國外貨幣供給增長更多時，將導致本國價格水平等比例上升，進而在購買力平價機制的作用下，本國貨幣匯率將等比例下跌；當本國實際國民收入相對於國外實際國民收入增長更多時，將導致本國貨幣需求增加，在貨幣供給不變的情況下，國內價格水平下降，在購買力平價機制的作用下，本國貨幣匯率相應上升；當本國利率水平相對於國外利率水平提高更多時，會導致國內貨幣需求下降，價格上升，在購買力平價機制的作用下，本國貨幣匯率將下跌。

(六) 資產組合平衡理論

較之其他匯率決定理論，資產組合平衡理論偏重於短期匯率決定的分析。該理論的核心思想是，一國的資產總量分佈於本國貨幣、國內債券和國外債券之上，投資者會根據不同資產的收益率、風險及自身的風險偏好確定其最優的資產組合。在資產總量一定的情況下，均衡匯率就是投資者做出資產組合最佳選擇時的匯率。一國貨幣供給量的變化、財政赤字增減導致國債發行規模的變化等因素都會導致原有的資產市場失衡，進而引起投資者調整其持有的國內外資產組合，引起資金在各國間的流動，影響外匯供求，匯率發生相應變動。匯率的變動又將使投資者重新評價並調整其所持資產，直至資產市場重新恢復均衡，此時的匯率即為新的均衡匯率。

資產組合平衡理論的貢獻在於運用一般均衡分析綜合考慮多種變量、多個市場影響匯率變化的因素，糾正了本國資產與外國資產完全可替代的理論假設，使理論更加貼近實際。

三、影響匯率變動的因素

由於影響匯率變動的因素是多方面的，各種因素相互聯繫、相互制約，甚至相互抵消，同一因素在不同時期、不同國家可能會起到不同的作用，因此匯率變動是一個極為錯綜複雜的問題。總體上說，一國的宏觀經濟狀況和經濟實力是決定該國貨幣匯率變動的基本因素。

(一) 影響匯率變動的長期因素

1. 國際收支狀況

國際收支狀況是一國對外經濟活動的綜合反應，是影響匯率變動的直接因素，起主導作用。一國國際收支通過直接決定外匯的供求狀況而影響著本國貨幣的匯率。一國國際收支順差，意味著外匯的供給增加，則外匯匯率下跌，本幣對外升值；反之，一國國際收支逆差，說明該國的外匯收入小於外匯支出，對外匯的需求大於外匯的供給，則外匯匯率上漲，本幣對外貶值。

在國際間資本流動的規模不大時，國際收支的經常帳戶差額，尤其是貿易收支差額是影響匯率變動的最重要因素。然而，隨著國際間資本流動的加速發展，國際收支的資本與金融帳戶對匯率的影響已經越來越重要，僅僅是貿易額的變動已不能決定匯率變動的基本走勢。

2. 通貨膨脹率的差異或相對通貨膨脹率

一國出現通貨膨脹是因為該國發行的貨幣超過了經濟發展所需要的實際貨幣量，從而造成物價上漲，則貨幣所代表的商品價值量減少。在紙幣流通制度下，貨幣之間的折算基礎是各自內含的價值量，這就意味著匯率實質上就是兩國貨幣所代表的價值量之比。如果一國發生通貨膨脹，則其貨幣的對內價值量降低，貨幣購買力降低，其對外價值即匯率則必然也隨之下降。因為匯率涉及兩種貨幣的價值比較，所以必須考察兩國的通貨膨脹相對比率。一般來說，相對通貨膨脹率高的國家貨幣匯率會下跌，則通貨膨脹率低的國家貨幣會升值。如果兩國發生了等幅的通貨膨脹，則兩者會相互抵消，兩國貨幣的名義匯率可以不受影響。

通貨膨脹對匯率的影響不是直接地、明顯地表現出來的，要經過一段時間才能顯現出來，一般會通過兩個渠道。一是通過影響進出口貿易。當一國出現通貨膨脹時，該國國內物價水平普遍上升。如果匯率不變，則出口商品價格上升，國際競爭力下降，該國的出口受到抑制。同時，由於外國商品價格顯得相對便宜而使該國進口增加，因此該國的經常帳戶易出現逆差，從而導致本幣匯率下跌。二是通過影響實際利率。一國發生通貨膨脹，必然使該國實際利率（名義利率減去通貨膨脹率）降低，用該國貨幣所表示的各種金融資產的實際收益下降，導致資本外流，資本和金融帳戶出現逆差，從而引起本幣貶值。

3. 經濟增長率差異

一國經濟狀況的好壞是影響匯率變動的根本原因。國內外經濟增長率差異可以通過多個方面作用於匯率。就國際收支經常項目而言，一方面，一國經濟增長率較高，

意味著該國的收入相對增加，從而進口需求增加；另一方面，高的經濟增長意味著勞動生產率的提高，本國產品的競爭能力增強，有利於出口。兩方面的淨影響要看兩方面作用的力量對比。就資本和金融項目而言，一國經濟增長率高，國內對資本的需求就比較大，國外投資者也願意將資本投入到高速增長、前景看好的經濟中去，於是資本流入，本幣有升值趨勢。總的來說，高的經濟增長率會對本國幣值起支持作用，而且這種影響持續時間較長。

這裡提到的經濟增長率是相對經濟增長率，只有當一國的經濟增長率快於別國時，該國匯率才可能會出現升值；相反，當該國增長率慢於其他國家經濟增長率時，則該國貨幣有可能貶值。

(二) 影響匯率變動的短期因素

1. 利率差異

利率作為金融資產的價格，它不僅是反應一國經濟金融狀況的基本指標，同時能體現一國籌資成本和投資利潤，是影響一國匯率變動的重要因素。各國利率的相對差異會引起資金的流動，進而通過影響一國的資本和金融帳戶來影響匯率。而利率的升降也會帶來國內經濟的緊縮和擴張，同樣可以影響國際收支。

一般地，一國利率水平提高，會引起資本流入該國以獲取高額利潤，流入的外資必須兌換成本幣，從而造成在外匯市場上對該國貨幣需求上升，該國貨幣的匯率就會上浮，同時利率水平的提高會使該國國內儲蓄增加，消費減少，使該國物價水平有所下降，從而使出口增加，進口減少，有利於國際收支逆差的減少。這樣，利率水平的上升還可以通過國際收支出現順差使匯率上浮。

作為常用的貨幣政策工具之一，利率常被貨幣當局用來影響匯率。這裡需要強調的是，利率因素對匯率的影響是短期的。一國僅靠高利率來維持匯率堅挺，其效果有限。因為這很容易引起本幣的高估，而這種高估一旦被投機者所認識，就可能引發更嚴重的本幣貶值風潮。另外，在匯率波動幅度很大的時候，尤其是金融危機期間，僅憑利率工具是無法挽狂瀾的。例如，1992年下半年的歐洲貨幣危機期間，英鎊匯率狂跌不止，為遏止英鎊下跌的勢頭，英格蘭銀行竟然在一天之內兩次宣布提高利率，將利率由10%提高到15%，但英鎊的跌勢已定，縱然提高利率也無力回天。

2. 各國匯率政策和對市場的干預

為了維持匯率的穩定，或使匯率變動服務於經濟政策目的，政府常會對外匯市場進行干預。我們將政府對外匯市場的干預歸為短期因素，原因是，政府干預外匯是出於某種目的或經濟發展戰略需求。通常，一國政府或貨幣當局干預外匯市場的措施有四種：一是直接在外匯市場上買賣外匯，這種方式對匯率的影響最明顯；二是調整國內財政和貨幣等政策；三是在國際範圍內公開發表具有導向性的言論以影響市場心理；四是與國際金融組織和有關國家配合進行直接和間接干預。這些措施雖然無法從根本上改變匯率的長期走勢，但對匯率的短期走勢將產生一定的影響。

3. 投機活動與市場心理預期

自1973年實行浮動匯率制以來，外匯市場的投機活動愈演愈烈，投機者以投機基金、跨國公司為主，他們往往擁有雄厚的實力，可以在外匯市場上推波助瀾，使匯率的變動遠遠偏離其均衡水平。投機活動對匯率變化的影響是雙向的。一方面，投機風潮會使外匯匯率跌宕起伏，加劇了市場的不穩定；另一方面，當外匯市場匯率高漲或

暴跌時，投機性套利活動會起到平抑行市的穩定作用。

市場心理預期是影響匯率變動的一個重要因素。在國際金融市場上，有大量的短期性資金，這些資金對世界各國的政治、經濟、軍事等因素都具有高度的敏感性，在預期因素的支配下，轉瞬間就會發生大規模的轉移。當人們預期某種貨幣將貶值，市場上馬上就會出現拋售這種貨幣的行為，使這種貨幣立即貶值。

心理預期是影響匯率變動的一個很複雜的因素，具有很大的脆弱性和易變性，讓人很難把握。

影響一國匯率變動的因素很多，除了上述幾種因素之外，還有國際性經濟、政治或軍事突發事件等。在不同時期，各種因素對匯率變動的影響有輕重緩急之分，它們的影響有時相互抵消，有時相互促進。只有將各項因素進行綜合、全面的考察，才能得出比較正確的判斷。

任務四　匯率變動對經濟的影響

受經濟政策等多種因素影響的匯率，其變動及其作用從來就不是被動的，它反過來會對一國的經濟、政策甚至整個世界經濟產生重大影響。掌握匯率變動對經濟的影響與掌握影響匯率變動的原因同樣重要。掌握這兩種影響並採取相應對策，對保持一國匯率與經濟的穩定是相當重要的。

一、匯率變動對一國國內經濟的影響

匯率變動對一國國內經濟有重要影響。匯率變動首先會在短期內引起進出口商品的國內價格發生變化，繼而波及整個國內物價發生變化，從而影響整個經濟結構發生變化，導致匯率變動對經濟發生長期影響。

（一）匯率變動會對進口商品的國內價格產生影響

本國貨幣匯率上升，會使進口商品的國內價格降低，本國進口的消費資料和原材料的國內價格就隨之降低。本國貨幣匯率下降，會使進口商品的國內價格提高，本國進口的消費品和原材料因本幣匯率下跌而不得不提高售價以減少虧損。

（二）匯率變動會對出口商品的國內價格產生影響

外國貨幣匯率上升，會使出口商品的國內價格提高。因為以本幣所表示的外匯匯率上漲，即外幣購買力提高。外國進口商會增加對本國出口商品的需求，若出口商品的供應數量不能相應增長，則出口商品的國內價格必然會有較大幅度的增長。外國貨幣匯率下降，會使出口商品的國內價格下降。因為外匯購買力下降，會引起對本國出口商品需求的減少，從而引起出口商品價格的下降。

（三）匯率變動會對國內其他商品的價格產生影響

匯率變動不僅影響進出口商品的國內價格，也影響著國內其他商品的價格。外幣匯率的上升即本幣匯率下降，導致進口商品和出口商品在國內的售價提高，必然要導致國內其他商品價格的提高，從而會推動整個物價的上漲。外幣匯率下降或本幣匯率上升，導致進口商品和出口商品在國內的價格降低，必然會促進國內整個物價水平下降。如本幣匯率上升，進口商品國內價格降低，以進口原料生產的本國商品價格由於

生產成本的降低而下降。

當然，由於經濟運行的複雜性、匯率變動對國內物價的影響及程度有時不是那麼直接和明顯，因此還要視商品的生產等許多條件而定，但是、無論如何，匯率的變動總會引起國內物價的變動，而一國國內物價發生變化必然會程度不同地對國民經濟各部門產生影響，發生作用。

二、匯率變動對一國對外經濟的影響

匯率變動對一國的對外經濟影響很大，集中表現在以下方面。

（一）匯率變動影響一國的對外貿易

匯率穩定，有利於進出口貿易的成本及利潤的計算，有利於進出口貿易的安排。匯率變動頻繁，會增加對外貿易的風險，影響對外貿易的正常進行。如果本幣貶值，外匯匯率上升，而國內物價尚未變動或變動不大，則外幣對本國商品、勞務的購買力增強，一般會增加對本國商品的需求，從而可以擴大本國商品的出口規模。在這種情況下，本國出口商收入的外幣折合成本幣的數額會增加，出口商有可能降低價格出售，以加強競爭，擴大銷路。所以，一般來說，本幣對外貶值具有擴大本國商品出口的作用，同時，本幣匯率下降，以本幣表示的進口商品的價格將會提高，就會影響進口商品在本國的銷售，從而起到抑制進口的作用。相反，本幣匯率上漲，會起到抑制出口、刺激進口的作用。

（二）匯率變動影響一國的資本流動

當以本幣表示的外幣匯率上漲時，則意味著本幣價值或本幣匯率的下跌，本國資本為防止貨幣貶值的損失，常常調往國外，同時匯率下跌有利於吸引外國資本流入。相反，如果以本幣表示的外幣匯率下降，本幣幣值上升，則會對資本流動產生與上述情況不同的影響，即會引起在國外的本國資本回流和不利於外國資本流入。

（三）匯率變動影響一國的國際收支

國際收支狀況是影響匯率變動的重要因素。反過來，匯率變動對國際收支也有重要影響。如上所述，本幣匯率下跌，有利於增加出口、吸引外國資本流入，可以抑制進口和外國資本流出，從而有利於國際收支逆差的縮小；本幣匯率上漲，有利於刺激進口和外國資本流出，不利於出口和外國資本流入，從而有助於國際收支順差的減少。不僅如此，匯率變動會引起物價變動，物價變動會影響整個國內經濟及貿易項目的外匯收支，從而影響整個國際收支。

（四）匯率變動影響一國的通貨膨脹程度

正如通貨膨脹是影響匯率變動的因素一樣，匯率變動反過來也要影響通貨膨脹。一國貨幣匯率變動，總是要間接地影響到一國貨幣的對內價值，影響到一國的通貨膨脹程度。一國貨幣匯率下跌會使出口商品增加和進口商品減少，從而使國內市場的商品供應相對減少；一國匯率下跌會使資本流入增加，從而使本幣供應相應增加，這兩種情況都會導致國內通貨膨脹壓力加大。相反，一國貨幣匯率上漲，則有利於減輕該國通貨膨脹的壓力。

三、匯率變動對外匯儲備的影響

外匯儲備是一國國際儲備的重要組成部分，它對平衡一國國際收支、穩定匯率有

重要的作用。匯率變動，不論是儲備貨幣本身價值的變化，還是本國貨幣匯率的變化，都會對一國的外匯儲備產生影響。增加或減少外匯儲備所代表的實際價值，將會增強或削弱外匯儲備的作用。

（一）儲備貨幣的匯率變動影響一國外匯儲備的實際價值

儲備貨幣匯率上升，會使該種儲備貨幣的實際價值增加，儲備貨幣匯率下降，會使該種貨幣的實際價值減少。外匯儲備實際是一種國際購買力的儲備。因為當今的任何國際儲備貨幣，無論是美元、德國馬克還是英鎊都不能與黃金兌換，只能與其他外匯兌換來實現自己的國際購買力。儲備貨幣實際上仍是一種價值符號，它的實際價值只能由它在國際市場上的實際購買力來決定。如果外匯儲備代表的實際價值隨貨幣匯率的下跌而日益減少，就會使得有該種儲備貨幣的國家遭受損失，而儲備貨幣發行國因該貨幣的貶值而減少了債務負擔，從而獲得巨大利益。

當然，儲備貨幣匯率下跌同樣會危及發達國家，使發達國家的外匯儲備也遭受損失，但是與不發達國家相比，發達國家遭受的損失相要小，因為在各國的國際儲備中，發達國家的黃金儲備所占比重要比發展中國家所占的比重大，即發展中國家外匯儲備所占比重比發達國家占的比重大。例如，20世紀80年代末期，發達國家的黃金儲備占整個黃金儲備的比重是84.8%，而發展中國家只占15.2%；發達國家的外匯儲備占其整個國際儲備的比重是93%，而發展中國家外匯儲備則要占其整個國際儲備的98%左右。

（二）本幣匯率變動會直接影響到本國外匯儲備數額的增減

一般來講，一國貨幣匯率穩定，則外國投資者能夠穩定地獲得利息和紅利收入，有利於國際資本的投入，從而有利於促進該國外匯儲備的增長；反之，本幣匯率不穩，則會引起資本外流，使該國外匯儲備減少，同時，當一國由於本幣匯率貶值使其出口額增加並大於進口額時，則該國外匯收入增加，外匯儲備相對增加；反之，情況相反。

（三）匯率變動會影響到某些國際儲備貨幣的地位與作用

一國選擇儲備貨幣總是要以儲備貨幣匯率長期較為穩定為前提。如果某種儲備貨幣發行國國際收支長期惡化，貨幣不斷貶值，匯率不斷下跌，則該儲備貨幣的地位和作用就會不斷削弱，甚至會失去其儲備貨幣的地位。例如，第二次世界大戰以後，英國的經濟與金融由於受到戰爭的影響而衰落，英鎊不斷貶值，匯率下跌，在國際支付中的使用量急遽縮減，英鎊的國際儲備貨幣的地位也因此大大削弱了。

四、匯率變動對經濟影響的制約條件

匯率變動會對一國的對外及國內經濟產生重要的作用。但匯率變動對一國經濟產生的影響程度和範圍要受到該國政治、經濟等條件的制約。這些條件主要表現在以下幾方面：

（一）一國的對外開放程度

凡對外開放程度較高，本國經濟發展對外依賴性較大，與國際金融市場聯繫密切，進出口貿易占國民生產總值比重較大的國家，匯率變動對其經濟的影響就較大；反之，則較小。

（二）一國的出口商品結構

匯率變動對出口商品結構單一的國家的經濟影響較大，對出口商品結構多樣化的

國家的經濟影響較小。

（三）一國的貨幣可兌換性

如果一國的貨幣可自由兌換，在國際支付中使用較多，經常與其他貨幣發生兌換關係，匯率變動對其經濟的影響就較大，否則影響就較小。

此外，由於各國對經濟的干預手段和外匯管制等情況不同，匯率變動對各國經濟產生的影響也不同。分析匯率變動對一國經濟的影回應當注意分析一國的具體經濟條件。

任務五 匯率決定理論

匯率理論主要研究匯率的決定以及匯率制度的選擇。匯率問題是國際金融的核心問題，匯率理論也是國際金融理論的重要組成部分。

一、匯率決定理論

（一）購買力平價理論

購買力平價理論是一個古老的、也是最基礎的匯率決定理論，是由瑞典經濟學家卡塞爾在20世紀初提出的。第二次世界大戰后，該理論又有了新的發展。

1. 卡塞爾的購買力平價理論

（1）絕對購買力平價理論。這種理論認為，兩種貨幣的內在購買力之比決定兩國貨幣的匯率。即：

$$e = P/P^* \tag{2-2}$$

其中，e 為匯率，P 和 P^* 分別為國內物價水平和國外物價水平。

卡塞爾關於購買力平價的思路是這樣的：首先，他考慮一國為什麼需要外國貨幣。他認為這是因為需要外幣在外國市場購買外國人生產的商品與勞務。對貨幣的需要既然與購買商品相聯繫，所以貨幣的價格取決於它對商品的購買力，因此，兩國貨幣的兌換比率由兩國貨幣各自具有的購買力的比率來決定。購買力比率就是購買力平價。一國匯率變動的原因在於購買力的變動，而購買力變動的原因在於物價變動，這樣匯率的變動歸根到底是由兩國物價水平的比率的變動所決定。

那麼，用來定義絕對購買力平價的價格水平究竟是指什麼價格水平？卡塞爾指出，只有一個國家在市場上出售的全部商品的總價格水平，才能代表購買的商品與勞務的價格水平。而哪一種價格水平最能符合計算絕對購買力平價的需要呢？最符合邏輯的應是國內生產總值的價格水平，即 GDP。但在卡塞爾時代，國民經濟核算中還沒有出現 GDP 這一概念。所以卡塞爾的表述是：在總價格水平的計算中，應排除進口品，但應包括出口品，即本國生產的商品和勞務。他的想法已接近 GDP 的概念。

（2）相對購買力平價理論。卡塞爾除了提出絕對購買力平價理論以外，還提出了相對購買力平價理論。

$$\Delta e = \Delta P - \Delta P^* \tag{2-3}$$

即匯率的變動等於兩國物價水平變動率之差，與絕對購買力平價相比，相對購買力平價更具有應用價值。

2. 購買力平價理論的新發展——成本平價

第二次世界大戰后，購買力平價理論的發展主要在成本平價方面。前面討論的購買力平價，不管是絕對平價還是相對平價，都是一種價格平價，而在價格平價中，一方面價格會影響匯率，另一方面也應看到匯率會影響國內物價。所以只從價格討論匯率的決定是不夠準確的。相比之下，成本受匯率變動的影響要小得多，以成本平價來討論匯率決定，是比較適宜的。

此外，價格平價中包含了利潤，而利潤是一個易變的因素，因而價格本身也是易變的。如果以成本平價來估算匯率，則可以排除利潤這個易變因素，更好地體現長期的價格趨勢，反應長期的價格變動，而不是短期的價格變動。

(二) 利率平價理論

利率平價理論由英國經濟學家凱恩斯於 1923 年在其《貨幣改革論》一書中首先提出，后經一些西方經濟學家發展而成。該學說主要研究國際貨幣市場上利差與即期匯率和遠期匯率的關係。

1. 利率平價理論的主要觀點

由於各國間存在利率差異，投資者為獲得較高收益，就將其資金從利率低的國家轉移到利率高的國家。如甲國的利率水平高於乙國，投資者就會把資金從乙國調到甲國。為避免匯率風險，投資者一般按遠期匯率把在甲國的投資收益變為乙國貨幣，並將此收益與在乙國投資所得收益進行比較，從而確定投資者的投資方向。兩國投資收益存在的差異導致了資本在國際間的移動，直到通過匯率的調整，兩國的投資收益相等時，國際間的資本移動才會停止。

2. 利率平價理論的基本表達式

現假定，本國投資者在國內用一單位本幣投資可獲得本利和 $1+i_d$，若換成外幣在國外投資可獲得本利和 $(1+i_f)/E$，為避免外匯風險，該投資者可利用遠期外匯市場進行套期保值，將在國外投資的本利和換成本幣：

$$(1+i_f) F/E \tag{2-4}$$

套利活動將使國內投資和國外投資的本利和趨於一致，即：

$$1+i_d = (1+i_f) F/E \tag{2-5}$$

整理得：$1+i_d/1+i_f = F/E$ \hfill (2-6)

等式兩邊同減 1，則：

$$i_d - i_f/1+i_f = (F-E)/E \tag{2-7}$$

$(F-E)/E$ 即為遠期外匯的升貼水率 P，則 (2-7) 式變為

$$P = i_d - i_f/1+i_f \tag{2-8}$$

將 (2-8) 式變形，得：

$$P+P\, i_f = i_d - i_f \tag{2-9}$$

因兩個較小的分數相乘其積更小，故 P 和 i_f 可忽略不計，則 (2-9) 式可變為：

$$P = i_d - i_f \tag{2-10}$$

(2-6) 式和 (2-10) 式稱為利率平價。其概念是：匯率的遠期升貼水率等與兩國貨幣的利率之差。如果本國利率高於外國利率，則本幣在遠期將貼水，如果本國利率低於外國利率，則本幣將在遠期升水。

3. 當代利率平價理論的發展

現代理論評價在理論上可以成立,但從實踐的角度看,有以下缺陷:

第一,利率平價理論存在的前提條件是資金完全套利,而且資本完全自由流動。

第二,套利本身受機會成本和外匯風險成本的影響,所以套利資金的供給彈性並非無限大。

第三,利率平價理論忽視了市場投機這一重要因素。市場可能受到投機者行為的影響,一直與實際匯率與均衡的利率平價出現偏差。

針對這些缺陷,現代利率平價理論的研究者提出了兩點修正:

(1) 資金有限供給下的利率平價 $P=i(1+1/E_s)-i*$。如果套利資金的供給彈性無窮大,則 $P=i-i*$。原利率平價公式成立。而現實中供給彈性不會無窮大,而且供給彈性的正負取決於利率的高低,從而引起資金從本國流向外國或相反,因此套利資金的供給彈性將直接影響實際匯率偏離利率平價的程度。

(2) 投機與套利的市場均衡。傳統的利率平價理論忽略了投機者行為對遠期匯率和利率平價的影響,實際上外匯市場的交易者包括投機者和商品交易者(后者的行為與套利者相似)。因此,發展的利率平價理論把投機者的行為同套利者的行為結合,認為均衡的遠期匯率是由投機者與套利者行為共同決定的。

投機者與套利者的行為不同。投機者只有從預期的變化中能夠得到足夠補償風險的利潤時,他們才進行投機,通常是非抵補行為。而套利者在各國之間轉移資金,是為了獲得利差,是一種抵補套利。交易者一般是指進出口商,在即期和遠期市場上交易,力求避免風險,實際上是套期保值者,行為與套利者相似,而與投機者不同。

4. 對利率平價理論的評價

利率平價理論的主要貢獻在於:它從理論上說明了遠期匯率取決於兩國貨幣的相對收益,即以利差作為匯率變動的主要原因。對於實際操縱外匯市場,預測遠期匯率趨勢,制訂和調整匯率政策等都有著重要的意義。

利率平價說在理論上可以成立,但從實踐的角度看有以下兩個缺陷:①利率平價理論是以國際間資本流動不受任何限制為前提的,即要求存在一個一體化的貨幣市場。這一條件過於嚴格,無疑會影響其理論和模型的應用性。②該學說的另一前提是各國間的資產可以完全替代。實際上,以各國貨幣標價的資產的風險程度是不同的,預期收益率也不同。因此不同資產之間不能完全替代。這就使得利率平價難以成立。

(三) 國際收支說

國際收支說的學術淵源是國際借貸說。國際借貸說是英國的戈遜於 1861 年提出的,在第一次世界大戰前頗為流行。他認為,匯率決定於外匯的供給與需求,當外匯的供給大於需求時,外匯匯率下降,當需求大於供給時,外匯匯率上升。外匯的供求是由國際借貸引起的,而國際借貸的產生源於一國的外匯收入和支付,所以戈遜的學說也被稱為國際收支說。現代國際收支學說由美國學者阿爾蓋在 1981 年提出,該理論的特點是把國際收支的均衡條件應用於外匯供求流量分析。

國際收支的均衡條件是經常項目差額等於資本流入額。如果用 CA 表示經常項目差額,KA 表示資本項目差額,這一均衡條件是:

$$CA+KA=0 \qquad (2-11)$$

經常項目收支為商品和勞務的進出口額,其中出口 (X) 是外國國民收入 (Y_f)、

相對價格（P_d/eP_f）決定的，其中 P_d 為國內價格水平，P_f 為國外價格水平，e 為現匯匯率。用公式表示為：

$$X = f(Y_f, P_d, P_f, e) \tag{2-12}$$

而進口（M）是由本國國民收入（Y）和相對價格（P_d/eP）決定的，即：

$$M = f(Y, P_d, P_f, e) \tag{2-13}$$

一國資本項目收支，則主要取決於本國利率（i_d）與外國利率（i_f）差額，即人們對未來現匯匯率變化的預期，用公式表示為：

$$KA = KA(i_d, i_f, e_e-e/e) \tag{2-14}$$

式中 e_e 為未來現匯匯率的預期值。

當 $CA(Y, Y_f, P_d, P_f, e) = -KA(i_d, i_f, e_e-e/e)$ 時，一國國際收支處於均衡狀態，由此所決定的匯率水平就是均衡匯率。由此，均衡匯率可表示為：

$$e = h(Y, Y_f, P_d, P_f, i_d, i_f, e_e) \tag{2-15}$$

該式表明，影響均衡匯率變動的因素有國內外的國民收入、國內外價格水平、國內外利息率以及人們對未來匯率的預期。

當本國國民收入增加時，進口會隨之增加，國際收支會出現赤字，從而導致外匯市場外匯需求大於供給，本幣貶值。當外國國民收入增加時，本國出口增加，國際收支會出現盈餘，外匯市場上的外匯供給大於需求，外幣貶值。當本國物價上升或外國物價下降時，本國出口減少、進口增加，國際收支出現赤字，外匯的需求大於供給，本幣貶值，反之亦然。當本國利率上升或外國利率下降時，國外資本流入增加，從而導致外匯的供給大於需求，或本幣的需求大於供給，本幣升值，反之亦然。如果對未來外匯匯率看漲，人們就會大量買進外匯，外匯就會升值。

國際收支說在運用供求分析的基礎上，將影響國際收支的各種因素納入匯率的均衡分析，至今這一理論仍為人們所廣泛運用。

（四）資產市場說

資產市場說是 20 世紀 70 年代中期以後發展起來的一種重要的匯率決定理論。該理論是在國際資本流動獲得高度發展的背景下產生的，因此特別重視金融資產市場均衡對匯率變動的影響。資產市場說的一個重要分析方法是一般均衡分析，它較之傳統理論的最大突破在於它將商品市場、貨幣市場和證券市場結合起來進行匯率決定的分析。在這些市場中，國內外市場有一個替代程度的問題，而在一國的三種市場之間，則有一個受到衝擊后進行均衡調整的速度問題，由此引出了各種資產市場說的模型（見圖 2-3）。

資產市場說 { 貨幣論：國內外資產具有完全的替代性 { 國際貨幣主義模型：彈性價格 / 匯率超薄模型：粘性價格 } / 資產組合平衡論：國內外資產不具備完全的替代性 }

圖 2-3 資產市場說的兩個理論學說

1. 貨幣論

這一理論強調貨幣市場對匯率變動的要求。一國貨幣市場失衡后，國內商品市場和證券市場會受到衝擊。在國內外市場緊密聯繫的情況下，國際商品套購機制和套利機制就會發生作用。在商品套購和套利過程中，匯率就會發生變化，以符合貨幣市

恢復均衡的要求。

（1）國際貨幣主義匯率模型（彈性價格模型）。這一模型實際上是國際收支貨幣論在浮動匯率制下的變體，代表人物是弗蘭克爾。

（2）超調模型（粘性價格模型）。匯率超調模型是多恩布什於1976年提出的。這一模型認為，商品市場和貨幣市場的調整速度是不同的，商品市場的調整速度相對資產市場要緩慢得多。當貨幣市場失衡後，由於商品市場反應遲緩，資產市場的迅速調整使匯率做出超調反應，而偏離長期均衡值，這是短期匯率容易波動的原因。

具體分析如下：貨幣市場失衡（貨幣供應量增加）後，由於短期內價格具有粘性，實際貨幣供應量就會增加，這勢必造成利率下降。利率的下降會引起資金外流，本幣匯率下降。但隨著利率的下降，會刺激需求，同時本幣貶值會促進出口，從而帶動總需求的上升。總需求的上升最終將帶來價格的上升。在價格上升的過程中，實際貨幣供應量相應地逐漸下降，帶來利息率的回升，結果資本內流、本幣升值。

2. 資產組合平衡論

前面介紹的兩個模型假定國內外資產具有完全替代性。但在現實中，卻存在種種導致國內外資產不完全替代的因素。基於這一認識，在資產組合論的基礎上，產生了資產組合平衡模型。它是由布朗遜於1975年提出的。該理論認為國內外貨幣資產之間是不可替代的。投資者根據對收益率和風險性的考察，將財富分配於各種可供選擇的資產，確定自己的資產組合。一旦資產組合達到穩定狀態，匯率也就相應被決定了。

資產組合平衡模型將本國居民持有的財富（W）劃分為三種形式：本國貨幣（M）、本國債券（B）和外幣資產（F）。即：

$$W = M + B + F \qquad (2-16)$$

對於財富總額，私人部門是如何在本國貨幣、本國債券與國外資產之間進行分配的呢？這顯然取決於各類資產的預期收益率的高低。私人部門資產組合中各種資產的比例分配將隨國內外各種資產的預期收益率的變動而發生調整。在進行國內外資產之間的調整過程中，本國資產和外國資產之間的替換會引起外匯供求流量的變化，從而帶來外匯匯率的變化：

（1）貨幣供應量增加。隨著貨幣供應量的增加，投資者將會拿出新增的一部分貨幣來購買本幣資產和外幣資產，以便重新平衡他們的資產組合，這將導致外匯匯率上升和國內利率的下降。

（2）本幣資產供應量增加。政府增發債券後，對匯率的影響有兩重性：一方面，本幣資產的增加，提高了財富總額，由此使得對外幣資產的需求量增加，這將促使外匯匯率上升。另一方面，由於債券供給增加，導致債券價格下降，利率上升，這又會誘使外幣資產需求相對削弱，從而使外幣匯率下跌。所以影響是不確定的。

（3）外幣資產供應增加。當一國經常項目出現盈餘後，私人部門持有的國外淨資產就會增加，這就使外國資產在財富中的比例過大。在重新平衡其資產組合時，人們就會用超額的外國資產來換本國貨幣和債券，結果外匯匯率下降。

從上面我們介紹的幾種匯率決定理論可以看出，各種理論的側重點不同。購買力平價理論是從開放經濟下，各國商品市場存在聯繫的角度對匯率決定進行研究，認為匯率是由貨幣的購買力對比決定的。利率平價是從開放經濟下各國金融市場之間存在聯繫的角度對匯率決定問題進行研究，認為匯率的變動是由利率差異決定的。國際收

支說是由國際借貸說發展而來，它是從外匯市場的供給與需求流量的變動角度認識匯率的決定問題，認為匯率是由國際收支狀況決定的，它是凱恩斯主義的國際收支理論在浮動匯率制下的變形。資產市場說是把商品市場、貨幣市場和證券市場結合起來進行匯率決定分析。20世紀70年代以來，資產市場說取代了匯率的國際收支流量分析，成為匯率的主流。

二、匯率制度選擇理論

從匯率制度上看，西方匯率理論基本上可以分為三個類別：固定匯率制、浮動匯率制和兩極匯率制。

（一）固定匯率理論

支持固定匯率的代表人物是蒙代爾、特里芬、金德伯格、拉弗等。

1. 固定匯率使各國經濟趨於協調

蒙代爾認為，在浮動匯率制下，大多數國家的貨幣由於幣值經常變動而影響了它們在世界範圍內執行支付功能，因而當某國遇到經濟困難時，它不能以向外國發行貨幣的方式，吸引外國資本和吸收商品勞務資源來調節本國經濟。但如果在固定匯率下，上述問題就可以解決。這是因為在固定匯率下，該國可以利用儲備來購買價格相對便宜的外國產品，來彌補本國由於產出下降而產生的超額需求，從而可以抑制國內物價的上漲。相反，當一國實際產出增加，供過於求導致物價下跌時，可以通過增加出口來緩和。因此固定匯率能夠保證損失由各國共同承擔，而額外利益則由各國共同分攤。

2. 固定匯率保持經濟的均衡狀態

拉弗認為，在浮動匯率制下，私人部門不能改變名義貨幣存量，而在固定匯率制下，本國貨幣價格是不變的，名義貨幣存量將隨國際收支的變化而變化。由於這個區別，國內貨幣存量的變化，在浮動匯率下會引起經濟衰退和失業的增加，而在固定匯率制下則保持經濟的均衡狀態。

具體的傳導過程是這樣的，如果政府在經濟處於均衡狀態下減少名義貨幣存量，利率會上升、投資下降，進而引起產量和就業的減少，對進口需求的減少。如果一國實行的是浮動匯率制，進口減少會導致本幣升值，而本幣升值又會使出口減少，產量和就業會進一步下降。如果一國實行固定匯率制，貨幣存量的減少會導致利率上升和物價下降，由於匯率固定，本國物價下降會導致出口商品價格下降，出口數量增加，從而外匯收入增加，於是中央銀行會把外匯轉變為本國貨幣，引起國內名義貨幣量的增加。因此，在固定匯率制下，名義貨幣存量的減少可以通過國際收支效應得到補償，使經濟重新恢復到均衡狀態。

（二）浮動匯率理論

浮動匯率理論的代表人物是弗里德曼和米德。

1. 浮動匯率制有利於國際收支的調整

弗里德曼指出，用匯率浮動調整國際收支有以下優點：

（1）浮動匯率能持續地對任何時候出現的國際收支變動進行及時的調整，不會產生國際收支累積性困難。

（2）浮動匯率制制下，可以通過改變貨幣的相對價格，對國際收支進行長期的結構調整。

(3) 匯率的頻繁變動會吸引私人投資者對國際收支逆差的國家給予短期的資助。

(4) 浮動匯率只涉及貨幣價格的變動，因而簡單易行。

2. 防止通貨膨脹的國際傳遞

根據貨幣主義理論，在浮動匯率條件下，一國貨幣量增加后，該國國內市場的均衡以及該國內部經濟與外部經濟的均衡可以通過匯率的自由變動進行調整。但在固定匯率條件下，情況則不同，通貨膨脹可以通過價格調整和國際收支差額效應，從一國「傳遞」到另一國。

3. 浮動匯率有利於經濟的穩定

這是因為浮動匯率可使國際收支始終處於均衡狀態，因而政府可以把宏觀經濟政策的調整直接放在使國內經濟穩定的目標上。此外，浮動匯率可以使本國經濟免受外國經濟擴張和收縮的影響。當外國經濟擴張或收縮時，本國的物價水平會隨之上升或下降，從而使本國貿易項目出現逆差或順差。在這種情況下，本國貨幣也會隨之貶值或升值，以此補償由外國經濟擴張或收縮對相對價格水平的影響，恢復貿易項目的平衡。結果，外國經濟的擴張和收縮對本國經濟不產生任何影響。

(三) 兩極匯率理論

近些年來關於匯率制度選擇的爭論異常激烈，爭論的焦點是原有的釘住匯率制是否應該放棄。20世紀90年代以后出現的兩極匯率理論就是在這場爭論中出現的一種新的理論。

1. 兩極匯率制度的概念

兩極匯率制度（Bipolar Regime）的一極是使用另一國貨幣作為法幣，或採用貨幣聯盟、貨幣局；另一極是完全的獨立浮動。在這兩極之間被稱為中間的匯率制度，包括傳統的固定釘住制、釘住平行匯率帶、爬行釘住等，也被稱為軟釘住（Soft Peg）。兩極匯率制度最初由 Eichengreen（1994）、Obstfeld 和 Roff（1995）提出的。該觀點也被稱為中間匯率制度消失假說（The Hypothesis of Vanishing Intermediate Regime）以及兩角解式（Corner Solution）。該假說最初討論的是歐洲匯率機制。在 1992—1993 年的歐洲匯率危機中，義大利和英國被迫把其貨幣貶值並最終退出匯率機制，而后來歐盟又把匯率的浮動範圍大幅度地擴大了。這場危機顯示了以前設計的方案——漸進的歐洲貨幣經濟和貨幣聯盟——不是最佳方式。Obstfeld 和 Rogoff（1995）總結道，在浮動匯率和採用單一貨幣之間沒有什麼舒服的中間地帶。1997 年亞洲危機后，消失的中間匯率制度假說開始用於新興市場。

2. 採用兩極匯率制度的原因

(1) 中間匯率制易於導致貨幣衝擊和貨幣危機的發生。在自由浮動匯率制度下，政府不存在維護匯率穩定的義務。因此，這一匯率制度安排不會發生貨幣危機。就固定匯率制而言，由於美元化制度與貨幣聯盟不存在本國法定貨幣，所以在這兩種貨幣制度安排下，同樣不存在發生貨幣危機的可能性。貨幣局制度儘管擁有本國法定貨幣，但法律賦予了政府維持匯率穩定的義務，因此這一制度具有較高的可信度。

(2) 開放經濟條件下的三元悖論。三元悖論也被稱為不可能三角，即一個經濟體在匯率穩定、獨立的貨幣政策和國際資本流動上，最多可以同時實現其中的兩個目標（至少要犧牲其中的一個目標）。這一基本經濟原理使得每個經濟體只能在下述三種匯率體制中選擇一種：第一，浮動匯率制。它容許資本自由流動，並且不要求決策者採

取諸如提高利率的措施去捍衛匯率，從而使政府能夠運用貨幣政策去實現經濟目標。然而它不可避免地要在幣值波動方面付出代價。第二，固定匯率制。它在維持幣值穩定和資本自由流動的同時犧牲了貨幣政策的獨立性，因為這種利率必須成為穩定匯率的主要工具。第三，中間匯率制。它相對調和了匯率穩定與貨幣政策獨立性的矛盾，但是卻不得不在資本自由流動方面有所放棄，並且承擔由此而來的其他一切代價。

（3）中間匯率制度使企業忽視匯率風險的防範。當一國政府建立了某種匯率目標後，國內銀行和企業低估了未來該國貨幣貶值的可能性，債務人認為沒有必要使用遠期或期貨來保值，因而大量引入未保值的外幣債務。當貨幣貶值發生時，國內資本收入不能償還外債，破產相繼發生，這又會給經濟帶來惡劣影響。

應知考核

■ 主要概念

自由外匯　貿易外匯　遠期外匯　即期外匯　匯率　直接標價法　間接標價法　美元標價法　基本匯率　套算匯率　買入匯率　賣出匯率　中間匯率　固定匯率　浮動匯率　單獨浮動　聯合浮動　釘住浮動　貿易匯率　金融匯率　復匯率　官方匯率　市場匯率　外匯　即期匯率　遠期匯率

■ 基礎訓練

一、單選題

1. 外匯是（　　）。
   A. 外國貨幣
   B. 可用於結清一國債權債務的外幣
   C. 外國的鈔票
   D. 用於國際間債權債務結算的支付手段

2. 以下（　　）是錯誤的。
   A. 外匯是一種金融資產
   B. 外匯必須以外幣表示
   C. 用作外匯的貨幣不一定具有充分的可兌性
   D. 用作外匯的貨幣必須具有充分的可兌性

3. 動態外匯是指（　　）。
   A. 外匯的產生　　　　　　　　B. 外匯的轉移
   C. 國際清算活動和行為　　　　D. 外匯儲備

4. 匯率按外匯資金性質和用途劃分為（　　）。
   A. 商業匯率和銀行間匯率　　　B. 復匯率和單匯率
   C. 市場匯率和官定匯率　　　　D. 金融匯率與貿易匯率

5. 在直接標價法下，等號後的數字越大說明相對於本幣而言，外匯比本幣（　　）。
   A. 越貴　　　　　　　　　　　B. 越賤
   C. 平價　　　　　　　　　　　D. 下降

6. 購買力平價理論表明，決定兩國貨幣匯率的因素是（　　）。
  A. 含金量　　　　　　　　　　B. 價值量
  C. 購買力　　　　　　　　　　D. 物價水平
7. 新聞報導和經濟分析常使用的匯率是（　　）。
  A. 買入匯率　　　　　　　　　B. 賣出匯率
  C. 中間匯率　　　　　　　　　D. 固定匯率
8. 兩種貨幣通過各自對第三國的匯率而算得的匯率叫（　　）。
  A. 基本匯率　　　　　　　　　B. 單一匯率
  C. 套算匯率　　　　　　　　　D. 中間匯率
9. 以下（　　）屬於外匯。
  A. 特別提款權　　　　　　　　B. 外國紙幣
  C. 英國政府債券　　　　　　　D. 歐元
10. 外匯成交后，在未來約定的某一天進行交割所採用的匯率是（　　）。
  A. 浮動匯率　　　　　　　　　B. 遠期匯率
  C. 市場匯率　　　　　　　　　D. 買入匯率

二、多選題

1. 對於大多數基本匯率，美元都是作為基準貨幣，例外的貨幣有（　　）。
  A. 歐元　　　　　　　　　　　B. 英鎊
  C. 日元　　　　　　　　　　　D. 澳元
2. 在下列國家中，匯率表示方法採用間接標價法的有（　　）。
  A. 美國　　　　　　　　　　　B. 日本
  C. 英國　　　　　　　　　　　D. 法國
3. 影響匯率變動的因素主要有（　　）。
  A. 國際收支　　　　　　　　　B. 通貨膨脹率差異
  C. 利率差異　　　　　　　　　D. 經濟增長差異
4. 按外匯交易支付方式和付款時間，匯率可劃分為（　　）。
  A. 票匯匯率　　　　　　　　　B. 套算匯率
  C. 電匯匯率　　　　　　　　　D. 信匯匯率
5. 按國際貨幣制度的演變，匯率可分為（　　）。
  A. 浮動匯率　　　　　　　　　B. 金融匯率
  C. 收盤匯率　　　　　　　　　D. 固定匯率

三、簡答題

1. 簡述狹義外匯的概念和特徵。
2. 簡述影響匯率變動的因素。
3. 簡述匯率變動對經濟的影響。
4. 簡述購買力平價理論。
5. 簡述利率平價理論。

四、計算題

  假定某日下列市場報價為：紐約外匯市場即期匯率為 USD/ CHF = 1.534,9/ 89，倫敦外匯市場為 GBP/ USD = 1.634,0/70，蘇黎世外匯市場為 GBP/ CHF = 2.502,8/

48。如果不考慮其他費用，某瑞士商人以100萬瑞士法郎進行套利，可以獲多少套匯利潤？

應會考核

■ 技能案例

【案例背景】

在隔夜美元指數大漲推動下，2014年6月3日國內外匯市場人民幣兌美元中間價設於6.171，較前一交易日下跌15個基點，創近9個月來新低。市場分析人士指出，貨幣政策傾向於定向寬鬆，加上美元近期顯著走強，導致近階段人民幣匯率延續弱勢運行。

6月1日國家統計局公布的5月中國製造業採購經理指數（PMI）為50.8%，比上月上升0.4個百分點，已連續3個月回升，預示中國製造業繼續穩中向好，而反應製造業外貿情況的新出口訂單指數和進口指數分別為49.3%和49%，均位於臨界點之下，說明出口型企業仍面臨壓力。

匯豐中國宏觀經濟師馬曉萍認為，人民幣實際有效匯率貶值將有助於中國外貿出口進一步好轉，預計今年淨出口對GDP的增長貢獻有望轉正。興業銀行首席經濟學家魯政委測算，如果今年中國要達到7.5%的出口同比增速，那麼人民幣名義有效匯率應貶值6.36%。

人民幣兌美元貶值，對此前借人民幣升值趨勢套利的熱錢形成了阻力。根據跨境監測數據，5月流入中國的「熱錢」延續了4月跌勢，且跌幅進一步放大，就印證了這一點。

相比年初市場一致預期人民幣年內可能升值「破六」的情況，眼下對於人民幣匯率走勢不再是一致看漲，澳新銀行、瑞銀、匯豐都預測，到年底人民幣較年初將出現約1.5%的貶值。值得關注的是，人民幣匯率浮動幅度擴大，減少了熱錢套利的風險，但也增加了企業進出口利潤的不確定性，因此需要外貿企業積極適應，加快培育競爭新優勢，擴大進出口貿易人民幣使用，也需要金融機構開發更多適合進出口企業需求、定價合理的匯率避險產品，幫助企業提高對匯率風險的承受和規避能力，增強服務實體經濟的能力。

資料來源：http://forex.eastmoney.com/news/1129,20140603389496426.html.

【技能思考】

請分析人民幣的升值與貶值會給中國企業的出口利潤帶來什麼影響？

■ 實踐訓練

【實訓項目】

匯率的換算

【實訓情境設計】

中國銀行外匯牌價

日期：2013 年 7 月 27 日　　　　　　　　　　　　　　（人民幣元/100 外幣）

貨幣名稱	現匯買入價	現鈔買入價	現匯賣出價	中行折算價
英鎊	939.68	910.67	947.23	949.25
港元	78.87	78.24	79.17	79.56
美元	611.82	606.92	614.28	617.20

【實訓任務】

根據該牌價進行交易，請回答下列問題：

（1）一位出國旅遊者到中國銀行兌換 3,000 元港幣現鈔。需要付出多少人民幣現鈔？

（2）一位客戶欲將 1,000 英鎊現鈔兌換等值的人民幣，該客戶能兌換多少人民幣？

（3）一家出口企業到中國銀行以 10,000 美元即期結匯，可兌換多少等值人民幣？

（4）中國銀行港幣/人民幣、美元/人民幣買賣差價是多少點？

項目三
外匯市場與外匯交易

■知識目標

理解：外匯市場的概念與特徵、種類以及外匯市場的結構；

熟知：即期外匯、遠期外匯價、套匯、套利、擇期、掉期、外匯期貨、外匯期的基本原理；

掌握：即期、遠期、掉期、擇期、套利、套匯、外匯期貨、外匯期權交易的相關業務計算。

■技能目標

學生能夠熟悉外匯交易中的慣例和規則、初步認識外匯交易中的技巧和戰略，能夠進行外匯交易的報價和計算，並能進行實際交易的操作。

■情意目標

學生能夠按照不同的交易種類和交易程序進行簡單的外匯交易，能夠運用不同地區匯率的差異進行套算。

■教學目標

教師要培養學生熟悉外匯交易的程序、具有進行基本的外匯交易的能力及分析外匯交易盈虧狀況的能力。

【項目引例】

俄羅斯加速「去美元化」

俄羅斯「去美元化」進程加速，探討多年的中俄石油人民幣結算或在近期有所動作。

當地時間 2014 年 5 月 13 日，俄羅斯國際廣播電臺「俄羅斯之聲」援引俄媒消息源報導，俄財政部準備通過一項計劃，擬大力提升本幣盧布在俄出口貿易中的影響力，減少以美元為支付貨幣的交易。

據報導，4 月 25 日，俄羅斯第一副總理 Igor Shuvalov 召開會議，專門探討減少外貿交易使用美元的比例，進而徹底「去美元」。俄大型能源公司、金融機構及政府部門參加此次會議，以應對歐美因烏克蘭事件對俄羅斯的制裁。事實上，俄羅斯試圖「去美元化」已有多年，隨著烏克蘭局勢的不斷升級，俄羅斯受到歐美聯合對俄採取的一系列制裁，俄羅斯試圖挑戰美元以及「石油美元」則更顯示出其緊迫性。

俄羅斯財政部副部長 Alexey Moiseev 在接受採訪時表示，目前正在探討一種名為「貨幣置換行政令」的法律機制，強制俄羅斯企業讓盧布交易在特定商品交易中達到一定比例。他表示，盧布交易的比例有可能高達 100%。

儘管在上述會議中並未具體提到石油美元，但俄羅斯之聲報導稱，目前中國和伊朗已經表示支持俄此輪去美元化。

烏克蘭事件升級后，中俄之間經貿合作升級明顯，「去美元化」成為一個顯著的趨勢。

4月中旬，彭博從消息人士處獲悉，俄羅斯天然氣工業股份有限公司（Gazprom）正在考慮發行人民幣債券。美銀美林數據顯示，自俄羅斯增兵進駐克里米亞以來，Gazprom 旗下融資機構 OAO Gazprombank 2017 年到期的 10 億元人民幣債券收益率攀升了 75 個基點。同期點心債的平均收益率下降了 5 個基點。

除人民幣債券外，「俄羅斯之聲」預計，普京 5 月 20 日將訪華，中俄簽署以盧布和人民幣結算的油氣協議也有可能。俄羅斯副總理德沃爾科維奇曾表示，中俄雙方簽約后，將向中國每年供應 380 億立方米的天然氣。

除中國外，俄羅斯也在試圖推動和其他國家石油貿易本幣化。俄汽與科威特和埃及就擴大液化天然氣供應舉行了會談，與印度的「大單」成交在即，同時還與伊朗達成了石油換商品的協議。

據路透社報導，在上述貿易協議中將不會用美元進行結算。比如，伊朗以最多每日 50 萬桶石油換取俄羅斯的設備和商品。如果俄羅斯決定屆時支付給伊朗盧布，則將對「石油盧布」起到有力的支持。

今年 3 月下旬，普京提出，俄羅斯可以效法中日，建立自己的國家支付結算系統，設法減少對西方的經濟依賴。

資料來源：http://finance.stockstar.com/MT20140515000000429.shtml.

什麼是外匯市場？在外匯市場上如何進行外匯交易？如何進行盈虧分析？

【知識支撐】

任務一　外匯市場

一、外匯市場的概念與特徵

（一）外匯市場的概念

國際間的一切經濟往來總伴隨著貨幣的清償和支付，為實現國際清償和貨幣支付，就需要進行國際間的貨幣兌換或外匯買賣活動，外匯市場（Foreign Exchange Market）就是適應外匯買賣和票據兌換的需要而產生的。所謂外匯市場是指進行貨幣買賣、兌換的市場，是由經營外匯業務的銀行、各種金融機構、外匯需求者、外匯供給者、買賣仲介機構以及個人進行外匯買賣、調劑外匯供求的交易場所。隨著各國經濟國際化的發展，各國逐步放鬆外匯管制，實行開放的外匯政策，使外匯市場也獲得了巨大的發展，外匯市場已由倫敦、紐約、蘇黎世、巴黎擴展到全世界，外匯交易量不斷增長。外匯市場是世界上最大和最具流動性的市場，據國際清算銀行統計顯示，2010 年外匯

交易額飆升至創紀錄的水平,儘管外匯市場日益集中在少數銀行和交易中心。國際清算銀行(BIS)表示,目前的日平均交易額為 4 萬億美元,高於該行 2007 年上次進行市場調查時的 3.3 萬億美元。

(二) 外匯市場的特徵

1. 外匯市場全球一體化

首先,外匯市場分佈呈全球化格局,以全球最主要的外匯市場為例:美洲有紐約、多倫多;歐洲有倫敦、巴黎、法蘭克福、蘇黎世、米蘭、布魯塞爾、阿姆斯特丹;亞洲有東京、香港、新加坡。其次,外匯市場高度一體化,全球市場連成一體,各市場在交易規則、方式上趨同,具有較大的同質性。各市場在交易價格上相互影響,如西歐外匯市場每日的開盤價格都參照香港和新加坡外匯市場的價格來確定,當一個市場發生動盪,往往會影響到其他市場,引起連鎖反應,市場匯率表現為價格均等化。

2. 外匯市場全天候運行

從全球範圍看,外匯市場是一個 24 小時全天候運行的晝夜市場,如圖 3-1 所示。每天的交易,澳洲的惠靈頓、悉尼最先開盤,接著是亞洲的東京、香港、新加坡,然后是歐洲的法蘭克福、蘇黎世、巴黎和倫敦,到歐洲時間下午 2 點,美洲大陸的紐約開盤,當紐約收市時,惠靈頓又開始了新一天的交易。在歐洲時間的下午,此時倫敦和紐約的兩大市場均在營業,是大額交易的最佳時間,大的外匯交易商及各國的中央銀行一般選擇這一時段進行交易。

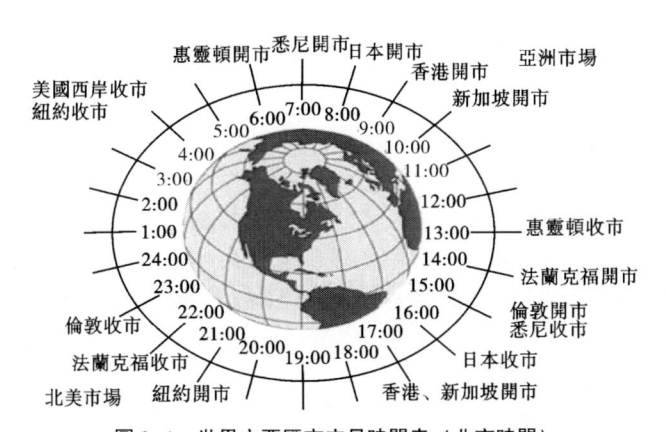

圖 3-1 世界主要匯市交易時間表(北京時間)

二、外匯市場的種類

(一) 根據有無固定場所,分為有形市場與無形市場

1. 有形市場(Visible Market)

有形市場指有具體交易場所的市場。外匯市場的出現與證券市場相關。外匯市場產生之初,多在證券交易所交易大廳的一角設立外匯交易場所,稱外匯交易所。外匯買賣各方在每個營業日的約定時間集中在此從事外匯交易。早期的外匯市場以有形市場為主,因該類市場最早出現在歐洲大陸,故又稱「大陸式市場」。

2. 無形市場（Invisible Market）

無形市場指沒有固定交易場所，所有外匯買賣均通過聯結於市場參與者之間的電話、電傳、電報及其他通訊工具的抽象交易網絡進行。目前，無形市場是外匯市場的主要組織形式，因其最早產生於英國、美國，故又稱「英美式市場」。

與有形市場相比，無形市場具有以下優勢：①市場運作成本低。有形市場的建立與運作，依賴於相應的投入與費用支出，如交易場地的購置費（租金）、設備的購置費、員工的薪金等；無形市場則無需此類投入。②市場交易效率高。無形市場中的交易雙方不必直接見面，僅憑交易網絡便可達成交易，從而使外匯買賣的時效性大大增強。③有利於市場一體化。在無形市場，外匯交易不受空間限制，通過網絡將各區域的外匯買賣連成一體，有助於市場的統一。

(二) 根據外匯交易主體的不同，分為銀行間市場和客戶市場

1. 銀行間市場（Inter-bank Market）

銀行間市場亦稱「同業市場」。由外匯銀行之間相互買賣外匯而形成的市場。銀行間市場是現今外匯市場的主體，其交易量占整個外匯市場交易量的90%以上，又稱作「外匯批發市場」。

2. 客戶市場（Customer Market）

客戶市場指外匯銀行與一般顧客（進出口商、個人等）進行交易的市場。客戶市場的交易量占外匯市場交易總量的比重不足10%，又稱作「外匯零售市場」。

此外，外匯市場還有廣義與狹義之分。廣義外匯市場包括銀行間市場與客戶市場，狹義外匯市場則僅指銀行間市場。

三、外匯市場的結構

(一) 外匯市場的參與者

1. 外匯銀行（Foreign Exchange Banks）

外匯銀行也稱外匯指定銀行，是指經過本國中央銀行批准，可以經營外匯業務的商業銀行或其他金融機構。外匯銀行可分為三種類型：①專營或兼營外匯業務的本國商業銀行；②在本國經營的外國商業銀行分行；③經營外匯買賣業務的本國其他金融機構，比如信託投資公司、財務公司等。外匯銀行是外匯市場上最重要的參加者，它的外匯交易構成外匯市場的重要部分。

2. 外匯經紀人（Foreign Exchange Broker）

外匯經紀人是指介於外匯銀行之間、外匯銀行和外匯其他參加者之間進行聯繫、接洽外匯買賣的經紀人公司或個人。外匯經紀人作為外匯買賣雙方的中間聯絡人，本身並不承擔外匯盈虧風險，他們熟悉外匯供求情況和市場行情，有現成的外匯業務網絡，而且具有豐富的外匯買賣經驗，因此，一般客戶願意委託他們代理外匯買賣業務。在西方國家，外匯經紀人一般需經過所在國家中央銀行的批准才能取得私營業務的資格。有的國家還規定外匯買賣必須通過經紀人和外匯銀行進行，可見，外匯經紀人在外匯交易中的作用是十分重要的。

3. 外匯交易商（Exchange Dealer）

外匯交易商是指經營票據買賣業務、買賣外國匯票的公司或個人，多數是信託公司、銀行的兼營機構或票據貼現公司。他們利用自己的資金，根據外匯市場上的行市，

賺取買賣中的差價。外匯交易商可以自己直接買賣外匯，也可以通過經紀人交易。

4. 進出口商及其外匯供求者

進出口商從事進出口貿易活動，是外匯市場上外匯的主要的和實際的需求者與供給者。出口商出口商品後需要把收入的外匯賣出，而進口商進口商品則需要買進對外支付的外匯，這些都要通過外匯市場的外匯交易來進行。其他外匯供求者系指運費、旅費、留學費、匯款、外國有價證券買賣、外債本息收付、政府及民間私人借貸以及其他原因引起的外匯供給者和需求者，包括勞務外匯收入者、國外投資受益者、接受國外援助者、收到僑匯者、接受外國貸款者、對本國進行直接投資的外國企業和在國外發行有價證券者。

5. 外匯投機者（Exchange Speculator）

外匯投機者在外匯市場上興風作浪，預測匯價的漲跌，以買空或賣空的形式，根據匯價的變動低買高賣，賺取差價。這些人往往是活躍外匯交易的重要力量，但過度投機常會帶來匯價的大起大落。

6. 中央銀行（Central Bank）

中央銀行在外匯市場上一般不進行直接的、經常性的買賣，它們主要通過經紀人和商業銀行進行交易，目的是防止國際上對本國貨幣的過度需求或過度拋售，以維護本國貨幣的匯價穩定，並執行本國的貨幣政策。在實際過程中，外匯市場上的投機者經常希望匯價波動，或者進行投機以造成匯價波動，而中央銀行總是希望保持匯價的相對穩定，因此這兩股力量在外匯市場上的此消彼長往往是影響匯價的重要因素。

（二）外匯交易的層次

一般地，外匯交易可以分為三個層次，即外匯銀行與顧客之間的交易，外匯銀行之間的交易和外匯銀行與中央銀行之間的交易。

1. 銀行與顧客之間的外匯交易

顧客向銀行買賣外匯，往往是出於國際結算中收付貨款的需要，故主要是本幣與外幣之間的兌換。在與顧客的外匯交易中，銀行一方面從顧客手中買入外匯，另一方面又將外匯賣給顧客，實際上是在外匯的最初供給者與最終需求者之間起仲介作用，賺取外匯的買賣差價。

2. 銀行間外匯交易

銀行在為顧客提供外匯買賣仲介服務時，經常出現營業日內外匯買入額與賣出額不平衡的情況。如果某一幣種的購入額多於出售額，則銀行該幣種外匯頭寸即出現「多頭」（long position）或「超買」（overbought）；如果某一幣種購入額低於出售額，則銀行該幣種外匯頭寸即出現「空頭」（short position）或「超賣」（oversold）。「多頭」和「空頭」統稱「敞口頭寸」（open position）。為了規避匯率變動的風險，銀行必須遵循「買賣平衡」的原則，主動參與銀行間市場的交易以軋平各幣種的頭寸，將多頭拋出，空頭補進。這種頭寸拋補業務又稱外匯頭寸調整交易。銀行進行外匯交易，也可出於投機獲利的目的。銀行同業間交易匯集了外匯市場的供求流量，由此決定著匯率的高低。在外匯市場上，實力雄厚的大銀行憑藉其先進的電信設備，高素質的外匯交易員及廣泛的代理行關係處於「造市者」地位。這些銀行對某種貨幣的買賣報價可以直接影響該種貨幣的匯率。

3. 外匯銀行與中央銀行之間的交易

中央銀行對外匯市場的干預，是通過與外匯銀行之間的交易進行的。當某種外幣匯率上漲高於期望值時，中央銀行就會向外匯銀行出售該種貨幣，促使匯率下跌；反之，當某種外幣匯率下跌低於期望值時，中央銀行就會從外匯銀行處購入該種外幣，使其匯率上升。

四、世界主要外匯市場概況

外匯市場作為國際金融市場的重要組成部分，分佈在世界各個國際金融中心。目前，世界上大約有30多個國際外匯市場，其中最重要的有倫敦、紐約、歐洲大陸外匯交易市場、新加坡、香港等，它們各具特色，並分別位於不同的國家和地區，下面分別予以介紹。

(一) 倫敦外匯市場

倫敦外匯市場是無形外匯市場，完全通過電話電報或網絡完成交易，有250多家外匯指定銀行（包括英國的商人銀行、清算銀行和外國銀行設在倫敦的分行），90多家外匯經紀商，其中有些經紀人還在香港和新加坡設有分支機構。

19世紀以來，由於倫敦在國際金融和貿易方面所處的中心地位，英鎊作為國際結算中的主要支付貨幣和倫敦票據兌換業務的發展，促成了倫敦外匯市場的形成，並成為世界最重要的外匯市場。兩次世界大戰後，隨著英國經濟實力的日漸衰落，英鎊作為國際支付貨幣的地位逐漸下降和外匯管制的加強，使倫敦外匯市場的作用受到影響。1951年12月11日，英國政府重新開放外匯市場，英格蘭銀行根據國際貨幣基金組織的有關規定，將英鎊對某些特定外幣的匯價訂出最高最低價，這些外匯指定銀行可隨市場供求情況在這一幅度內自由定價成交，並依照外匯管制條例規定，進行遠期外匯買賣。英國政府於1979年10月全部取消外匯管制，這對倫敦金融市場也產生了重大影響。

倫敦外匯市場的外匯交易為即期交易和遠期交易，對每筆交易金額，並無具體規定和限制，倫敦外匯市場上外幣套匯業務十分活躍，自從歐洲貨幣市場發展以來，倫敦外匯市場上的外匯買賣與「歐洲貨幣」的存放有著密切聯繫。歐洲投資銀行曾積極地在倫敦市場發行大量歐洲德國馬克債券，使倫敦外匯市場的國際性更加突出。

儘管英鎊作為國際貿易支付手段和國際儲備貨幣的地位已被美元代替，但由於倫敦外匯市場交易類型齊全，交易結構完備，設有十分現代化的電訊網絡設備，加上倫敦橫跨歐亞美洲三個時區，得天獨厚，使倫敦外匯市場的交易規模長期以來居世界各大外匯市場之首。2001年4月國際清算銀行的調查報告顯示，倫敦仍是全球外匯交易量最大的金融中心，日平均交易量5,040億英鎊，占全球日平均交易量的1/3。

(二) 紐約外匯市場

第二次世界大戰後，隨著美國經濟實力的增強和對外貿易、資本輸出的迅速發展，美元取代英鎊成為關鍵貨幣，加之美國實行的外匯開放政策，紐約國際金融市場的地位不斷提高，交易量占國際外匯交易量的18%，僅次於倫敦，是世界最重要的外匯市場之一。

紐約外匯市場是最複雜的，同時也是最具特色的外匯市場，具體表現為：

(1) 由於美國對經營外匯業務不加限制，政府不專門指定外匯專業銀行，因此，

幾乎所有的美國銀行和金融機構都可以經營外匯業務，如商業銀行、儲蓄銀行、投資銀行、人壽保險公司和外匯經紀人等，其中又以商業銀行為主。目前，紐約外匯市場主要包括 180 多家美國商業銀行，200 多家外國銀行在紐約的分支機構、代理行以及代表處。

（2）紐約外匯市場交易活躍，但和進出口貿易相關的外匯交易量較小，因為在美國的進出口中大多數以美元計價結算，當美國從國外進口商品、勞務時，支付的是美元，美元和外幣的兌換發生在出口國；當美國出口商品和勞務時，收的是美元，美元和外幣的兌換由進口商進行，發生在進口國。在紐約外匯市場上，外匯交易的相當部分和金融期貨市場密切相關，美國的企業除了因進行金融期貨交易而同外匯市場發生關係外，其他外匯業務較少。

（3）紐約是世界美元交易的清算中心。世界各地的美元買賣，包括歐洲貨幣市場和亞洲美元市場的交易，最終都必須在美國，特別是紐約商業銀行的帳戶上收付、劃撥和結算，2003 年占全球 90%以上的美元交易最后都通過紐約的銀行間清算系統進行結算。紐約外匯市場的大商業銀行，通過在海外分支機構及其廣泛的國際聯繫，承擔著國際結算和資本流動的主要結算任務。

（三）東京外匯市場

歷史上，日本曾是實行外匯嚴格管制的國家，外匯交易受到多方限制，外匯市場的產生和發展都較其他發達的資本主義國家緩慢。20 世紀 50 年代后，日本逐漸放鬆了外匯管制，1964 年日本加入了國際貨幣基金組織並成為其「第八條會員國」（Article Ⅷ Member），日元成為可兌換貨幣，東京外匯市場原則上不再實行外匯管制，外匯交易也逐步實行自由化，推動東京外匯市場業務量的迅速增長。但是，由於歷史延續的原因和日本一向以實行保護貿易政策著稱，對於外貿一直採取一些限制性條款，使得東京外匯市場與其他國際金融中心的外匯市場相比，交易限制還是比較嚴格的。

進入 20 世紀 80 年代后，在國際金融自由化浪潮的衝擊下，日本政府採取了一系列金融自由化措施，如 1980 年修改了戰后初期制定的《外貿和外匯管理方法》，修改后的新外匯管理法放寬了銀行外匯業務的限制，使所有銀行都可以在國內經營一般外匯業務。1985 年東京外匯市場更是迎來了交易貨幣、交易種類多樣化的質的飛躍，從此東京外匯市場達到了與紐約外匯市場並列的自由程度，成為國際性的外匯交易市場。

東京外匯市場作為一個新興的主要國際外匯市場，具有一些有別於其他國際外匯市場的特點：

（1）交易規模不斷擴大。1998 年東京外匯市場平均每天交易額為 1,487 億美元，僅次於倫敦、紐約，居當年世界第三位。不過其規模擴大速度之后已大為減緩，2001 年法蘭克福外匯交易量超過東京成為世界第三大外匯交易中心。進入 20 世紀 90 年代以后，日本國內投資環境惡化，投資者投資時趨於謹慎化，這樣就使外匯購買和套期保值的外匯買賣日趨萎縮，導致外匯市場對顧客包括企業法人、進出口商社、人壽財產保險公司、投資信託公司、信託銀行等的交易比例下降，由 20 世紀 80 年代末期的占 30%，降至目前的 20%左右。

（2）貨幣選擇權交易大幅度增加。東京外匯市場吸取了有關貨幣選擇權交易的訣竅，致力培養人才，其結果使銀行間的交易增加。另外，外匯市場的外匯風險套期交易手段從遠期預約逐步過渡到選擇權上，這樣就使顧客的交易量增加了。

（3）貨幣選擇權市場的特色：①東京外匯交易量的變化。1984 年東京市場引進貨幣選擇權交易，特別是 1987 年左右，介紹了利用貨幣選擇權的複合商品，外匯交易量按最新統計表明：貨幣選擇權交易占通過東京外匯市場經紀人仲介交易的 10% 左右；②交易貨幣的幣種主要是美元和日元，美元和日元的交易接近 70%，如果論美元和日元的交易量，東京外匯市場足以凌駕於倫敦、紐約之上；③市場匯率差價交易尤為活躍。銀行間的交易一部分主要是市場參加者通過直接交易及經紀人提出貨幣選擇權的價格，以獲取貨幣選擇權，所以匯率本身的差價交易就顯得極為活躍。

（四）歐洲大陸外匯交易市場

歐洲大陸外匯交易市場由法蘭克福市場、蘇黎世市場、巴黎市場和一些歐元區成員國的小規模的市場組成。主要是德國的法蘭克福市場和蘇黎世市場。

法蘭克福是德國中央銀行——德國聯邦銀行所在地。由於德國經濟實力雄厚，且長期以來實行自由兌換制度，法蘭克福在歐洲市場上的地位僅次於倫敦。歐元誕生後，作為歐洲銀行所在地的法蘭克福成為歐元發行和交易的主要場所，2001 年法蘭克福取代東京成為世界第三大外匯交易市場。

蘇黎世市場是世界著名的國際金融中心，瑞士法郎是世界上最穩定的貨幣之一。在歐洲支付同盟時期，瑞士法郎是當時唯一可以將貨幣自由兌換成美元的貨幣，這就使蘇黎世外匯市場在國際外匯交易中一直處於比較重要的地位。蘇黎世外匯市場的構成主要有：瑞士銀行公司（Swiss Bank Corporation）、瑞士信貸銀行（Credit Swisse）、瑞士聯合銀行（Union Bank of Switzerland）、經營國際金融業務的銀行、外國銀行分支機構、國際清算銀行（Bank for International Settlement）、瑞士國家銀行（Schweizerische National Bank）。

蘇黎世外匯市場也是無形市場，而且不通過外匯經紀人或外匯中間商，這與倫敦、紐約外匯市場不同。該外匯市場採用直接標價法標價。美元在蘇黎世外匯市場上具有特殊的重要地位，這反應在市場上外匯買賣的對象不是瑞士法郎而大部分是美元，市場匯率也以美元對瑞士法郎的匯率為主要匯率，其他貨幣對瑞士法郎的匯率是通過其他外匯市場對美元的匯率套算出來的。

蘇黎世外匯市場可以進行現匯交易和期貨交易，同時也兼做套匯業務。現匯交易匯率是根據市場當天匯率行情而定，當天業務的開盤價是參照紐約和遠東前一天的收盤價，結合銀行各種外匯頭寸確定的。期貨交易的匯率是按遠期與即期匯率的差率來表示的。

（五）新加坡外匯市場

新加坡外匯市場是 20 世紀 70 年代隨著新加坡成為一個新型國際金融市場而發展起來的。新加坡外匯市場地理位置適中，時區差距優越，上午可與香港、東京、悉尼進行交易，下午可與倫敦、蘇黎世、法蘭克福等歐洲市場進行交易，中午還可同中東的巴林交易，晚上則同紐約進行交易，使其成為亞太地區乃至全球的重要外匯市場。1978 年 6 月，新加坡取消了外匯管制，促進了新加坡外匯市場的進一步發展。

新加坡外匯市場由經營外匯業務的本國銀行、經批准可經營外匯業務的外國銀行和外匯經紀人組成，其中外資銀行的資產、存放款業務和淨收益都遠遠超過本國銀行。

新加坡外匯市場是無形市場，外匯經紀人在外匯交易中起著重要作用，大部分交易都由他們辦理，並通過他們的國際聯絡網把新加坡和世界各個金融中心聯繫起來。

在市場上交易的幣種不受限制，但以美元為主，約占交易額的 85%。大部分交易都是即期交易，掉期交易及遠期交易合計占交易額的 1/3（1977 年）。匯率均以美元報價，非美元貨幣間的匯率通過套算求得。1974 年 5 月前即期交易在簽約日即進行清算，以后改為依據國際慣例，兩日內清算。

(六) 香港外匯市場

香港外匯市場是 20 世紀 70 年代以后發展起來的亞太地區的重要國際性外匯市場。20 世紀 70 年代以來亞洲美元市場的興起，使香港金融業務獲得了新的發展，1973 年，香港取消了外匯管制，國際資本大量流入，經營外匯業務的金融機構不斷增加，外匯市場越來越活躍，2002 年以成交額計是全球第七大外匯市場。

香港外匯市場和倫敦、紐約外匯市場一樣是一個無形市場，沒有固定的交易場所或正式的組織，是一個由從事外匯交易的銀行、其他金融機構以及外匯經紀人組成，電話、電傳等通訊工具聯結起來的網絡。20 世紀 70 年代以后，隨著該市場的國際化以及港幣和英鎊脫鈎同美元掛勾，美元逐步取代英鎊成為市場上交易的主要外幣。香港外匯市場上的交易可以劃分為兩大類：一類是港幣和外幣的兌換，其中以和美元的兌換為主。因為香港的進出口貿易多以美元計價結算，對美元的供求遠遠高於其他外幣。加之港幣在國際支付中使用不多，即使人們需要其他外幣，一般也要先以港幣換取美元，再以美元兌換所需外幣。另一類是美元兌換其他外幣的交易。

五、世界主要外匯交易系統

隨著國際金融的一體化，各金融中心的聯繫越來越緊密，為了滿足廣大外匯交易者的需要，通訊與信息系統越來越靈敏。目前，運用最廣泛的有以下三種系統：路透社終端、美聯社終端和德勵財經終端。這三大系統在服務內容和方式上大同小異，下面僅就路透社終端進行介紹。

路透社終端由英國路透新聞社推出，路透社利用分散於全球各地和金融中心的新聞記者，廣泛採集有關政治、經濟、金融、貿易等信息，並通過衛星、交易機等先進的通訊工具，以最快捷的速度向用戶提供服務。

全世界參加路透社交易系統的銀行達數千家，每家銀行都有一個指定的代號，例如中國銀行總行的代號是 BCDD。交易員若想與某家銀行進行交易，在鍵盤上輸入對方銀行的代號，叫通后即可詢價，並可以討價還價。雙方的交易過程全部顯示在終端機的熒屏上，交易完畢后即可通過打印機打印出來，作為交易雙方的文字記錄和交易合同。路透社終端提供的服務主要包括：

（1）即時信息服務。路透社記者將即時的政治、金融、商品等信息匯集到路透社編輯中心，然后再輸送到各地的終端。用戶只需輸入代號，即可在屏幕上閱讀信息。

（2）即時匯率行情。路透社終端的即時匯率版面，為交易員即時顯示世界各大銀行外匯買賣的參考價。

（3）走勢分析。路透社系統中，有許多專業的分析家負責每天撰寫匯市評論和走勢分析，然后輸入路透社電腦中心，用戶需要時可調出作參考。

（4）外匯買賣和技術圖表分析。通過路透社交易機，交易員可以與系統內任何一家銀行買賣外匯。路透社為用戶提供各種貨幣的技術圖表，以幫助用戶分析。

任務二　外匯交易

一、外匯交易的概念

外匯交易是指在外匯市場上進行的買賣外匯的活動。外匯交易主要是由於對外貿易和投資需要用不同的貨幣實行結算和支付而產生的。外匯交易所體現的外幣運動，實質上反應了國際間有形貿易、無形貿易和資本投資中的商品運動和資本運動。在各國實行浮動匯率時期，外匯交易還具有滿足貿易者和投資者避免匯率波動風險的作用。同時由於對未來的某一時期匯率變動趨勢及幅度的預測不同，許多外匯交易又具有投機的性質。

二、外匯交易的程序

（一）詢價

詢價方首先要自報家門，以便讓報價行知道交易對手是誰，並決定其交易對策。詢價的內容主要包括交易的幣種、交易金額、交割期限等。為節省時間、提高效率，詢價方應採用簡潔明瞭的規範化語言進行詢價，如：What is your spot USD JPY, pls?

（二）報價

外匯銀行的交易員接到詢價后，應迅速報出所詢問的有關貨幣的現匯或期匯的買入價和賣出價，如20/30。迅速報價，體現了外匯銀行的業務水平及交易效率，也使詢價方無暇尋找其他交易對象，增大了成交的可能性。與此同時，外匯銀行的交易員還應根據其自身的頭寸情況和買賣意圖報出一個具有競爭力的價格，現舉例予以說明。

【實例3-1】假設某外匯銀行的英鎊處於多頭寸狀況，假設國際外匯市場上英鎊兌美元的報價為：GBP1=USD1.354,5/65，該外匯銀行為了將本行多余的英鎊頭寸拋出，應如何報價？

解析：該外匯銀行為了將本行多余的英鎊拋出，就應該壓低英鎊的報價如GBP1=USD1.353,5/55，這一報價中英鎊的買入價、賣出價顯然比市場報價低，這樣一方面阻止了客戶到該銀行賣出英鎊，另一方面也吸引了客戶到該銀行購買英鎊，進而達到了拋出英鎊的目的。當然，報價銀行的交易員在報出具有競爭力買賣價格后，還要根據本行外匯頭寸的變化情況，靈活而及時地調整報價。

（三）成交

詢價者接到報價后，應立即做出反應，或者成交，或者放棄，而不應該與報價方討價還價。當詢價者表示願意以報出的價格買入或賣出某個期限的一定數額的某種貨幣，報價銀行應對此交易承諾。一旦報價銀行的外匯交易員說「成交了」，外匯交易合同即成立，雙方都應遵守各自的承諾，不得反悔、更改或取消。

（四）證實

交易得到承諾后，為防止錯漏和誤解，雙方當事人不管多麼繁忙都會不厭其煩地將交易的所有細節以書面形式相互確認一遍。

交易結束后，若發現原證實有錯誤或遺漏，交易員應盡快與交易對手重新證實，其內容必須得到交易雙方的同意方可生效。

(五) 交割

交割是外匯交易的最后環節，也是最重要的環節。交易雙方需按對方的要求將賣出的貨幣及時準確地匯入對方指定的銀行存款帳戶中，以了結債權債務關係。

三、即期外匯業務

(一) 即期外匯業務的概念

即期外匯交易 (Spot Exchange Transaction) 亦稱現匯交易，是買賣雙方約定於成交后的兩個營業日內辦理交割的外匯交易方式。在國際外匯市場上，即期外匯交易的交割日定於成交后的兩個營業日內，是因為全球外匯市場需要 24 小時才能運行一周，這樣，各市場因時差問題給交割帶來的障礙就可得到消除。目前全球兩大電子即時匯率報價系統 (路透社、美聯社) 所報出的匯率都是即期匯率。

即期外匯業務是外匯市場中業務量最大的外匯業務，特別是從 1973 年各國普遍實行浮動匯率以來，匯率波動極為頻繁，進出口商為了加速資金週轉和避免匯率波動的風險，經常選擇即期外匯業務。經營外匯業務的銀行，為了及時平衡外匯頭寸，也大量採用即期業務，使即期外匯業務的規模迅速擴大。

(二) 即期外匯業務的種類

即期外匯業務可分為電匯、信匯和票匯三種。

1. 電匯 (Telegraphic Transfer, T/T)

電匯即匯款人向當地外匯銀行交付本國貨幣，由該銀行用電報或電傳通知國外分行或代理行立即付出外幣。反之，當客戶收到國外電匯時，可向付款銀行賣出外匯，立即取得本國貨幣。

在浮動匯率制下，由於匯率不穩，經常大幅度波動，而電匯收付外匯的時間較短，一定程度上可減少匯率波動的風險，因此，出口商在貿易合同中經常要求進口商以電匯付款。在實踐中，出口商經常要求進口商開出帶有電報索匯條款的信用證：即開證行允許議付行在議付后，以電報通知開證行，說明各種單證與信用證要求相符；開證行在接到上述電報后有義務立即將貨款用電匯發交議付行。由於電報和電傳比郵寄快，因此附帶電報索匯條款的信用證能使出口商盡快收回貨款，加速其資本週轉，減少外匯風險，這就是電匯在出口結算中的具體運用。此外，商業銀行在平衡外匯買賣，調發外匯時，投機者在進行外匯投機時，也都使用電匯。電匯的憑證就是外匯銀行開出的具有密押 (Test Key) 的電報付款委託書。

用電匯買賣外匯，銀行間資金劃撥轉移速度很快，銀行在國內收進本國貨幣，在國外付出外匯的時間相隔不過一兩天。由於銀行不能利用顧客的付款，而國際電報費又較貴，所以電匯匯率最高。目前，電匯匯率已成為外匯市場的基本匯率，其他匯率都以電匯匯率作為計算標準。西方外匯市場和報紙公布的匯率多系銀行電匯買賣價。

2. 信匯 (Mail transfer, M/T)

信匯是指匯款人向當地銀行交付本國貨幣，由銀行開具付款委託書，用航空郵寄交國外分行或代理行，辦理付出外匯業務。採用信匯方式，由於郵程需要的時間比電匯長，銀行有機會利用這筆資金，所以信匯匯率低於電匯匯率，其差額相當於郵程利息。

在進出口貿易合同中，如果規定憑商業匯票「見票即付」，則由議付行把商業匯票和各種單據用信函寄往國外收款，進口商銀行見匯票后，用信匯 (航郵) 向議付行撥

付外匯，這就是信匯方式在進出口結算中的運用。進口商有時為了推遲支付貸款的時間，常在信用證中加註「單到國內，信匯付款」條款。這不僅可避免本身的資金積壓，還可在國內驗單后付款，保證進口商品的質量。

信匯憑證是信匯付款委託書，其內容與電報委託書內容相同，只是匯出行在信匯委託書上不加註密押，而以負責人簽字代替。

3. 票匯 (Demand Draft, D/D)

票匯是指匯出行應匯款人的申請，開立以匯入行為付款人的匯票，列明收款人的姓名、匯款金額等，交由匯款人自行寄送給收款人或親自攜帶出國，以憑票取款的一種匯款方式。票匯的憑證即銀行匯票。

票匯有兩個特點：一是匯入行無須通知收款人取款，而由收款人上門自取；二是收款人通過背書可以轉讓匯票，因而到銀行領取匯款的，有可能並不是匯票上列明的收款人本人，而是其他人。這樣票匯牽涉的當事人可能就多於電匯和信匯這兩種方式。

在國際貿易實務中，進出口商的佣金、回扣、寄售貨款、小型樣品與樣機、展品出售和索賠等款項的支付，常常採取票匯方式匯付。

即期外匯憑證除付款委託書、銀行匯票外，還有商業匯票、支票、旅行支票等。

採用信匯和票匯業務時，銀行收到顧客交來的款項以後，經過兩國間郵程所需的時間，才在國外付出外匯。在此期間內，銀行利用了顧客的匯款，有利息收益。由於銀行間競爭的關係，銀行為了獲得客戶，必須把這部分收益轉給客戶，其結果是信匯和票匯的匯率低於電匯匯率，差額大致相當於郵程期間的利息，如下例：

【實例 3-2】 在香港市場上，美元對港元的電匯匯率為 lUSD = 7.790,0 - 7.794,0 HKD，香港銀行拆放利息為 8%（年率），美國到香港的郵程為 10 天，那麼美元對港元的票匯匯率應是多少？

解析：先考慮買入價，當銀行買進 1 美元，需付出 7.790,0 港元，10 天後才能記入在美國代理行的美元存款帳戶，扣除兩天電匯交割時間，銀行就要把因墊款所損失的 8 天拆息轉嫁給信匯或票匯的賣主，所以信匯與票匯的買價為：

$7.790,0 \times (1 - 8\% \times 8/365) = 7.776,3$

再考慮賣出價，當銀行賣出 1 美元，立即收到 7.794,0 港元，而美國代理行要到 10 天后才能付給買主，扣除 2 天的電匯交割時間，美國代理行利用客戶資金得到 8 天的額外利息。為了競爭的需要，銀行必須將這筆額外的利息收入轉讓給（還給）買主，所以銀行信匯或票匯的賣價為：

$7.794,0 \times (1 - 8\% \times 8/365) = 7.780,3$

所以，香港市場上票匯或信匯的匯率為：

l USD = 7.776,3 - 7.780,3 HKD

(三) 即期外匯交易的交割日期

交割日又稱為結算日或起息日，是進行資金交割的日期。即期外匯交易的交割有以下三種類型。

1. 標準交割日

標準交割日又稱即期交割，指在成交后第二個營業日進行交割，國際外匯市場上，除特殊說明，一般採取即期交割，這已成為慣例。這是因為，國際貨幣的收付除了要考慮時差因素的影響外，還需要對交易的細節進行逐一核對，並發出轉帳憑證等。當

然，隨著現代化通信技術和結算技術的發展，即期交割的時間有縮短的趨勢。

2. 次日交割

次日交割又稱翌日交割，指在成交后第一個營業日進行交割。如在香港市場上，港元對日元、新加坡元、馬來西亞林吉特是在次日交割。

3. 當日交割

當日交割是指在買賣成交當日進行交割。例如在香港市場上，港元對美元的即期交易就是在當日交割的。

即期外匯交易交割日確定的原則可以簡要概括為：「節假日順延，順延不跨月。」具體來講就是，在交割日內如果遇上任何一國（貨幣發行國）銀行節假日，外匯交割時間向后順延，若順延跨到下個月，則交割日往前推回到當月最后一個營業日。這裡需要注意的是，按照國際慣例，如果某一方節假日是在成交后的第一個營業日，則以報價行的交割日為準。例如，一筆星期一在倫敦市場報價成交的英鎊兌美元的即期交易，若星期二是英國節假日，則交割日為星期四，若星期二是美國節假日，則交割日仍為星期三。

(四) 即期外匯交易的匯價

即期匯率是外匯市場最基本的匯率，其他交易的匯率都是以即期匯率為基礎計算出來的。全球各外匯市場一般採用美元標價法，在路透社、美聯社等主要系統報出的即期行情中，除了英鎊等少數貨幣對美元匯率是完整報出基準貨幣、報價貨幣名稱之外，其他匯率均只報出報價貨幣名稱。

(五) 即期匯率的套算

由於國際外匯市場的報價大都採用美元標價法，因此就產生了其他國家貨幣之間的匯率需要通過美元進行套算的問題。

【實例 3-3】 美元為基準貨幣

例：1 美元 = 1.268,0/1.269,0 瑞士法郎

1 美元 = 7.792,0/7.794,0 港幣

現需要計算瑞士法郎對港幣的匯率，計算方法為：

解析：瑞士法郎的買入匯率為：7.792,0/1.269,0 = 6.140,3 港幣

瑞士法郎的賣出匯率為：7.794,0/1.268,0 = 6.146,7 港幣

即 1 瑞士法郎 = 6.140,3/6.146,7 港幣

【實例 3-4】 美元為標價貨幣

例：1 英鎊 = 1.508,0/1.509,0 美元

1 加元 = 0.728,0/0.728,5 美元

現計算英鎊對加元的匯率，計算方法為：

解析：英鎊的買入匯率為：1.508,0/0.728,5 = 2.070,0 加元

英鎊的賣出匯率為：1.509,0/0.728,0 = 2.072,8 加元

即 1 英鎊 = 2.070,0/2.072,8 加元

【實例 3-5】 美元既為標準貨幣，也為標價貨幣

例：1 英鎊 = 1.508,0/1.509,0 美元

1 美元 = 1.268,0/1.269,0 瑞士法郎

現計算英鎊對瑞士法郎的匯率，計算方法為：

解析：英鎊的買入匯率為：1.508,0＊1.268,0＝1.912,1 瑞士法郎
英鎊的賣出匯率為：1.509,0＊1.269,0＝1.914,9 瑞士法郎
即 1 英鎊＝1.912,1/1.914,9 瑞士法郎

四、遠期外匯業務

(一) 遠期外匯交易的概念

遠期外匯交易（Forward Exchange Transaction）又稱期匯業務，是一種買賣外匯雙方先簽訂合同，規定買賣外匯的數量、匯率和將來交割外匯的時間，到了規定的交割日期買賣雙方再按合同規定，賣方交付外匯，買方交付本幣現款的外匯交易。通過遠期外匯交易買賣的外匯稱為遠期外匯或期匯。遠期外匯結算到期日以 1 星期、2 星期、1 月期、2 月期、3 月期、6 月期居多，有的可達 1 年或 1 年以上。

(二) 遠期外匯交易的交割日

確定遠期外匯交易交割日非常重要，因為相隔一天的遠期點數可能有很大的差異，短期合約更是如此。遠期外匯交易交割日的確定法則可以概括為「日對日，月對月，節假日順延，順延不跨月」。

(1)「日對日」是指遠期外匯交易交割日是以即期外匯交易交割日為基準的。例如，即期外匯交易的成交日是 2 月 2 日，即期交割日為 2 月 4 日，則一個月遠期外匯交易的交割日為 3 月 4 日（若即期交割日為 2 月 3 日，則一個月遠期外匯交易的交割日為 3 月 3 日），但 3 月 4 日必須是有效的營業日，是相關幣種國家共同的營業日。

(2)「月對月」是指「雙底」慣例，即如果即期外匯交易交割日是該月的最后一個營業日，那麼遠期外匯交易交割日為合約到期月份的最后一個營業日。例如，2012 年 1 月 31 日為即期外匯交易交割日，那麼 1 個月遠期外匯交易的交割日就是 2012 年 2 月 29 日（2 月份的最后一個共同的營業日）。

(3)「節假日順延」是指在遠期交割日內如果遇上任何一國（貨幣發行國）銀行節假日，外匯交割時間向后順延。

(4)「順延不跨月」是指若順延跨到下個月，則交割日往前推回到當月最后一個營業日。例如，2 個月遠期外匯交易的成交日是 5 月 28 日，即期交割日為 5 月 30 日，2 個月遠期外匯交易交割日為 7 月 30 日，若 7 月 30 日、7 月 31 日均不是營業日，則交割日不能順延，否則就跨過 7 月份了。因此，這筆遠期外匯交易的交割應為 7 月 29 日，若 7 月 29 日仍為節假日，則退回到 7 月 28 日，以此類推。

最后需要說明一點，上述四條原則在確定遠期外匯交易交割日時一定要兼顧，否則就會出現錯誤。

(三) 遠期匯率的報價

1. 完整匯率報價方式

該報價方式又稱為直接報價方式，是直接報出完整的不同期限遠期外匯的買入價和賣出價。銀行對客戶的遠期外匯報價通常使用這種方法。例如：某日美元對日元的 1 個月遠期匯價為：USD1＝JPY 105.15/25。

2. 匯水報價方式

該報價方式只標出遠期匯率與即期匯率的差額，不直接標出遠期匯率的買入價和賣出價。遠期匯率與即期匯率的差額，稱為匯水或遠期差價（Forward Margin）。遠期

差價在外匯市場上是以升水（Premium）、貼水（Discount）和平價（Parity）來表示的。升水表示遠期外匯比即期外匯貴，貼水表示遠期外匯比即期外匯賤，平價表示兩者相等。

由於匯率標價方法不同，計算遠期匯率的公式也不相同，如下所示。

在直接標價法下：遠期匯率＝即期匯率＋升水額

遠期匯率＝即期匯率－貼水額

在間接標價法下：遠期匯率＝即期匯率－升水額

遠期匯率＝即期匯率＋貼水額

【實例 3-6】某日在紐約外匯市場上，即期匯率為 GBP1＝USD1.353,5/55，若一個月遠期英鎊升水 10/20，則英鎊一個月遠期匯率為多少？

解析：在紐約市場即期匯率 GBP1＝USD1.353,5/55 為直接標價法，一個月遠期英鎊升水，所以，遠期匯率＝即期匯率＋升水額，即 GBP1＝USD1.353,5＋0.001,0/1.355,5＋0.002,0＝1.354,5/75。

3.「點數」報價的方式

在實際遠期外匯交易中，銀行只報出遠期匯率升、貼水的點數，而且並不說明是升水還是貼水。我們已經知道，實際的遠期匯率可通過即期匯率加上或減去升、貼水得出，但上面報價中的數字並未標明是升水還是貼水，因此，我們必須首先進行判斷，然后才能對升、貼水進行加減。

在外匯市場上，表示遠期匯率點數的有前後兩欄數字，分別代表了買價和賣價。判斷升、貼水的方法是：當買價大於賣價時，即為貼水；當賣價大於買價時，即為升水。但是，在不同的標價法下，買價和賣價的位置不同。在直接標價法下，前面是買價，后面是賣價；在間接標價法下，前面是賣價，后面是買價。下面我們舉例予以說明。

【實例 3-7】某日在紐約外匯市場上，即期匯率為 USD1＝JPY100.48/58，若三個月遠期差價為：10/20，則美元三個月遠期匯率為多少？

解析：首先判斷標價方法。在紐約外匯市場上，即期匯率為 USD1＝JPY100.48/58，為間接標價法。然后，判斷升水、貼水。間接標價法下，前面的數字是賣價，后面的數字是買價，這裡買價大於賣價，所以是貼水。最后，根據公式進行計算。在間接標價法下，遠期匯率等於即期匯率加上貼水額。即 USD1＝JPY100.48＋0.001,0/100.58＋0.002,0＝JPY100.58/78。

最后需要說明一點，實際上無論是何種標價方法（直接標價法、間接標價法、美元標價法與非美元標價法），只要遠期差價點數順序是前小后大，就用加法；只要遠期差價點數的順序是前大后小，就用減法，即「前小后大往上加，前大后小往下減」。同時，遠期差價點數「前小后大」說明標準貨幣升水，報價貨幣貼水；遠期差價點數「前大后小」說明標準貨幣貼水，報價貨幣升水。

（四）遠期匯率升水或貼水原因

國際政治經濟形勢的變化、貨幣所在國實施的經濟政策、中央銀行對外匯市場的干預措施以及外匯市場的投機程度等諸多因素，都會不同程度影響貨幣的遠期匯率。但是，在正常情況下，兩國貨幣短期利率的差異和兩國貨幣遠期外匯市場的供求關係是導致遠期匯率升水或貼水的主要原因。

1. 兩國貨幣短期利率的差異

兩國貨幣短期利率的差異是兩國貨幣的遠期匯率在即期匯率的基礎上升水或貼水的基本原因。通常情況下，低利率的貨幣遠期匯率表現為升水，高利率貨幣表現為貼水（其原理參見第三章利率平價理論）。計算升水額或貼水額的近似公式為

$$標準貨幣的升（貼）水額 = 即期匯價 \times 兩國年利差 \times \frac{月數}{12}$$

若求報價貨幣的升貼水額，需要先進行匯率變形，把報價貨幣變為標準貨幣，再代入上述公式進行計算。

【實例 3-8】倫敦貨幣市場的年利率為 9.5%，紐約貨幣市場的年利率是 7%，倫敦外匯市場即期匯率是 GBP1=USD1.800,0。求 3 個月英鎊的遠期匯率和 3 個月美元的遠期匯率。

解析：3 個月英鎊的貼水額 = 1.800,0 × (9.5%−7%) × 3/12 = 0.011,3 美元，所以 3 個月英鎊的遠期匯率 = 即期匯率 − 遠期貼水額 = 1.800,0 − 0.011,3 = 1.788,7 美元。

3 個月美元的升水額 = $\frac{1}{1.800,0}$ × (9.5%−7%) × 3/12 = 0.003,5 英鎊，所以 3 個月美元的遠期匯率 = 即期匯率 + 遠期升水額 = 0.555,6 + 0.003,5 = 0.559,1 英鎊。

本題中，3 個月美元的遠期匯率也可以通過直接計算 3 個月英鎊的遠期匯率倒數獲得。

2. 兩國貨幣遠期外匯市場的供求關係

以兩國貨幣的短期利率差所決定的遠期匯率升貼水額只是剔除供求因素影響的純理論數值，實際的遠期外匯市場的升貼水數量還要受到供求關係的影響。從長期和均衡的觀點來看，遠期外匯市場的遠期匯率升貼水額總是圍繞著由兩國貨幣短期利差所決定的升貼水額上下波動。在供求均衡的情況下，兩者才會一致。外匯市場的供求關係決定的標準貨幣遠期匯水的折年率計算公式為：

$$標準貨幣升（貼）水額的折年率 = \frac{升（貼）水額 \times 12}{即期匯價 \times 月數} \times 100\%$$

【實例 3-9】若某日即期外匯市場匯價為：GBP1=USD2.250,0，3 個月遠期匯率為 GBP1=USD2.275,0，紐約市場年利率為 7%，倫敦市場年利率為 5.5%，問投資者應該在英國投資還是在美國投資？

解析：英鎊升水折年率 = $\frac{升水額 \times 12}{即期匯價 \times 月數} \times 100\% = \frac{0.025,0 \times 12}{2.250,0 \times 3} \times 100\% = 4.4\%$

美、英兩國的年利差為：7% − 5.5% = 1.5%。

投資者應該選擇在英國投資，因為在英國投資與在美國投資相比，儘管一年有 1.5% 的利息損失，但是英鎊（低利率貨幣）的升水折年率為 4.4%，不僅彌補了所有利息損失，還有剩餘。

通過上述例子，我們不難得出結論：若升貼水折年率大於兩國年利差，則投資者在低利率貨幣國投資有利可圖。

(五) 遠期外匯交易的作用

按照人們從事遠期外匯交易的不同目的，遠期外匯交易的作用可概括為：套期保值和外匯投機。就套期保值而言，我們將一般公司企業和外匯銀行加以區別對待，因

此，遠期外匯交易的作用可概括為如下三個方面。

1. 公司企業利用遠期外匯交易進行套期保值

套期保值（Hedging），是指未來有外匯收入或支出的公司企業賣出或買入相等於該筆金額的遠期外匯，交割期限與該筆外匯收入或支出的期限一致，使該筆外匯以本幣表示的價值免受匯率波動的影響，從而達到保值的目的。

在國際貿易、國際投資等國際經濟交易中，由於從合同簽訂到實際結算之間總存在著一段時間，在這段時間內，匯率有可能向不利方向變化，從而使持有外匯的一方蒙受損失。為了避免這種風險，進出口商等會在簽訂合同時，就向銀行買入或賣出遠期外匯，當合同到期時，即按已商定的遠期匯率買賣所需外匯。

【實例3-10】某美國出口商向英國進口商出售一批汽車，價值1,000萬英鎊，三個月后收匯。假定外匯市場的行情為：即期匯率GBP1＝USD1.452,0/30，三個月遠期差價為30/50，問美國出口商如何利用遠期外匯交易進行套期保值？

解析：根據已知條件，三個月遠期匯率為GBP1＝USD1.455,0/80

美國出口商三個月后將有1,000萬英鎊的外匯收入，為防止三個月后英鎊貶值，美國出口商在簽訂合同時就應向銀行賣出三個月期1,000萬英鎊遠期外匯予以套期保值，即美國出口商簽訂合同時就明確知道三個月后將收入1,000×1.455,0＝1,455萬美元。

當然，若三個月后英鎊升值，由於美國出口商在簽訂合同時就向銀行賣出三個月期1,000萬英鎊遠期外匯予以套期保值，因而也無法獲得匯率有利變動的好處。

【實例3-11】某香港公司以6%的年利率借到了1,000萬英鎊，期限三個月。假定外匯市場的行情為：即期匯率GBP1＝HKD12.562,0/30，三個月遠期差價為20/50，問該香港公司如何利用遠期外匯交易進行套期保值？

解析：根據已知條件，三個月遠期匯率為GBP1＝HKD12.564,0/80

香港公司三個月后將支付的本利和為1,000×（1+6%×3/12）＝1,015萬英鎊

香港公司為防止三個月后英鎊升值，在簽訂合同時就向銀行買入三個月期1,015萬英鎊遠期外匯予以套期保值，即香港公司在簽訂合同時就明確知道三個月后將支付1,015×12.568,0＝12,756.52萬港元。

當然，若三個月后英鎊貶值，由於香港公司在簽訂合同時就向銀行買入三個月期1,015萬英鎊遠期外匯予以套期保值，因而也無法獲得匯率有利變動的好處。

2. 外匯銀行利用遠期外匯交易平衡其外匯頭寸

當面臨匯率風險的客戶與外匯銀行進行遠期外匯交易時，實際是將匯率變動的風險轉嫁給了外匯銀行。而銀行在它所做的同種貨幣的同種期限的所有遠期外匯交易不能買賣相抵時，就產生了外匯淨頭寸，面臨風險損失。為避免這種損失，銀行需要將多頭拋出、空頭補進，軋平各種幣種各種期限的頭寸。

【實例3-12】某銀行某日開盤時賣給某企業1個月期100萬英鎊的遠期外匯，買進相應的1個月期遠期美元。假設開盤時的匯率行情如下：

即期匯率為GBP1＝USD1.452,0，1個月遠期匯率為GBP1＝USD1.453,0

該銀行在賣出1個月遠期100萬英鎊后，若認為其英鎊遠期頭寸不足，應該補回100萬英鎊的遠期外匯，以平衡美元頭寸。由於外匯市場的行情處於不斷的變化之中，銀行在平衡外匯頭寸過程中，有可能要承擔匯率變化的風險。假設該銀行在當日接近收盤時補進1個月遠期100萬英鎊。假設收盤時的匯率行情如下

即期匯率 GBP1＝USD1.455,0，1 個月遠期匯率為 GBP1＝USD1.456,0
這樣該銀行就要損失（1.456,0－1.453,0）×100＝0.3 萬美元。

因此，在銀行實際業務處理過程中，為避免匯率風險，銀行在賣出遠期外匯的同時，往往要買進相同數額、相同幣種的即期外匯。在本例中，銀行在開盤時賣給某企業 1 個月期 100 萬英鎊的遠期外匯的同時，以 GBP1＝USD1.452,0 的即期匯率買進 100 萬即期英鎊；到收盤時該銀行在補進 1 個月遠期 100 萬英鎊的同時，可按 GBP1＝USD1.455,0 的即期匯率賣出 100 萬即期英鎊。這樣，儘管銀行補進賣出的 3 個月遠期英鎊要損失 0.3 萬美元，但即期交易中獲得 0.3 萬美元的收益可以抵消遠期外匯市場上的損失。

綜上所述，銀行在進行外匯買賣過程中，當某種貨幣出現空頭寸或多頭寸時，可以利用即期外匯買賣和遠期外匯買賣相配合，來彌補暫時貨幣頭寸余缺。

3. 利用遠期外匯交易進行投機

外匯投機（Exchange Speculation）是指外匯市場參與者根據對匯率變動的預測，有意保留（或持有）外匯的空頭或多頭，希望利用匯率變動牟取利潤的行為。外匯市場的投機絕不是完全意義上的貶義詞，現代外匯投機是外匯交易的重要組成部分，沒有適度的投機也不能使外匯市場日交易量達到 1 萬億美元以上。從某種意義上來說，投機活動在引起國際匯率不穩定的同時，也迫使一些國家健全金融市場機制。有的觀點認為，20 世紀 70 年代以來的金融工具創新使投機活動加劇，但 1997 年亞洲金融危機中，國際投機家們並沒有利用複雜的金融工具，而是採用最常規的交易——即期交易。這就說明，任何一項交易業務既可用於實際的需要，也可以用於投機。遠期外匯交易也是如此。

當預測某種貨幣的匯率將上漲時，即在遠期市場買進該種貨幣，等到合約期滿再在即期市場賣出該種貨幣，這種交易行為稱之為「買空」。相反，當預測某種貨幣的匯率將下跌時，即在遠期市場賣出該種貨幣，等到合約期滿，再在即期市場買進該種貨幣，這種交易行為稱之為「賣空」。「買空」和「賣空」交易是利用賤買貴賣的原理牟取遠期市場與即期市場的匯差。當然，如果預測失誤，會給交易者帶來損失。

遠期外匯投機與即期外匯投機相比，其突出表現為：「以小博大」和「買空賣空」。「以小博大」是指遠期外匯投機不涉及現金和外匯的即期支付，僅需少量的保證金，無需付現，一般都是到期軋抵，計算盈虧，支付差額，並且大多數遠期外匯投機在到期前就已經平倉了，因而遠期外匯投機不必持有巨額資金也可作巨額交易。「買空」或「做多頭」是指投機者預測某種貨幣的匯率會上升，則買入遠期的該種貨幣，此時他並沒有立即支付現金，也沒有取得相應的外匯，只是訂立了一個買賣合約，承擔了在未來某一日按一定價格交付某種貨幣而收取另一種貨幣的權利和義務。與此相反，「賣空」或「做空頭」是指投機者預測某種貨幣的匯率會下跌，則賣出遠期的該種貨幣。

【實例 3-13】在紐約外匯市場上，英鎊兌美元 3 個月遠期匯率為 GBP1＝USD1.456,0，某美國外匯投機商預測 3 個月後英鎊的即期匯率為 GBP1＝USD1.466,0，問：①若預測正確，在不考慮其他費用的前提下，該投機商買入 3 個月遠期 100 萬英鎊，可獲多少投機利潤？②若簽完遠期合約 1 個月後，英鎊兌美元 2 個月遠期匯率為 GBP1＝USD1.467,0，該投機商研究認為，英鎊匯率繼續上漲的可能性不大，那麼該投機商應如何

操作？

解析：①該投機商按遠期合約買入100萬英鎊（價格為GBP1＝USD1.456,0），然后在即期外匯市場上賣出，可獲投機利潤1萬美元。

②該投機商可以賣出2個月遠期100萬英鎊，關閉其遠期外匯頭寸提前鎖定其收益，為100×（1.467,0－1.456,0）＝1.1萬美元，而不管以后市場匯率如何變動。但是，這1.1萬美元的投資收益需要等到遠期合約到期后，通過交割這兩個遠期合約來實現。

當然，投機能否成功，取決於對匯率走勢的預測是否正確。預測正確，就可以獲利，預測錯誤，就會蒙受損失。

任務三　擇期交易與掉期交易

一、擇期交易

（一）擇期交易的概念和特點

擇期交易（Optional Date Forward），是指外匯買賣雙方在簽訂遠期合同時，事先確定交易的幣種、數量、匯率和期限，但交割可在這一期限內選擇進行的一種遠期外匯交易方式。交割日的期限範圍如果從成交日至到期日的整個期間，就叫完全擇期交易，如果定於該期間中某兩個具體日期之間或具體的月份，就叫部分擇期交易。擇期交易是遠期外匯交易方式的一種，而任務二中所介紹的遠期外匯交易主要是指固定交割日的遠期外匯交易。

在國際貿易中，很多時候較難肯定付款或收款的確切日期，進出口商與銀行進行一般的遠期外匯交易（固定交割日的遠期外匯交易）不能適應這種情況的發生。而擇期交易具有較大的靈活性，客戶可以在規定的交割期限範圍內，按預定的匯率和金額自由選擇日期進行交割，這就恰恰滿足了這種需要。由於銀行與客戶進行擇期交易，並將擇期主動權授予客戶，銀行自身就要承擔更多的風險和有關成本，因而銀行在確定擇期匯率時都是按選擇期內對客戶最不利的匯率確定的。

（二）擇期交易的定價

根據遠期匯率等於即期匯率加減升貼水的原則，對客戶最不利的匯率就是選擇期的第一天或最后一天（這兩天都必須是有效營業日）的匯率。擇期交易期限越長，買賣差價越大，因而客戶應盡可能地縮短擇期期限，以降低其交易成本，獲得更有利的遠期匯率。根據在擇期內對客戶最不利和對銀行最有利的原理，銀行交易員歸納出以下原則。

若銀行買入標準貨幣，賣出報價貨幣，如果標準貨幣升水，按擇期第一天的遠期匯率計算，如果標準貨幣貼水，按擇期內最后一天的遠期匯率計算；反之，若銀行賣出標準貨幣，買入報價貨幣時，如果標準貨幣升水，按擇期內最后一天的遠期匯率計算，如果標準貨幣貼水，按擇期第一天的遠期匯率計算。

【實例3-14】在紐約外匯市場，某日的即期匯率為GBP1＝USD1.453,0/40，1個月的遠期差價為15/30，兩個月的遠期差價為20/50，問：①若客戶向銀行購買期限1個月內的遠期英鎊，銀行應採用哪個匯率？②若客戶向銀行出售期限1個月至2個月的遠期英鎊，銀行應採用哪個匯率？

解析：①1 個月的遠期匯率為 GBP1＝USD1.454,5/70，英鎊為標準貨幣，銀行賣出標準貨幣，且標準貨幣升水，所以採取擇期內最後一天的遠期匯率對銀行最有利，即 GBP1＝USD1.457,0。

②2 個月的遠期匯率為 GBP1＝USD1.455,0/90，英鎊為標準貨幣，銀行買入標準貨幣，且標準貨幣升水，所以採取擇期第一天的遠期匯率對銀行最有利，即 GBP1＝USD1.454,5。

(三) 掉期成本

掉期交易作為資金調度的工具，或作為套期保值的手段，交易者在交易過程中將承受損益，即掉期成本。在抵補套利的實例中，當遠期英鎊升水時，套利者買入遠期英鎊（或賣出遠期美元）所支出的美元增加（或所收進的英鎊減少）。美元支出額的增加（或英鎊收進額的減少）就是套利者保值的成本，也就是掉期成本，站在銀行的角度，則是利率差的收益。

為了同利率比較，需要計算掉期成本年率：

掉期成本年率＝（升貼水數/即期匯率）×（12/遠期月數）×100%

在套利日，如果掉期成本年率大於或等於兩貨幣市場的利率差，說明抵補套利者的保值成本太高，無利可圖；如果掉期成本小於兩貨幣市場之利率差，說明利差沒有完全被掉期成本抵消，尚有套利利潤。在國際金融市場融資時，常用以上公式判斷籌資方式的成本高低。

二、掉期交易

(一) 掉期交易的概念

掉期交易（Swap Transaction）也稱調期交易或時間套匯，是指在外匯市場上，交易者在買進或賣出一種貨幣的同時，賣出或買入交割期限不同的等額的同種貨幣的交易。掉期交易改變的不是交易者手中持有的外匯數額，只是改變交易者的貨幣期限，這也正是「掉期」的含義所在。掉期交易實際上由兩筆外匯交易組成，兩筆外匯交易的幣種相同、金額相等、買賣方向相反、交割期限不同。

掉期交易最初是在銀行同業之間進行外匯交易的過程中發展起來的，目的是為了使某種貨幣的淨頭寸在某一特定日期為零，以避免外匯風險，后來逐漸發展成具有獨立運用價值的外匯交易活動。

(二) 掉期交易的類型

1. 按交易對象劃分，掉期交易分為純粹掉期和製造掉期

（1）純粹掉期是指交易者與同一交易對手同時進行兩筆幣種相同、數額相等、方向相反、交割期限不同的外匯交易。例如：交易者甲向交易者乙賣出即期 100 萬美元，同時又向交易者乙買入 1 個月遠期 100 萬美元。純粹掉期是最常見的掉期交易。

（2）製造掉期，又稱分散掉期，是指交易者分別與不同交易對手，同時進行兩筆幣種相同、數額相等、方向相反、交割期限不同的外匯交易。例如：交易者甲向交易者乙賣出即期 100 萬美元，同時又向交易者丙買入 1 個月遠期 100 萬美元，則站在交易者甲的立場上看，其做了製造掉期。

2. 按掉期的期限劃分，掉期可分為一日掉期、即期對遠期掉期和遠期對遠期掉期

（1）一日掉期（One Day Swap）是指兩筆幣種相同、數額相等、交割日相差一天、

方向相反的外匯掉期。一日掉期主要用於銀行同業的隔夜資金拆借，其目的在於避免銀行進行短期資金拆借時因外匯多頭或空頭的存在而遭受匯率變動的風險。一日掉期包括三種情形：①隔夜交易（Over-Night，O/N），即在交易日做一筆當日交割的買入（或賣出）交易，同時作一筆第一個營業日交割的賣出（或買入）的交易；②隔日交易（Tom-Next，T/N），在交易日后的第一個營業日做買入（或賣出）的交割，第二個營業日作相反的交割；③即期對次日（Spot-Next，S/N），即在即期交割日買進（或賣出），至下一個營業日做相反交易。

（2）即期對遠期掉期（Spot Forward Swap）是指買進（或賣出）一種貨幣的現匯的同時，賣出（或買進）數額相等的該種貨幣的期匯。它是最常見的掉期交易，主要用於套期保值、貨幣的轉換和外匯頭寸的調整。例如：花旗銀行在3個月內需要100萬英鎊，它便與勞合銀行簽訂一個掉期協議，買入即期100萬英鎊同時賣出3個月遠期100萬英鎊，這樣，花旗銀行既滿足了當前對英鎊的需求，又避免了3個月後若英鎊貶值帶來的損失。

（3）遠期對遠期的掉期交易，是指同時買賣幣種相同、金額相等但交割期限不同的遠期外匯。例如：一家日本銀行一個月後將有1,000萬美元的支出，而三個月後又將有1,000萬美元的收入。為此，該銀行做一筆一個月對三個月的掉期，即買入一個月的遠期1,000萬美元，同時賣出三個月的遠期1,000萬美元，以達到套期保值的目的。

（三）掉期交易的作用

掉期交易主要是為了調整外匯資金頭寸，規避風險，以達到保值的目的，並非純粹為了盈利。當然，我們也可以利用有利的匯率機會套期圖利。下面我們簡要介紹掉期交易的主要作用。

1. 進出口商、國際投資者和借貸者利用掉期交易進行套期保值和套期圖利

進出口商經常出現有不同期限的外匯應收款和應付款並存的情況，他們通常利用掉期業務套期保值，並利用有利的匯率機會套期圖利。國際投資者和借貸者在對外投資和借貸時，需要購買或出售即期外匯，為了避免在收回投資或償還借款時外匯匯率波動所帶來的風險，他們可以利用掉期交易進行套期保值。

【實例3-15】某美國公司2個月後將收到100萬英鎊的應收款，同時4個月後將向外支付100萬英鎊。假定外匯市場行情為：2個月期GBP1=USD1.450,0/50，4個月期GBP1=USD1.400,0/50，該公司為固定成本，避免外匯風險，應如何進行掉期交易？

解析：該公司應買入4個月遠期100萬英鎊，按照遠期合約應支付140.5萬美元；同時賣出2個月遠期100萬英鎊，按照遠期合約應收入145萬美元，盈利4.5萬美元。通過掉期業務，該公司既盈利4.5萬元，又避免了外匯風險。

當然，若4個月GBP1=USD1.500,0/50，通過上述掉期業務，該公司將付出掉期成本5.5萬元。此後無論市場行情如何波動，該公司均無匯率風險。

2. 利用掉期交易進行遠期外匯合約的展期和提前

【實例3-16】美國某公司3個月後將有一筆500萬歐元的貨款收入，為避免歐元貶值，該公司賣出三個月遠期500萬歐元，但是3個月到期時，由於種種原因，該貨款沒有收到，預計貨款將推遲2個月收到，為了固定成本和避免風險，並了結遠期合約，問該公司應如何進行掉期交易？

解析：該公司買入即期500萬歐元，了結原3個月的遠期合約，同時賣出2個月遠期500萬歐元。該公司通過掉期交易對原遠期合約進行展期，達到了保值目的。若歐元貼水，該公司要付出掉期成本；若歐元升水，該公司在這筆交易中反而有利。

當然，若該公司提前1個月收到貨款，原簽訂的遠期合約還有1個月到期，那麼該公司就可做一筆掉期交易，把原合約的到期日提前。具體操作為：賣出即期500萬歐元，同時買入1個月遠期500萬歐元，后者用來了結原遠期合約。

(四) 擇期交易的報價原則

在擇期交易中，詢價方有權選擇交割日，由於報價銀行必須承擔匯率波動風險及資金調度的成本，故報價銀行必須報出對自己有利的價格，即報價銀行在買入基準貨幣時，報出較低的匯率；在賣出基準貨幣時，報出較高的匯率。報價銀行對於擇期交易的遠期匯率報價遵循以下原則：

（1）報價銀行買入基準貨幣，若基準貨幣升水，按選擇期內第一天的匯率報價；若基準貨幣貼水，則按選擇期內最后一天的匯率報價。

（2）報價銀行賣出基準貨幣，若基準貨幣升水，按選擇期內最后一天的匯率報價；若基準貨幣貼水，則按選擇期內第一天的匯率報價。

任務四　套匯交易

一、套匯交易的概念

套匯（Arbitrage）又稱地點套匯（Arbitrage in space），它指套匯者利用不同外匯市場之間出現的匯率差異同時或者幾乎同時在低價市場買進，在高價市場出售，從中套取差價利潤的一種外匯業務。由於空間的分割，不同外匯市場對影響匯率諸因素的反應速度和反應程度不完全一樣，因而在不同的外匯市場上，同一種貨幣的匯率有時可能出現較大差異，這就為異地套匯提供了條件。套匯業務有兩種形式，即直接套匯和間接套匯：

二、直接套匯

直接套匯（Direct Arbitrage），又稱雙邊套匯（Bilateral Arbitrage）或兩角套匯（Two-Point Arbitrage），是指利用同一時刻兩個外匯市場某種貨幣的匯率差異，同時在兩個外匯市場低價買入，高價賣出該種貨幣，從中賺取利潤的外匯交易方式。這種套匯在國際上極為常見。

如果兩個外匯市場採用同一標價法，則在比較同種貨幣的兩地匯率時要通過折算，將其中一個市場的標價法換算成另一種標價法。如果兩個外匯市場一個採用直接標價法，另一個採用間接標價法，則套匯時可從兩個市場對某種貨幣的匯率牌價中直接計算匯率差異。

【實例3-17】某日的即期外匯行情：紐約外匯市場報價為 USD1＝JPY105.50/60，東京外匯市場報價為 USD1＝JPY105.30/40，假設套匯者用1,000萬美元進行直接套匯，應如何操作？

解析：顯然，日元在紐約便宜，在東京貴，根據「賤買貴賣」的原理，套匯者應

在紐約外匯市場賤買日元（貴賣美元），同時在東京外匯市場貴賣日元（賤買美元）。

套匯者在紐約外匯市場賣出1,000萬美元買入日元，收入1,000,105.50=105,500萬日元。同時，套匯者在東京外匯市場賣出105,500萬日元買入美元，收入105,500÷105.40=1,000.95萬美元，在不考慮交易成本的情況下，套匯收益為1,000.95-1,000=0.95萬美元。

三、間接套匯

間接套匯（Indirect Arbitrage），又稱三角套匯（Three-Point Arbitrage）或多邊套匯（Multilateral Arbitrage）是指利用同一時刻三個或三個以上外匯市場之間出現的匯率差異，同時在這些市場賤買貴賣有關貨幣，從中賺取利潤的外匯交易方式。間接套匯和直接套匯在本質上是一致的，即「賤買貴賣」，區別在於直接套匯利用兩個市場完成交易，可以直接看出某種貨幣在不同市場上到底是貴還是賤；而間接套匯則利用三個或三個以上市場完成交易，並且不能直接看出某種貨幣在不同市場上到底是貴還是賤。

通過直接套匯的例子，我們不難發現，套匯的實質是從一種貨幣出發，經過一系列同時進行的交易回到該種貨幣，而且是增大了的貨幣。我們可以利用套匯的實質進行間接套匯的計算。

【實例3-18】某日的外匯市場的即期外匯行情如下：

紐約外匯市場為 USD1=HKD7.756,0/70；

香港外匯市場為 GBP1=HKD12.956,0/70；

倫敦外匯市場為 GBP1=USD1.662,5/35。

若套匯者擁有100萬英鎊，應如何進行間接套匯，且獲毛利多少（不考慮換匯成本）？

解析：套匯者擁有100萬英鎊，因而套匯者應從英鎊出發，依據套匯的實質從英鎊出發可以有兩條路徑回到英鎊，即①GBP→USD→HKD→GBP；②GBP→HKD→USD→GBP。為了簡化分析我們假設套匯者有1英鎊，經過一系列同時進行的交易回到英鎊，如果大於1英鎊，我們就找到了正確的路徑。我們首先計算①路徑，過程如下：

倫敦外匯市場賣英鎊買美元：1×1.662,5=1.662,5（美元）；

紐約外匯市場賣美元買港元：1.662,5×7.756,0（港元）；

香港外匯市場賣港元買英鎊：1.662,5×7.757,0÷12.957,0=0.995（英鎊）。

說明依據該條路徑套匯會出現虧損，則用②路徑套匯一般說來就會獲利了。其過程如下：

香港外匯市場賣英鎊買港元：$\dfrac{1}{1.663,5}$（港元）；

紐約外匯市場賣港元買美元：$\dfrac{1}{1.663,5 \times 7.757,0}$（美元）；

香港外匯市場賣美元買英鎊：$\dfrac{1}{1.663,5 \times 7.757,0} \times 12.956,0 = 1.00,4$（英鎊）。

套匯收益為：100×（1.004-1）=0.4萬英鎊。

最后需要說明一點，若要進行套匯交易獲利，必須滿足以下條件：

（1）套匯者必須是在低價市場買入某種貨幣，同時又在高價市場賣出該種貨幣，

買賣同時進行。

（2）由於現代通信技術發達，不同外匯市場之間的匯率差異日趨縮小，套匯的機會十分短暫，套匯者必須擁有先進的技術設備和廣泛的信息網絡及分支代理機構，全面瞭解世界各地外匯市場的行情，並對行情的變化做出迅速的反應，才能及時地把握套匯機會。

（3）套匯者必須進行巨額交易。不同外匯市場某種貨幣的匯率差額十分小，考慮到交易成本，只有進行大宗買賣才有利可圖。

一般說來，只有大商業銀行才能滿足以上條件。因此，從事套匯交易的大多數是資金雄厚的大商業銀行。

任務五　套利交易

套利（Interest Arbitrage）又稱利息套匯，是指套利者利用金融市場兩種貨幣短期利率的差異與這兩種貨幣遠期升（貼）水率之間的不一致進行有利的資金轉移，從中套取利率差或匯率差利潤的一種外匯買賣。根據是否對外匯風險進行防範，套利交易可分為抵補套利和非抵補套利。

一、抵補套利

抵補套利又稱拋補套利（Covered Interest Arbitrage），是指套利者把資金從低利率貨幣市場調往高利率貨幣市場的同時，在外匯市場上賣出高利率遠期貨幣，以避免匯率風險。拋補套利是套利者比較常用的投資方法。拋補套利根據拋補的數額，又具體分為本利全拋和拋本不拋利。本利全拋是指本金和利息都進行相反方向的遠期外匯交易，拋本不拋利是指本金進行相反方向的遠期外匯交易，利息任由市場匯率的波動。在沒有明確說明的情況下，拋補套利是指本利全拋。

【實例3-19】在紐約外匯市場某日即期匯率為 GBP1＝USD1.730,0/20，一年期遠期英鎊匯水為20/10，紐約貨幣市場年利率為11%，倫敦貨幣市場年利率為13%，問：①投資者擁有200萬美元，進行拋補套利（投資一年），試計算其收益為多少？②投資者擁有200萬美元，進行拋本不拋利（投資一年），假設一年后的即期匯率為 GBP1＝USD1.726,0/90 試計算其收益為多少？

解析：①計算遠期市場匯價為：GBP1＝USD1.730,0-0.002,0/1.732,0-0.001,0＝USD1.728,0/310；

套利者在即期市場賣出美元買入英鎊＝200/1.732,0＝115.473 萬英鎊；

將買入的英鎊存入倫敦貨幣市場的本利收入＝115.473（1+13%）＝130.485 萬英鎊；

在遠期市場賣出一年期的英鎊（本利和）買進美元＝130.485×1.728,0＝225.478 萬美元；

若200萬美元存放在紐約貨幣市場一年期的本利收入＝200（1+11%）＝222 萬美元；

拋補套利收益＝225.478-222＝3.478 萬美元。

②計算遠期市場匯價為：GBP1＝USD1.730,0－0.002,0/1.732,0－0.001,0＝

USD1.728,0/310；

  套利者在即期市場賣出美元買入英鎊=200/1.732,0=115.473萬英鎊；

  將買入的英鎊存入倫敦貨幣市場的利息收入=115.473×13%=15.012萬英鎊；

  在遠期市場賣出一年期的英鎊（本金）買進美元=115.473×1.728,0=199.537萬美元；

  在一年后即期市場賣出英鎊利息收入買進美元=15.012×1.726,0=25.910萬美元；

  若200萬美元存放在紐約貨幣市場一年期的本利收入=200（1+11%）=222萬美元；

  拋本不拋利套利收益=199.537+25.910-222=3.447萬美元。

  通過以上分析可知：通過拋補套利（本利全拋），投資者一開始就可以明確地知道將來獲利多少，而且，這種獲利不存在任何匯率風險，而拋本不拋利則僅僅是利息收入承受匯率風險。

  最後需要強調一點，由於通常情況下，低利率的貨幣遠期匯率表現為升水，高利率貨幣表現為貼水（其原理參見利率平價理論）。所以，拋補套利交易是否獲取收益取決於兩國貨幣的年利差和貨幣升（貼）水折年率的關係，只有在兩國貨幣的年利差大於貨幣升（貼）水折年率時，套利才有利可圖。

  因而，一旦滿足這一條件，套利活動就會發生，但是這種套利活動不會無休止地進行下去。在套利過程中，一方面在外匯市場上，套利者總是要買進即期高利率貨幣，賣出即期低利率貨幣，同時為了避免匯率變動的風險做掉期交易，賣出遠期高利率貨幣，買進遠期低利率貨幣，這樣必然導致高利率貨幣遠期貼水，低利率貨幣遠期升水，並且升貼水額不斷增大；另一方面在貨幣市場上，短期資金不斷從利率低的國家流向利率高的國家，也會縮小兩國間的利率差異。在這兩方面共同的作用下，當升（貼）水折年率增大到等於兩地年利差時，套利活動就停止。

二、非抵補套利

  非抵補套利又稱非拋補套利（Uncovered Interest Arbitrage），是指單純把資金從利率低的貨幣市場轉向利率高的貨幣市場，但不同時進行相反方向的遠期外匯交易，從中謀取利率差額收入。非拋補套利由於未軋平外匯頭寸，因而要承擔未來匯率波動的風險。

  【實例3-20】美國貨幣市場的年利率為8%，英國貨幣市場的年利率為6%，某日即期匯率為GBP1=USD1.600,0，英國一位套利者以1,000萬英鎊進行非拋補套利交易（投資6個月），假設6個月後的即期匯率分別為如下三種情況：①GBP1=USD1.600,0；②英鎊升值2.5%；③英鎊升值0.5%。試計算在以上三種情況下，6個月後的收益分別為多少？

  解析：①投資者將資金存入英國貨幣市場6個月後可獲本利收入=1,000×(1+6%×6/12)=1,030萬英鎊；

  ② 在即期市場賣出英鎊買入美元=1,000×1.600,0=1,600萬美元；

  ③ 將美元投資在美國貨幣市場本利收入=1,600×（1+8%×6/12）=1,664萬美元；

  ④ 若6個月後匯率沒變，則投資者可多獲利=1,664/1.600,0-1,030=10萬英鎊；

  ⑤ 若6個月後英鎊升值2.5%，則6個月後的即期匯率為：GBP1=USD1.600,0（1+2.5%）= USD1.640,0，則6個月後收益=1,664/1.64-1,030=-15.36萬英鎊；

  ⑥ 若6個月後英鎊升值0.5%，則6個月後的即期匯率為：GBP1=USD1.600,0（1+0.5%）= USD1.608,0，則6個月後收益=1,664/1.608-1,030=4.83萬英鎊。

  通過以上分析可知：只要英鎊升值率小於利差，投資者非拋補套利就有收益，否

則就有損失。

這裡，為了簡化分析，我們假定存、貸款利率相等，因而計算最終收益時，直接扣除低利率貨幣在本國存款的本利和。

任務六　外匯期貨交易

一、外匯期貨交易概念

外匯期貨交易（Foreign Exchange Futures）也稱貨幣期貨交易，是指期貨交易雙方在期貨交易所以公開喊價方式成交后，承諾在未來某一特定日期，以當前所約定的匯率交付某種特定標準數量的外匯。外匯期貨交易並不是實際外匯的交易，其買賣的是標準化的外匯期貨合約。

外匯期貨是產生最早且最重要的一種金融期貨。1972年5月，美國芝加哥商品交易所成立「國際貨幣市場」（International Monetary Market，IMM），首次開辦了外匯期貨交易業務，其主要目的是運用商品期貨交易技巧，為外匯市場參與者提供一種套期保值或轉移風險的工具。從此，世界上許多國際金融中心相繼開設了此類交易。1982年9月，英國倫敦國際金融期貨交易所（London International Financial Future Exchange，LIFFE）成立並正式營業，至今已開辦了英鎊、歐元、瑞士法郎、日元等主要國際貨幣期貨。目前，IMM外匯期貨的成交量占全球成交量的99%以上。絕大多數外匯期貨交易的目的不是為了獲得貨幣在未來某日的實際交割，而是為了對匯率變動做類似於遠期外匯交易所能提供的套期保值。

二、外匯期貨合約的內容

外匯期貨合約是標準化合約，以下結合表3-1說明合約的主要內容。

表3-1　　　　　　　　IMM外幣期貨標準化合約內容

	英鎊	歐元	瑞士法郎	日元	加元	澳元
貨幣符號	GBP	EUR	CHF	JPY	CAD	AUD
交易單位	62,500	125,000	125,000	12,500,000	100,000	100,000
最小變動點	2點 0.000,2	1點 0.000,1	1點 0.000,1	1點 0.000,001	1點 0.000,1	1點 0.000,1
最小變動值（$）	12.50	12.50	12.50	12.50	10.00	10
初始保證金（$）	1,620	2,430	1,688	2,835	642	1,317
追加保證金（$）	1,200	1,800	1,250	2,100	475	975
交割月份	3、6、9、12月及「交割月份」					
最后交易日	從交割月份的第三個星期三向回數的第二個營業日					
交割日期	交割月份的第三個星期三					
交割地點	清算所指定的貨幣發行國銀行					

（一）交易貨幣的種類和交易數量標準化

只有少數發達國家的貨幣才有期貨交易，如芝加哥商品交易所所屬的國際貨幣市場上交易的是美元對加元、日元、英鎊、歐元、澳元等貨幣的期貨。每種貨幣合約的交易數量都是固定的，不同貨幣的合約金額也不相等。以 IMM 市場為例，英鎊 6.25 萬、日元 1,250 萬、瑞士法郎 12.5 萬、加元 10 萬等。

（二）統一的價格表示方法

期貨價格（Exercise Price）又稱履約價格，是期貨合約中規定的期貨交易的價格，即未來結算所使用的價格。期貨到期時，期貨交易的雙方都有義務按期貨價格履行期貨合約。為了便於交易，在 IMM 市場上，所有的貨幣價格均以美元表示，如 1 英鎊＝1.234,5 美元，1 瑞士法郎＝0.607,2 美元等。這裡需要注意一點，外匯期貨價格就像股票、即期匯率一樣，隨著外匯期貨市場供求的變化，每時每刻也都在變化。

（三）最小變動價格

最小變動價格是指外匯期貨合約在買賣合約時產生的最低升降單位，最小變動價格＝最低變動點×一份合約數額，每次報價都以最小價格的倍數變動，並且實行每日限價。例如，在 IMM 市場，英鎊的最小變動點是 2 個點，最小變動價格＝最低變動點×一份合約數額＝0.000,2×62,500＝12.5 美元。

（四）到期月份

對於到期月份（Expiration Months），不同的交易所有不同的規定，如 IMM 市場的外匯期貨到期月份為 3、6、9、12 月份。

（五）交割日、最后交易日

每種貨幣都要在到期月份的固定日期進行交割，不同的交易所有不同的規定，如芝加哥商品交易所的 IMM 市場的交割日為到期月份的第三個星期三。最后交易日是外匯期貨可以進行交易的最后一天，不同的交易所有不同的規定，如 IMM 市場的最后交易日為到期月份的第三個星期三之前第二個營業日。

（六）期貨的性質

期貨的性質即「買入」期貨和「賣出」期貨。

不同的交易者根據自己對市場匯率走勢的預期和購買外匯期貨合約的意圖，決定買入或賣出外匯期貨合約。

三、外匯期貨市場的構成

（一）期貨交易所

期貨交易所是非盈利性機構，它為期貨交易者提供交易的場地，本身並不參加交易。為了使交易活動能夠順利地進行，期貨交易所有著嚴密的管理方式、健全的組織、完善的設施和高效率的辦事速度，交易所還具有監督和管理職能，對交易活動起著重要的約束作用。交易所要向會員收取費用，包括交易所會費、契約交易費等，以彌補交易所的開支。它一般採用會員制，公司在取得交易席位后，就成為交易所會員，有資格進入交易所進行外匯期貨交易。

（二）清算所

清算所（Clearing House）是期貨交易所下設的職能機構，其基本工作是負責交易雙方最后的業務清算以及徵收並保管外匯期貨交易必需的保證金。在期貨交易中，交

易者買進或賣出期貨合約時並不進行現金結算，而且交易者往往可能有多筆交易，最后由清算所辦理結算。

(三) 佣金商

佣金商（Commission Merchants）是代理金融、商業機構和一般公眾進行外匯期貨交易並收取佣金的個人或組織。佣金商必須是經註冊的期貨交易所的會員，他們的主要任務是代表那些沒有交易所會員資格的客戶下達買賣指令、維護客戶的利益、提供市場信息、處理帳目和管理資金，以及對客戶進行業務培訓等。

(四) 場內交易員

場內交易員是指在交易所內實際進行交易的人員。他們既為自己也為那些場外交易者進行買賣。他們接受客戶的委託訂單，並執行客戶發出的指令。

四、外匯期貨的交易過程

外匯期貨交易都是在專營或兼營外匯期貨的交易所進行的，任何企業和個人都可通過外匯期貨經紀人或交易商買賣外匯期貨。

客戶欲進行外匯期貨交易，首先必須選定代理自己交易的佣金商，開設帳戶存入保證金。然後，客戶即可委託佣金商辦理外匯期貨合約的買賣。在每一筆交易之前客戶要向佣金商發出委託指令，說明他願意買入或賣出外匯期貨、成交的價格、合約的種類和數量等，指令是以訂單的形式發出的。佣金商接到客戶訂單後，便將此指令用電話或其他通信設備通知交易廳內的經紀人，由他執行訂單。成交後，交易廳內交易員一方面把交易結果通知佣金商和客戶，另一方面將成交的訂單交給清算所，進行記錄並最後結算。每個交易日末，清算所將計算出每一個清算會員的外匯頭寸（買入與賣出的差額）。

外匯期貨的交易程序如圖 3-2（以芝加哥為例）所示。

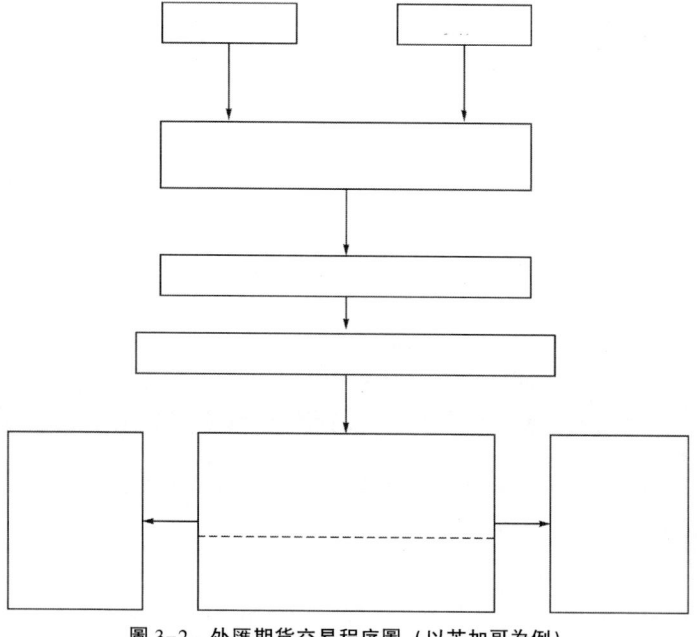

圖 3-2　外匯期貨交易程序圖（以芝加哥為例）

五、外匯期貨交易的特點

（一）外匯期貨交易的是標準化的合約

這種合約除價格外，在交易幣種、標準化合約額、交易時間、交割日期等方面都有明確、具體的規定。交易數量用合約來表示，買賣的最小單位是一份合約，每份合約的金額交易所都有規定，並且交易的金額是標準化合約額的整數倍。

（二）交易方式採取雙向競價拍賣方式

外匯期貨交易在交易所內公開喊價（Out Cry），競價成交，同時場上的價格又隨時公開報導，進行交易的人可以根據場上價格變化，隨時調整他們的要價、出價。

（三）外匯期貨市場實行會員制

只有會員單位才可以在交易所內從事期貨交易。而非會員只能通過會員單位代理買賣。由於期貨交易只限於會員之間，而交易所會員同時又是清算所的成員，都交納了一定的保證金，因而交易的風險很小。

（四）期貨交易的買方和賣方都以交易所下屬的清算所為成交對方

清算所既充當期貨合約購買方的賣方，又充當期貨合約出售方的買方，因此，買賣雙方無須知道對手是誰，也不必考慮對方的資信如何。由於期貨合約包括雙向買賣，所以，一方的盈利恰好就是另一方的虧損。

（五）期貨交易實行保證金制度和每日結算制度

為確保每一份期貨合約生效后，當事人雙方不至於因為期貨價格發生不利變動而違約，期貨交易所要求交易雙方都要交納保證金。保證金的多少因交易貨幣、市場不同而有所差異，即使同一市場、同一貨幣也會因市場變化情況不同而有所改變，具體由清算所和交易所共同決定，一般為合約總值的 3%～10%。保證金一般要求以現金形式存入清算所帳戶。保證金一般包括初始保證金和維持保證金。初始保證金是客戶在每一筆交易開始時必須交納的保證金，而維持保證金是指開立合同后如果發生虧損，致使保證金數額減少，直到客戶必須補進保證金時的最低保證金限額。

外匯期貨交易每天由清算所結算盈虧，獲利可以提走，而虧損超過最低保證金時，要立即予以補足，否則，期貨交易所可以進行強行平倉，這種方法稱為「逐日盯市」，即每個交易日市場收盤以后，清算所將會對每個持有期貨合約者確定當日的盈虧，這些盈虧都反應在保證金的帳戶上。由於期貨合約實行每日結算制度，而期貨的初始保證金一般都高於期貨價格每日漲跌的最大可能值，因而保證金制度大大保證了期貨交易所更為安全、正常地運行。當然，若有些國家只有初始保證金而沒有維持保證金，則只要保證金低於初始保證金就要進行補足，否則，期貨交易所可以進行強行平倉。

（六）價格波動有規定幅度

期貨交易的外幣都規定了當日價格波動的最低限額和最高限額。只要價格達到限額，當天的交易即告終止。這主要是為了避免期貨參與者在單一交易日內承擔過高的風險，並防止期貨市場發生聯手操縱的不法行為。

（七）外匯期貨合約的流動性

外匯期貨合同最后進行實際交割的只占合同總數的 1%～3%，其餘絕大部分外匯期貨合同都通過對沖（Offset）的方式予以了結。

(八) 外匯期貨價格和現匯價格具有平行性和收斂性

平行性是指外匯期貨價格與現匯價格變動方向相同，變動幅度也大體一致。一般說來，外匯期貨價格與現匯價格之間往往不完全相等，其間差額被稱為基點差。收斂性是指當外匯期貨合同臨近到期時，基點差隨外匯期貨合同所規定交割日的接近而縮小，在交割日到期的外匯期貨合同中，外匯期貨合同所代表的匯率與現匯市場上的該種匯率重合相等，基點差為零。

六、外匯期貨交易的功能

外匯期貨交易的功能是由其交易的特點決定的，其主要功能包括如下三個方面。

(一) 價格發現

由於外匯期貨市場匯集了大量的外匯供求者，並通過公開競價成交，將眾多影響匯率的因素反應在一個統一的交易市場上，這樣形成的價格基本上比較真實，全面反應了市場的供求狀況，是買賣雙方對價格水平比較一致的看法，因此，外匯期貨交易起到了匯率晴雨表的作用。

(二) 投機功能

由於外匯期貨交易的保證金制度，使其具有較強的槓桿作用，能夠「以小博大」，並且外匯期貨合約是標準化的合約，能夠隨時在交易所進行買賣，具有很高的流動性，因而外匯期貨交易具有很強的投機功能。當投機者預測外匯期貨價格將會上升時，他們會先買入外匯期貨合約，待外匯期貨價格上升後再賣出外匯期貨合約，從中賺取差價。當投機者預測外匯期貨價格將會下降時，他們會先賣出外匯期貨合約，待外匯期貨價格下降後再買入外匯期貨合約，從中賺取差價。如果投機者預測的匯率走勢和實際走勢相一致，投機者就會獲利，否則，就會蒙受損失。

【實例3-21】某外匯投機商3月1日預測瑞士法郎的期貨價格將上升，於是他當天購入10份12月份交割的瑞士法郎合約，成交價為1瑞士法郎＝0.611,6美元，到了4月8日，瑞士法郎的期貨價格果然上升，於是他迅速賣出10份12月份交割的瑞士法郎合約，成交價為1瑞士法郎＝0.621,6美元，問該外匯投機商投機獲利多少？利潤率是多少？(一份瑞士法郎期貨合約的價值為125,000瑞士法郎，在IMM市場每份瑞士法郎期貨合約的初始保證金是1,688美元)

解析：盈利為125,000×10×(0.621,6-0.611,6) = 12,500 (美元)；

利潤率為 $\frac{12,500}{16,880} \times 100\% = 74.05\%$。

(三) 套期保值功能

套期保值 (Hedge) 又稱對沖，是指交易者目前或預期未來將有現貨頭寸，並暴露於匯率變動的風險之中，在期貨市場做一筆與現貨頭寸等量而買賣方向相反的交易，以補償或對沖因匯率波動可能帶來的損失。外匯期貨套期保值可分為買入套期保值和賣出套期保值兩種類型。

1. 買入套期保值

買入套期保值 (Long Hedge)，又稱多頭外匯期貨套期保值，是指交易者的某種外匯將來在現貨市場處於空頭地位，或預測其外匯匯率將上升，於是在外匯期貨市場買進，進行套期保值。買入套期保值主要適用於將來有外匯支出者和外匯債務人，防止

外幣升值加大自己的未來支付成本。

【實例3-22】某美國進口商在3月1日從瑞士進口價值CHF240,000的商品，三個月后，即6月1日需向瑞士出口商支付CHF240,000的貨款。假設3月1日的即期匯率為USD1＝CHF1.651,1，6月份SF期貨價格為CHF1＝USD0.605,7，6月1日的即期匯率為USD1＝CHF1.647,1，6月份SF期貨價格為CHF1＝USD0.607,1，問美國進口商如何利用期貨交易防範匯率風險？（一份瑞士法郎期貨合約的標準金額為CHF125,000）

解析：

現貨市場	期貨市場
3月1日即期匯率為USD1＝CHF1.651,1，假設買進CHF240,000，需要支付240,000/1.651,1＝145,357.64美元	3月1日美國進口商買入六月CHF期貨合約2份，支出2×125,000×0.605,7＝151,425美元
6月1日即期匯率為USD1＝CHF1.647,1，實際買進CHF240,000，需要支付240,000/1.647,1＝145,710.64美元	6月1日美國進口商賣出六月CHF期貨合約2份，收入2×125,000×0.607,1＝151,715美元
虧損：145,710.64－145,357.64＝353美元	盈利：151,715－151,425＝350美元

從上例中，我們可以清楚地看到買入套期保值的操作方法。下面我們進一步分析，利用外匯期貨交易防範匯率風險的基本原理。當經濟單位或個人預期將來處於某種外匯空頭狀態時，就可以在成交日（如本例中3月1日）先買入外匯期貨合約，等到將來交割日（如本例中6月1日）支付外匯時，可在即期市場上買入該筆外匯，同時在外匯期貨市場上賣出外匯期貨合約，以衝銷原來的外匯期貨頭寸，這樣即期市場的虧損或盈利就會被外匯期貨市場上的盈利或虧損所抵消，從而實現套期保值的作用。具體分析如下：如果外匯即期價格降低，則交易者在即期市場處於虧損狀態，但由於外匯期貨價格和現匯價格的平行性，外匯期貨價格也會下跌，則交易者在外匯期貨市場就會盈利，盈利與虧損相抵，使交易者達到套期保值的目的；如果外匯即期價格上升，則交易者在即期市場處於盈利狀態，但由於外匯期貨價格和現匯價格的平行性，外匯期貨價格也會上升，則交易者在外匯期貨市場就會虧損，盈利與虧損相抵，從而使交易者達到套期保值的目的。同樣道理，當經濟單位或個人預期將來處於某種外匯多頭狀態時，交易者就可以在成交日賣出外匯期貨合約，交割日買入外匯期貨合約，達到套期保值的目的。

這裡有兩點需要注意：①我們利用外匯期貨交易套期保值時，匯率有利變動的額外好處當然也無法獲得；②我們利用外匯期貨交易套期保值時，一般來說，只能部分保值，而不能完全保值。

2. 賣出套期保值

賣出套期保值（Short Hedge），又稱空頭外匯期貨套期保值，是指交易者的某種外匯將來在現貨市場處於多頭地位，或預測其外匯匯率將下跌，於是在外匯期貨市場賣出，進行套期保值。賣出套期保值主要適用於將來有外匯收入者和外匯債權人，防止外幣貶值減少自己的未來收入。

【實例3-23】在3月1日，美國一出口商向加拿大出口一批貨物，價值490,000加元，以加元結算，3個月后（即6月1日）收回貨款，美國出口商利用外匯期貨交易來

防範匯率風險，假設：3月1日的即期匯率為USD1=CAD1.177,9，6月份期貨價格為CAD1=USD0.849,0；6月1日的即期匯率為USD1=CAD1.182,0，6月份期貨價格為CAD1=USD0.846,0；問：美國出口商如何利用外匯期貨交易防範匯率風險？（一份加元期貨合約的標準價值為CAD100,000）

解析：

現貨市場	期貨市場
3月1日即期匯率為USD1=CAD1.177,9，假設收入CAD490,000 490,000/1.177,9=415,994.57美元	3月1日美國該出口商賣出六月CAD期貨5份 5×100,000×0.849,0=424,500美元
6月1日即期匯率為USD1=CAD1.182,0，實際收入CAD 490,000 490,000/1.182,0=414,551.61美元	6月1日美國該出口商買入六月CAD期貨5份 5×100,000×0.846,0=423,000美元
虧損：415,994.57-414,551.61=1,442.9美元	盈利：424,500-423,000=1,500美元

任務七　外匯期權交易

一、外匯期權概念

期權（Options）是一種以一定的費用（期權費）獲得在一定的時刻或時期內擁有買入或賣出某種貨幣（或股票）的權利的合約。外匯期權（Foreign Currency Option），又稱貨幣期權，是指期權持有者（即購買者）通過事先付給期權簽署者（通常為銀行）一定比例的費用（期權費），即可在期權有效期內履行或放棄（按協定匯率和金額）買賣某種貨幣的一種權利，期權簽署者獲得期權費后，須承擔匯率風險。外匯期權交易以外匯期權合約為交易對象，合約買方擁有權利，可根據匯率變動來決定是否行使權利，而合約賣方僅有義務。

二、外匯期權的種類

（一）看漲期權、看跌期權和雙向期權

按期權所賦予的權利劃分，可分為看漲期權、看跌期權和雙向期權。

（1）看漲期權（Call Option）又稱買權，是指期權合約的買方有權在有效期內按約定匯率從期權合約賣方處購進特定數量的貨幣。這種期權之所以稱為看漲期權，一般是進口商或投資者預測某種貨幣有上漲之趨勢，購買期權以避免匯率風險。

（2）看跌期權（Put Option）又稱賣權，是指期權買方有權在合約的有效期內按約定匯率賣給期權賣方特定數量的貨幣。這類期權之所以稱為看跌期權，一般是出口商或有外匯收入的投資者，在預測某種貨幣有下跌趨勢時，為避免收入減少，按約定匯率賣出外匯以規避風險。

（3）雙向期權（Double Option）又稱雙重期權，是指期權合約的買方有權在有效期內按約定匯率從期權合約賣方處購進或出售特定數量的貨幣。雙向期權實際上是看漲期權和看跌期權的合二為一。當期權合約的買方預測匯率未來將有較大波動，並且

波動方向難以確定時，便會購買雙向期權，因為不管匯率是大幅上升或下跌，對其均有利。而期權賣方之所以出售雙向期權是因為他預測匯率未來波動幅度不會太大，而雙向期權的期權費要高於買權或賣權的期權費，故期權賣方願意承擔匯率波動的風險。

(二) 美式期權和歐式期權

按期權的執行時間劃分，可分為美式期權和歐式期權。

(1) 美式期權（American-style Option），是指自期權合約成立之日算起，到期日的截止時間之前，買方可以在此期間內任一時點，隨時要求賣方依合約的內容行使外匯期權。

(2) 歐式期權（European-style Option），是指期權買方於到期日之前，不得要求期權賣方履行合約，僅能於到期日的截止時間，要求期權賣方履行合約。美式期權的買方可於有效期內選擇有利的時點履行合約，比歐式期權更具有靈活性，對於賣方而言，所承擔的匯率風險更大，所以美式期權的期權費比歐式期權高。

(三) 溢價期權、平價期權和損價期權

按約定價格與市場價格條件關係劃分，可分為溢價期權、平價期權和損價期權。

(1) 溢價期權（In the Money Option），是指執行期權對期權持有者來說是經濟的期權，即看漲期權的執行價格低於即期匯率，或看跌期權的執行價格高於即期匯率。

(2) 平價期權（At the Money Option），是指執行期權對期權持有者來說是無所謂經濟與否的期權，即期權的執行價格與即期匯率相等。

(3) 損價期權（Out of the Money Option），是指執行期權對期權持有者來說是不經濟的期權，即看漲期權的執行價格高於即期匯率，或看跌期權的執行價格低於即期匯率。

(四) 場內期權和場外期權

按交易地點劃分，可分為場內期權和場外期權。

(1) 場內期權（In the Counter Market），是指在外匯交易中心與期貨交易所中所進行交易的外匯期權。通常情況下，外匯期權交易是在交易所內進行的，交易的期權都是合約化的。

(2) 場外期權（Over the Counter Market），是指在外匯交易中心與期貨交易所之外所進行交易的外匯期權。場外期權主要是適合個別客戶的需要，其合約不像交易所那樣標準化，通常通過協商達成，且根據客戶的需要可以對期權進行特製，較為靈活。目前場外期權合約也在向標準化發展，其目的是為了提高效率，節約時間。

三、外匯期權合約的內容

外匯場外期權交易與遠期外匯交易相似，外匯場內期權交易與外匯期貨交易相似。外匯場內期權交易買賣的外匯期權合約是標準化的，除「期權費」之外，其他條件均是標準化的，便於期權買賣雙方在交易所內公開競價，並有助於外匯期權二級市場的活躍。下面我們簡述一下場內外匯期權合約的內容。

(一) 交易貨幣的種類和交易數量

只有少數發達國家的貨幣才有期權交易，以 IMM 市場為例，只有美元對加元、英鎊、歐元、澳元等貨幣的期權。每種貨幣合約的交易數量都是固定的，其中，不同貨幣的合同標準金額也是不一致的。

（二）匯率表示方法

為便於期權交易，所有的匯率均以美元表示，即美元標價法。

（三）協議價格及其最小變動值

協議價格（Contract Price）又稱履約價格或行使價格，是指在期權合約中規定買賣雙方行使期權買賣外匯的交割匯率。日元期權價格以萬分之一美元表示，即日元標價單位為 USD0.000,1；其他外匯期權則以百分之一美元表示，即標價單位為 USD0.01。不同貨幣期權的協議價格，其變動的最小幅度都是固定的。

（四）到期月份

對於到期月份，不同的交易所有不同的規定。有的交易所只進行少數幾種到期月份的期權交易，通常為每年的 3 月、6 月、9 月和 12 月份的期權交易，有的交易所進行多種到期月份的期權交易。

（五）到期日

到期日又稱期滿日或最后交易日，指期權買方有權執行的最后一天。各交易所對此也有固定的規定，如芝加哥期權交易所的到期日為到期月份第三個星期三之前的星期六。

（六）期權費及其表示方式

期權費（Premium）又稱權力金或保險費，它是期權買賣的價格，在訂約時由買方支付給賣方，以取得履約選擇權。期權費既構成了買方的成本，同時又是賣方承擔匯率變動風險所得到的補償。期權費一旦支付，無論買方是否執行合同，都不能收回，即期權費無追索權。

期權費通常按協議價格的百分比表示或直接報出每單位外匯的美元數。如協議價格為 EUR1=USD1.020,0 的看漲期權，其期權費可以是 3%或 1 歐元=0.030,6 美元。

（七）保證金

賣方在買方要求履約時有依據履約價格進行交割的義務，而為了確保契約義務的履行，賣方須在訂約時交納保證金。賣方交納的保證金存於清算所的保證金帳戶內，一般隨市價的漲跌進行必要的追加。

四、外匯期權交易的功能

像其他外匯交易的功能一樣，外匯期權交易的功能也有保值和投機兩個方面。

（一）外匯期權套期保值

由於外匯市場匯率經常發生劇烈波動，外匯期權交易常被跨國公司和進出口商作為規避匯率風險的套期保值手段。外匯期權對合約買方而言是非常靈活的。如果匯率對其有利，他即可行使期權，按約定匯率買進或賣出外匯；如果匯率對其不利，他則可放棄期權。對於期權合約賣方，只要合約買方需要實現其權利，合約賣方都必須按合約約定價格和數量出售或購買外匯。因而，外匯期權套期保值比外匯期貨交易和遠期外匯交易套期保值更為徹底，外匯期貨交易、遠期外匯交易只能保現在值，不能保未來值，而外匯期權交易既能保現在值又能保未來值。也就是說，外匯期權交易既能套期保值，又能獲得匯率有利變動的好處。

1. 買入看漲期權

涉外公司未來要向外支付一筆外匯，如果擔心外匯匯率上漲，便可以提前買入看

漲期權以避免匯率風險。

【實例3-24】美國進口商從英國進口一批貨物，三個月後將支付625萬英鎊。當時的有關外匯行情如下：即期匯價為GBP1＝USD1.400,0，協議價格為GBP1＝USD1.430,0，期權費為GBP1＝USD0.022,0，佣金占合同金額0.5%，採用歐式期權。美國進口商擔心英鎊升值，利用外匯期權交易套期保值。問：①美國進口商應購買何種外匯期權？②三個月後假設市場匯價分別為GBP1＝USD1.450,0和GBP1＝USD1.410,0兩種情況，該美國進口商各需多少美元才能支付貨款？

解析：①美國進口商三個月後將有外匯支付，應購買看漲期權，以實現套期保值。

②當GBP1＝USD1.450,0時，英鎊市場匯價高於協議價格，應行使期權，支付美元總額為1.430,0×625+625×0.022,0+625×0.5%×1.400,0＝911.86萬美元；當GBP1＝USD1.410,0時，英鎊市場匯價低於協議價格，應放棄期權，支付美元總額為1.410,0×625+625×0.022,0+625×0.5%×1.400,0＝899.38萬美元。

這裡我們進行簡要的分析：當GBP1＝USD1.450,0時，此時英鎊升值，由於其提前購買了看漲期權，可以按協議價格購買英鎊，起到了套期保值的目的，此時保的是現在值，即接近於按成交日期匯率計算的支付額；當GBP1＝USD1.410,0時，此時英鎊恰好貶值，美國進口商儘管提前購買了看漲期權，但可以放棄期權，獲得匯率有利變動的好處，此時保的是未來值，即接近於按交割日即期匯率計算的支付額。

2. 買入看跌期權

涉外公司未來要收到一筆外匯，如果擔心外匯匯率下跌，便可以提前買入看跌期權以避免匯率風險。

【實例3-25】美國某外貿公司向英國出口商品，1月20日裝船發貨，三個月後將收入150萬英鎊，擔心到期結匯時英鎊對美元匯價下跌減少美元創匯收入，以外匯期權交易保值。已知：1月20日即期匯價GBP1＝USD1.486,5，協定價格GBP1＝USD1.495,0，保險費為GBP1＝USD0.021,2，佣金占合同金額0.5%，採用歐式期權。

問：①美國進口商應購買何種外匯期權？②3個月後在英鎊對美元匯價分別為GBP1＝USD1.400,0與GBP1＝USD1.600,0的兩種情況下，該公司各收入多少美元？

解析：①美國出口商三個月後將有外匯收入，應購買看跌期權，以實現套期保值。

②在GBP1＝USD1.400,0的情況下，英鎊協議價格高於市場匯價，應行使期權，收入的美元總額為150×1.495,0－（150×0.021,2+150×0.5%×1.486,5）＝220.29萬美元。

在GBP1＝USD1.600,0的情況下，因市場匯價對該公司有利，該公司可以放棄期權，讓其自動過期失效，按市場價格賣出150萬英鎊，買入美元，所得美元總收入為150×1.600,0－（150×0.021,2+ 50×0.5%×1.486,5）＝236.04萬美元。

（二）外匯期權投機

由於外匯期權交易的靈活性，外匯期權投機的策略非常豐富，這裡我們只介紹一個簡單的例子。

【實例3-26】中國某公司根據近期內國際政治經濟形勢預測1個月內美元對日元匯價會有較大波動，但變動方向難以確定，因此決定購買100個日元雙向期權合同做外匯投機交易。

已知：即期匯價USD1＝JPY110.00，協定價格JPY1＝USD0.008,929，期權費JPY1＝USD0.000,268，佣金占合同金額0.5%。（1個日元期權合同的標準金額為1,250萬日元）

問：在市場匯價分別為 USD1＝JPY100.00 和 USD1＝JPY125.00 兩種情況下，該公司的外匯投機各獲利多少？

解析：①在 USD1＝JPY100.00 的情況下，該公司可按協定價格行使買入期權，可盈利 $125,000 \times (0.01 - 0.008,929) - 125,000 \times 0.000,268 - \dfrac{125,000 \times 0.5\%}{110} = 137.5$ 萬美元－33.5 萬美元－5.68 萬美元＝98.32 萬美元。

②在 USD1＝JPY125.00 的情況下，該公司可按協定價格行使賣出期權，可盈利 $125,000 \times \left(0.008,929 - \dfrac{1}{125}\right) - 125,000 \times 0.000,268 - \dfrac{125,000 \times 0.5\%}{110} = 116.13$ 萬美元－33.5 萬美元－5.68 萬美元＝76.95 萬美元。

這裡我們進行簡要的分析：投機者預測 1 個月內美元對日元匯價會有較大波動，但變動方向難以確定，因此決定購買日元雙向期權合同做外匯投機交易。這樣，只要日元匯率大幅波動，投機者就可以利用其中一種期權獲取利潤。當日元匯率大幅上升時，投機者可以從買權交易中獲得利潤，並放棄行使賣權；當日元匯率大幅下降時，投機者可以從賣權交易中獲得利潤，並放棄行使買權。

五、影響外匯期權價格變動的因素

期權合約買賣雙方的權利與義務是不對等的。正是這種不對等使得期權合約賣方在賣出期權合約時要向期權合約買方收取取得選擇權的代價，即期權費。期權費在期權交易中扮演著重要角色，期權費一般由以下因素決定。

（一）期權的協議價格

買權的協議價格越低，對買方越有利，賣方蒙受損失的可能性越大，要求較高的期權費作為補償；反之，買權的協議價格越高，買方獲利的機會越小，所願意支出的期權費越小。因而，買權的期權費與協議價格呈反向變動。賣權約定價格越高，買方獲利越大，賣方所要求的期權費也越高；反之，賣權的協議價格越低，買方獲利的機會越小，所願意支出的期權費越小。因而，賣權的期權費與期權協議價格是同向變動的。

（二）合約的有效期

合約的有效期越長，期權費越高。因為期權合約的有效期越長，期權買方從匯率變動中牟取利益的機會愈多，而期權賣方承擔的匯率風險越大，需要收取較高的期權費作為補償。

（三）預期匯率的波動幅度

如果在有效期內作為標的物的貨幣價格越不穩定，期權賣方承擔的風險越大。預期波動幅度較大時，期權費越高；當匯率相對穩定時，期權費較低。

（四）期權供求狀況

一般而言，外匯期權市場上的供求關係對期權費也有直接影響。期權買方多賣方少，期權費自然收得高些；期權賣方多買方少，期權費就會便宜一些。

（五）利率差別

由於較高利率貨幣有貶值趨勢，所以，當本國利率相對於外國利率上升時，外匯匯率會趨於升值，人們會增加對外匯買權的需求，外匯買權的價格就會上升，而外匯

賣權的價格則會下降。反之，則恰好相反。

（六）遠期匯率

通常遠期匯率較高，交易者對未來匯率行情趨於看好，就會買入外匯買權，以便日後外匯匯率確實上升時，獲得收益。這樣，通過期權市場供求力量的相互作用，外匯看漲期權的價格，會隨著遠期匯率的升高而上漲，而外匯看跌期權的價格則會下降。

應知考核

■ 主要概念

外匯市場　外匯經紀人　外匯交易商　外匯投機者　即期外匯業務　交割日　遠期外匯業務　套期保值　外匯投機　套匯　套利　擇期外匯交易　掉期交易

■ 基礎訓練

一、單選題

1. 在其他條件不變的情況下，遠期匯率與即期匯率的差異決定於兩種貨幣的（　　）。

　　A. 利率差異　　　　　　　　B. 絕對購買力差異
　　C. 含金量差異　　　　　　　D. 相對購買力平價差異

2. 原則上，即期外匯交易的交割期限為（　　）。

　　A. 一個營業日　　　　　　　B. 兩個營業日
　　C. 三個營業日　　　　　　　D. 一周的工作日

3. 在直接標價法下，升水時的遠期匯率等於（　　）。

　　A. 即期匯率+升水　　　　　　B. 即期匯率−升水
　　C. 中間匯率+升水　　　　　　D. 中間匯率−升水

4. 當一國利率水平低於其他國家時，外匯市場上本、外幣資金供求的變化會導致本國貨幣的匯率（　　）。

　　A. 上升　　　　　　　　　　B. 下降
　　C. 不升不降　　　　　　　　D. 升降無常

5. 有遠期外匯收入的出口商與銀行訂立遠期外匯合同，是為了（　　）。

　　A. 防止因外匯匯率上漲而造成的損失
　　B. 獲得因外匯匯率上漲而帶來的收益
　　C. 防止因外匯匯率下跌而造成的損失
　　D. 獲得因外匯匯率下跌而帶來的收益

6. 遠期外匯業務的期限通常為（　　）。

　　A. 1年　　　　　　　　　　　B. 6個月
　　C. 3個月　　　　　　　　　　D. 1個月

7. 當遠期外匯比即期外匯便宜時，則兩者之間的差額稱為（　　）。

　　A. 升水　　　　　　　　　　B. 貼水
　　C. 平價　　　　　　　　　　D. 中間價

8. 通常情況下，遠期匯率與即期匯率的差價表現為貼水的是（　　）。

A. 低利率國家的貨幣 B. 高利率國家的貨幣
C. 實行浮動匯率制國家的貨幣 D. 實行釘住匯率制國家的貨幣

9. 套匯交易賺取利潤所依據的是不同市場的（　　）。
A. 匯率差異 B. 利率差異
C. 匯率及利率差異 D. 通貨膨脹率差異

10. 組成掉期交易的兩筆外匯業務的（　　）。
A. 交割日期相同 B. 金額相同
C. 交割匯率相同 D. 買賣方向相同

二、多選題

1. 遠期對遠期的掉期交易所涉及的兩筆外匯業務的（　　）。
A. 金額相同 B. 匯率相同
C. 匯率不同 D. 交割期不同

2. 在外匯市場上，遠期外匯的賣出者主要有（　　）。
A. 進口商 B. 持有外幣債權的債權人
C. 負有外幣債務的債務人 D. 對遠期匯率看跌的投機商

3. 在外匯市場上，遠期外匯的購買者主要有（　　）。
A. 進口商 B. 出口商
C. 負有外幣債務的債務人 D. 對遠期匯率看漲的投機商

4. 在外匯市場上，遠期匯率的標價方法主要有（　　）。
A. 直接標出遠期外匯的實際匯率
B. 標出遠期匯率與即期匯率的中間匯率
C. 標出遠期匯率與即期匯率的差額
D. 標出即期匯率與遠期匯率的差額

5. 遠期外匯交易的特點是（　　）。
A. 買賣雙方有直接合同責任關係
B. 不收手續費
C. 實行雙向報價
D. 最后要進行交割

三、簡答題

1. 舉例說明進出口商如何運用遠期外匯交易進行套期保值。
2. 簡述遠期匯率、即期匯率與利息率三者之間的關係。
3. 簡述外匯市場的結構。
4. 簡述遠期外匯業務的作用。
5. 簡述擇期交易的報價原則。

四、計算題

1. 某日倫敦外匯市場上即期匯率為 1 英鎊等於 1.695,5/1.696,5 美元，3 個月遠期貼水 50/60 點，求 3 個月遠期匯率。

2. 假定某日下列市場報價為：紐約外匯市場即期匯率為 USD/CHF = 1.534,9/89，倫敦外匯市場 GBP/USD = 1.634,0/70，蘇黎世外匯市場 GBP/CHF = 2.502,8/48。如果不考慮其他費用，某瑞士商人以 100 萬瑞士法郎進行套利，可以獲多少套匯利潤？

3. 某日紐約外匯市場匯價：

	即期匯率	遠期匯率
美元/瑞士法郎	1.603,0-40	貼水 135-140

我公司向美國出口機床，如即期付款每臺報價 2,000 美元，現美國進口商要求我以瑞士法郎報價，並於貨物發運後 3 個月付款，問：我公司應報多少瑞士法郎？

4. 我出口公司某商品原報價為每噸 1,150 英鎊。該筆業務從成交到收匯需 6 個月。某日，該公司應客戶要求，改報丹麥克朗。假設當日倫敦市場的匯價為：

	即期匯率	6 個月遠期	年率%
丹麥	9.454,5-75	貼水 14.12-15.86	3.17

該公司應報多少丹麥克朗？

5. 假定某日下列市場報價為：紐約外匯市場即期匯率為 USD/CHF = 1.534,9/89，倫敦外匯市場 GBP/USD = 1.634,0/70，蘇黎世外匯市場 GBP/CHF = 2.502,8/48。如果不考慮其他費用，某瑞士商人以 100 萬瑞士法郎進行套利，可以獲多少套匯利潤？

應會考核

■ 技能案例

【案例背景】

東京外匯市場 6 個月的美元期匯匯價為：1 美元 = 132 日元，某交易者預測 6 個月後美元匯率會上漲，於是按此匯率買進 500 萬美元，到交割日即期市場美元匯率果真上漲到 1 美元 = 142 日元，則此客戶支付 66,000 萬日元，收進 500 萬美元，按現匯價賣出 500 萬美元，收進 71,000 萬日元，賺取利潤 5,000 萬日元。如果到交割日，美元不僅沒有上漲，反而下跌至 1 美元 = 122 日元，則投機者損失 5,000 萬日元。

【技能思考】

請用遠期外匯交易以及投機的相關內容對本案例進行分析，應如何進行預測以避免損失的發生。

■ 實踐訓練

【實訓項目】

外匯交易

【實訓情境設計】

各銀行的報價

銀行	EUR/USD	USD/JPY
A	1.456,0/70	125.50/80
B	1.456,3/73	125.50/75

表(續)

銀行	EUR/USD	USD/JPY
C	1.455,8/70	125.45/65
D	1.456,5/75	125.55/90
E	1.456,1/75	125.60/90

【實訓任務】

根據上述幾家銀行報出的 EUR/USD 和 USD/JPY 的匯率，請回答下列問題：

1. 應向哪家銀行賣出歐元，買進美元？
2. 應向哪家銀行賣出美元，買進日元？
3. 假如你想賣出歐元，買進日元，用對你最有利的匯率計算 EUR/JPY 的交叉匯率。

項目四
匯率制度與外匯管制

■ **知識目標**

理解：匯率制度的概念；外匯管制的概念；

熟知：外匯管制的目的、機構及對象；中國的外匯管理體制、人民幣匯率制度；

掌握：匯率制度的分類與選擇；外匯管制的辦法與措施；外匯管制的經濟分析。

■ **技能目標**

學生能夠掌握匯率制度的主要分類和選擇以及外匯管制的方法，能夠對金融市場中的外匯交易進行合理的貨幣選擇。

■ **情意目標**

學生能夠在金融市場上運用匯率制度和外匯管制制度指導金融實踐。

■ **教學目標**

教師要培養學生分析研究當前中國人民幣的走勢和預測人民幣可自由兌換情況的能力。

【項目引例】

斯里蘭卡央行放鬆外匯管制

2014年5月28日，斯里蘭卡中央銀行宣布開始執行一系列放鬆外匯管制的措施，這些措施有望進一步提升其在全球市場上的競爭力。

1. 允許外國投資者投資斯里蘭卡公司債券。除公開上市發行的債券外，允許外國投資者通過證券投資帳戶（SIA）投資非上市債券。

2. 進一步放寬獲取電子貨幣資金轉帳卡的資格。移民凍結帳戶、證券投資帳戶和外交帳戶持有者可以申請轉帳卡。

3. 發行外國旅行卡。允許有執照的商業銀行向客戶發行旅行卡。

4. 為居民外匯收入提供更多便利。外匯收入帳戶（FEEA）持有人可以依據合同用帳戶現有資金進行外幣支付。允許有執照的商業銀行向FEEA持有人提供外幣貸款。

5. 取消對特別對外投資存款帳戶（SFIDA）的最低限額要求。

6. 留學生在獲得學生簽證前可以拿到生活費用匯款。計劃在斯里蘭卡境外完成學業的留學生，可向有執照的商業銀行申請開設外國銀行帳戶，以方便交易。

7. 斯里蘭卡境外供應商可向斯里蘭卡境內進口商提供信貸支持。取消供應商對進

口商貸款的時間限制。

8. 取消對企業開立信用證的限制。

資料來源：http://finance.sina.com.cn/roll/20140605/191119327192.shtml.

什麼是外匯管制？為什麼要進行外匯管制？外匯管制的辦法與措施有哪些？

【知識支撐】

任務一　匯率制度

一、匯率制度的概念

匯率制度（Exchange Rate Regime or Exchange Rate System），又稱匯率安排（Exchange Rate Arrange），是指一國貨幣當局對本國匯率變動的基本方式所做出的一系列安排或規定。第二次世界大戰以後，主要發達國家的匯率制度經歷了兩個階段：第一階段是從1945年到1973年春，建立的是固定匯率制度；第二階段是1973年春以後，建立的是浮動匯率制度。發展中國家仍實行不同形式的固定匯率制度。

二、匯率制度的分類

按照匯率波動有無平價以及匯率波動幅度的大小，將匯率制度分為固定匯率制度和浮動匯率制度。

（一）固定匯率制度

固定匯率制度（Fixed Rate System）是指兩國貨幣的比價基本固定，現實匯率只能圍繞平價在很小的範圍內上下波動的匯率制度。如在外匯市場上兩國匯率的波動超過規定的幅度時，有關國家的貨幣當局有義務站出來干涉維持。從歷史發展來看，固定匯率制度又可分為金本位制度下的固定匯率制度和紙幣流通條件下的固定匯率制度。

1. 不同本位制度下的固定匯率制度

金本位制度是以黃金作為本位貨幣的制度。金本位制度下的固定匯率制度，是以各國貨幣的含金量為基礎、匯率的波動受黃金輸送點限制的匯率制度，它是典型的固定匯率制度。19世紀后期至第一次世界大戰前，是金本位制度下的固定匯率制度的全盛時期。此后，隨著金本位制度的徹底崩潰，以金本位制度為基礎的固定匯率制度也隨之消亡。

金本位制度崩潰之后，各國普遍實行了紙幣流通制度。1945年下半年至1973年初，廣泛流行紙幣流通條件下的固定匯率制度。該制度是建立在1944年7月通過的布雷頓森林協定的基礎之上的，因而又被稱為布雷頓森林體系下的固定匯率制度。這一固定匯率制度可概括為「雙掛鉤、一固定、上下限、政府干預」的體系。

「雙掛鉤」包括：一是美元與黃金掛鉤，根據國際貨幣基金組織的規定，成員國確認美國規定的35美元兌換1盎司黃金的官價，而美國政府則承擔准許外國政府或中央銀行按照黃金官價用美元向美國兌換黃金的義務；二是其他國家的貨幣與美元掛鉤，其他各國或規定本國貨幣的含金量，或直接規定本國貨幣對美元的匯率。例如1946年12月18日，1英鎊的法定含金量為3.581 34克純金，而1美元的法定含金量則為

0.888,671克純金，則英鎊對美元的平價為 3.581,34/0.888,671 = 4.03，即英鎊對美元的貨幣平價為 1 英鎊 = 4.03 美元。

「一固定」是指本國貨幣的平價一經國際貨幣基金組織確認就基本固定，不得隨意變動，只有當成員國的國際收支發生根本性不平衡時，才可變動其貨幣平價。平價的變動幅度在 10% 以內時，成員國有權自行調整，不必經過國際貨幣基金組織批准；平價的變動幅度在 10%～20% 時，須經國際貨幣基金組織的批准。國際貨幣基金組織同意與否須在 72 小時內做出決定；平價的變動幅度超過 20% 時，國際貨幣基金組織批准與否沒有時間限制。未經批准而擅自調整其貨幣平價的成員國，則有可能被剝奪利用國際貨幣基金組織資金的權力，甚至可能被強制退出國際貨幣基金組織。

「上下限」是指外匯市場上現實匯率的變動幅度不得超過平價上下各 1%，如英鎊對美元的貨幣平價為 1 英鎊 = 4.03 美元，則外匯市場上英鎊對美元匯率波動的上下限 4.03×（1+1%）或 4.03×（1-1%），即允許英鎊對美元的匯率在 3.989,7～4.070,3 之間波動。1971 年 12 月，國際貨幣基金組織又將現實匯率圍繞平價波動的幅度擴大到上下各 2.25%。

「政府干預」是指外匯市場上的現實匯率圍繞平價波動，當波動幅度超過規定的界限時，各有關國家的政府有義務採用各種干預措施，使匯率的波動幅度控製在平價規定的範圍內。當時政府干預匯率的措施主要有：運用貨幣政策調整利率；動用外匯平準基金，進行公開市場操作；進行國際借貸或直接輸入出黃金；實行外匯管制；變動本幣的平價，宣布本幣法定貶值或法定升值等。

2. 不同本位制度下固定匯率制度的比較

金本位制度下的固定匯率與紙幣流通條件下的固定匯率，其共同之處主要有兩點：①各國的貨幣都與黃金有聯繫，兩國貨幣之間的匯率的確定以平價為基礎；②現實匯率圍繞平價在一定的範圍內波動。

但兩者也有著本質的區別：①匯率決定的基礎不同。金本位制度下的固定匯率以兩國貨幣的實際含金量為基礎，是自發形成的；而紙幣流通條件下的固定匯率，以兩國貨幣的名義含金量為基礎，是通過布雷頓森林協定人為地建立起來的。②匯率的調整機制不同。金本位制度下的固定匯率圍繞鑄幣平價波動，其波動幅度由黃金輸送點決定。通過黃金自由輸出入來自動調整，使匯率穩定在黃金輸送點的上下限範圍內；而紙幣流通條件下的固定匯率，匯率的波動幅度是人為規定的，也是人為維持的，通過各國政府的干預，使匯率穩定在一定的範圍內。③匯率的穩定程度不同。金本位制度下各國貨幣的含金量一般不會變動，事實上，現實匯率也僅在鑄幣平價的上下 6% 左右波動，幅度很小，基本上是固定的；而紙幣流通條件下各國貨幣的平價只要有必要（國際收支發生根本性不平衡時）就可以調整，匯率的穩定和維持又是在各國政府的干預下得以實現的。因此，嚴格地說，紙幣流通條件下的固定匯率制度只能說是可調整的釘住匯率制度（Adjustable Pegging System）。

3. 維持固定匯率制度所採取的措施

各國貨幣當局為維持國際貨幣基金組織所規定的匯率波動幅度，通常會採取以下措施。

（1）提高貼現率

貼現率是利息率的一種，是各國中央銀行用以調節經濟與匯價的一種手段。如前

所述，在美國外匯市場如果英鎊的價格上漲，接近 4.070,3 美元的上限水平，美國貨幣當局則可提高貼現率，貼現率一提高，其他利率如存款利率，也隨之提高，國際遊資為追求較高的利息收入，會將原有資金調成美元，存入美國，從而增加對美元的需求，引起美元對外匯價的提高。如果英鎊價格下跌至下限水平 3.989,7 美元，則美國貨幣當局就降低貼現率，其結果則相反。

（2）動用黃金外匯儲備

一國黃金外匯儲備不僅是國際交往中的週轉金，而且也是維持該國貨幣匯率穩定的后備力量。如倫敦市場的英鎊匯率下跌，低於官定下限 3.989,7 美元時，則英國動用美元外匯儲備，在市場投放美元，從而緩和需求，促進英鎊匯率上漲；反之，則收購美元，充實本國美元儲備，減少市場供應，促使英鎊匯率下降。

（3）外匯管制

若一國黃金外匯儲備的規模有限，一旦遇到本幣匯率劇烈下跌，就無力在市場上大量投放外匯以買進本幣，因此，還會借助於外匯管制的手段，直接限制某些外匯支出。

（4）舉借外債或簽訂貨幣互換協定

哪種外幣在本國外匯市場短缺，則向哪國借用短缺貨幣投放市場，以平抑匯率。1962 年 3 月以后，美國曾與 14 個國家簽訂貨幣互換協議，簽約國一方如對某種外匯需求急迫時，可立即從對方國家取得，投放市場，無須臨時磋商。

（5）實行貨幣公開貶值

如果一國國際收支逆差嚴重，對外匯需求數額巨大，靠上述措施不足以穩定本幣匯率時，就常常實行公開貶值，降低本國金平價，提高外幣價格。在新的金平價比率基礎上，減少外匯需求，增加出口收入，追求新的匯率的穩定。

4. 固定匯率制度的作用

（1）固定匯率制度對國際貿易和投資的作用

與浮動匯率制度相比較，固定匯率為國際貿易與投資提供了較為穩定的環境，減少了匯率的風險，便於進出口成本核算以及國際投資項目的利潤評估，從而有利於對外貿易的發展，對某些西方國家的對外經濟擴張與資本輸出有一定促進作用。但是，在外匯市場動盪時期，固定匯率制度也易於招致國際遊資的衝擊，引起國際外匯制度的動盪與混亂。當一國國際收支惡化，國際遊資突然從該國轉移換取外國貨幣時，該國為了維持匯率的波動幅度，不得不拿出黃金外匯儲備在市場供應，從而引起黃金的大量流失和外匯儲備的急遽縮減。如果黃金外匯儲備急遽流失后仍不能平抑匯價，該國最后有可能採取法定貶值的措施。一國的法定貶值又會引起與其經濟關係密切的國家同時採取貶值措施，從而導致整個匯率制度與貨幣的極度混亂與動盪。經過一定時期以后，外匯市場與各國的貨幣制度才能恢復相對平靜。在未恢復相對平靜以前的一段時間內，進出口貿易商對接單訂貨常抱觀望態度，從而使國際間的貿易往來在某種程度上出現中止停頓的現象。

（2）固定匯率制對國內經濟和國內經濟政策的影響

在固定匯率制下，一國很難執行獨立的國內經濟政策，這是因為：

第一，固定匯率制下，一國的貨幣政策很難奏效。如一國為緊縮投資、治理通貨膨脹而採取提高利率的貨幣政策，卻會因利率的提高吸引外資的流入，從而達不到緊

縮投資的目的。相反，為刺激投資而降低利率，卻又會造成資金的外流。

第二，固定匯率制下，為維護固定匯率制，一國往往需要以犧牲國內經濟目標為代價。例如，一國國內通貨膨脹嚴重，該國為治理通貨膨脹而實行緊縮的貨幣政策和財政政策，提高貼現率，增加稅收等。但由於本國利率的提高，勢必會引起資本流入，造成資本項目順差，由於增加稅收，勢必引起總需求減少、進口減少、出口增加，造成貿易收入順差。這就使得本幣匯率上漲，不利於固定匯率的維持。因此，該國政府為維持固定匯率，不得不放棄為實現國內經濟目標所需採取的國內經濟政策。

第三，固定匯率制使一國國內經濟暴露在國際經濟動盪之中。由於一國有維持固定匯率的義務，因此當其他國家的經濟出現各種問題而導致匯率波動時，該國就需進行干預，從而也就會受到相應的影響。例如，外國出現通貨膨脹而導致其匯率下降，本國為維持固定匯率制而拋出本幣購買該貶值外幣，從而會增加本國貨幣供給，將誘發本國的通貨膨脹。總之，固定匯率使各成員國的經濟緊密相連、互相影響，一國出現經濟動盪，必然波及他國，同時，也使一國很難實行獨立的國內經濟政策。

5. 固定匯率制度與法定貶值、法定升值

(1) 固定匯率制度與法定貶值

在紙幣流通制度下，當紙幣貶值十分嚴重，舊的黃金平價和匯率不能維持，而且勉強維持會進一步削弱其出口產品競爭能力，消耗其有限的黃金外匯儲備時，該國政府就會頒布法令，廢除紙幣原來已經變得過高的黃金平價和匯率，規定新的、較低的黃金平價和匯率。這種由法律明文規定降低本國貨幣的金平價，提高以本幣所表現的外幣價格的措施就叫貨幣的法定貶值。

在固定匯率制度下，法定貶值是能抑制進口、擴大出口的機制。在固定匯率制度下，有些國際貨幣基金組織的會員國往往在其出口貿易極其不振、國際收支和失業問題嚴重的時期，實行法定貶值。其目的在於，利用法定貶值進行外匯傾銷，以擴大出口，限制進口，緩和國際收支失衡和失業加劇等問題，使本國壟斷集團獲得高額利潤。所謂外匯傾銷就是指在通貨膨脹情況下，一國政府利用匯率上漲與物價上漲的不一致，有意提高外幣的行市，使其上漲的幅度大於國內物價上漲的幅度，以便以低於世界市場的價格輸出商品，削弱競爭對手，爭奪銷售市場。

【實例 4-1】美元對英鎊的匯率原為 1 英鎊＝2.4 美元。假定美國國內每噸鋼材售價為 240 美元，美國出口商向英國出口鋼材每噸售價為 100 英鎊，美國出口商將出口所得的 100 英鎊按上述匯率兌換成美元，可得 240 美元，獲利潤 24 美元。假設英國的物價水平未變，而現在美國國內物價上漲 50%，匯率仍維持 1 英鎊＝2.4 美元，這樣，對美國的出口商將產生不利后果。因為美國國內物價上漲 50% 后，每噸鋼材在美國國內售價上漲至 360 美元（成本 324 美元，利潤 36 美元），但出口到英國仍賣 100 英鎊，按 1：2.4 的匯率只能換回 240 美元，這樣美國出口商每出口一噸鋼材要少收入 84 美元。這當然要影響美國的出口，導致減產，甚至導致生產停滯。在這種情況下，美國政府一般會採取貨幣的公開貶值措施，將以美元所表示的英鎊的價格至少提高 50%，即由 1 英鎊＝2.4 美元提高至 1 英鎊＝3.6 美元，美國出口商才不致虧本。如果美國將美元對英鎊的價格調高的幅度大於國內物價上漲的幅度，如調高 100%，則美元與英鎊的兌換比例即為 1 英鎊＝4.8 美元，在此情況下，美國出口商向英國出口鋼材雖然每噸仍賣 100 英鎊，但按 1 英鎊＝4.8 美元的新匯率折算，可獲得 480 美元，扣除每噸鋼材

成本 324 美元后，仍有利潤 36 美元和超額利潤 120 美元。為了擴大出口，奪取英國銷售市場，美國出口商可降低在英國的鋼材售價，每噸不賣 100 英鎊，只賣 90 英鎊，這就有可能削弱其他競爭對手，將他們排擠出英國市場。美國出口商以每噸 90 英鎊的價格在英國出售鋼材後，按 4.8∶1 的匯率，仍可換回 432 美元，扣除成本 324 美元、利潤 36 美元後，仍可多得超額利潤 72 美元。有些發達國家常常有意利用貨幣公開貶值，進行外匯傾銷，作為獲取高額壟斷利潤、爭奪銷售市場的一種手段。貨幣公開貶值後，進口商品的價格就要上漲，所以它起著抑制進口、改善國際收支的作用。如前例，美元公開貶值前，在英國國內售價為 100 英鎊的機器，運抵美國後的售價折合為 240 美元。美元公開貶值，其匯率由 1 英鎊＝2.4 美元調高至 1 英鎊＝4.8 美元後，這臺機器在美國的售價一定要提高到 480 美元，英國出口商才不會減少收入。由於英國機器在美國市場售價過高，對美國來講自然具有限制進口、增加本國商品在國內市場銷售的作用。

一國貨幣法定貶值後，獲得擴大出口的利益，其他國家會立即仿效，也隨之採取公開貶值的措施，在市場爭奪戰中進行反擊。各國貨幣公開貶值的過程，也就是它們進行貨幣戰的過程。

1973 年發達國家實行浮動匯率制後，各國不再公布金平價，也不再採取公開貶值的形式，但它們通過干預或放棄干預外匯市場，有意使本幣對外匯率的下浮幅度大大超過本國物價上漲幅度，同樣達到在固定匯率制下公開貶值的作用，即擴大出口、抑制進口。20 世紀 90 年代某些時期，美國貨幣當局曾不斷採取這種手段，以達到加強本國出口商品競爭能力，抑制從德國和日本進口的目的。此外，在歐洲貨幣體系內參加匯率機制的某些成員國，由於本國通貨膨脹嚴重，也宣布公開貶值，變更與其他成員國之間的貨幣比價。

貨幣的法定貶值雖一般具有擴大出口的作用，但也有一定的局限性：首先，不是任何商品都能擴大出口，有些商品的出口往往受需求彈性的限制。需求彈性是指隨著價格的變化，市場對商品供求的增加或減少的反應程度。反應程度大的商品，則需求彈性大；反之，則需求彈性小。一般而言，工業製成品特別是高檔消費品的需求彈性大，初級產品則需求彈性小。發達國家的出口商品結構以工業製成品為主，貨幣法定貶值的機制作用大；發展中國家出口商品結構以初級產品為主，貨幣法定貶值的機制作用小。其次，受時滯的限制，貨幣實行法定貶值後一國出口不會立即增加，國際收支也不會立即得到改善。因為，從出口到收匯需要一定時間，在此期間內原訂進口合同要對外支付，因擴大出口而增加收取的外匯要在一定時間以後才能結匯。這就是貶值的「J 曲線效應」。

（2）固定匯率制度與法定升值

在固定匯率制度下，個別通貨膨脹程度較輕、國際收支在一定時期內具有順差的國家，在其他國家的影響與壓力下，用法律明文規定提高本幣的金平價，降低以本幣所表示的外幣的價格，就叫貨幣的法定升值。

一國的國際收支發生順差，則外匯供過於求，引起以本幣所表示的外幣價格的下跌。在外幣匯率跌到官定下限時，該國政府就拋出本幣，收購外幣，進行干預，以把匯率控制在官定的下限之上。大量外幣的湧進，雖可增加外匯儲備，但因兌換外幣而在流通領域中投放的本幣也必然隨之增加，從而加劇該國的通貨膨脹。因此，某些具

有國際收支順差的國家，在特定條件下，就採取貨幣升值的措施，調低本幣與外幣的兌換比例，以抑制外國貨幣的大量流入，緩和本國的通貨膨脹。

貨幣法定升值，一般對本國出口貿易不利，而且還會促進進口增加。

6. 匯率的決定與調整

歷史上固定匯率制經歷了兩個發展階段：一是戰前國際金本位制度下的固定匯率制；二是戰後紙幣流通條件下的固定匯率制。

(1) 國際金本位貨幣制度下的固定匯率制

在金本位制度下，每單位金幣規定有一定的含金量，黃金可以自由鑄造成金幣，金幣可以自由流通，自由輸出輸入，銀行券可以自由兌換成金幣或黃金。在金本位制度下，兩個國家單位貨幣的實際含金量之比被稱作鑄幣平價，鑄幣平價是金本位貨幣制度下決定匯率的基礎。

【實例4-2】英國規定1英鎊含純金量為113.001,6格令（約為7.322,38克），美國規定1美元含純金量為23.22格令（約為1.504,63克），這樣，英鎊與美元之間的鑄幣平價即為GBP1=113.001,6/23.22=USD4.866,5，即1英鎊等於4.866,5美元。

金本位制度下匯率是由鑄幣平價決定的，但外匯市場上的實際匯率因受外匯供求影響而圍繞鑄幣平價上下波動。當外匯供小於求時，外匯匯率上升；當外匯供大於求時，外匯匯率下降。然而匯率無論如何波動都不是漫無邊際的，因為黃金輸送點是其上下波動的天然界限，黃金輸送點則等於鑄幣平價加減運送黃金的費用。為什麼說黃金輸送點限制了金本位貨幣制度下匯率的波動幅度？因為金本位貨幣制度下黃金可以自由輸出入，所以國際間的結算既可以選擇現金結算方式，也可以選擇非現金結算方式，既可以用外匯也可以用黃金。用黃金就涉及一定的結算費用，如包裝費、運輸費、保險費、檢驗費、鑄造費以及利息等，鑄幣平價加費用就構成了用黃金結算的成本界限。對一個國家來說，當外匯匯率上漲超過鑄幣平價加上費用時，該國的進口商就會選擇用黃金對外清算，黃金替代外匯流向國外。鑄幣平價加費用就構成黃金輸出點，即匯率上漲的上限。反之，當一國外匯匯率下跌至低於鑄幣平價加費用時，則該國出口商收取黃金比收進外匯更為有利，黃金替代外匯流向國內。鑄幣平價減去輸金費用就構成黃金輸入點，即匯率下跌的下限。因此，金本位貨幣制度下的匯率總在鑄幣平價加、減費用的幅度內上下波動。

【實例4-3】英鎊與美元的鑄幣平價為GBP1=USD 4.866,5，英美之間運送黃金的各項費用以及利息按6%計算，在英美兩國運送1英鎊黃金的費用約為0.03美元，則匯率變動的上下限為：上限=鑄幣平價+運送費用，即GBP1=USD4.866,5+USD0.03=USD4.896,5，下限=鑄幣平價-運送費用，即 GBP1 = USD4.866,5 - USD0.03 = USD 4.836,5，在外匯市場上，如果英鎊對美元匯率高於4.896,5，美國進口商就會選擇輸出黃金結算，導致美國的外匯市場上英鎊需求的減少，英鎊價格回落。如果英鎊對美元的匯率低於4.836,5，美國出口商就會選擇輸入黃金，導致美國外匯市場英鎊供應的減少，需求增加，英鎊價格上升。可見在金本位制度下，由於受黃金輸送點的制約，外匯匯率的波動幅度很小，並且總是圍繞鑄幣平價波動，所以金本位制度下的外匯匯率是固定匯率。

(2) 布雷頓森林體系下的固定匯率制

布雷頓森林體系是第二次世界大戰後建立的一種以「黃金—美元本位制」為核心

的國際貨幣制度。這一時期是以美元為中心的固定匯率制。布雷頓森林體系是一種流通紙幣的貨幣制度，流通貨幣本身失去了含金量，但各國貨幣當局都通過法律規定了紙幣的含金量。我們將兩國紙幣的法定含金量之比稱為黃金平價，黃金平價成為匯率的決定基礎。

根據1944年布雷頓森林會議通過的《國際貨幣基金協定》，布雷頓森林貨幣制度下的匯率制度包含以下主要內容。

①美元與黃金直接掛鉤。國際貨幣基金組織要求其成員國確認1934年美元集團時確定的1盎司黃金＝35美元（即1美元的含金量為0.888,671克）的官價，並協助美國維持黃金的官價水平，以穩定黃金的官價，美國政府則承擔各國政府或中央銀行按官價用美元兌換黃金的義務。這無疑使美元同黃金處於同等地位。

②各國貨幣與美元掛鉤。國際貨幣基金組織要求成員國通過法律規定本國單位紙幣的含金量，並比照美國政府規定的1美元＝0.888,671克黃金的美元法定含金量，確定本幣與美元的比價關係，即本幣與美元的黃金平價。例如，同時期1英鎊紙幣所代表的含金量為3.581,34克純金，則英鎊與美元的黃金平價為GBP1＝3.581,34/0.888,671＝USD4.03。

③不同貨幣之間匯率的波動幅度不得超過黃金平價±1%的範圍。黃金平價一經確立，不得隨意變動，匯率只能在規定的幅度內波動，如果某些國家的貨幣匯率波動超過了上述規定範圍，有關國家貨幣當局應進行干預以維持匯率與黃金平價的穩定。1971年12月的史密森協議將這一範圍擴大為平價的±2.25%。

在紙幣流通條件下，通貨膨脹現象不可避免。一般來說，如果各國貨幣對內貶值與對外貶值幅度相一致，則不會影響國際收支和匯率；如果幅度不一致，則必然使國際收支發生不平衡，進而引起市場匯率大幅度偏離黃金平價，致使各國貨幣當局難以用有限的外匯平準基金有效地干預外匯市場。此種情況迫使有關國家政府調整本幣的法定含金量，從而確立一個對外匯的新的黃金平價，不過，這要事先經過國際貨幣基金組織的批准。

紙幣法定貶值是在紙幣具有法定含金量時期，一國政府用法令宣布降低本國貨幣含金量與匯率，借以改善國際收支的措施。引起紙幣法定貶值的原因主要有國內通貨膨脹嚴重和國際收支出現巨額逆差。一般來說，一國紙幣的法定貶值，可以相應提高外匯匯率，從而降低以外幣表示的出口商品的價格，提高以本幣表示的進口商品的價格，有利於擴大出口，限制進口，起到扭轉國際收支逆差的作用。

紙幣法定升值是在紙幣具有法定含金量時期，政府用法令宣布提高本國貨幣的含金量和匯率。引起紙幣法定升值的原因主要是國內通貨膨脹較低，或國際收支有巨額順差，受到其他國際收支逆差較大國家的壓力等。紙幣法定升值不利於出口，而會增加對外國商品的進口，這就會影響本國國際收支趨向逆差，甚至會抑制本國經濟的發展。因此，有關國家只有在被迫的狀態下才採取這種措施。

（二）浮動匯率制度

1. 浮動匯率制度的概念

1973年2月，美元再次貶值10%后，固定匯率制度宣告崩潰，主要資本主義國家普遍實行浮動匯率制度。

所謂浮動匯率制度（floating system）是指一國不規定本幣對外幣的平價和上下波

動的幅度，匯率由外匯市場的供求狀況決定並上下浮動的匯率制度。浮動匯率實際上已有較長的歷史。早在金本位制度以前，美國等就曾使本幣處於浮動狀態；在實行國際金本位制度時，也有一些未採用金本位制的國家實行浮動匯率，如印度實行銀本位時，印度盧比對金本位制國家貨幣的匯率，隨金銀比價的變動而波動；第一次世界大戰以後，一些國家也曾先后實行過浮動匯率制；在第二次世界大戰以後的固定匯率制度時期，仍有少數貨幣如加拿大元，從 1950 年 9 月至 1962 年 5 月實行浮動匯率；1968 年以後，西方主要國家逐漸趨向實行浮動匯率制度。

2. 浮動匯率制度的類型

從政府是否對市場匯率進行干預的角度，可將匯率浮動的方式分為自由浮動和管理浮動。

（1）自由浮動是指一國政府對匯率不進行任何干預，市場匯率完全聽任外匯市場的供求變化而自由波動的匯率浮動方式，又稱清潔浮動。由於匯率的波動直接影響到一國經濟的穩定與發展，各國政府都不願聽任匯率長期在供求關係的影響下無限制地波動。因此，純粹的自由浮動只是相對的、暫時的。

（2）管理浮動是指一國政府從本國利益出發對匯率的波動進行不同程度干預的匯率浮動方式，又稱骯髒浮動。在現行的貨幣體系下，各國實行的實際上都是管理浮動。目前政府干預匯率的方式主要有三種：①直接干預外匯市場，但干預形式各有不同。有一個國家單獨干預的，也有幾個國家聯合干預的，還有代理干預。例如 1990 年 4 月上旬，聯邦德國、法國、義大利、英國和瑞士應日本的要求，阻止日元繼續下跌，但它們都沒有花費本國的外匯儲備，動用的是日本的外匯儲備。②運用貨幣政策，主要是通過調整再貼現率或銀行利率來影響匯率。③實行外匯管制，主要是通過各種措施來影響國際資本流動的方向和規模。

3. 管理浮動匯率制的主要形式

當今管理浮動的形式多種多樣，因此有必要詳細地對其進行介紹。國際貨幣基金組織根據各國政府對匯率的干預程度和干預方式，將管理浮動分為三種類型，即釘住浮動、有限彈性浮動和較高彈性浮動。

第一，釘住浮動。發展中國家的經濟實力不強，且大多數發展中國家的國際儲備較少，應付金融危機衝擊的能力有限，本國的外匯市場也不發達。因此，許多發展中國家採用釘住浮動。

實行釘住浮動的國家，其貨幣與被釘住貨幣之間仍規定有平價，且現實匯率對平價的波動幅度為零，或被限制在一個很小的範圍內，一般不超過平價的±1%。釘住浮動的重要特點是匯率缺乏彈性。釘住浮動匯率與布雷頓森林體系下的可調整的釘住匯率不同，釘住浮動匯率是在各主要國家的貨幣相互之間實行浮動匯率的背景下實行的。由於各主要國家貨幣之間的匯率是波動的，因此，一國的貨幣選擇釘住某一種或某幾種主要國家的貨幣，便意味著本幣的匯率將對其他未被釘住的主要貨幣浮動，因而屬於浮動匯率制度；而布雷頓森林體系下的可調整的釘住匯率制度卻屬於固定匯率制度。按照被釘住貨幣的不同，釘住浮動還可分為釘住單一貨幣浮動和釘住一籃子貨幣浮動。

（1）釘住單一貨幣浮動。採用此種匯率浮動方式的國家，由於經濟、歷史、地理等方面的原因，與美國、法國等建立了密切的貿易和金融關係。為使這些關係持續穩定地發展下去，避免雙邊匯率頻繁波動帶來不利影響，這些國家將本幣釘住美元或法

國法郎等單一貨幣。

　　用此方式的有利方面是：①能減少釘住國與被釘住國貨幣間匯率的波動，有利於兩國間貿易的穩定開展；②有利於釘住國國內物價水平的穩定；③有利於釘住國吸引外資。不利方面是：①削弱釘住國貨幣政策的獨立性，有礙於該國利用匯率作為宏觀調控的手段，以及保持匯率政策與其他政策措施的協調一致；②不利於釘住國實行對外經濟多元化的戰略，尤其容易影響該國與其他發展中國家之間的貿易。

　　（2）釘住一籃子貨幣浮動。這種釘住方式又分兩種情況：一是直接將本幣釘住特別提款權，有利之處是簡便易行，可保持匯率的相對穩定；不利之處是由於美元在特別提款權中占較大的比重，釘住特別提款權在很大程度上還是主要釘住美元。二是將本幣釘住本國自行設計的一籃子貨幣，籃子中的貨幣由與本國經濟聯繫最為密切的若干國家的貨幣組成。各種貨幣所占的權數，通常按本國對外貿易總額中各主要貿易夥伴國的份額，或按本國對外貿易的貨幣構成來確定。此釘住方式的有利之處是可保持匯率的相對穩定，也可根據本國對外經濟貿易關係的變化，通過隨時調整貨幣籃子來調整匯率；不利之處是由於採用此種釘住方式的國家自行設計和使用不同的貨幣籃子，有可能增大其匯率風險，同時也可能造成套算匯率的困難。

　　在釘住浮動中還有一種特殊的匯率確定方式，稱為聯繫匯率制。國際貨幣基金組織並沒有把這種匯率確定方式作為一種單獨的形式，此方式在具體的運用中也是大同小異，最具典型意義的是港幣的聯繫匯率制。1983年10月17日，港英政府以1美元兌換7.8港元的比價，開始實行聯繫匯率制。其主要特點是，由香港金融管理局規定現鈔發行和回籠時的官方匯率，並力圖使市場匯率接近官方匯率。具體方法是，各發鈔銀行在發行港元時必須持有相應數量的負債證明書，而要獲得負債證明書，則必須按1美元兌7.8港元的比價，向香港金融管理局上繳美元存款；回籠貨幣時，其他任何銀行在向發鈔銀行上繳港幣時，均可按1美元兌7.8港元的比價獲得相應數量的美元，發鈔銀行也可按此比價，憑負債證明書，用回籠的港幣從金融管理局兌回相應數量的美元。目前，採用釘住浮動來確定匯率的國家仍較多，但呈下降趨勢。

　　第二，有限彈性浮動。實行有限彈性浮動的國家，其貨幣對某一外幣規定有平價，或集團成員國的貨幣之間相互規定有平價，且市場匯率在平價的基礎上可以有一定程度的浮動。但這種浮動是有限的。此浮動方式也有兩種形式，即釘住單一貨幣的有限浮動和聯合浮動。

　　（1）釘住單一貨幣的有限浮動。實行此種方式浮動的國家為少數發展中國家，這些國家的貨幣釘住某一種貨幣（目前均為美元）浮動，但有一定的波動幅度，多為平價的±2.25%。採用此種浮動方式，與釘住單一貨幣浮動相比，雖然彈性有所增強，但本國貨幣政策的獨立性依然不強。

　　（2）聯合浮動。1972年4月，由歐洲經濟共同體六國（聯邦德國、法國、比利時、荷蘭、盧森堡和義大利）開始實行聯合浮動的國家組成集團。集團內部各成員國貨幣之間實行固定匯率，規定有中心匯率（平價）和市場匯率波動的幅度，各有關國家有義務共同維持彼此間匯率的穩定；而集團成員國的貨幣對集團以外國家的貨幣則實行聯合浮動。目前採用聯合浮動方式的國家為歐洲聯盟的部分國家。聯合浮動有利於以聯合的力量來抵禦外來衝擊，保持集團內部各國貨幣之間匯率的相對穩定，促進區域經濟一體化。但它強調經濟政策的一致性，這不僅削弱了集團內各成員國貨幣政

策的自主性，而且由於集團內部各國經濟發展的不平衡，使集團內部矛盾重重，匯率的波動幅度也由最初的±1.25%不斷擴大，1993年8月1日再次擴大到平價的±15%（德國馬克、荷蘭盾除外）。在聯合浮動的基礎上，歐洲聯盟於1999年1月1日在首批十一個國家（奧地利、比利時、芬蘭、法國、德國、愛爾蘭、義大利、盧森堡、荷蘭、葡萄牙、西班牙）中用歐元作為統一貨幣。

第三，較高彈性浮動。實行較高彈性浮動的國家，其本幣對外幣的依賴性較小，匯率變動的靈活性較大。此浮動方式又有三種形式：指標浮動、其他管理浮動和單獨浮動。

（1）指標浮動。一些國家在短期內將本幣的匯率釘住某一平價，同時根據國內外物價對比、國際收支狀況、貿易條件、外匯儲備等因素制訂一組指標，並根據該組指標的變動情況，頻繁地、小幅度地調整所釘住的平價，這種安排又稱爬行釘住（Crawling Pegging）或滑動平價（Sliding Parity）。採用此種浮動方式，本幣匯率經常小幅度調整，可避免匯率劇烈波動對經濟帶來的衝擊，但匯率變動的幅度小，往往難以滿足解決經濟問題的需要。

（2）其他管理浮動。此種浮動方式下各國採取的管理方法不盡相同。如有的國家在實行外匯管制、貨幣非自由兌換和資本非自由流動的前提下，採用封閉浮動方式，在封閉浮動方式中，本幣匯率僅由本國外匯市場的供求關係決定，貨幣當局一方面對匯率進行集中管理，另一方面在必要時又對匯率進行干預，也有的國家規定貨幣的官方匯率，且貨幣當局時刻準備用官方匯率買賣外匯，這種官方匯率至少在一天內保持固定不變，但每個月的浮動幅度則超過0.5%。這種浮動方式的優點在於對匯率的調節是可控的、靈活的、多樣的，有利於匯率的相對穩定，因此為較多的發展中國家所採用。國際貨幣基金組織將目前人民幣匯率的浮動方式歸入其他管理浮動類。

（3）單獨浮動。單獨浮動又稱獨立浮動，是指一國貨幣不與其他任何國家的貨幣發生固定的聯繫，其匯率根據外匯市場的供求關係自行上下浮動。採用這種浮動方式的國家，最初主要是發達國家，現在除發達國家之外，越來越多的新興工業化國家和發展中國家也選用這一方式。單獨浮動的優點在於匯率水平的變化基本上反應了客觀經濟情況的變化，匯率的變動靈活且富有彈性，一旦出現較大偏差，市場外匯供求關係會進行糾正。其弊端在於匯率易受投機的影響，波動可能過於頻繁，波幅可能過大，且匯率的波動帶有突發性、盲目性和反覆性，易給經濟特別是國際經濟交往帶來不穩定的影響。從浮動匯率制度的演變過程可知，發達國家的匯率安排目前主要是單獨浮動和聯合浮動；而發展中國家的匯率安排則形式多樣，但正在由釘住浮動向其他管理浮動和單獨浮動過渡。這說明發展中國家的經濟正在起步擺脫對發達國家的依賴，經濟的自主性、靈活性以及對經濟的調控能力正在不斷增強。

4. 浮動匯率制度的優缺點

（1）浮動匯率制度的優點

第一，匯率隨外匯市場的供求變化自由浮動，自動調節國際收支的不平衡。當一國國際收支持續逆差，出口額小於進口額，外國貨幣供給減少，該國貨幣匯率呈下降趨勢，意味著該國出口商品以外幣表示的價格下降，將利於出口，抑制進口，從而扭轉國際收支逆差；相反，當一國國際收支持續順差，出口額大於進口額，外國貨幣供給加大，該國貨幣的匯率呈現上浮趨勢，該國出口商品以外幣表示的價格上漲，就會

抑制出口，刺激進口，從而使國際收支順差減緩。

第二，可以防止外匯儲備的大量流失和國際遊資的衝擊。在浮動匯率制度下，匯率沒有固定的波動幅度，政府也沒有義務干預外匯市場。因此，當本國貨幣在外匯市場上被大量拋售時，該國政府不必為穩定匯率動用外匯儲備，大量拋售外幣，吸購本幣；相反，當本國貨幣在外匯市場上被大量搶購時，該國政府不必大量拋售本幣，吸購外幣。本幣匯率的進一步上升，自然會抑制市場對本幣的需求，這樣就可減少國際遊資對某一種貨幣衝擊的可能性。

第三，有助於獨立自主選用國內經濟政策。與固定匯率制度相比，浮動匯率制度下一國無義務維持本國貨幣的固定比價，因而可以根據本國國情，獨立自主地採取各項經濟政策。同時，由於在浮動匯率下，為追求高利率的投機資本往往受到匯率波動的打擊，因而減緩了國際遊資對一國的衝擊，從而使其貨幣政策能產生一定的預期效果。由於各國沒有維持固定匯率界限的義務，在浮動匯率制度下，一定時期內的匯率波動不會立即影響國內的貨幣流通，國內緊縮或寬鬆的貨幣政策從而得以貫徹執行，國內經濟則得以保持穩定。

（2）浮動匯率制度的缺點

第一，匯率波動不定增加了國際間貿易的風險。在浮動匯率制度下，匯率有可能暴漲暴跌，使國際貿易往來無安全感。例如，在以外幣計價結算的貿易中，出口商要承受外匯匯率下跌而造成結匯後本幣收入減少的損失；相反，進口商則要承受外匯匯率上漲而造成進口成本加大的損失。此外，匯率的劇烈波動使得商品的報價、計價貨幣的選擇、成本的核算變得十分困難，這對國際貿易的發展是不利的。

第二，匯率劇烈波動助長了外匯市場上的投機。在浮動匯率制度下，匯率的波動取決於外匯市場的供求關係，匯率波動頻繁，波動幅度大，外匯投機者就有機可乘。有些西方國家的商業銀行也常常參與外匯市場上的投機活動，通過預測外匯匯率的變化，在外匯市場上低買高賣，牟取暴利。在浮動匯率制度下，匯率的自由升降雖可阻擋國際遊資的衝擊，但卻容易因投機或謠言引起匯率的暴漲暴跌，造成匯率波動頻繁和波幅較大的局面。在固定匯率制度下，因國家的干預，匯率波動並不頻繁，其波動幅度也不過是鑄幣平價上下的1%，但在浮動匯率制度下，匯率波動則極為頻繁和劇烈，有時一周內匯率波動幅度能達到10%，甚至在一天內就能達到8%。這進一步促使投機者利用匯率差價進行投機活動，並獲取投機利潤。但匯率劇跌，也會使他們遭受巨大損失。因投機虧損而引起的銀行倒閉之風，在20世紀80年代至90年代曾嚴重威脅著西方金融市場，銀行因投機虧損而倒閉的事件時有發生。

浮動匯率波動的頻繁與劇烈，也會增加國際貿易的風險，使進出口貿易的成本加重或不易核算，影響對外貿易的開展。同時，這也促進了外匯期權、外匯期貨、遠期合同等有助於風險防範的國際金融業務的創新與發展。

由此看來，浮動匯率制度的利弊互見，優缺點並存。儘管它不是最理想、最完善的國際匯率制度，但仍不失為一種適應當今世界經濟的適時、可行的匯率制度。

三、匯率制度的選擇

匯率是聯繫國內外商品市場和金融市場的一條紐帶，匯率的變動會直接影響一國的國內經濟和對外經貿往來，主要國家的貨幣匯率還會直接影響世界經濟的發展，因

此匯率制度的選擇是國際金融領域中一個非常重要的問題。有關匯率制度選擇的理論主要有經濟論和依附論。

（一）經濟論

經濟論是由美國經濟學家羅伯特·赫勒（Robert Heller）提出來的，該理論認為是經濟因素決定了一國匯率制度的選擇。這些經濟因素是：①經濟開放程度；②經濟規模；③進出口貿易的結構和地域分別；④國內金融市場的發達程度及其與國際金融市場的聯動程度；⑤國內外相對的通貨膨脹率。

由於在浮動匯率制下，匯率的波動可以自動調節國際收支的失衡，這樣一國政府就可以將財政貨幣政策專注於國內目標的實現，這顯然有利於開放程度較低國家的經濟發展，而且由於一國政府沒有維持匯率的義務，一方面不需要很多的外匯儲備，可以把更多的外匯資金用於經濟發展，如用於進口外國商品、增加投資等，從而促進國內經濟的發展；另一方面，不必通過外匯儲備和貨幣供給的增減來適應主要貿易夥伴國的貨幣政策，從而保證本國貨幣政策的自主性。而且浮動匯率制下，政府沒有維持匯率的義務，外匯管制相應地會比較寬鬆，對資本流出流入地限制就會比較少。在浮動匯率制度下，國外發生通貨膨脹只能帶來本幣匯率的上升，抵消國外通貨膨脹通過進出口對國內物價的直接影響，不會引起國內物價上漲，可以避免國外的通貨膨脹傳到國內，這對於國內通貨膨脹率低於國外的國家顯然是有利的。

綜合浮動匯率制對經濟因素的這些影響，羅伯特·赫勒認為，如果一國的進出口占 GNP 的比例較低（即開放程度低），進出口貿易結構和地域多樣化，與國際金融市場聯繫密切，資本流入較為可觀和頻繁，國內通貨膨脹與其他主要國家不一致，則選擇浮動匯率制更有利於經濟的發展。如果一國的經濟開放程度較高，經濟規模較小，或者進出口集中於幾種商品或幾個國家，則選擇固定匯率制或釘住匯率制更有利於經濟的發展。

（二）依附論

依附論是由一些發展中國家的經濟學家提出來的，討論的是發展中國家的匯率制度選擇問題。該理論認為，一國匯率制度的選擇，取決於一國對外經濟、政治、軍事等各方面聯繫的特徵，發展中國家在實行釘住匯率制時，如何選擇被釘住貨幣，取決於該國對外經濟、政治關係的「集中」程度，也取決於該國在經濟、政治、軍事等方面的對外依附程度。被釘住幣一旦選定，又會影響一國的對外經濟和其他很多方面。例如，如果某發展中國家的主要貿易夥伴國是美國，並且其他方面與美國的聯繫也較密切，則該國可以考慮選擇以美元為被釘住貨幣，這樣可以減少因匯率變動對進出口等方面帶來的不利影響，但是美國的經濟變化和財政貨幣政策的改變會對該國產生影響。

任務二　外匯管制

一、外匯管制的概念

外匯管制（Exchange Control or Exchange Restriction），又稱外匯管理（Exchange Management），是指一國政府通過法律、法令以及行政措施對外匯的收支、買賣、借

貸、轉移以及國際間結算、外匯匯率、外匯市場和外匯資金來源與應用所進行的干預和控制。外匯管制的目的是為了平衡國際收支、維持匯率以及集中外匯資金，並根據政策需要加以分配。簡單來說，外匯管制就是一國政府對外匯的收支、結算買賣與使用等各個環節所採取的一系列限制性措施。外匯管制的主體是由政府機構授權的貨幣金融當局或其他政府機構，在中國是國家外匯管理局。外匯管制體現的都是政府的意圖，並且具有濃厚的時代背景和歷史成因，其整體趨勢是趨於放鬆的，中國也不例外。

二、外匯管制的產生和發展

外匯管制的產生和發展同各個歷史時期國際政治經濟發展、國際貿易格局的變化及國際貨幣制度的演變密切相關。

（一）兩次世界大戰期間的外匯管制

第一次世界大戰以前，資本主義國家廣泛實行自由貿易，貨幣制度是金本位制。金本位制的「三大自由」，使匯率和國際收支可以通過自動調節機制實現均衡，不需要行政或法律性手段的人為調節，基本上不存在外匯管制。第一次世界大戰爆發後，打破了金本位制存在的外部條件。受戰爭的影響，參戰國都發生了巨額的國際收支逆差，本幣對外匯匯率猛跌，資金大量外流。為了籌措戰爭所需的大量外匯資金，防止資金外流，各國都禁止黃金輸出，取消外匯自由買賣，開始實行外匯管制，外匯管制由此產生。第一次世界大戰后，隨著各國經濟的恢復和發展，政治經濟進入了一個相對穩定的發展時期，為了擴大對外貿易，從1923年起，各國先后實行了金塊本位制和金匯兌本位制，並相繼取消了外匯管制。1929—1933年，西方資本主義世界爆發了空前規模的經濟危機，緊接著是嚴重的貨幣信用危機，使國際支付無法正常進行，使本已處於風雨飄搖中的金本位制全面崩潰。為減輕經濟危機帶來的危害，各國又相繼恢復了外匯管制。第二次世界大戰爆發後，德、日等法西斯國家首先把外匯管製作為動員集中戰爭物資的手段。一直堅持貨幣自由兌換的英、法兩國，為了補充外匯資金，應付巨額戰爭支出，也被迫實行外匯管制。當時，世界100多個資本主義國家和地區中，只有美國、依附美國的美洲國家和瑞士，未正式實行外匯管制，其餘都實行了嚴格的外匯管制。

（二）第二次世界大戰后的外匯管制

戰爭結束后，國際經濟極度不平衡，英、法、德、日、意等國受戰爭破壞最嚴重，經濟困難，通貨膨脹嚴重，國際收支大量逆差，黃金、外匯儲備枯竭。為此，這些國家進一步強化了外匯管制。而只有美國通過戰爭獲得了巨大的經濟利益，集中了世界絕大部分黃金存量，而沒有實行外匯管制。

20世紀50年代末，特別是60年代后，西歐各國、日本等經濟得以恢復和發展，外匯儲備增加，經濟實力增強。美國趁此利用布雷頓森林體系建立的有利地位，一再對西歐、日本等國施加壓力，迫使其放鬆外匯管制。再者第二次世界大戰后成立的國際貨幣基金組織，在其協定中規定會員國有義務取消外匯管制，實現貨幣的可自由兌換。20世紀50~70年代后，西方主要國家先后從有限度的貨幣自由兌換到進一步解除外匯管制實行全面的貨幣自由兌換。同時，亞太地區一些新興工業國及中東一些富裕的石油輸出國，也逐步放寬以至取消了大部分外匯管制。但絕大多數外匯資金還不寬裕的發展中國家，仍然實行寬嚴不一的外匯管制。

三、外匯管制的目的、機構及對象

(一) 外匯管制的目的

從外匯管制歷史演變來分析，各國實行外匯管制的主要目的是為了促進國際收支平衡和維持本幣匯率的穩定，以利於本國經濟金融穩定發展。但不同的國家實行外匯管制的具體目的不盡相同。發達國家在戰爭時期實行外匯管制，是為了保證軍費開支的需要；在經濟危機時期，是為了防止資本外逃，改善國際收支逆差；順差國在必要時實行外匯管制是為了限制外來資本大量流入，防止輸入性通貨膨脹，以減輕對國內經濟的衝擊。發展中國家因經濟實力薄弱，外匯資金匱乏，實行外匯管制是為了保證本國經濟的獨立發展，防止外國商品大量進口衝擊本國民族工業；避免資本大量外逃，並鼓勵外國資本流入；謀求本幣匯率穩定，並運用行政手段來調節國際收支。

(二) 外匯管制的實施機構

實行外匯管制的國家，一般都設立有外匯管理機構。外匯管理機構的設立有三種類型：一是由國家設立專門的外匯管制機構，法國、義大利和中國是由國家設立專門的外匯管理局；二是由國家授權中央銀行直接負責外匯管制工作，例如英國是由英格蘭銀行負責外匯管制工作；三是由國家行政管理部門直接負責外匯管制工作，如美國是財政部負責，日本由大藏省、通產省負責。外匯管理機構的主要職責是負責制訂和監督執行外匯管理的政策、法令、規章和條例，並隨時根據情況變化和政策需要，採取各種措施，控製外匯收支。

(三) 外匯管制的對象

外匯管制的對象分為對人、對物和對地區的管制。

1. 對人的管制

在外匯管制中，一般把人的概念分為「居民」和「非居民」兩類。由於居民的外匯收支涉及居住國的國際收支，所以對居民的外匯管制較嚴，而對非居民的外匯管制較寬。

2. 對物的管制

這裡的「物」是指外幣（包括現鈔和鑄幣）、外幣支付憑證（匯票、本票、支票）、外幣有價證券，以及在外匯收支中使用的其他外匯資產。大多數國家將黃金、白銀等貴金屬以及本幣的出入國境也列入外匯管制的範圍。

3. 對地區的管制

「地區」一般以本國為限，但還常指因政治經濟關係而形成的國家集團之間，如歐盟和以美國為中心的北美自由貿易區等。在這些國家集團之間辦理國際結算與資本流動，基本上是自由的，但對集團之外的結算和收付有不同程度的管制。

(四) 外匯管制的類型

以是否實行全面的或部分的外匯管制為標準，外匯管制大致可分為三種類型。

1. 嚴格型外匯管制的國家和地區

有些國家和地區對貿易收支、非貿易收支和資本項目收支，都實行嚴格的外匯管制。大多數發展中國家，如印度、讚比亞、秘魯、巴西等均屬這一類。這些國家和地區經濟不發達，出口創匯有限，缺乏外匯資金，市場機制不成熟，為了有計劃地使用外匯資源，加速經濟發展，不得不實行嚴格的外匯管制。

2. 非嚴格型外匯管制的國家和地區

有些國家和地區對貿易和非貿易收支，原則上不加管制，但對資本項目的收支則仍加以不同程度的管制。這類國家經濟比較發達，市場機制在經濟活動中起主導作用，並已承諾了國際貨幣基金組織基金協定的第八條款，即不對經常項目的收支加以限制，不採取有歧視性的差別匯率或多重匯率，如法國、義大利、英國等。

3. 松散型外匯管制的國家和地區

有些國家對經常項目和資本項目的外匯交易不實行普遍的和經常性的限制，但不排除從政治和外交需要出發，對某些特定項目或國家採取包括凍結外匯資產和限制外匯交易等制裁手段。這些國家的匯率一般為自由浮動制，其貨幣也實行自由兌換。這類國家經濟發達，黃金和外匯儲備充足，國際收支整體情況良好，如美國、德國、加拿大等。

總之，一個國家外匯管制範圍的大小和程度的寬嚴，主要取決於該國的經濟、貿易、金融和國際收支狀況。由於世界各國的經濟處於不斷發展變化之中，所以其外匯管制也是在不斷發展和變化的，其總體趨勢是：工業化國家和地區的外匯管制逐步放松，發展中國家和地區的外匯管制則有松有緊。

四、外匯管制的辦法與措施

(一) 對貿易外匯的管制

由商品進出口引起的貿易外匯收支是一國國際收支中最大的項目，對國際收支狀況起著決定性的影響，所以外匯管制的國家尤其是逆差國通常對貿易外匯收支實行比較嚴的管制，目的是為集中出口外匯收入，限制進口外匯支出，實現貿易收支平衡。

(1) 對貿易進口外匯支出的管制措施有：①進口許可證制度。規定貨物進口，必須先向有關當局申請核發進口許可證，只有取得進口許可證，才能向外匯銀行購買外匯。②進口限額制。外匯管理機構按計劃給進口商分配進口額度，進口商在規定的有效期內，進口總額不得超過分配的限額，銀行也只在限額內供匯。③進口預交保證金制。要求進口商必須向指定銀行預先存入一定數量的進口貨款，才能購買外匯。④徵收外匯稅。有的國家規定進口商購買外匯時要繳納一定比例的外匯稅，目的是對進口成本加以限制。⑤進口專營制度。規定所有商品或某些商品的進口由國家指定的專營機構辦理，其他未經批准企業不得參與。

(2) 對貿易出口外匯收入的管制有：①出口許可證制度。出口商出口貨物，必須先向有關當局取得出口許可證，出口所得外匯必須賣給指定銀行，不準私自持有或買賣。②為鼓勵出口，由國家銀行提供出口信貸支持，財政給予出口補貼、出口退稅等。

(二) 對非貿易外匯的管制

不屬於商品進出口貿易的經常性外匯收支，統稱為非貿易外匯，如運費、保險費、郵電費、利潤、股息、利息、專利費、稿費、旅遊費等。對屬於進出口貿易從屬費用的，一般與貿易外匯管制方法相同。其他非貿易外匯收入要及時售給政府指定銀行，支出要經外匯管制部門審查核准后才可購匯。總之，非貿易外匯的管制原則是：對收入管制較松，對支出管制較嚴。

(三) 對資本輸出入的管制

各國的經濟發展狀況不同，對資本輸出入的管制也不盡相同。一些經濟實力強的

發達國家，一般對資本輸出輸入沒有管制，但當資本流動足以影響到本國物價、匯率的穩定及國際收支平衡時，也要採取管制手段。如為限制資本流入通常採取的措施有：對吸收非居民存款的銀行要繳納較高的存款準備金，對非居民本幣存款不付利息；控制本國企業向外借債；限制非居民購買本國有價證券等。發達國家外匯儲備充足，資本過剩，一般不鼓勵資本輸入，但鼓勵資本輸出。發展中國家國力較弱，外匯缺乏，為發展本國經濟，往往採取鼓勵資本流入限制資本流出的政策，如對直接投資者給以稅收、勞動工資、工地等方面的優惠政策。為限制資本外逃，規定到國外投資要經外匯管理當局批准，禁止攜帶有價證券出境等。

（四）對匯率的管制

匯率管制是一國從本國的經濟利益出發，為調節國際收支、穩定本幣價值，而對本國所採取的匯率制度和匯率水平管制的方法，匯率管制的主要目的是穩定匯率或使匯率有利於本國對外貿易和實現國際收支平衡。對匯率的管制主要有以下幾種。

1. 直接管制匯率

一國政府指定某一部門制定、調整和公布匯率，這一官方的匯率對整個外匯交易起著決定性的作用。各項外匯收支都必須以此匯率為基礎兌換本國貨幣。但這種匯率的形成人為因素成分較大，很難反應真實的水平，極易造成價格信號的扭曲。此外，採取這種形式的匯率管制，通常都伴隨著對其他項目較嚴格的外匯管制。

2. 間接調節市場匯率

由市場供求決定匯率水平的國家，政府對匯率不進行直接的管制，而是通過中央銀行進入市場吸購或拋售外匯，以達到調節外匯供求、穩定匯率的效果。為進行這一操作，許多國家都建立了外匯平準基金，運用基金在市場上進行干預；有的則是直接動用外匯儲備進行干預，除通過中央銀行在外匯市場上直接買賣外匯以外，中央銀行還通過貨幣政策的運用，主要是利率槓桿來影響匯率。利率水平的提高和信貸的緊縮，可以減少市場對外匯的需求，同時抑制通脹，吸引國外資金流入，阻止匯率貶值；反之，則可減輕匯率上升。

3. 實行復匯率制度

當一國貨幣對另一國貨幣的匯價因用途和交易種類的不同而規定有兩種或兩種以上的匯率時，IMF 把一國政府或其財政部門所採取的導致該國貨幣對其他國家的即期外匯的買賣差價和各種匯率之間的買入與賣出匯率之間的差價超過 2%的任何措施均視為復匯率。

一般來說，經濟高度發達的市場經濟國家，其匯率一般為自由浮動，國家不對匯率進行直接管制，而是運用經濟手段間接調控引導匯率；而那些經濟欠發達、市場機制發育不健全、缺乏有效的經濟調控機制和手段的國家，則採取直接的行政性的方式來管理匯率，以保證匯率為本國經濟政策服務。

（五）對黃金、現鈔輸出入的管制

實行外匯管制的國家對黃金交易也進行管制，一般不準私自輸出或輸入黃金，而由中央銀行獨家辦理。對現鈔的管理，習慣的做法是對攜帶本國貨幣出入境規定限額和用途，有時甚至禁止攜帶本國貨幣出境，以防止本國貨幣輸出用於商品進口和資本外逃以及衝擊本國匯率。根據中國人民銀行 2004 年的第 18 號公告規定，中國公民出入境每人每次攜帶的人民幣限額為 20,000 元，不得超額攜帶。

五、外匯管制的經濟分析

進行外匯管制的主要原因是外匯不足，進行外匯管制實際上是用人為的方法抑制外匯需求，這會引發外匯的價格——匯率的扭曲，即匯率不再是真實的外匯供給和需求達到均衡時的價格水平，由此會帶來外匯管制的成本問題和黑市匯率問題。

1. 外匯管制成本的經濟分析

外匯管制扭曲了外匯供給和需求的市場水平，干擾了外匯市場功能的有效發揮，從而引起資源配置的不當和低效率，這就是外匯管制的成本，也是外匯管制所付出的最主要的代價。

經外匯管制以後確定的匯率（官方匯率）與實際均衡匯率偏離的程度越高，真實外匯供求被扭曲的程度也就越大，圖4-1顯示了外匯管制所造成的這種扭曲。圖中橫軸表示外匯的數量，縱軸表示匯率，外匯需求曲線表示對進口支付的外匯需求，供給曲線表示出口收入的外匯供給。由於對外匯的供給來源於出口（此處為簡化分析，用出口所得外匯代表國際收支平衡表中所有的外匯收入），需求來源於進口（此處為簡化分析，用進口支付外匯代表國際收支平衡表中所有的外匯支出），因此國際收支的均衡就等同於外匯市場的均衡；反之，國際收支失衡就會導致外匯市場的失衡。在沒有外匯管制的情況下，過度的外匯供給或需求都是暫時的，這是因為匯率將會自動調整，以消除外匯市場和國際收支的失衡。

假定存在著外匯管制，政府把官方匯率維持在 X_1 的水平。在這一點上，存在著外匯的過度需求 AC，政府或者限制居民個人購買外匯，或者限制進口商購買外匯。由於已經假定外匯需求來自於進口需求，所以這裡只能通過限制進口商購買外匯來解決 AC 部分的過度外匯需求。由於在 X_1 的匯率水平上，出口商只願提供 Q_1 數量的外匯，而進口商則願意以 X_2 的匯率水平買進 Q_1 數量的外匯，因此政府可以提高外匯的賣出價格至 X_2，以使外匯供求相等。對此進行福利分析，可以發現，相對於均衡匯率水平 X_e 而言，消費者剩餘減少了 X_2BEX_e 部分，生產者剩餘也減少了 X_1AEX_e 部分，而政府通過外匯的買賣差價可以獲得 X_1ABX_2 部分的利潤。綜合到一起，社會福利淨損失是三角形 ABE 部分。其經濟概念十分明顯，出口商所面臨的較低匯率水平使其減少了出口，影響了國內的生產和就業，進口商面臨的較高匯率水平又使其減少了進口，這就導致了國內一些效率較低的與進口相競爭的生產得以進行，因此從整體上看是不經濟的。

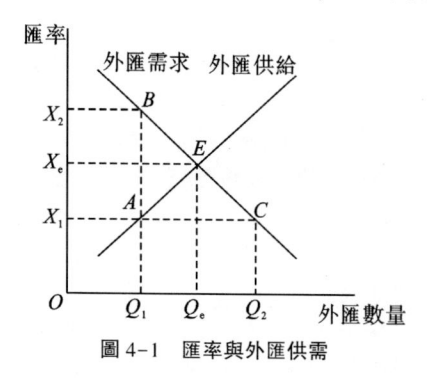

圖4-1 匯率與外匯供需

2. 黑市匯率的經濟分析

由於外匯管制抑制了一部分外匯需求，使得無法通過正常途徑獲得的這部分外匯，就會求助於黑市，只要官方匯率不在供求相等的均衡點上，就會有黑市匯率出現，官方匯率偏離真實的匯率水平越遠，與黑市匯率的差異也就越大。

為了分析的簡便起見，假定黑市外匯交易只是作為平行的外匯市場在運行，並假定外匯市場參加者都希望在匯率 E_0 購買外匯，如果黑市匯率是低於或等於 E_0，中央銀行在匯率 E_0，願意購買所有個人和企業出售的外匯，因而也就沒有更多的外匯供給。如果黑市匯率為 E_1，就可能吸引額外的外匯供給，即圖 6-2 中的 S_1，那麼供應黑市市場的外匯數量就等於 $S_1—S_0$。在供應曲線為 SS 的情況下，更高的匯率進一步增加了外匯供給。黑市外匯供給曲線為 OES。由於黑市匯率為 E_1，外匯供應為 $S_1—S_0$，仍然低於市場需求數，而黑市上美元需求為 $D_1—S_0$，在匯率為 E_1 的情況下，市場上美元需求過高必然促使匯率上升到 $E*$，美元供給和需求正好相等。美元供給的數量為 $S*$，此時的均衡匯率 $E*$ 是自由市場條件下的匯率。因此，黑市匯率可以提供官方匯率和均衡匯率的有價值信息。如果黑市匯率等於市場「出清」（Market Clear）匯率，就提供了均衡匯率的信號，或者是官方匯率高估的程度。

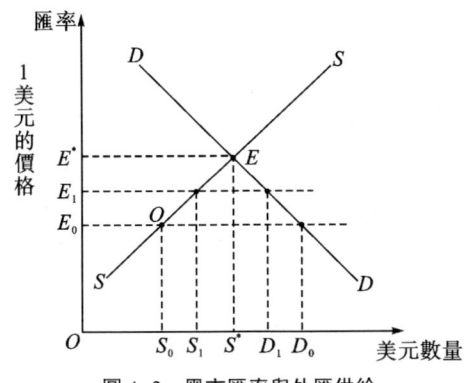

圖 4-2 黑市匯率與外匯供給

但是，外匯黑市是「平行」於官方外匯市場的非法市場。外匯黑市上的外匯供給主要來自於以下幾個渠道：首先是在官方市場上按優惠價賣給政府鼓勵的進口商的外匯的轉售；其次，來自於走私商品所獲得的外匯；再次，來自於出口商低估出口和進口商高估進口所非法獲得的外匯；最后，旅遊和來自國外的外匯也是相對穩定的來源。黑市上的外匯需求則是源自私人或企業因種種原因要求購買外匯時所受到的客觀限制。外匯黑市交易的存在擾亂了一國金融市場的正常秩序，並削弱了政府對外匯資金的控製力。如果政府嚴厲制裁外匯黑市交易者，那麼法律起訴和懲罰就使黑市交易的風險更大，從而減少了黑市的外匯供給，客觀上提高了黑市匯率的升水，使黑市匯率與市場均衡匯率的偏差增加。

總之，外匯管制使資源配置的效率降低，滋生外匯黑市，而且與外匯管制相伴而生的還有走私、偽造發票等非法交易手段。只要這些非法交易手段的收益率超過逃避管制所付出的成本或代價，這些非法交易就會不斷產生。為了監督外匯管制的執行需要有一整套的官僚機器，這會帶來巨大的管理成本。而對於進出口商而言，要遵守或

逃避外匯管制，也要支付十分昂貴的法律和會計費用。外匯管制還容易招致其他國家的報復，這對於世界貿易的發展和國際間的資源優化配置都是不利的，且降低了世界的整體福利。

六、外匯管制的作用和弊端

(一) 外匯管制的作用

1. 防止資本外逃

國內資金外逃是國際收支不均衡的一種表現。在自由外匯市場下，當資金大量外移時，由於無法阻止或調整，勢必造成國家外匯儲備銳減，引起匯率劇烈波動。因此，為制止一國資金外逃，避免國際收支危機，有必要採取外匯管制，直接控製外匯的供求。

2. 維持匯率穩定

匯率的大起大落，會影響國內經濟和對外經濟的正常運行，所以通過外匯管制，可控製外匯供求，穩定匯率水平，使之不發生經常性的大幅度波動。

3. 維護本幣在國內的統一市場不易受投機影響

實行外匯管制，可以分離本幣與外幣流通的直接聯繫，維持本幣在國內流通領域的唯一地位，增強國內居民對本幣的信心，抵禦外部風潮對本幣的衝擊。

4. 便於實行貿易上的差別待遇

一國實行外匯管制，對外而言，有利於實現其對各國貿易的差別待遇或作為國際間政府談判的手段，還可通過簽訂清算協定，發展雙邊貿易，以克服外匯短缺的困難；對國內而言，通過實行差別匯率或貼補政策，有利於鼓勵出口，限制進口，增加外匯收入，減少外匯支出。

5. 保護民族工業

發展中國家工業基礎薄弱，一般工藝技術有待發展完善，如果不實行外匯管制及其他保護貿易政策，貨幣完全自由兌換，則發達國家的廉價商品就會大量湧入，從而使其民族工業遭到破壞與扼殺。實行外匯管制，一方面可管制和禁止那些可能摧殘本國新興工業產品的外國商品的輸入，同時可鼓勵進口必需的外國先進的技術設備和原材料，具有積極發展民族經濟的意義。

6. 有利於國計民生

凡涉及國計民生的必需品，在國內生產不足時，政府均鼓勵進口，準其優先結匯，按較低匯率申請進口，以減輕其成本，保證在國內市場上廉價供應，而對非必需品、奢侈品則予以限制。

7. 提高貨幣幣值，穩定物價

實行外匯管制，可集中外匯資財、節約外匯支出，一定程度上可提高貨幣的對外價值，增強本國貨幣的幣信，加強一國的國際經濟地位。另外，紙幣對外表現為匯率，對內表現為物價。當一國主要消費物資和生活必需品價格上漲過於劇烈時，通過外匯管制對其進口所需外匯給予充分供應，或按優惠匯率結售，則可增加資源，促進物價回落，抑制物價水平上漲，保持物價穩定。因此，外匯管制雖直接作用於匯率，但對穩定物價也有相當作用，可避免或減輕國外通貨膨脹對國內物價的衝擊。當然，外匯管制也可作為外交政策，當別的國家實施外匯管制而對本國經濟和政治產生不利影響時，該國即可

起用外匯管製作為一種報復手段。這樣，外匯管制便成為了一種政策工具。
（二）外匯管制的弊端
外匯管制從另外的角度看，對國際貿易和國家經濟也會產生一定的負作用，主要有以下表現。

1. 不利於平衡外匯收支和穩定匯率
法定匯率的確定，雖可使匯率在一定時期和一定範圍內保持穩定，但是影響匯率穩定的因素很多，單純依靠外匯管理措施以求匯率穩定是不可能的。比如：一個國家財政狀況不斷惡化，財政赤字不斷增加，勢必增加貨幣發行，引起紙幣對內貶值，通過外匯管制，人為高估本國幣值的法定匯率，必然削弱本國商品的對外競爭力，從而影響外幣收入，最後本國貨幣仍不得不對外公開貶值，改變法定匯率。若財政狀況仍沒有根本好轉，新的法定匯率就不易維持，外匯收支也難以平衡。

2. 阻礙國際貿易的均衡發展
採取外匯管制措施，雖有利於雙邊貿易的發展，但由於實施嚴格的管制後，多數國家的貨幣無法與其他國家的貨幣自由兌換，必然限制多邊貿易的發展。另外，官方對匯率進行干預和控製，匯率不能充分反應供求的真實狀況，常出現高估或低估的現象。而匯率高估，對出口不利；匯率低估，又對進口不利，匯率水平不合理會影響進出口貿易的均衡發展。

3. 限制資本的流入
在一定情況下，實行外匯管制不利於本國經濟的發展與國際收支的改善。比如，外商在外匯管制國家投資，其投資的還本付息、紅利收益等往往難以自由匯兌回國，勢必影響其投資積極性，進而影響本國經濟發展。

4. 價格機制失調，資源難以合理配置
外匯管制會造成國內商品市場和資本市場與國際相分離，國內價格體系與國際相脫節，使一國不能充分參加國際分工和利用國際貿易的比較利益原則來發展本國經濟，資源不能有效地分配和利用。資金有盈餘的國家，不能將其順利調出；而急需資金的國家又不能得到它，使得資金不能在國際間有效流動。

任務三　人民幣匯率制度及外匯管理制度

一、人民幣匯率制度改革的歷史沿革
人民幣匯率制度是指關於人民幣匯率制度的政策、依據、確定的原則和採取的措施等一系列規定與安排。人民幣對外幣的匯率，是在貫徹獨立自主的方針下，根據中國各個時期的政策和經濟建設的要求，並參照各國匯率的變化情況制定的，因此，從1949年新中國成立以來，中國在不同的經濟發展時期實行了不同的匯率制度。人民幣匯率制度先後經歷了官方匯率、官方匯率與市場匯率並存、單一的有管理的浮動匯率、參考「一籃子」貨幣的浮動匯率的市場化演進過程。

（一）歷史階段：
第一階段（1949—1952年）

這一階段著重於建立獨立自主的匯價體系。隨著各大城市的解放，各地先后掛出

了人民幣對西方資本主義國家貨幣的比價。中國的國民經濟正處在恢復階段，外匯十分短缺，為了盡快恢復與發展解放初期的國民經濟，扶植出口，累積外匯資金，進口國內急需的物資，人民幣匯率在這段時期的作用實際上是調節對外貿易，照顧非貿易外匯收入。人民幣匯率制定的依據是物價。中國的外匯牌價是根據人民幣對內對外購買力的變化情況，參照了進出口商品理論比價和國內外的生活物價指數，它能較真實地反應人民幣對外的價值，因為人民幣的對外購買力的測定是在貿易和非貿易的國內外商品和勞務價格對比的基礎上確定的。

第二階段（1953—1972年）

1953年以后，中國進入有計劃的社會主義建設時期，國民經濟逐步走上全面的計劃化，國內金融、物價基本保持穩定。由於人民幣幣值基本穩定，以及國際上普遍實行固定匯率制，人民幣匯率也基本保持不變。此時，中國的進出口貿易由外貿部所屬的外貿專業公司根據國家計劃統一經營，統負盈虧，不再需要用匯率來調節。這一時期人民幣匯率的作用主要是便利僑匯和非貿易的增收節支，按國內外消費物價對比，匯率也沒有調整的需要。因此，人民幣匯率採取穩定的方針。

第三階段（1973—1980年）

1973年后，布雷頓森林體系崩潰，世界上絕大多數國家採用浮動匯率制度。為了避免西方國家貨幣匯率動盪對人民幣匯率帶來的衝擊，人民幣匯率實行釘住「一籃子貨幣」的計算辦法，即選擇若干有一定代表性的、在國際市場上幣值比較堅挺的外幣，按其重要程度和政策上的需要確定權重，算出它們在市場上升和下降的幅度，加權計算人民幣匯率，其特點為經常調整、適當高估。

第四階段（1981—1984年）

改革開放前，人民幣匯率同進出口商品價格脫節，出現出口虧損、進口賺錢的怪現象，不利於實行經濟核算，不利於發展出口，而從國內外消費物價對比看，匯率偏低，對非貿易收入不利。為了鼓勵出口，適當限制進口，加強外貿的經濟核算和適應中國對外貿易體制的改革，而又不影響中國非貿易外匯收入，從1981年起中國實行兩種匯率：一種是適用於非貿易外匯收支的對外公布的匯率；另一種是適用於貿易外匯收支的內部結算價。

第五階段（1985—1993年）

隨著中國改革開放的深入，開始引入市場機制，一部分資源由市場配置，從而出現了價格的雙軌制。與之對應的是外匯留成制度，實行外匯留成后，有的外貿企業留成外匯多，需賣出，有的外貿企業留成外匯不夠，需買入，這就產生了外匯調劑需求，出現了外匯調劑業務。隨著對外貿易實行承包責任制，由補貼機制轉為自然盈虧機制，留成外匯比例不斷擴大，調劑外匯數量大大增加，外匯調劑市場逐步形成。在這一階段，人民幣實行官方匯率與外匯調劑市場匯率同時並存的制度，超越了外匯決定制度中的行政干預，開始形成了匯率決定的市場機制，對中國對外貿易的發展起到了積極的作用。

第六階段（1994—2005年）

1994年1月1日，人民幣匯率實現了並軌，將官方匯率向市場調劑匯率靠攏，改雙軌制為單一匯率制，實行以市場供求為基礎的、單一的、有管理的浮動匯率制。在此匯率制度下，市場供求關係就成為了決定匯率的重要依據。中國人民銀行對匯率的

干預不再通過行政手段，而是以平等的會員身分參與銀行之間的外匯市場買賣，向外匯市場吞吐外匯，以保證基準匯率的形成符合國內經濟的需要和保持各銀行之間掛牌匯率的基本一致和穩定。1997 年年底以前，人民幣對美元匯率保持穩中有升，海內外對人民幣的信心不斷增強。自 1998 年年初起，為了防止亞洲金融危機期間周邊國家和地區貨幣輪番貶值的進一步擴散，中國政府承諾人民幣不貶值，將人民幣對美元匯率穩定在 8.28 左右的水平。

第七階段（2005 年 7 月至今）

自 2005 年 7 月 21 日起，中國開始實行以市場供求為基礎、參考一籃子貨幣進行調節、有管理的浮動匯率制度。人民幣匯率不再釘住單一美元，形成更加富有彈性的人民幣匯率機制。

(二) 現行人民幣匯率制度的主要特徵

1. 人民幣匯率是以市場供求為基礎的匯率

現行人民幣匯率制度正式取消了人民幣官方匯率，而是以市場匯率作為人民幣對其他國家貨幣的唯一價值標準，這使得外匯市場上的外匯供求狀況成為決定人民幣匯率的主要依據。根據這一基礎確定的匯率必然與當前的進出口貿易、通貨膨脹水平、國內貨幣政策等經濟狀況密切相連，能更快更好地直接傳遞或反應有關信息。

2. 參考一籃子貨幣進行調節

「一籃子貨幣」是指按照中國對外經濟發展的實際情況，選擇若干種主要貨幣，賦予相應的權重，組成一個貨幣籃子。同時，根據國內外經濟金融形勢，以市場供求為基礎，參考一籃子貨幣計算人民幣多邊匯率指數的變化，對人民幣匯率進行管理和調節，維護人民幣匯率在合理均衡水平上的基本穩定。籃子內的貨幣構成，將綜合考慮在中國對外貿易、外債、外商直接投資等外經貿活動占較大比重的主要國家、地區及其貨幣。參考一籃子貨幣表明外幣之間的匯率變化會影響人民幣匯率，但參考一籃子貨幣不等於盯住一籃子貨幣，它還需要將市場供求關係作為另一重要依據，據此形成有管理的浮動匯率。這將有利於增加匯率彈性，抑製單邊投機，維護多邊匯率。

3. 人民幣匯率是有管理的匯率

國家對人民幣匯率管理的目的是使人民幣匯率在相對合理的水平上保持穩定，以利於國內企業的發展。有管理的匯率主要體現在三個方面：一是國家通過授權國家外匯管理局對外匯市場進行監管，使外匯市場能夠規範運作；二是國家通過調整宏觀經濟政策，諸如貨幣政策、貿易政策等來對人民幣匯率實施宏觀調控；三是在人民幣匯率不正常波動時，中國人民銀行通過在外匯市場吞吐外匯的操作來進行必要的市場干預。

4. 人民幣匯率是浮動的匯率

現行人民幣匯率制度是一種浮動匯率制度，主要體現在市場匯率可以在一定區間內浮動，具有適度的彈性，中國人民銀行每日公布的匯率主要是參照銀行間外匯市場上匯率的情況制定的，因而該匯率是浮動而有變化的。各外匯指定銀行都有自己的掛牌匯率，其可以在中國人民銀行制定的基準匯率的基礎上，在上下 2.5% 的幅度內自由浮動。

二、中國的外匯管理體制

(一) 外匯管理體制

各國為了保持國際收支平衡，促進國民經濟健康發展，需要建立其外匯管理法律制度。外匯管理法律制度又稱外匯管制法律制度，是規範外匯管理行為的法律制度的總稱。外匯管理是一個國家或地區對外匯的買賣、借貸、轉讓、收支、國際清償、外匯匯率和外匯市場的控制和規範的行為。中國自新中國成立以來就實行外匯管制，經過60年的發展、改革和完善，形成了一套比較完備的外匯管理法律制度體系。1996年1月29日，國務院制定發布了《中華人民共和國外匯管理條例》（以下簡稱《外匯管理條例》），並於1997年1月14日進行過修正。現行的《外匯管理條例》是國務院於2008年8月1日通過的。

中國外匯管理的機關是國家外匯管理局及其分局、支局。外匯管理的對象是境內機構、境內個人的外匯收支或者外匯經營活動，以及境外機構、境外個人在境內的外匯收支或者外匯經營活動。境內機構，是指中華人民共和國境內的國家機關、企業、事業單位、社會團體、部隊等，外國駐華外交領事機構和國際組織駐華代表機構除外。境內個人，是指中國公民和在中華人民共和國境內連續居住滿1年的外國人，外國駐華外交人員和國際組織駐華代表除外。

(二) 經常項目外匯管理制度

1. 經常項目的概念

經常項目，是指國際收支中涉及貨物、服務、收益及經常轉移的交易項目等。經常項目外匯收支，包括貿易收支、勞務收支和單方面轉移等。

貿易收支，是一國出口商品所得收入和進口商品的外匯支出的總稱。勞務收支，是指對外提供勞務或接收勞務而引起的貨幣收支。單方面轉移，是指一國對外單方面的、無對等的、無償的支付，分為私人單方面轉移和政府單方面轉移兩類。

2. 經常性國際支付和轉移不予限制

經常項目外匯收入，可以（並非必須）按照國家有關規定保留或者賣給經營結匯、售匯業務的金融機構。但經常項目外匯支出，應當按照國務院外匯管理部門關於付匯與購匯的管理規定，憑有效單證以自有外匯支付或者向經營結匯、售匯業務的金融機構購匯支付。

3. 外匯收支真實合法性審查制度

經營結匯、售匯業務的金融機構應當按照國務院外匯管理部門的規定，對交易單證的真實性及其與外匯收支的一致性進行合理審查。外匯管理機關有權對上述事項進行監督檢查。

(三) 資本項目外匯管理制度

1. 資本項目的概念

資本項目，是指國際收支中引起對外資產和負債水平發生變化的交易項目，包括資本轉移、直接投資、證券投資、衍生產品及貸款等。

2. 跨境投資登記、許可制度

（1）境外機構、境外個人在境內直接投資，經有關主管部門批准後，應當到外匯管理機關辦理登記。境外機構、境外個人在境內從事有價證券或者衍生產品的發行和

交易，應當遵守國家關於市場准入的規定，並按照國務院外匯管理部門的規定辦理登記。

（2）境內機構、境內個人向境外直接投資或者從事境外有價證券、衍生產品發行、交易，應當按照國務院外匯管理部門的規定辦理登記。國家規定需要事先經有關主管部門批准或者備案的，應當在外匯登記前辦理批准或者備案手續。

3. 外債規模管理制度

國家對外債實行規模管理，借用外債應當按照國家有關規定辦理，並到外匯管理機關辦理外債登記。

4. 對外擔保許可制度

提供對外擔保，應當向外匯管理機關提出申請。申請人簽訂對外擔保合同後，應當到外匯管理機關辦理對外擔保登記。但是，經國務院批准為使用外國政府或者國際金融組織貸款進行轉貸提供對外擔保的，不適用上述規定。

5. 向境外提供商業貸款登記制度

銀行業金融機構在經批准的經營範圍內可以直接向境外提供商業貸款。向境外提供商業貸款，應當按照國務院外匯管理部門的規定辦理登記。

6. 資本項目外匯收支結售匯制度

資本項目外匯收入保留或者賣給經營結匯、售匯業務的金融機構，應當經外匯管理機關批准，但國家規定無需批准的除外。

依法終止的外商投資企業，按照國家有關規定進行清算、納稅后，屬於外方投資者所有的人民幣，可以向經營結匯、售匯業務的金融機構購匯匯出。

（四）金融機構外匯業務管理制度

金融機構經營或者終止經營結匯、售匯業務，應當經外匯管理機關批准；經營或者終止經營其他外匯業務，應當按照職責分工經外匯管理機關或者金融業監督管理機構批准。

應知考核

■ 主要概念

匯率制度　固定匯率制度　浮動匯率制度　貼現率　自由浮動　管理浮動　外匯管制　直接管制匯率　復匯率制度　指標浮動　單獨浮動　釘住浮動

■ 基礎訓練

一、單選題

1. 中國現行的外匯管理的主要負責機構是（　　）。
   A. 中國人民銀行總行　　　　B. 國家外匯管理局
   C. 財政部　　　　　　　　　D. 中國銀行

2. 人民幣自由兌換的概念是（　　）。
   A. 經常項目的交易中實現人民幣自由兌換
   B. 資本項目的交易中實現人民幣自由兌換
   C. 國內公民個人實現人民幣自由兌換

D. 經常項目有限制地兌換

3. 金本位制度是以（　　）作為本位貨幣的制度。
   A. 黃金　　　　　　　　　　B. 貨物
   C. 等價物　　　　　　　　　D. 以上都可

4. 目前，中國人民幣匯率制度是（　　）。
   A. 貨幣局制度　　　　　　　B. 傳統的釘住安排
   C. 固定匯率制　　　　　　　D. 有管理的浮動匯率制

5. 一國政府對匯率不進行任何干預，市場匯率完全聽任外匯市場的供求變化而自由波動的匯率浮動方式是（　　）。
   A. 自由浮動　　　　　　　　B. 管理浮動
   C. 單獨浮動　　　　　　　　D. 釘住一籃子貨幣浮動

6. 一國政府從本國利益出發對匯率的波動進行不同程度干預的匯率浮動方式，是（　　）。
   A. 自由浮動　　　　　　　　B. 管理浮動
   C. 單獨浮動　　　　　　　　D. 釘住一籃子貨幣浮動

7. 一國貨幣不與其他任何國家的貨幣發生固定的聯繫，其匯率根據外匯市場的供求關係自行上下浮動的方式是（　　）。
   A. 自由浮動　　　　　　　　B. 管理浮動
   C. 單獨浮動　　　　　　　　D. 釘住一籃子貨幣浮動

8. 直接將本幣釘住特別提款權，有利之處是簡便易行，可保持匯率的相對穩定的是（　　）。
   A. 自由浮動　　　　　　　　B. 管理浮動
   C. 單獨浮動　　　　　　　　D. 釘住一籃子貨幣浮動

9. （　　）規定貨物進口，必須先向有關當局申請核發進口許可證，只有取得進口許可證，才能向外匯銀行購買外匯。
   A. 進口許可證制度　　　　　B. 進口限額制
   C. 進口預交保證金制　　　　D. 徵收外匯稅

10. 由一些發展中國家的經濟學家提出來的，討論的是發展中國家的匯率制度選擇問題的是（　　）。
    A. 經濟論　　　　　　　　　B. 依附論
    C. 國富論　　　　　　　　　D. 生產要素稟賦論

二、多選題

1. 2005年7月，中國改革了人民幣匯率形成機制。新的人民幣匯率制度的特點有（　　）。
   A. 有管理的浮動匯率　　　　B. 以市場供求為基礎
   C. 釘住一籃子貨幣　　　　　D. 參考一籃子貨幣進行調節

2. 維持固定匯率制度所採取的措施是（　　）。
   A. 提高貼現率　　　　　　　B. 動用黃金外匯儲備
   C. 外匯管制　　　　　　　　D. 舉借外債或簽訂貨幣互換協定

3. 從政府是否對市場匯率進行干預的角度，可將匯率浮動的方式分為（　　）。

A. 自由浮動
B. 管理浮動
C. 釘住浮動
D. 有限彈性浮動和較高彈性浮動

4. 浮動匯率制度的缺點是（　　）。
A. 匯率波動不定增加了國際間貿易的風險
B. 匯率劇烈波動助長了外匯市場上的投機
C. 可以防止外匯儲備的大量流失和國際遊資的衝擊
D. 有助於獨立自主選用國內經濟政策

5. 對匯率的管制主要有（　　）。
A. 直接管制匯率　　　　　　　B. 間接調節市場匯率
C. 實行復匯率制度　　　　　　D. 對黃金、現鈔輸出入的管制

三、簡答題

1. 簡述匯率制度的分類。
2. 簡述外匯管制的作用和弊端。
3. 簡述浮動匯率制度的優缺點。
4. 簡述外匯管制的辦法與措施。
5. 簡述現行人民幣匯率制度的主要特徵。

應會考核

■ 技能案例

【案例背景】

2014 年以來，人民幣持續大幅貶值，美元兌人民幣匯率中間價由 2013 年 12 月 31 日的 6.096,9 降至 2014 年 3 月 31 日的 6.152,1，下跌 552 個基點，貶值幅度達 0.91%。在即期匯率方面，美元兌人民幣即期匯率由 6.053,9 下滑至 6.218,0，下跌 1,641 個基點，貶值幅度達 2.71%。回顧 2013 年整年即期匯率僅上漲 2.83%，2014 年第一季度美元兌人民幣貶值幅度已達到 2013 年整年升值幅度的 95% 以上。這是自 1994 年人民幣與美元非正式掛鈎以來持續時間最長、幅度最大的貶值，一舉打破了 20 年以來人民幣持續升值的預期。

2005 年匯率改革之後，人民幣持續升值，至 2013 年 12 月 31 日，人民幣升值幅度達 35%。在 2014 年 1 月以前，美元兌人民幣即期匯率一直高於美元兌人民幣中間價，市場對人民幣升值預期顯著高於央行。自 2014 年 1 月之後，市場即期匯率低於美元兌人民幣中間價，反應出市場對人民幣貶值預期較為強烈，央行對人民幣匯率仍維持穩定態度。

人民幣匯率波幅擴大，窄幅震盪擴大為寬幅。2014 年 3 月 15 日，央行宣布人民幣對美元的日內波動幅度從 3 月 17 日開始由原來的 1% 擴大至 2%，這是繼 2007 年和 2012 年以后的第三次擴大日內波動幅度區間。此前的 2007 年 5 月，央行決定銀行間即

期外匯市場人民幣兌美元交易價波動幅度由0.3%擴大至0.5%，在近5年后的2012年4月，央行再次將波動幅度擴大到1%。2014年3月17日之後，美元兌人民幣即期匯率波動幅度增加，3月17日當日人民幣貶值0.45%，3月30日繼續貶值0.5%，而后3月24日人民幣升值0.58%，創2011年10月10日以來的單日最大升幅，而後匯率繼續保持下滑趨勢。人民幣匯率由窄幅震盪擴大為寬幅，市場作用下的雙向波動趨勢明顯，並將成為常態。

資料來源：http://www.mofcom.gov.cn/article/i/dxfw/gzzd/201404/20140400555619.shtml.

【技能思考】

請結合本項目的內容對本案例進行分析，說明人民幣升值和貶值對中國經濟的影響。

■實踐訓練

【實訓項目】

外匯管制

【實訓情境設計】

2014年10月21日，塞浦路斯財政部長Harris Georgiades表示，塞浦路斯計劃在2014年春季放開大部分外匯管制措施。

歐元集團同意對塞浦路斯實施規模約100億歐元的救助，條件是塞浦路斯所有銀行對其儲戶進行一次性徵稅，這引發了塞浦路斯銀行擠兌風波，為了遏制這一現象，塞浦路斯當時推出了一系列的外匯管制措施，這成為歐元區首個實施外匯管制的國家。

Georgiades表示，基於對塞浦路斯銀行體系的重組議程，大部分外匯管制措施都應該在2014年春季之前被放開。

他表示，根據塞浦路斯銀行體系重組時間表的安排，塞浦路斯將在2014年前三個月上調所有外匯管制措施，不過將資金從塞浦路斯銀行體系的帳戶中轉移到海外仍不被允許。如果個體儲蓄需要向海外轉移資金都必須有特定的商業理由，那麼這一限制措施也將最后一個被解除。

自4月份之后，塞浦路斯開始逐步放寬對資金的限制，然而在支票使用上仍有一定的限制，投資者每日現金取款不允許超過300歐元，也不允許取出定期存款。

塞浦路斯的外匯管制措施曾在一定程度上影響了塞浦路斯的外匯經紀商，使得許多外匯投資者的出入金受到影響，包括對外轉帳都受到了不同程度的影響。

資料來源：http://finance.sina.com.cn/money/forex/20130412/175815132951.shtml.

【實訓任務】

根據上述情境資料分析外匯管制對外匯投資者有何影響，並得出結論。

模塊二　國際結算篇

項目五
國際結算票據

■ **知識目標**

理解：國際結算票據的概念和性質；
熟知：國際結算中各種票據的基本當事人；
掌握：國際結算票據中匯票的記載事項和匯票的票據行為。

■ **技能目標**

學生應掌握國際結算中匯票各主要項目的填寫以及匯票的各種票據行為和處理流程。

■ **情意目標**

學生能夠具有較強的分析歸納能力，能夠辨認出日常接觸的各種票據。

■ **教學目標**

教師要培養學生具備國際結算票據中匯票、本票、支票的理論及業務知識，為后續信用證業務的學習打下基礎。

【項目引例】

永固房地產有限責任公司(簡稱「永固公司」)從麗德貿易進出口公司(簡稱「麗德公司」)購進 2,000 噸水泥，總價款 50 萬元。水泥運抵后，永固公司為麗德公司簽發一張以永固公司為出票人和付款人，以麗德公司為收款人的三個月后到期的商業承兌匯票。一個月后，麗德公司從吉祥公司購進木材一批，總價款 54.5 萬元，麗德公司就把永固公司開的匯票背書轉讓給吉祥公司，余下的 4.5 萬元用支票方式支付完畢。后來，永固公司發現 2,000 噸水泥中有一半以上質量不合格，雙方發生糾紛。匯票到期時，吉祥公司把匯票提交永固公司要求付款，永固公司拒絕付款，理由是麗德公司供給的水泥不合格，不同意付款。請問永固公司是否可以拒絕付款？

分析：永固公司不可以拒絕付款，其做法是違反法律規定的。這可從票據的無因性進行分析。票據的無因性是指票據關係雖然需要基於一定的原因關係才能成立，但是票據關係一經成立，就與產生或轉讓票據的原因關係相分離，兩者各自獨立。原因關係是否存在和有效，對票據關係不產生影響，票據債權人只要持有票據即可行使票據權利，票據債務人不得以原因關係無效為理由，對善意的持票人進行抗辯。在本案中，麗德公司和永固公司之間的購銷關係是本案匯票的原因關係，匯票開出后，永固公司就與持票人產生票據關係，原因關係與票據關係相分離。永固公司提出水泥質量不合格是原因關係

有瑕疵,其拒絕付款是用原因關係來對抗票據關係。由於持票人不再是原因關係的當事人,所以永固公司不能拒絕付款。付款后票據關係消滅,而原因關係仍存在,永固公司仍可以根據原因關係的瑕疵請求麗德公司賠償。

【知識支撐】

任務一　國際結算概述

一、國際結算的概念

(一)結算

結算(Clearing/ Settlement)指在商品交換、勞務供應及資金調撥等方面發生的貨幣收付行為或債權債務的清償行為。貨幣收付或債務清償要通過一定的手段和方式,也即結算方式。結算方式一般分為兩種:現金結算和非現金結算。

(1)現金結算(Cash Settlement)指以現金作為貨幣支付工具,即直接運送金屬鑄幣或紙幣來清償雙方的債務債權。此種方式在結算發展的初期使用,風險大、耗費大量運費並積壓資金,隨著國際經濟的發展,已逐漸轉化為非現金結算方式。

(2)非現金結算(Non-cash Settlement)指使用代替現金起流通作用和支付手段的信用工具來結算債權和債務。此種方式快速、簡便,是結算的主要使用方式。

(二)國內結算

國內結算(National Settlement)指結算的內容僅發生在一國之內,即通過本國貨幣支付,以結清一國內部的兩個或多個當事人之間的經濟交易或活動引起的債權債務的行為。

(三)國際結算

國際結算(International Clearing)指在國際間辦理貨幣收支調撥,以結清位於不同國家的兩個或多個當事人(個人、企業或政府)之間的經濟交易或活動引起的債權債務的行為。

國際結算依據產生的原因,可以分為國際貿易結算和國際非貿易結算。國際貿易結算,也稱有形貿易結算,是指由有形貿易活動(商品的進出口)引起的國際債權債務關係結算業務;國際非貿易結算,也叫無形貿易結算,是指由有形貿易以外的活動(包括國際資本流動、國際資金借貸、技術轉讓、勞務輸出、僑民匯款、捐贈、利潤與利息收支、國際旅遊、運輸、保險、銀行業等活動)引起的國際結算業務。

國際貿易是國際結算產生和發展的重要依據,同時國際結算的發展又反過來促進國際貿易的發展;國際貿易金額巨大,在操作上比非貿易結算更為複雜,在內容上,它幾乎包括了國際結算所有的方式和手段;國際收支中最基本最重要的項目是經常項目,而經常項目中最主要的項目是貿易項目(見圖5-1)。

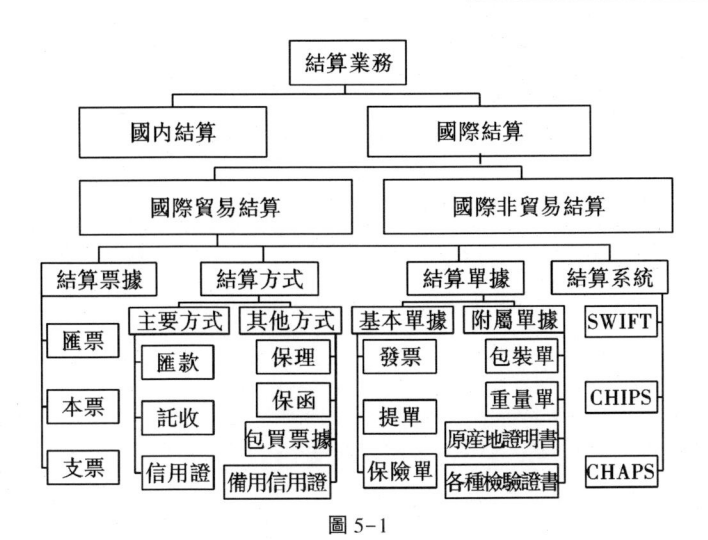

```
                            結算業務
                    ┌──────────┴──────────┐
                  國內結算              國際結算
                                ┌──────────┴──────────┐
                          國際貿易結算              國際非貿易結算
              ┌──────┬────┴──┬──────┐
           結算票據  結算方式  結算單據  結算系統
            ┌─┐   ┌──┬──┐  ┌──┬──┐   ┌─┐
            匯票  主要方式 其他方式 基本單據 附屬單據 SWIFT
            本票  匯款  保理  發票  包裝單  CHIPS
            支票  託收  保函  提單  重量單  CHAPS
                  信用證 包買票據     原產地證明書
                        備用信用證 保險單 各種檢驗證書
```

圖 5-1

二、國際結算的產生和演變

國際結算是隨著國際貿易的發展而產生和發展的。國際結算的發展過程為四個階段，即現金結算變為非現金結算、直接結算變為銀行結算、貨物買賣變為單據買賣、人工結算變為電子結算。

(一) 現金結算發展到非現金結算

早期的國際結算是現金交易。例如：中國古代對日本及南洋各國的海上貿易，除了直接的以貨換貨交易外，都是長期使用金銀等貴金屬進行交換和清算的。但這種現金結算具有很大的局限性：風險大，遇到自然災害、劫持、盜竊等會帶來損失；費用高；運期長，易造成資金長期占壓，不利於資金週轉。到了 15 世紀末 16 世紀初，隨著資本主義的發展，國際貿易的擴大，逐漸形成了區域性的國際商品市場。以往通過運送金銀來償債的方式已不適應當時貿易發展的需要，於是就出現了以商業票據來結算債權債務的方式。

【實例 5-1】
過去：現金

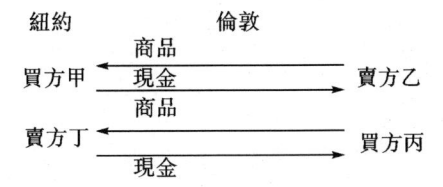

```
           紐約              倫敦
                    商品
           買方甲 ←──────── 賣方乙
                    現金
                    商品
           賣方丁 ←──────── 買方丙
                    現金
```

現在：用商業票據代替現金

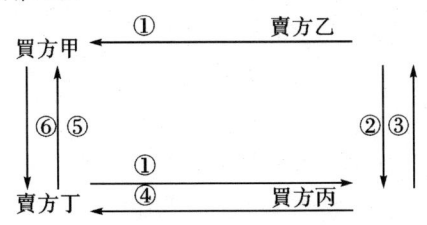

```
                  ①      賣方乙
           買方甲 ←────────
              │              ↑ ↓
            ⑥│⑤           ②│③
              ↓              │
                  ①
           賣方丁 ←────────  買方丙
                  ④
```

①乙向甲、丁向丙出口商品;②乙開立一張以甲為付款人的匯票,轉讓給丙;③丙買入匯票,付款給乙;(有前提)④丙將匯票寄給丁;⑤丁向甲提示;⑥甲付款。

轉讓中,付款人不變,收款人改變了。這樣通過一張匯票就使異國間的兩筆債權債務得以了結。既銷售了商品,又避免了運送現金所帶來的風險,節約了時間、費用,有利於當時經濟的發展。但這種匯票在商人間自行結算有其局限性:①兩筆交易的金額和付款期限必須完全一致,這在大量複雜的交易中,是非常有限的。②即使存在上述條件,他們之間還要有密切的業務聯繫和相互瞭解的信用基礎,否則合作是困難的。③任何一方要有墊付資金的能力。要同時具備以上三個條件是困難的,這些局限性使商人間的直接結算發生了變化。

(二)從商人間的直接結算發展到以銀行為仲介的轉帳結算

由於買賣雙方位於兩個不同的國家,使用不同幣種,處在不同的貿易和外管制度下,因此雙方間的面對面的直接結算不適合客觀情況。到了18世紀60年代,銀行從國內遍設機構擴展到國外設點,使銀行網絡覆蓋全球,銀行成了國內外結算的中心。因此,此時買賣雙方間的債權債務的清償只有委託銀行辦理結算。從而使買賣雙方能夠集中精力開展貿易,貨款結算則完全通過銀行辦理。銀行辦理結算業務有其有利條件:

(1)網絡遍及全球,有其獨特的條件、先進的手段開展業務,為進出口雙方服務;

(2)資金雄厚,信用卓著,這是進出口商無法比擬的;

(3)所有不同種貨幣、不同期限外匯票據,都通過銀行買賣轉讓,可使大量的債權債務關係在最大限度內加以抵消,這樣大大地節省了費用和利息的支出;進出口商就不必自找對象來清算,而把所有的信用工具通過銀行代為辦理。

(三)從「憑貨付款」到「憑單付款」

原始的結算為賣方一手交貨、買方一手交錢,錢貨兩清,通常成為「現金交貨」(Cash on Delivery)方式。當貿易商與運輸商有了分工以後,賣方將貨物交給運輸商承運至買方,運輸商將貨物收據交給賣方轉寄給買方向運輸商取貨,海上運輸繼續擴大,簡單的貨物收據發展變化成為比較完善的海運提單(貨物收據、運輸契約和物權單據三作用)。由於提單有物權單據的性質,因此把貨物單據化了。交單等於交貨,持單等於持有貨物的所有權。海運提單因此成為可以流通轉讓的單據(Negotiable Documents),便於轉讓給銀行持有,讓銀行憑此向買方索取貨款,或當作質押品,獲得銀行資金融通。

商品買賣合同中,賣方履行合同的義務:按期、按質、按量地發運貨物。買方履行合同的義務:接收貨物,按期如數支付貨款。為了表示履約,賣方交來B/L,以其簽發日期來證明按期發貨;提交商檢局簽發的品質證書來證明按質發貨;以商檢局簽發的數量證書來證明按量發貨。

由於貨物單據化、履約證書化為銀行辦理國際結算創造了一個良好條件,只需憑審核相符的單據付款,不憑貨物或設備付款,這就給不熟悉商品專門知識的銀行能夠介入買賣之間,憑單墊款給賣方,再憑單向買方索取貨款歸墊提供了可能與方便。

(四)人工結算轉變為以電子結算為主

20世紀中後期,隨著科技學技術的發展,國際銀行業普遍採用了先進的計算機技術,建立了多種聯機網絡和高效的信息系統。

1. 世界範圍內的五大清算系統

目前,世界上已有四大電子清算系統 SWIFT、CHIPS、CHAPS 和 TARGET 辦理國際結

算中的資金調撥。

（1）美元支付清算系統。這包括 CHIPS——紐約清算所同業支付系統和 Fedwire——聯邦資金轉帳系統。CHIPS 的特點是：①為即時的、大額的、多邊的、終局性支付；②具有最大的流動性，1 美元日週轉 500 次；③免除了日透支費；④可以提供在線現金管理工具；⑤給公司客戶傳輸匯款相關信息；⑥服務於國內和國際市場，可處理超過 95% 的美元跨境支付；⑦每日日終進行淨額清算的資金轉帳。Fedwire 與 CHIPS 相比，流動性差，1 美元日週轉為 12 次。此外，該系統要徵收日透支費，銀行支付給聯邦資金轉帳系統的日透支費約為 2,400 萬美元。

（2）CHAPS（Clearing House Automatic Payment System）即倫敦自動清算支付系統。其特點是：用高度自動電腦化的信息傳遞，部分地取代了依靠票據交換的方式，使以倫敦城外的交換銀行為付款人的部分交易（1 萬英鎊以上）也可實現當天結算。

（3）SWIFT（Society For Worldwide Interbank Financial Telecommunication）是環球銀行間金融電訊協會的縮寫，簡稱環銀電協。它是一個國際銀行同業間非營利性的國際合作組織，總部設在比利時首都布魯塞爾，於 1973 年成立，1977 年正式啟用，由歐洲和北美的一些大銀行發起，目的是為了應付日益增多的國際銀行業務。該系統能以十幾種語言全天候地向世界各地提供快捷、標準化、自動化的通訊服務，具有安全可靠、高速度低費用、自動加核密押等特點。目前，SWIFT 在全世界擁有會員國 197 個，會員銀行 7,000 多家，基地設在荷蘭、香港、英國和美國，2000 年 SWIFT 系統傳遞了 12 億條信息，平均每天 33 萬條，每天傳遞的信息所涉及金額超過 5 萬億美元。SWIFT 現已成為世界上最大的金融清算與通訊組織，也是國際金融與國際結算的主體網絡。1983 年 2 月，中國銀行於國內同業中率先加入 SWIFT 組織，目前已有 38 家中國的銀行加入了該系統。

（4）歐元跨國清算系統。這包括 TARGET——泛歐自動即時總額清算系統、EBA——歐洲銀行協會的歐元清算系統和區域性支付系統。

TARGET 的特點是：①款項必須是大額，且每筆要有即時的頭寸，不能透支；②清算效率高，幾分鐘內可完成一筆；③清算時間從 AM7:00 到 PM6:00，款項當天支付，當天最終交收，當天起息；④清算是無條件的，不可改變及撤銷；⑤款項是每筆分開清算，一天內系統可完成 10 萬筆；⑥清算時必須經 5 家銀行，清算成本較高，大約每筆花費 1.5 歐元～3 歐元；⑦本系統用戶間不需要簽訂系統使用協議，亦不需交換用戶密碼。

EBA 的特點是：①可以即時支付，亦可非即時支付；②款項可以多筆打包清算；③清算之間款項交付可當天起息；④效率高，一天可達 30 萬筆；⑤清算款項可撤銷及更改；⑥成本低，每筆花費 0.25 歐元；⑦現在已有 49 個國家加入 EBA 清算；⑧為避免風險，會員需繳保證金；⑨每日營業終了，需做日終淨額清算。

區域性支付系統主要有 EAF——法蘭克福的歐元支付系統和銀行網絡清算。EAF 的特點是轉移成本低，但處理速度不及 TARGET，是歐元區內僅次於 TARGET 的極具競爭力的支付系統。銀行網絡清算的優點是：只需在該大銀行總部開立一個帳戶，即可通過該行網絡系統與歐洲各地進行資金往來。同時，由於是同一家銀行的網絡，服務質量有保證，查詢相對簡單。通過歐洲網絡銀行，在歐盟（EMU）各成員國總、分行，利用既有的銀行網絡與地方網絡聯機，實現地方性資金的移轉。但是，這種以現金為支付手段、銀行為支付仲介的支付方式，仍然沒有改變付款人在支付過程中的主動地位。在企業之間的交易支付過程中，付款方不主動支付貨幣資金，收款方資金就不能回籠，因而債務衍

生機制依然存在。

（5）日本的清算系統即日本銀行金融網絡系統（Bank of Japan Financial Network System，BOJ-NET）。其特點是降低了支付成本，提高了支付效率，增強了支付系統的穩定性，成為全球可接受的支付系統。

2. EDI 無紙化結算

EDI（Electronic Data Intercharge）即電子數據交換，是一種主要應用於國際貿易領域的電子商務技術，是伴隨著現代信息技術的發展而產生和發展的。EDI 就是運用一定標準將數據和信息規範化和格式化，通過計算機網絡將文件從一個企業傳輸到另一個企業，以實現無紙貿易。

EDI 在 EDIFACT 標準下以計算機網絡為依託，通過 EDI 網絡中心，將與國貿有關的工廠、公司、海關、航運、商檢、銀行和保險等單位連成一個 EDI 網絡，用方可以通過公用數據網連接到 EDI 中心，然後把要傳的單證如產地證申報單、進出口報檢單、進口報關單等傳到 EDI 服務中心，該中心就會把這些單證相應地傳到商檢、海關等相關單位，還可以將銀行審單的結果傳送到客戶，從而大大加速了貿易的全過程。

EDI 為國際貿易和國際結算帶來了巨大的經濟效益和社會效益，美國在 20 世紀 60 年代末期開始應用 EDI。時至今日，歐洲大部分國家都認定 EDI 是經商的唯一途徑。澳大利亞、日本和新加坡等國也紛紛在 20 世紀 90 年代初期宣布所有的商戶首選交易方式為 EDI，不採用 EDI 的商戶將推遲或不予辦理。EDI 的應用使國際市場上形成了一個新的貿易壁壘，不採用 EDI 技術的國家無疑意味著被排斥在這壁壘之外，將失去貿易機會和客戶。

三、國際結算的條件

（一）貨幣條件

貨幣條件是指發生的國際貿易使用哪國的貨幣進行結算。國際結算貨幣條件的確定應包括下述幾方面：

1. 確定商品的價格貨幣和結算貨幣

價格貨幣是指貿易中表示商品價格的貨幣，可用買方國、賣方國或第三國貨幣表示。結算貨幣，也叫支付貨幣，是指用來支付商品貨款的貨幣，有時價格貨幣就是結算貨幣，有時則不同。當買賣雙方不發生貨幣兌換，沒有匯價、買匯、結匯的問題時，兩者相同；兩者不同時，買賣雙方要通過談判，選擇幣值穩定的貨幣或世界通用貨幣定價，並根據結算貨幣支付前一天的某一外匯市場牌價確定匯率。

2. 確定貿易是自由外匯貿易還是記帳外匯貿易

自由外匯，即現匯，是指貿易和非貿易項下進行收付時不加任何限制，不採取差別性的多種匯率，在國際外匯市場上可隨時兌換所需外匯的貨幣。

記帳外匯是指記在清算帳戶上的外匯，只限於協定雙邊支付時使用，不能做多邊清算，不能自由運用。記帳外匯貿易也叫協定貿易，是根據兩國政府間的貿易支付協定進行貿易，不需逐筆結清，但要求進出口平衡，貨款的結算記入雙方指定銀行開立的清算帳戶內，並要嚴格按協定範圍通過清算帳戶收付外匯，清算一年一次，差額可用商品、現匯或黃金支付，在貨幣符號前加「清算」字樣。

3. 確定國際結算中的硬幣和軟幣

硬幣是匯率較堅挺的貨幣，軟幣是匯率疲軟的貨幣。

4. 貨幣的選擇

記帳外匯貿易的支付協定中已確定了清算貨幣,因此,只有現匯貿易才需選擇貨幣,選擇貨幣時應注意:選擇自由兌換、調撥靈活的貨幣,避免匯價波動和遭受凍結的風險;出口收匯盡量多用硬幣,進口付匯盡量多用軟幣;在平等互利基礎上,結合貨物的價格、貿易習慣、商品暢滯來靈活選用貨幣。

(二) 時間條件

時間條件是指發生的國際貿易在什麼時間進行結算,通常有以下三種結算時間:

預付(advanced payment)是指賣方將單據交給銀行或買方以前,由買方預先付貨款,預付對賣方有利。

即付(immediate payment)是指賣方將單據交給銀行或買方時,買方見單即付款,即付對買賣雙方是對等的。

遲付(deferred payment)是指賣方將單據交給買方或銀行若干時間后,再收買方支付的貨款,遲付對買方有利。

(三) 方式條件

方式條件是指發生的國際貿易以何種方式進行結算,國際結算方式大體上分為國際間的匯款方式、托收方式和信用證方式三大類別。

四、國際結算的研究對象和原則

國際結算研究的對象是實現國際結算的方法以及作為媒介的各種工具,實現國際結算的方法主要指國際間的匯款、托收、信用證等結算,而作為媒介的各種結算工具是指匯票、本票和支票。

在國際結算業務中應掌握「按時合理付匯、安全及時收匯」的原則,既要守約,按時對合理的應付外匯進行支付(不合理的部分可拒絕)以維護國家的國際形象,又要及時收回應收外匯,保證外匯資金的安全,提高資金的運轉效率。

五、國際結算的性質和特點

國際結算是以國際貿易、國際金融和貨幣銀行學為基礎形成的,是從微觀的角度來研究國際間貨幣運動的實務問題。同時,還涉及進出口貿易、國際保險、國際運輸、電訊傳遞、會計、海關、商檢、票據、法律等諸多的相關知識,具有很強的實用性和可操作性。

(1) 國際結算中的非信用證結算方式正取代信用證結算方式,成為國際貿易結算方式的主流,尤以歐美國家為甚,主要是適應市場向買方市場的轉變,非信用證結算方式包括匯電(T/T)、記帳賒銷(O/A)、承兌交單(D/A)、付款交單(D/P)以及在O/A、D/A方式基礎上發展起來的國際保理業務,這些方式對買方非常有利,可以降低費用,加速資金週轉。

(2) 國際結算的單據日趨多樣化、複雜化,由於世界經濟全球化、一體化的發展,國際貿易領域的競爭日益激烈,促使貿易保護主義重新抬頭,出現了新形式的貿易壁壘,這些壁壘多出於對本國環境保護和生態平衡的考慮,導致對國際結算的單據要求越來越多,越來越苛刻,這些單據包括商業、保險、檢驗、多式運輸等方面,以及雙方國家管理機構所規定的各種單據。

(3) 國際結算走向電子化、標準化,提高了結算效率,電子信息技術的飛速發展、計算

機的廣泛使用,使銀行可以採用新技術,如SWIFT系統和EDI結算,實現了單據標準化、業務電腦化,使之快速、安全、高效地完成國際間收付,並出現了建立在計算機和計算機網絡基礎上為客戶提供新的金融服務的電子銀行。

(4)國際貿易結算的法律規範日益健全,國際慣例、公約在結算中起著重要作用。隨著經濟、貿易和科技的發展,貿易結算規則不斷推陳出新,如《國際備用證慣例》、《國際保理業務慣例規則》等。

六、國際結算中的慣例

(一)國際慣例

國際慣例是指在世界範圍內被人們反覆運用與普遍承認的習慣做法和特定方式。它是在國際範圍內日積月累地逐漸形成的,主要有以下幾種:

(1)《2000年國際貿易術語解釋通則》(International Commerical Terms),簡稱《INCO-TERMS 2000》,現已成為國際貿易中應用最廣、最具影響力的國際慣例。

(2)《托收統一規則》(Uniform Rules for Collection——URC)(國際商會第522號出版物)於1996年1月1日始生效。

(3)《跟單信用證統一慣例》(Uniform Customs and Practice for Commercial Documentary Credit——UCP)(國際商會第600號出版物)於2007年7月1日開始生效。

此外,還有《國際銀行標準實務》,簡稱ISBP;《見索即付保函統一規則》(ICC458);《國際備用信用證慣例》(ISP98);《國際保理慣例》(IFC)等。

(二)國際慣例與法律、合同的關係

國際慣例本身並不是法律,而是人們共信共守的規則,它本身不具有法律效力。因此,合同的一方不能強迫對方使用某慣例,也不能自己主動地去執行某慣例,除非在合同上引用了某慣例,則此慣例對有關各方均具有約束力。所以在合同上要載明:「This is subject to UCP600.」或類似的字樣。

當國際慣例與合同的規定相違背時,以合同為準;合同中沒有規定的,又與現行的法律法規不違背的,國際慣例則可起到補充的作用。

任務二　國際結算票據概述

一、票據的概念

票據(Draft)有廣義和狹義之分。廣義的票據是指所有商業上權利憑證的單據,包括匯票、本票、支票、提單、倉單、保險單等。狹義的票據是指依據票據法簽發和流通的,以無條件支付一定金額為目的的有價證券,即為金融單據,包括匯票、本票和支票。通常所說的票據是指狹義的票據。它由出票人或製票人簽發,命令受票人(付款人)或向收款人承諾在票據到期日向持票人支付票面金額。國際結算使用的票據通常是可流通票據。票據的流通性取決於票據上收款人的寫法。

根據《英國票據法》第八條規定:除非票據上寫有「禁止轉讓」字樣,或是表示不可流通之意,所有票據無論採用何種形式支付票款給持票人,該持票人有權將票據轉讓給他人,轉讓時需履行背書手續。來人票(to bearer)不需背書,僅憑交付就可轉讓。

二、票據的性質

票據作為非現金結算工具,之所以能夠代替貨幣現金起流通和支付作用,是因為票據具有以下特點:

(一) 流通性

可以流通是票據的基本特性。票據權利是通過背書或憑交付進行轉讓,這是票據權利的兩種轉讓方式。根據票面上「抬頭人」的不同形式,採用相應的轉讓方式。經過背書或憑交付受讓人即可合法轉讓與流通。

票據轉讓不必通知票據上的債務人,債務人不能以未曾接到轉讓通知為由拒絕清償。受讓人獲得票據后,就享有票據規定的全部法律權利,如未實現票據的權利,有權對票據上的所有當事人起訴。以善意並已支付對價獲得的票據,受讓人權利可不受前手權利缺陷的影響。票據的流通性保護受讓人的權利,受讓人甚至可以得到轉讓人沒有的權利。

(二) 無因性

因是指產生票據權利義務關係的原因,有兩方面的內容:一是出票人與受票人之間的資金關係。二是出票人與收款人、票據背書人與被背書人之間的對價關係。

票據的成立與否不受原因關係的影響,票據當事人的權利義務也不受原因關係的影響。持票人行使票據權利時,可不明示其原因,只要能出示票據,就可以根據票面所載明的文義向受票人請求支付票據金額。而對受讓人而言,他無需調查票據的原因關係,只要票據記載符合法律規定,他就能取得票據文義載明的權利——向受票人要求支付票據金額,或者在被拒付時,向其轉讓人直至出票人追索。

票據的無因性使得基礎原因關係上的瑕疵不會影響到票據關係人之間根據票據記載所產生的權利義務關係,從而便於票據的流通。

(三) 要式性

票據的成立雖不究其當事人之間基本關係的原因,但卻非常強調它的形式和內容,即常說的要式不要因。所謂的要式性,主要指票據的做成必須符合規定,票據上所記載的必要項目必須齊全,且符合規定,處理票據的行為如出票、背書、提示、承兌、追索等的方式、程序、手續也須符合法律規定,這樣才能產生票據的效力。

(四) 提示性

票據的提示性是指票據的持票人請求受票人履行票據義務時,必須在法定期限內向受票人出示票據,以表明佔有這張票據,經確認后才能要求承兌或者付款。無提示的票據是無效的。對此,受票人就沒有履行付款的義務。

(五) 返還性

票據的返還性是指持票人收到票款后,應將票據交還付款人,作為付款人已付清票款的憑證,並從此停止該票據的流通過程。由此看來,票據與貨幣現金不同,其流通是有期限的,且不可往復使用。這體現了票據的局限性。

(六) 設權性

所謂設權性是指票據持有人的票據權利隨票據的設立而產生,離開了票據,就不能證明其票據權利。這是指票據上的權利,完全由票據行為所創立。票據的簽發,不是為了證明已經存在的權利,而是為了創設一種權利,即支付一定金額的請求權。這種權利一旦創

設,即與創設該權利的背景相分離,成為一種獨立的、以票據為載體的權利。

(七)文義性

所謂票據的文義性指票據上所創設的權利義務內容,完全依據票據上所記載的文字的概念確定,不能進行任意解釋或根據票據以外的其他文件來確定。

(八)金錢性

持有票據,即擁有票據的權利,可憑票據取得票款。它是一種以金錢為給付標的物的債權。

(九)提示性

所謂票據的提示性是指票據上的債權人請求債務人履行票據義務時,必須在法定期限內向付款人出示票據,以顯示佔有這張票據,才能要求付款。持票人不提示票據,付款人不必履行付款義務。

(十)可追索性

所謂票據的可追索性是指合格票據遭到票據的付款人或承兌人拒付時,正當持票人,為維護其票據權利,有權通過法定程序,向所有票據債務人追索,要求取得票據權利。

三、票據的作用

中國於1995年5月10日第八屆全國人民代表大會常務委員會第十三次會議通過,於1996年1月1日起施行的《中華人民共和國票據法》(以下簡稱《票據法》),於2004年8月28日第十屆全國人民代表大會常務委員會第十一次會議進行了修改。修正后的《票據法》在規範票據使用行為,保障票據使用中當事人的合法權益,維護社會經濟秩序,促進社會主義市場經濟的發展等方面起著很重要的作用。

(一)匯兌作用

在商業交易中,交易雙方往往分處兩地或遠居異國,經常會發生在異地之間兌換或轉移金錢的需要。因為一旦成交,就要向外地或外國輸送款項供清償之用。在這種情況下,如果輸送大量現金,不僅十分麻煩,而且途中風險很大。但是,如果通過在甲地將現金轉化為票據,再在乙地將票據轉化為現金的辦法,以票據的轉移,代替實際的金錢的轉移,則可以大大減少上述麻煩或風險。

(二)支付作用

匯票、本票作為匯兌工具的功能逐漸成形后,在交易中以支付票據代替現金支付的方式逐漸流行起來。用票據代替現鈔作為支付工具,可以避免清點現鈔時可能產生的錯誤,並可以節省清點現鈔的時間。因此,人們在經濟生活中都普遍使用票據特別是支票作為支付的工具。

(三)流通作用

最初的票據僅限於一次付款,不存在流通問題。但自從背書轉讓制度出現之後,票據就具有了流通功能,得以通過背書方式進行轉讓。按照背書制度,背書人對票據的付款負有擔保義務,因此,背書的次數越多,對票據負責的人數也越多,該票據的可靠性也越高。在當代西方社會,票據的流通日益頻繁和廣泛,僅次於貨幣的流通。

票據雖然可以代替現金流通,但票據本身並不是貨幣,票據與貨幣的主要區別在於:它不具有法定貨幣的強制通用效力。因此,當債務人以法定貨幣清償債務時,債權人不能不接受;但如果債務人準備以票據清償其債務時,則必須徵得債權人的同意,否則債權

人可以拒絕接受。

(四)融資作用

票據的融資作用就是票據籌集資金的作用。這主要通過票據貼現來實現。所謂票據貼現,是指對未到期票據的買賣行為,也就是說持有未到期票據的人通過賣出票據來得到現款。在匯票、本票的付款日期未到之前,持票人可能會發生資金運用困難的情況,為了調動資金,持票人可將手中未到期的票據以買賣方式轉讓於他人。收買未到期的票據,再將其賣給需用票據進行支付或結算的人,可以從買賣票據的差價中獲利,這樣,買賣票據的業務就發展起來了。

(五)信譽作用

信譽作用是票據的核心功能。票據當事人可以憑藉某人的信譽,就未來可以取得的金錢,作為現在的金錢來用。票據的背書,加強了票據的信譽作用,匯票和本票都有信譽工具的作用。

四、票據的法律體系和法的衝突的處理原則

票據法是規定票據種類、票據形式、票據行為及票據當事人權利義務關係的法律規範的總稱。在國內外經濟活動中,票據發揮著十分重要的作用,絕大多數國家都制定了各自的票據法,將票據流通規則法律化。目前最具有影響力的是英美法系中的英國《票據法》和大陸法系中《日內瓦統一法》。

(一)英美法系

英國在對銀行長期實踐經驗總結的基礎上,於 1882 年頒布實施了《票據法》(Bills of Exchange Act),它對匯票和本票作了法律規定,並將支票作為匯票的一種。1909 年、1914 年和 1917 年英國政府先後三次修訂了該法,現在仍使用該法。1957 年英國政府另行制定了《支票法》(Cheques Act 1957),作為票據法的補充。英國《票據法》實施至今已經一百多年,但其中絕大多數條款長期有效不變,其適用性很強。故本章有關票據實務內容較多地引用了英國《票據法》的規定。美國借鑑英國《票據法》,於 1952 年制定了《統一商法典》(Uniform Commercial Code)。目前,英國、美國、愛爾蘭、加拿大、澳大利亞、印度等國家和地區均採用或借鑑英國《票據法》。

(二)大陸法系

大陸法系是法國法系和德國法系的綜合。早在 1643 年法國國王路易十四頒布了《商事敕令》,其中對匯票和本票的簽發和流通都作了規定,因此法國的票據法歷史最悠久。1807 年,法國又頒布了《商法典》,其中規定了票據法,但僅對匯票和本票作了規定。法國票據法對歐洲大陸如義大利、荷蘭、比利時、西班牙等國家后來制定票據法產生了很大的影響。

德國在 1871 年頒布票據法,1908 年又頒布了支票法。歐洲大陸的奧地利、瑞士、葡萄牙、丹麥、瑞典、挪威以及亞洲的日本等國家的票據法皆屬於德國票據法系統。

由於各國票據法歸屬的體系不同,其內容也不完全相同,這對票據的國際流通與使用帶來許多不便。為了協調英美法系、法國法系和德國法系的矛盾和衝突,統一各國的票據法,國際聯盟先後在 1930 年和 1931 年在日內瓦召開了以歐洲大陸國家為主的 30 多個國家參加的國際票據法會議。會議通過了四個關於票據的公約,即:《統一匯票、本票法公約》、《解決匯票及本票若干法律衝突的公約》、《統一支票法公約》、《解決支票關於

法律衝突的公約》,它們合併簡稱為《日內瓦統一法》。由於英美未派代表參加日內瓦會議,《日內瓦統一法》也就不可能得到英美的承認,致使至今世界上還沒有統一的票據法,而存在英國《票據法》和歐洲《日內瓦統一法》兩大票據法體系。

(三) 法的衝突處理原則

票據按流通領域的不同可以劃分為國內票據和國際票據。由於涉及多個國家,世界各國對票據和票據行為的法律規定又有所不同,因此必然會發生究竟以哪一個國家的法律為準的問題。由此產生了法的衝突問題。

為了不因不同票據法阻礙票據的跨國流通和使用,國際上通行票據的行為地法律原則,即票據的完善與否以出票地的國家法律為準;其他票據行為的正確有效與否以該行為發生地點所在國的法律為準。事實上,出票是最基本的票據行為,因此,行為地原則也就可以簡單地概括為:各種票據行為的合法有效與否,均以該行為發生地所在國家的有關法律規定為準。

任務三　國際結算票據——匯票

一、匯票的概念

根據各國廣泛引用和參照的英國《票據法》規定,匯票(Bill of Exchange, Draft)是一人向另一人出具的無條件書面命令,要求對方見票時或在某一規定的時間或可以確定的時間,向某一特定人或其指定人或持票人支付一定的金額。匯票樣式如圖5-2所示。

樣式一

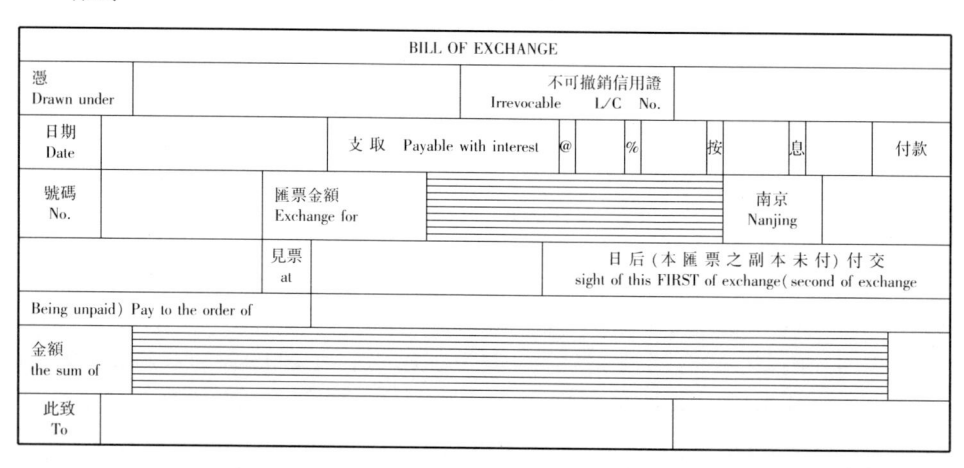

BILL OF EXCHANGE							
憑 Drawn under			不可撤銷信用證 Irrevocable　L/C　No.				
日期 Date		支取　Payable with interest	@	%	按	息	付款
號碼 No.	匯票金額 Exchange for				南京 Nanjing		
	見票 at			日后(本匯票之副本未付)付交 sight of this FIRST of exchange (second of exchange			
Being unpaid) Pay to the order of							
金額 the sum of							
此致 To							

樣式二

BILL OF EXCHANGE			
No.			
For	(amount in figure)		(place and date of issue)
At		sight of this FIRST Bill of exchange (SECOND being unpaid)	
pay to			or order the sum of
(amount in words)			
Value received for		of	
	(quantity)		(name of commodity)
Drawn under L/C No.		dated	
To:		For and on behalf of	
		(Signature)	

圖 5-2　匯票樣式

二、匯票的基本當事人及其權利、責任

(一)基本當事人

出票人、受票人和收款人是匯票的必要的當事人,也是匯票尚未進入流通領域之前的基本當事人。

1. 出票人(drawer)

出票人是開出和簽發並交付匯票的人。從法律上看,匯票一經簽發,出票人就負有擔保承兌和擔保付款的責任,直到匯票完成它的歷史使命。如果出票人因匯票遭拒付而被追索時,應對持票人承擔償還票款的責任。

在匯票被承兌前,出票人是匯票的主債務人;在匯票被承兌后,承兌人成為主債務人,出票人是匯票的從債務人。因此,在即期匯票付款前或遠期匯票承兌之前,出票人是匯票的主債務人。

2. 受票人(drawee)

受票人是按匯票上記載接受別人的匯票且要對匯票付款的人,在他實際支付了匯票規定的款項后也稱為付款人(payer)。他是接受付款命令的人(addressee)。受票人未在匯票簽名之前,可承兌,也可拒付,他不是必然的匯票債務人,並不必然承擔付款責任。

受票人承兌了匯票,即在匯票上簽名,表示他接受出票人發出的到期無條件支付一定款項的命令,從此受票人成為承兌人,就要對匯票承擔到期付款的法律責任,而成為匯票的主債務人。

3. 收款人(payee)

收款人是收取票款之人,即匯票的受益人,也是第一持票人,是匯票的主債權人,可

向付款人或出票人索取款項。具體地說,收款人可以要求付款人承兌或付款;遭拒付時他有權向出票人追索票款;由於匯票是一項債權憑證,他也可將匯票背書轉讓給他人。

(二)其他當事人

1. 背書人(endorser)

背書人是收款人或持票人在匯票背面簽字,並將匯票交付給另一人,表明將匯票上的權利轉讓的人。

一切合法持有票據的人均可以成為背書人。收款人或持票人可以通過背書成為背書人,並可以連續地進行背書轉讓匯票的權利。背書人就成為其被背書人和隨后的匯票權利被轉讓者的前手,被背書人就是背書人和其他更早的匯票權利轉讓者的后手。其中,收款人是第一背書人。

【實例5-2】一張匯票的出票人A,收款人B,A開立后交付給B,B憑背書或單純性的交付轉讓給C,C再轉讓給D。如果D不再轉讓,他便成了最后持票人。則B是A的后手、C和D的前手,C是D的前手、A和B的后手,A、B、C均是D的前手。如下圖所示:

A(出票人)→B(收款人)→C(第一受讓人)→D(持票人)
　　　　　　(第一背書人)(第一被背書人)　(第二受讓人)
　　　　　　　　　　　　(第二背書人)　(第二被背書人)

可見,背書的作用在於傳遞票據,並保證匯票是完滿的、無缺陷的。經過背書,收款人或持票人變成背書人,從債權人變成債務人。即背書人是匯票上的債務人。背書人對匯票承擔的責任與出票人相同,但對其前手以至出票人享有追索權。

2. 被背書人(endorsee)

被背書人即接受背書的人。當他再轉讓匯票時,就成為另一背書人。若不轉讓,則將持有匯票,就成為第二持票人。因此,他是匯票的債權人,最后被背書人必須是持票人。他擁有向付款人和前手背書人直至出票人要求付款的權利。

3. 承兌人(acceptor)

受票人同意接受出票人的命令並在匯票正面簽字,就成為承兌人。承兌人只存在於遠期匯票關係中,本票和支票由於沒有承兌行為,也就沒有承兌人。

票據一經承兌,出票人變為債務人的地位,而由承兌人成為主債務人。承兌人必須保證對其所承兌的文義付款,而不能以出票人不存在、出票人的簽字偽造或出票人沒有簽發票據的能力或授權等為借口拒付。票據法中「禁止承兌人翻案」,如果承兌人到期拒付,持票人可直接向法院起訴,也可向前手追索。

4. 參加承兌人(acceptor for honour)

參加承兌人是非匯票債務人對被拒絕承兌或無法獲得承兌的匯票進行承兌的人。參加承兌人也是匯票的債務人。當票據到期付款人拒不付款時,參加承兌人負責支付票款。

參加承兌人僅對受票人擔保,且與受票人有特殊的關係,有意要保護受票人的名譽。

5. 保證人(guarantor)

保證人是一個第三者對於出票人、背書人、承兌人或參加承兌人做保證行為的人,做「保證」簽字的人就是保證人。保證人與被保證人負擔相同責任。為出票人、背書人保證時,保證人應負擔保承兌及擔保付款之責;為承兌人保證時,保證人應負付款之責;在票

據被拒付時,也承擔被追索的責任。

6. 持票人(holder)

持票人指收款人或被背書人或來人,是現在正在持有匯票的人。他是票據權利的主體,享有以下的權利:付款請求權,持票人享有向匯票的承兑人或付款人提示匯票要求付款的權利;追索權,持票人在匯票得不到承兑或付款時,享有向前手直至出票人、保證人等要求清償票款的權利;票據轉讓權,持票人享有依法轉讓其匯票的權利。

7. 付過對價持票人(holder for value)

所謂對價是指一方所得收益相當於對方同等收益的交換。這種交換不一定是等價交換,對價可以通過貨物、勞務、金錢等形式體現。

付過對價持票人指在取得匯票時付出一定代價的人。不論持票人自己是否付了對價,只要其前手付過對價轉讓到現在持有匯票的人,就是付過對價持票人。如,背書人在轉讓前或轉讓后已付過對價,則對被背書人而言,就是付過對價持票人。它通常是指前手付過對價,自己沒有付對價而持票的人。

英國《票據法》根據是否付過對價,對持票人規定不同的權利。

8. 正當持票人(holder in due course)

正當持票人指經過轉讓而持有匯票的人。根據英國《票據法》規定,持票人應符合以下條件才能成為正當持票人:

(1)持有的匯票票面完整正常,前手背書真實,且未過期;

(2)持票人對於持有的匯票是否曾被退票不知情;

(3)持票人善意地付過對價而取得匯票;

(4)接受轉讓時,未發現前手對匯票的權利有任何的缺陷。

正當持票人的權利優於其前手,不受前手權利缺陷的影響,且不受匯票當事人之間債務糾葛的影響,能夠獲得十足的票據金額。

三、匯票的必要記載事項

(一)寫明「匯票」字樣(bill of exchange, exchange, draft)

這是為了表明票據的性質和種類,以區別於本票、支票等其他票據,匯票在英語中也有不同的表示方法。從實務角度一看一種票據註明名稱就知道這種票據應該符合什麼要求,各當事人有何責任,從而給經辦人帶來方便。

(二)無條件的支付命令(unconditional order to pay)

(1)命令。英文原文 Order,所以英文匯票必須用祈使句,以動詞開頭,如 pay to John Smith,若出於禮貌加上 please 亦可,但絕對不能用虛擬語句,如 Would please pay to John Smith 這類句子已不是命令而只是請求。

(2)支付必須是無條件的,即不得以其他行為或事件為付款條件,否則匯票無效。如:若 ABC 公司供應的貨物符合合同,支付給他們 1,000 英鎊;從 1 號帳戶存款中支付給 ABC 公司 1,000 英鎊;如果匯票加註出票條款,以表明匯票的起源交易,則是被允許的,而不視為條件,如本匯票根據中國銀行××分行 3217 號信用證開立。

(3)書面的。命令必須是書面的,而不能是口頭的,不然根本無法簽字,凡手寫、打字機打的、印刷的、計算機打的都是書面的,票據法一般沒有對票據尺寸大小、做成方式作規定,但實務上都要求以適合業務處理的尺寸和不易塗改的方法做成,如不能用鉛筆簽

發票據。

(三)一定金額的貨幣(a sum certain in money)

1. 以金錢表示

票據上的權利必須是以金錢表示,不然票據無效。

2. 確定的金額

金額必須確定,不論是出票人、付款人還是持票人,任何人根據票據文義計算的結果都是一樣的。如:

(1)GBP10,000.00 是合格的,多數票據的金額用這種方式表示。

(2)GBP1,000.00 plus interest,因未註明利率,所以金額不確定,根據英國《票據法》,匯票不成立,但根據《日內瓦統一票據法》和中國《票據法》,這類利息的記載無效,匯票本身是成立的。

(3)GBP1,000.00 plus interest at 6% p.a.是合格的,按理,要確定利息金額,還需要知道計息天數,但根據商業習慣,若票據未說明,就從出票日開始計息,直到付款日。

(4)USD equivalent(相等的)for GBP1,000.00 at the prevailing(現行的)rate in New York.匯率是確定的,因此記載是合格的。

(5)USD equivalent(相等的)for GBP1,000.00 也是合格的,按業務常規,以付款地當日的通行匯率支付。

(6)About USD 1,000.00 金額不確定,因此無效。

3. 大寫(amount in word)和小寫(amount in figure)

匯票的金額包括貨幣名稱和貨幣金額,金額同時以大小寫表示。一般地說,「Exchange for」后面填小寫金額,「the sum of」后面填大寫金額。

中國《票據法》規定,票據金額大小寫金額必須一致,大小寫金額不符,票據無效,銀行以退票處理。

4. 利息條款(with interest)

匯票上註明按一定的利率或某一日市場利率加付利息,是允許的。但利息條款須註明利率、起算日和終止日。例如:

Pay to ABC Company or order the sum of five thousand pounds plus interest…即無效匯票

Pay to ABC Company or order the sum of five thousand pounds plus interest calculated at the rate of 6% per annum from the date hereof to the date of payment…即有效匯票

5. 分期付款(by stated instalment)

分期付款的條款必須具體、可操作。例如:

Pay to the order of ABC Company the sum of five thousand US dollars by instalments.——無效匯票

At 60 days after date pay to the order of ABC Company the sum of five thousand US dollars by 5 equal consecutive monthly instalments.——有效匯票

6. 支付等值其他貨幣(pay the other currency according to an indicated rate of exchange)

支付等值其他貨幣是指按一定的或可以確定的匯率折算后付款。例如:

Pay to the order of ABC Company the sum of five thousand US dollars converted into sterling equivalent at current rate of exchange. ——有效匯票

現時匯率即按照付款日當天的匯率折成英鎊,任何人按此匯率都能算出相同的金額。因此,該匯票可以接受。之所以這麼規定,也是體現了票據法的衝突的行為地原則:在票據的付款地實行嚴格的外匯管制,而票據上是以外匯表示金額時,就必然有貨幣兌換的問題。票據行為必須尊重付款地點的國家法律。

(四)付款人(payer)名稱和地址

付款人的名稱、地址必須寫清楚。付款人先是接受命令的人,也叫受票人(drawee)。受票人只有對匯票作出承兌或付款,才成為承兌人或付款人。受票人在匯票上通常就表述為「To (drawee)」。

受票人的記載應有一定的確定性,以便持票人向其提示要求承兌或付款。英國《票據法》規定可有兩個或兩個以上受票人,同時要求他們之間應為並列的關係。如受票人可以是 A、B 和 C,但不能是 A 或 B 或 C,也不能是先 A 后 B 再 C。受票人的地址,並非必要項目,但為了便於提示,在實務上應寫明地址。特別是以同一城市有許多機構的銀行為付款人時一定要詳細註明。

(五)收款人(payee)名稱

匯票是債權憑證,收款人是匯票上記名的債權人,匯票上關於收款人的記載又稱「抬頭」,它應向付款人一樣,有一定的確定性。不過,實務中一般只寫一個完整的名稱,不強求寫明地址,匯票上收款人的填寫方法如下:

1. 限制性抬頭

此種抬頭的匯票只限於付給指定的收款人,即票據的債務人只對記名的收款人負責,限制性抬頭的匯票不可流通轉讓。

限制性抬頭的表示方法:

(1)僅付給 A 公司(Pay to A Co. only);

(2)付給 B 公司,不能轉讓(Pay to B Co., Not transferable);

(3)付給 C 公司(Pay to C Co.),但票據的其他地方有不可轉讓(Not transferable)的字樣。

由於限制性抬頭匯票不能流通轉讓,在一定程度上限制了匯票功能的發揮,因此,這種匯票在實務中的使用很不普遍。

2. 指示性抬頭

指示性抬頭是指可以由收款人或其委託人、指定人提示取款的匯票。指示性抬頭的匯票並不強求一定要收款人本人親自收款,收款人可以通過背書將匯票轉讓給他人,由受讓人以持票人身分取款。這種匯票既實現了匯票流通轉讓的最基本性質,又要求背書而具有一定轉讓條件,使轉讓更可靠、更安全,在實務中使用最廣泛。

指示性抬頭的表示方法:

(1)付給 A 的指定人(Pay to the order of A);

(2)付給 B 或其指定人(Pay to B or order);

(3)付給 C (Pay to C),這種做法習慣上稱為記名抬頭,雖然沒有指定人 order 字樣,但收款人仍然有權將票據背書轉讓。

指示性抬頭的匯票並不一定非轉讓不可,是否轉讓取決於收款人的意願和需要。

3. 來人抬頭

來人抬頭又叫空白抬頭、持票人抬頭。不管誰持有來人抬頭票據,都有權要求付款人付款,該種抬頭匯票無需背書即可轉讓,即只要通過簡單交付就可以實現轉讓。

來人抬頭的表示方法:

(1)付給來人(Pay bearer);

(2)付給 A 或來人(Pay to A or bearer);

不過來人抬頭匯票容易丟失而被他人冒領,收款人的權利缺乏保障,因此《日內瓦統一票據法》不允許匯票做成來人抬頭,中國《票據法》沒有明確禁止,但習慣上也不做成來人抬頭。

在實務中,票據的收款人也可以是出票人自己,在國際貿易結算中,出口商常常既是匯票的出票人,又是匯票的收款人。

(六)出票日期

出票日期指匯票簽發的具體時間。出票日期的作用有:

(1)決定匯票的有效期。持票人如不在規定時間內要求票據權利,票據權利會自動消失,《日內瓦統一票據法》規定匯票的有效期是自出票日期起 1 年,中國《票據法》規定見票即付的匯票有效期為 2 年。

(2)決定匯票的到期日。出票后定期付款的匯票到期日的計算是以出票日為基礎的。對於出票後若干天(月)(At＊＊＊days after date)付款的匯票,付款到期日的確定就取決於出票日。

(3)決定出票人的行為效力。若出票時,法人已宣告破產或清理,就喪失了行為能力,則該匯票不能成立。

(4)決定利息的起算日。如支付指定人 USD10,000,並按 X% 支付利息,這時出票日為起息日,付款日為到期日。

(七)出票人簽章

簽字原則是票據法最重要和最基本的原則,票據責任的承擔以簽字為條件,誰簽字誰負責,不簽字就不負責,票據必須經出票人簽字才能成立。出票人簽字時承認了自己的債務,收款人才因此有了債權。如果匯票上沒有簽字或簽字是偽造的,票據都不能成立。因此,出票人簽字是匯票最重要的和絕對不可缺少的內容。注意:各國並非都以簽字為確認債務的唯一方法,如中國《票據法》規定為簽章。

(八)出票地點

出票地點是指出票人簽發匯票的地點,對國際匯票具有重要意義,因為票據是否成立是以出票地法律來衡量的。但是,票據不註明出票地並不會影響其生效,中國《票據法》規定:匯票上未記載出票地的,則出票人的營業場所、住所或者經常居住地為出票地。出票地點應與出票人的地址相同,若匯票上未記載地點,根據《日內瓦統一票據法》規定,則以出票人姓名旁的地點為出票地點。

(九)付款地點(place of payment)

付款地點是指持票人提示匯票請求付款的地點。根據國際私法的「行為地原則」,到期日的計算,在付款地發生的「承兌」、「付款」等行為都要適用付款地法律。付款地也是票據遭到拒付時做出拒付證書的地點。因此,付款地的記載是非常重要的,但是,不註明付款地的票據仍然成立,根據中國《票據法》的規定,匯票上未記載付款地的,付款人的營

業場所、住所或者經常居住地為付款地。

(十) 付款期限(time of payment)或(tenor)

付款期限是指付款到期日亦即付款日期,是付款人履行付款義務的日期。

1. 付款期限的種類

(1) 即期付款(at sight/on demand)

即期付款是指見票即付,在持票人向付款人做出付款提示時,付款人應馬上付款。即期匯票不必承兌,兩大法系和中國的票據法均規定,如果匯票上未註明付款日期的,一概作為即期匯票處理。

(2) 定日付款(at ××fixed date)

匯票上有確定的付款日,付款人按期付款。如:2011 年 5 月 5 日付款;on 30th June fixed pay to。

(3) 出票后定期付款(at ×× days/at ×× month after date)

此種匯票以出票日為基礎,一段時間后付款。如 At 90 days after date; at 6 months after date。

(4) 見票后定期付款(at ×× days/at ×× months after sight)

需要持票人先向付款人承兌指示,然后以承兌日為起,推算到期日。如:At 90 days after sight; at 6 months after sight。

(5) 提單簽發日定期付款(At 60 days after date of bill of lading)

2. 匯票到期日的計算方法

計算匯票的時間,不包括見票日、出票日,即算尾不算頭。對付款到期日的計算,各國票據法的原則基本上是一致的。

【實例5-3】期之末日付款,匯票到期日均為票據載明付款期限的最後一天;假日順延,到期日如遇節假日,則順延至下一個營業日;算尾不算頭,用於以天為單位時,時間開始之日不算,到期之日要計算,如:2014 年 6 月 1 日見票(承兌)30 天后付款,到期日為 7 月 1 日,也就是說 6 月 2 日起算的 30 天。要注意匯票上的文義,英文算尾不算頭表達為 at…after…,但有時會遇到匯票記載不符國際慣例,如要求算尾又算頭,英文表達 at…from…此時付款日期比前者早一天,即從 6 月 1 日起算,到 6 月 30 日;月為日曆月,以月為單位時,不論大小月,都做一個月計;月之同日為到期日;無同日即為月之末日;半月以 15 天計,月初為 1 日,月中為 15 日,月末為最後一天。

四、匯票的其他記載事項

(一)「付一不付二」與「付二不付一」

出口商通過銀行向進口商收款時開出的是一式二份的成套匯票(a set of bill)。兩張匯票內容完全相同,且具有同等的法律效力。兩張匯票分不同航班郵寄,先到的那張起作用,后到的就自動失效。所以在第一張上印有「同樣金額期限的第二張不付款」,pay this first bill of exchange, second of the same tenor and dated being unpaid,第二張印有「同樣金額、期限的第一張不付款」。即付一不付二或付二不付一。

這樣就避免了付款人為同一筆金額兩次付款,又避免了因意外事故的發生而使單據遺失。

(二)需要時的受託處理人(referee in case of need)

托收是出口商先出運商品后收款的結算方式。為了防止在貨到后進口商拒絕承兌或拒絕付款,從而造成出口商的被動,出口商有必要在進口商所在地委託一家公司作為需要時的受託處理人。當匯票遭拒付時,持票人可向需要時的受託代理人聯繫,求助於他。若他願意,即可參加承兌,到期日參加付款,又稱預備付款人。

匯票若以買主作為付款人時,應在其名稱旁邊記載需要時的受託處理人的名稱和詳細地址。例如:

TO:DEF CO.(address)

 In case of need refer to B Co. (address)

(三)擔當付款行(a banker designated as payer)

在當今買方市場下,為了進口商方便,出票人(出口商)可根據與付款人(進口商)的約定,出票時載明付款人的開戶銀行作為擔當付款行。如:

A bill drawn on DEF Co., London.

Payable by Bank of B, London.

擔當付款行只是推定的受委託付款人,不是票據的債務人,對票據不承擔任何責任。遠期匯票的持票人可先向付款人提示要求承兌,到期日再向擔當付款行提示要求付款,擔當付款行支付票款后借記付款人帳戶。若出票人無載明,付款人承兌時可加列。例如:

     ACCEPTED

      (date)

    Payable at

    C Bank Ltd.London

     For B Bank , London

      Signed

(四)利息與利率(interest and its rate)

匯票上可以記載利息條款,但應載明起息日或收取利息的期限以及適用的利率,以便計算。

(五)用其他貨幣付款(payable in other currency)

匯票可以註明用其他貨幣付款,並註明匯率,但這種記載不得與當地法律相抵觸。

(六)提示期限(limit of time for presentment)

提示期限的規定,要在匯票有效期內。

(七)免做退票通知(notice of dishonor excused)、**放棄拒絕證書**(protest waived)

出票人/背書人在簽名旁記載放棄對持票人的某種要求。如:

「John Smith　Notice of dishonor excused」

「John Smith　protest waived」

表示 John Smith 對后手做出的安排,一方面表明他相信后手;另一方面做成證書、通知要支付一定的費用,不做退票通知、放棄拒絕證書,持票人仍可向他追索,表明他對匯票仍然是負責的。

(八)無追索權(without recourse)

出票人或背書人在自己的簽名上記載「without recourse」字樣,就免除了他們的追索

權。實際上是免除了出票人或背書人對匯票應負的責任。如：
Without recourse to us
For A Co. Ltd., London

五、匯票的種類

(一)按照出票人的不同,匯票可分為銀行匯票和商業匯票

銀行匯票(banker's bill)指出票人是銀行的匯票。它一般為光票。

商業匯票(commercial bill)指出票人是公司或個人的匯票。它可能是光票,也可能是跟單匯票。由於銀行的信用高於一般的公司或個人的信用,所以銀行匯票比商業匯票更易於流通轉讓。

(二)按照承兑人的不同,匯票可分為銀行承兑匯票和商業承兑匯票

銀行承兑匯票(banker's acceptance bill)指由銀行承兑的遠期匯票,它是建立在銀行信用基礎之上的。

商業承兑匯票(trader's acceptance bill)指由個人商號承兑的遠期匯票,它是建立在商業基礎之上的。由於銀行信用高於商業信用,因此,銀行承兑匯票在市場上更易於貼現,流通性強。應注意:銀行承兑匯票不一定是銀行匯票,因為銀行承兑的匯票有可能是銀行匯票也有可能是商業匯票。

(三)按照付款時間的不同,匯票可分為即期匯票和遠期匯票

即期匯票(sight bill or demand draft)即見票即付的匯票,它包括:票面上記載「at sight / on demand」字樣的匯票,提示匯票即是「見票」;出票日與付款日為同一天的匯票,當天出票當天到期,付款人應於當天付款;票面上沒有記載到期日的匯票,各國一般認為其提示日即到期日,因此也就是見票即付。

遠期匯票(time bill / usance bill)即規定付款到期日在將來某一天或某一可以確定日期的匯票。它可分為出票后定期付款匯票、見票后定期付款匯票、在其他事件發生后定期付款匯票、定日付款匯票和延期付款匯票五種情況。

(四)按照是否附有貨運單據,匯票可分為光票和跟單匯票

光票(clean bill)即不附帶貨運單據的匯票。在國際貿易結算中一般用於貿易從屬費用、貨款尾數、佣金等的收取或支付。

跟單匯票(documentary bill)即附帶貨運單據的匯票。與光票相比較,跟單匯票除了票面上當事人的信用以外,還有相應物資做保障,因此該類匯票流通轉讓性能較好。

(五)按照流通領域的不同,匯票可分為國內匯票和國際匯票

國內匯票(domestic bill)指匯票出票人、付款人和收款人三個基本當事人的居住地同在一個國家或地區,匯票流通局限在同一個國家境內。

國際匯票(international bill)指匯票出票人、付款人和收款人的居住地中至少涉及兩個不同的國家或地區,尤其是前兩者不在同一國,匯票流通涉及兩個國家或地區。國際結算中使用的匯票多為國際匯票。

(六)按照票面標值貨幣的不同,匯票可分為本幣匯票和外幣匯票

本幣匯票(domestic money bill)即使用本國貨幣標值的匯票。國內匯票多為本幣匯票。

外幣匯票(foreign money bill)即使用外國貨幣標值的匯票。

(七)按照承兌地點和付款地點是否相同,匯票可分為直接匯票和間接匯票

直接匯票(direct bill)即承兌地點和付款地點相同的匯票。國際貿易中使用的匯票大部分是直接匯票。

間接匯票(indirect bill)即承兌地點和付款地點不同的匯票。承兌人在承兌時須寫明付款地點。

(八)按照收款人的不同,匯票可分為來人匯票和記名匯票

來人匯票(bearer bill)即收款人是來人抬頭的匯票。

記名匯票(order bill)即收款人是指示性抬頭或限制性抬頭的匯票。

(九)按照同一份匯票張數的不同,可分為單式匯票和多式匯票

單式匯票(sola bill)指同一編號、金額、日期只開立一張的匯票,用於銀行匯票。

多式匯票(set bill)指同一編號、金額、日期開立一式二份甚至多張的匯票,用於逆匯項下的商業匯票。

匯票有著多種的分類方法,但並不意味著一張匯票只具備一個特徵,它可以同時具備幾個特徵。

六、匯票的票據行為

狹義的票據行為是以負擔票據上的債務為目的所做的必要形式的法律行為,包括:出票、背書、承兌、參加承兌、保證。其中出票是主票據行為,其他行為都是以出票為基礎而衍生的附屬票據行為。

廣義的票據行為除上述行為外,還包括票據處理中有專門規定的行為,如提示、付款、參加付款、退票、行使追索權等行為。票據行為與票據形式和內容一樣具有要式性,必須要符合票據法的規定。

(一)出票(issue)

1. 出票的概念

出票是指出票人簽發匯票並將其交付給收款人的票據行為。出票是主票據行為,離開它就不可能有匯票的其他行為。一個有效的出票行為包括兩個動作:①制成匯票並簽字(to draw a draft and to sign it);②將制成的匯票交付給收款人(to deliver the draft to payee)。這兩個動作缺一不可。出票創設了匯票的債權,收款人持有匯票就擁有債權,包括付款請求權和追索權。

交付(delivery)是指實際的或推定的從一個人的擁有,轉移至另一人擁有的行為。匯票的出票、背書、承兌等票據行為在交付前都是不生效的和可撤銷的,只有將匯票交付給他人后,出票、背書、承兌行為才開始生效,且不可撤銷。

匯票的開立可以是單張或多張。國內匯票多為單張匯票。國外匯票是一式多份,如一式兩份的「付一不付二」、「付二不付一」的匯票。若兩份匯票都經背書人或承兌人不經意的背書或承兌,且落入正當持票人之手,則背書人或承兌人應同時對這兩張匯票負責。

2. 出票的影響

匯票的出票行為一旦完成,就確立了匯票承兌前出票人是主債務人的地位和收款人的債權人地位,出票人要擔保所開立的匯票會由付款人承兌和付款;而付款人對於匯票付款並不承擔必然責任,他可以根據提示時與出票人的資金關係來決定是否付款或承

兑。因為匯票不是領款單,而是出票人擔保的信用貨幣,收款人的債權完全依賴於出票人的信用。

(二)背書(endorsement)

1. 背書的概念

背書是指持票人在票據背面簽字,以表明轉讓票據權利的意圖,並交付給被背書人的行為。它是指示性抬頭的票據交付轉讓前必須完成的行為。

背書包括兩個動作:①在票據背面或粘單上記載有關事項並簽名,根據中國《票據法》規定,背書必須記載簽章、背書日期、被背書人名稱等事項;②交付給被背書人或后手。

2. 背書的種類

(1)特別背書(special endorsement),又稱為記名背書或正式背書。即持票人在背書轉讓時註明了被背書人的名稱,背書內容完整、全面(見圖5-3)。

```
(匯票背面)
  Pay to XYZ Co. or order
       For ABC Import and Export Company ,Fuzhou
           LiU Hua(General Manager)
```

圖5-3　特別背書

被背書人作為持票人可以繼續進行背書轉讓匯票的權利(見圖5-4)。

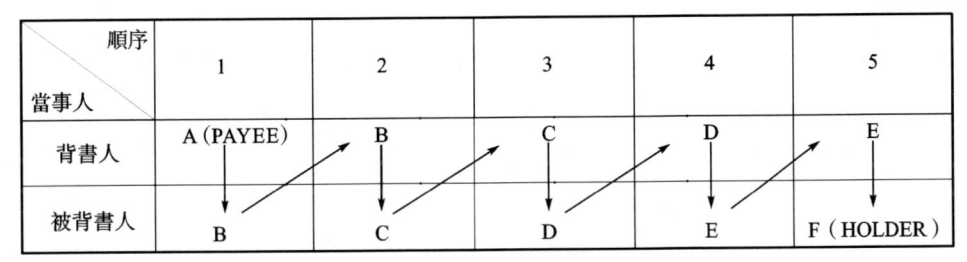

順序 當事人	1	2	3	4	5
背書人	A(PAYEE)	B	C	D	E
被背書人	B	C	D	E	F(HOLDER)

圖5-4　特別背書的連續性

(2)空白背書(blank endorsement),又稱不記名背書。即背書人僅在背面簽名,而不註明被背書人。做此背書后,被背書人要再轉讓,只需憑交付即可(見圖5-5)。

```
(匯票背面)
       For ABC Import and Export Company ,Fuzhou
           LiU Hua (General Manager)
```

圖5-5　空白背書

指示性抬頭的匯票經過空白背書后使匯票成為來人抬頭式匯票,受讓人可以僅憑交付來轉讓票據的權利。已做空白背書的指示性抬頭匯票,任何持票人均可將空白背書轉變為記名背書,只要在背書人名稱與簽字上面加註「付給XXX或指定人」即可。此后的被背書人可以繼續空白背書或記名背書。

值得注意的是,經空白背書轉變成的來人抬頭匯票與原來是來人抬頭的匯票是有區別的,前者可以繼續恢復成指示性抬頭(記名背書),而后者即使再做成記名背書也始終

是來人匯票。

(3)限制性背書(restrictive endorsement)指背書人在票據背面簽字、限定某人為被背書人或記載有「不得轉讓」字樣的背書(見圖5-6)。

```
(匯票背面)
Pay to John Smith only ( or not transferable or not negotiable )
                                                          LiU Hua
```

圖 5-6　限制性背書

經過限制性背書后,指示性抬頭的匯票成為了限制性抬頭的匯票,就不能繼續背書轉讓其權利,同時,也只有限制性背書的被背書人才能要求付款人付款。

對於限制性背書的被背書人的轉讓權利,各國票據法有不同的規定。英國《票據法》認為限制性背書的被背書人無權再轉讓票據權利;中國《票據法》和《日內瓦統一票據法》規定限制性背書的票據仍可由被背書人進一步轉讓,但原背書人即做限制性背書的背書人只對直接后手負責,對其他后手不承擔保證責任。

(4)有條件的背書(conditional endorsement)指「交付給被背書人」的指示是帶有條件的,即只有在所附條件完成時才把匯票交付給被背書人。該條件僅對背書人和被背書人起約束作用,與付款人、出票人承擔的責任無關(見圖5-7)。

```
(匯票背面)
        Pay to the order of B Co.
        On delivery of B/L No.123
                For A Co., London
                       (Signed)
```

圖 5-7　有條件的背書

由於匯票是無條件支付命令,因而多數國家包括中國的《票據法》規定:有條件背書的背書行為是有效的,但背書條件無效。即這些條件不具有法律效力。因此,有條件背書的受讓人在行使票據權利或再轉讓票據時,他可以不理會前手所附加的條件。但英國《票據法》規定匯票的開立不能有條件,但允許背書附加條件。

(5)托收背書(endorsement for collection)指背書人在背書時記載「委託收款(for collection)」字樣委託被背書人以代理人的身分行使匯票權利的背書(見圖5-8)。

```
(匯票背面)
Pay to the order of Bank of China, New York Branch for collection
          For ABC Import and Export Company, Fuzhou
               Li   Hua (General Manager)
```

圖 5-8　托收背書

托收背書的目的是委託被背書人收款,背書人只是賦予被背書人以代理權。被背書人雖持有匯票,但不能進行背書轉讓匯票權利,只能繼續進行委託收款背書。可見,托收背書並非所有權的轉讓,匯票的所有權仍屬於原背書人。

3. 背書的法律效力

(1)明確了前后手的關係。例如上述圖5-4,經過背書,B、C、D分別有1、2、3個前手。在付款人拒付時,B、C、D作為后手可以依次向自己的前手行使追索權。

(2)明確了背書人的責任。背書人在背書后必須保證被背書人能得到全部的票據權利,擔保匯票能及時承兌與付款,並對后手保證前手簽名的真實性和票據的有效性。

(3)確立了被背書人的債權人地位。被背書人接受票據后即成為持票人,獲得了票據上的全部權利,享有相當於收款人的付款請求權和追索權,從而使其成為債權人。對於被背書人來說,前手背書的人越多,表明願意對匯票承擔責任的人也越多,票據的質量就越高,他也就越安全。

(三)提示(presentation)

1. 提示的概念

提示是指持票人將匯票提交給付款人,要求付款人按匯票指示履行承兌或付款義務的行為。有了提示行為才能實現收款人的收款權利。

2. 提示的形式

提示的形式有提示承兌和提示付款兩種類型。

提示承兌是指持票人在票據到期前向付款人出示票據,要求其承兌或承諾到期付款的行為。提示承兌只是針對遠期匯票而言,即期匯票、本票和支票沒有提示承兌行為。

提示付款是指持票人在即期或遠期匯票到期日向付款人出示票據要求其付款的行為。匯票、本票和支票都需要有提示付款行為。

可見,即期匯票、本票和支票只有一次提示,即提示付款;遠期匯票則需要兩次提示,一次是到期前的提示承兌,另一次是到期時的提示付款。

3. 提示的法律要求

根據票據法的規定,提示匯票應在匯票規定的時限內和規定的付款地點進行。

(1)在規定的時限內提示。各國票據法的規定有較大的不同,如英國《票據法》規定:即期票據必須自出票日起1個月、本地支票10日內作提示付款;見票后定期付款匯票,自出票日起1個月做提示承兌;遠期匯票、本票,自到期日起10日內做提示付款。

《日內瓦統一票據法》規定:即期票據必須自出票日后的1年內做提示付款;見票后定期付款匯票,自出票日后的1年內做提示承兌;遠期匯票在到期日及以后兩個營業日內做提示付款。

中國《票據法》規定:定日或出票日后定期的匯票,應在匯票到期日前做提示承兌;見票后定期的匯票,應自出票日起1個月內做提示承兌;即期匯票自出票日起1個月內做提示付款;遠期匯票自到期日起10日內做提示付款。

(2)在規定的付款地點提示。持票人應在票據上指定的付款地點提示票據,如果未規定地點,則將付款人或承兌人的營業地址或居住地視為提示地點。由於目前使用的大部分是以銀行為付款人的匯票,因此,持票人可以通過銀行票據交換所向付款人提示匯票,也可以委託自己的往來銀行向付款銀行提示。

提示必須在匯票規定的時限內和規定的付款地點做出才有效,否則持票人將喪失對前手的追索權或喪失票據的權利。

(四)承兌(acceptance)

1. 承兌的概念

承兌是指遠期匯票的受票人在票面上簽字以表示同意按出票人的指示到期付款的行為。受票人通過在匯票正面簽字,確認了他到期付款的責任,受票人承兌匯票后成為承兌人。承兌行為的完成包括兩個動作:寫成和交付。

(1)寫成。付款人在票面上作承兌有以下不同的做法：①僅有付款人的簽名；②加註「承兌(Accepted)」字樣並簽名；③付款人簽名並加註承兌日期；④加註「承兌(Accepted)」字樣、簽名並加註承兌日期。例如：

①John Smith(付款人簽名)

②Accepted (「承兌」字樣)
　John Smith(付款人簽名)

③John Smith(付款人簽名)
　28 Mar., 2014 (承兌日期)

④Accepted (「承兌」字樣)
　John Smith(付款人簽名)
　28 Mar., 2014 (承兌日期)

可見，受票人簽名是承兌的必要內容，「承兌」字樣的記載則可有可無，承兌日期的記載視情況而定，如見票后定期付款的匯票就必須記載。

(2)交付。承兌的交付有兩種：實際交付和推定交付，前者即受票人在承兌后將匯票退還給持票人；后者即受票人在承兌后將所承兌的匯票留下，而以承兌通知書的方式通知持票人匯票已作承兌並告知承兌日期。根據國際銀行業的慣例，180天以內的遠期匯票承兌后，由承兌銀行專門繕制承兌通知書給持票人，用承兌通知書代替已承兌的匯票，完成交付。

2. 承兌的影響

承兌構成承兌人在到期日無條件的付款承諾，在匯票承兌后，承兌人是該票據的主債務人，他要對所承兌的票據的文義負責，到期履行付款責任。出票人則由匯票被承兌前的主債務人變為從債務人。

對於持票人而言，匯票承兌后，其收款就有了肯定的保證，匯票的流通性也就增強了。因此，經承兌的匯票具有了貼現融資的可能。

3. 承兌的種類

(1)普通承兌(general acceptance)。指付款人對出票人的指示毫無保留地予以確認的承兌。在正常情況下的承兌都是普通承兌。

(2)保留承兌(qualified acceptance)又稱限制承兌。指付款人在承兌時對匯票的到期付款加上某些保留條件，從而改變了出票人所企圖達到的目的和票面上的記載。常見的類型有：

①帶有條件的承兌(conditional acceptance)即承兌人的付款依賴於承兌時所提條件的完成。例如：

Accepted
10 Dec.2014
Payable on delivery of B/L
　　　　For ABC Company
　　　　　John Smith

根據中國《票據法》規定，承兌附有條件的，視為拒絕承兌。所以持票人有權拒絕帶有條件的承兌，把這樣的承兌當成受票人的拒付。

②部分承兌(partial acceptance)即承兌人僅承諾支付票面金額的一部分。例如，匯票

的票面金額為 USD10,000.00,而做如下承兌：

Accepted

10 Dec. 2014

Payable for amount of nine thousand US dollars only

For ABC Company

John Smith

③限定地點承兌(local acceptance)即承兌時註明只能在某一特定地點付款。例如：

Accepted

10 Dec., 2014

Payable on the counter of Bank of China, New York and there only

For ABC Company

John Smith

應注意：加註付款地點的承兌仍然是普通承兌,除非它表明僅在某地付款而不是在別處。如上例中若沒有「and there only」字樣的限制,則成為普通承兌。

④限制時間承兌(qualified acceptance as to time)即修改了票面上的付款期限。例如,匯票上記載的付款時間是出票后30天付款(payable at 30 days after date),而做如下承兌：

Accepted

10 Dec., 2014

Payable at 60 days after date

For ABC Company

John Smith

匯票持票人有權對上述的保留承兌予以拒絕,然后就可認為承兌人做出的保留承兌為拒絕承兌。若持票人接受了上述的保留承兌,而出票人或其前手背書人並未授權,事后也不同意,則持票人以后不能向他們行使追索權。

(五)付款(payment)

付款是指即期票據或到期的遠期票據的持票人向付款人提示票據時,付款人支付票款以消除票據關係的行為。付款人必須按正常程序付款(payment in due course)以后,才能免除其付款責任。所謂正常程序付款是指：

(1)由付款人或承兌人支付,而非出票人或背書人支付,否則匯票上的債權債務不能視為最后清償。

(2)要在到期日那一天或以后付款,不能超前；

(3)要付款給持票人,前手背書須真實和連續；

(4)善意付款,不知道持票人的權利有何缺陷。

付款人按正常程序付款后,付款人及票面上所有的票據債務人的債務責任都得以解除,匯票流通過程得以終結,匯票上所列明的債權債務最終得到清償。

(六)退票(dishonor)

持票人提示匯票要求承兌時,遭到拒絕承兌或持票人提示匯票要求付款時,遭到拒絕付款,均稱為退票,也稱拒付。某些有條件承兌、拒絕付款、拒絕承兌、付款人死亡、破產、失去支付能力、避而不見等都要退票。

持票人在遭遇退票時,可以把被付款人拒付的情況通知前手,做成退票通知;還可以通過公證機構做成拒絕證書。

退票通知(notice of dishonor)。做成退票通知的目的是讓匯票的債務人及早瞭解拒付事實,以便做好被追索的準備。發出退票通知的方法有兩種:①持票人在退票后的一個營業日內以書面或口頭的形式將拒付事實通知前手背書人,前手背書人再通知他的前手,依此類推,直至通知到出票人;②由持票人將退票事實對其前手(包括出票人)逐個通知(見圖5-9)。

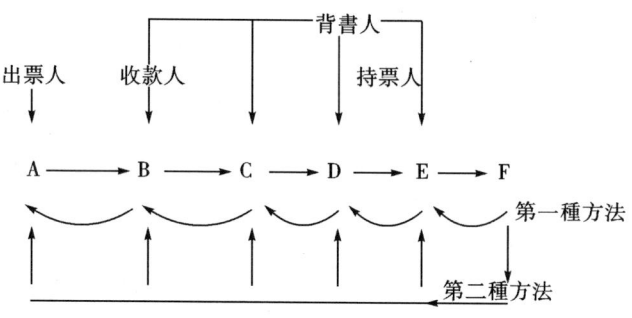

圖 5-9 退票的通知方法

拒絕證書(protest)是由拒付地點的法定公證人做出的證明拒付事實的法律文件。英國《票據法》規定,外國匯票在拒付后,持票人須在退票后一個營業日內做成拒絕證書。

具體地,持票人應先交匯票,由公證人向付款人再做提示,仍遭拒付時,就由公證人按規定格式做成拒絕證書,其中說明做成拒絕證書的原因、向付款人提出的要求及其回答。持票人憑拒絕證書及退回匯票向前手行使追索權。

(七) **追索**(recourse)

追索指匯票遭拒付時,持票人要求其前手背書人或出票人或其他票據債務人償還匯票金額及費用的行為。持票人所擁有的這種權利就是追索權(right of recourse)。追索權和付款請求權共同構成了匯票的基本權利。持票人要行使追索權,須具備三個條件:

(1)必須在法定期限內向受票人提示。英國《票據法》規定,在合理時間內向付款人提示匯票,未經提示,持票人不能對其前手追索。

(2)必須在法定期限內做成退票通知。英國《票據法》規定,在退票日後的次日,將退票事實通知前手直至出票人。

(3)外國匯票遭退票必須在法定期限內做成拒絕證書。英國《票據法》規定,退票后一個營業日內由持票人請公證人做成拒絕證書。

只有辦到此三點,持票人才能保留和行使追索權。但追索權的行使必須在法定保留期限內進行方為有效。中國《票據法》規定,自被拒絕承兌或被拒絕付款之日起 6 個月,《日內瓦統一票據法》規定為 1 年,英國《票據法》規定為 6 年。

行使追索權時,追索的票款包括:匯票金額、利息、做成退票通知和拒絕證書的費用及其他必要的費用。

(八) **保證**(guarantee/aval)

保證是非票據的債務人對於出票、背書、承兌、參加承兌等行為所發生的債務予以保證的附屬票據行為。匯票的出票人、背書人、承兌人、參加承兌人都可以作為被保證人,

由第三者(如大銀行、金融擔保公司等)擔當保證人對其保證,即在票面上加具「Guarantee」字樣,這張匯票信譽提高了,就能夠更好地流通。例如:

  Guarantee
      For account of
         ABC Import and Export Company, Fuzhou(被保證人名稱)
             Guarantor A Bank(保證人名稱)
                  Signature

保證人與被保證人負相同的責任。為承兌人保證,負付款之責;為出票人、背書人保證,負擔保承兌或擔保付款之責。經過保證后,票據可接受性就增強了。

【實例5-4】

對匯票當事人的理解

A在B處存有一筆款項,A與C簽訂了購貨合同,從C處購買一批商品。交易達成后,A於6月20日簽發了一張以B為付款人的匯票,命令B按照票面金額見票后30天付款。A將匯票交付給C。C作為收款人拿到票據后,於6月25日向B作了承兌提示。B於6月25日見票,當日承兌后將匯票退還給C。C因曾向D借過一筆資金,為了清償與D之間的借貸關係,於6月30日將票據轉讓給D。D因接受了E的勞務,於7月5日將票據轉讓給E。E也因為某種對價關係,於7月8日將票據轉讓給F。如果F不再轉讓票據,則F作為持票人,於匯票到期日(7月25日)向B作付款提示。B於7月25日付款。請分析它涉及的當事人和使用票據的業務流程(涉及的票據行為)。

解析:A為出票人,B為受票人,C為收款人及第一背書人,D為第一被背書人及第二背書人,E為第二被背書人及第三背書人,F為最后被背書人和持票人。

行為日期	使用流通程序	行為人	行為指向人	與當事人之間的關係
6月20日	出票	出票人A	收款人C	原因關係
6月25日	承兌提示	持票人C	受票人B	法律關係
6月25日	承兌	承兌人B	持票人C	法律關係
6月30日	背書	第一背書人C	第一被背書人D	對價關係
7月5日	背書	第二背書人D	第二被背書人E	對價關係
7月8日	背書	第三背書人E	第三被背書人F	對價關係
7月25日	付款提示	持票人F	受票人B	法律關係
7月25日	付款	付款人B	持票人F	法律關係

七、匯票的貼現

(一)貼現業務

貼現(Discount),指遠期匯票承兌后,尚未到期,由銀行或貼現公司從票面金額中扣減按照一定貼現率計算的貼現息后,將淨款(Net Proceeds)付給持票人的行為。

商業票據貼現就是票據的買賣,是指持票人出售已承兌的遠期匯票給貼現公司或貼

現銀行,提前得到票款,貼現銀行持貼進的匯票直到到期日提示給承兌人要求付款,承兌人支付票面金額歸還貼現銀行的墊款,並使銀行賺取了貼現息,所以貼現業務既是票據買賣業務,又是資金融通業務。

貼現息的計算公式為

$$貼現息 = 票面金額 \times \frac{貼現天數}{360} \times 貼現率$$

貼現天數指距到期日提前付款的天數,一般按貼現日到到期日前一日的天數計算。公式中除以 360,是因為貼現率是用年率表示的,應折算成日利率,英鎊按 365 天做基數進行折算,美元等其他貨幣按 360 天做基數進行折算。

淨款 = 票面金額 - 貼現息

或者

$$淨款 = 票面金額 - \left(1 - \frac{貼現天數}{360} \times 貼現率\right)$$

一般而言,票據貼現可以分為三種,即貼現、轉貼現和再貼現。貼現是指客戶(持票人)將沒有到期的票據出賣給貼現銀行,以便提前取得現款。一般工商企業向銀行辦理的票據貼現就屬於這一種;轉貼現是指銀行以貼現購得的沒有到期的票據向其他商業銀行所作的票據轉讓,轉貼現一般是商業銀行間相互拆借資金的一種方式;再貼現是指貼現銀行持未到期的已貼現匯票向人民銀行的貼現,通過轉讓匯票取得人民銀行再貸款的行為。再貼現是中央銀行的一種信用業務,是中央銀行為執行貨幣政策而運用的一種貨幣政策工具。

(二)貼現市場

由於不同國家在票據貼現市場的融資規模、結構狀況及中央銀行對再貼現政策的重視程度方面存在差異,票據貼現市場具有不同的運行特點。

美國的票據貼現市場,主要由銀行承兌匯票貼現市場和商業票據市場所構成。銀行承兌匯票是進出口貿易中進口商簽發的付款憑證,當銀行承諾付款並在憑證上註明「承兌」字樣後,就變成了承兌匯票。大多數銀行承兌匯票償還期為 90 天,因其以商品交易為基礎,又有出票人和承兌銀行的雙重保證,信用風險較低,流動性較強。

與美國相比,英國貼現市場的歷史則更為久遠,已走過了 100 多年的發展歷程,且一直比較發達,在金融市場中的地位也頗為重要和獨特。英格蘭銀行在相當長一段時間內高度重視再貼現政策的運用。19 世紀中葉,倫敦貼現市場所經營的幾乎全部是商業匯票的貼現業務,到 19 世紀末,才陸續增加國庫券和其他短期政府債券的貼現業務。20 世紀 50 年代中期以前,票據貼現市場是英國唯一的短期資金市場。20 世紀 50 年代後期,英國貨幣市場的家族才逐步擴大,出現了銀行同業存款、歐洲美元、可轉讓大額定期存單等子市場,但票據貼現市場在英國貨幣市場中仍毋庸置疑地處於核心地位。英國票據貼現市場的參與者眾多,包括票據貼現所、承兌所、企業、商業銀行和英格蘭銀行。倫敦貼現市場由 12 家貼現公司(Discount House)組成,專門經營買入各種票據,包括貼現商業票據。還有 8 家商人銀行,稱為承兌公司(Accepting House),辦理承兌匯票業務,即承兌公司以其自身名義承兌匯票,由持票人將匯票持向貼現公司辦理貼現,取得資金融通。經營這種承兌業務的公司叫做承兌公司。承兌公司賺取承兌手續費,不墊付資金,匯票到期,出票人將票款交承兌公司,以備持票的貼現公司取款。

日本的票據貼現市場上用來貼現的票據,主要是期票和承兌匯票。所謂期票,是由一些資信度較高的大企業簽發的、以自身為付款人、以銀行為收款人的一種票據。承兌匯票主要指國際貿易中出口商持有的、經過承兌的出口貿易票據。按照日本的中央銀行——日本銀行的規定,出口商持出口貿易票據向商業銀行貼現,或商業銀行持同類票據向中央銀行辦理再貼現時,均可獲得低於商業銀行短期普通貸款利率的優惠利率。此舉的目的在於刺激出口,增強日本商品的國際競爭力。在日本,不僅一些大的城市銀行將票據貼現作為放款業務的主要內容,就連經營長期金融業務的長期信用機構,基於調整資產結構、保持資產流動性的目的,也十分重視票據承兌與貼現業務,將其作為放款業務管理的重要內容。

中國票據貼現市場發展明顯滯后:一方面表現為票據貼現業務起步晚、數量小、比重低,面臨著一系列制約因素;另一方面表現為發展原票據貼現市場的框架和基本思路不夠明確。

實際中使用比較多的貼現業務是:承兌公司與普通商號約定,允許普通商號開出以承兌公司作為付款人的遠期匯票,承兌公司不收對價,在匯票上簽字承兌,用自己的名字來提高匯票的信譽;出票人也是收款人,將已承兌匯票拿到貼現公司要求貼現,從而獲得資金融通,待匯票到期日持票人將票款交給承兌公司,以便支付給提示匯票索款的貼現公司。這裡使用的匯票又稱為融通匯票(Accommodation Bill),承兌人又稱為融通人(Accommodation Party)。

(三) 匯票的身價

不是所有票據都能得到貼現,一張匯票能否貼現,能否有優惠的貼現率,既取決於貼現申請人(收款人)和貼現執行人(銀行,貼現行)的關係,又取決於代表匯票價身的出票人和承兌人的資信及匯票的開立依據等因素。匯票的身價(Quality of Bill)主要從以下兩方面鑑別。

(1) 出票人和承兌人的資信地位(Credit Standing),出票人和承兌人必須具有好名譽(Good Name),具有好資力(Good Capital Resource)。匯票上有兩個好名譽的商號,這樣的匯票就有了好的身價,一般更著重鑑別承兌人名號的好壞,承兌人是銀行的要優於商號,大銀行的要優於小銀行。

(2) 表示匯票起源的出票條款,貼現公司認為由於正常交易,出售貨物而出具的匯票是可靠的。例如,註明根據信用證出票的匯票是比較好的。

(四) 貼現的費用

貼現的費用包括承兌費、印花稅和貼現息。

(1) 承兌費(Acceptance Commission),是指承兌公司承兌匯票時收取的手續費。倫敦銀行對於遠期匯票的承兌費按承兌期每月 1‰ 算收,最少按 60 天承兌期(即 2‰)收費,一般由買方負擔。

(2) 印花稅(Stamp Duty)。一些國家要求對匯票貼印花,收取印花稅。英國對於 3 個月的遠期國內匯票按 2‰、6 個月的遠期國內匯票按 4‰ 貼印花;外國匯票按國內匯票的一半貼印花,印花稅由賣方負擔。

(3) 貼現息(Discount Interest),指貼現時扣除的利息,按照貼現息的計算公式計算。倫敦市場的貼現率由倫敦貼現市場公會決定,按年率計算。匯票的出票人、承兌人名譽好,貼現率就低;反之就高。貼現率經常變動,一般略低於銀行對客戶的放款利率。

貼現率與利率比較接近,但兩者並不相等,而且利率越高、期限越長,兩者的差距越大,兩者的關係如下:

$$利率 = \frac{貼現率}{1-貼現率 \times 時間} \quad 或 \quad 利率 = \frac{貼現息}{淨值 \times 時間}$$

貼現息是根據貼現率計算出的銀行在貼進票據時應扣得的利息,余下淨款付給持票人。

任務四　國際結算票據——本票

一、本票的概念

英國《票據法》關於本票(Promissory Note)的概念是:本票是指一人向另一人簽發的,保證即期或定期或在可以確定的將來的時間,對某人或其指定人或持票人支付一定金額的無條件書面承諾。

二、本票的基本內容

1. 本票的記載事項

根據中國《票據法》第七十六條規定,本票絕對應記載的事項有:表明「本票」的字樣;無條件支付的承諾;確定的金額;收款人名稱;出票日期;出票人簽章。

本票未記載上述規定事項之一的,則本票無效。根據中國《票據法》第七十七條規定,本票相對應記載的事項有:付款地,本票上未記載付款地的,出票人的營業場所為付款地;出票地,本票上未記載出票地的,出票人的營業場所為出票地。

2. 本票的付款

根據中國《票據法》的規定,銀行本票是見票付款的票據,收款人或持票人在取得銀行本票后,隨時可以向出票人請求付款。但為了防止收款人或持票人久不提示票據而給出票人造成不利,中國《票據法》第七十九條規定了本票的付款提示期限:「本票自出票之日起,付款期限最長不得超過 2 個月。」如果本票的持票人未按照規定期限提示本票的,則喪失對出票人以外的前手的追索權。

本票的背書、保證、付款行為和追索權的行使,除本票的規定外,適用有關匯票的規定(見圖 5-10)。

```
Promissory Note
GBP 10,000.00             London, 25th Apr., 2014
On the 28th July, 2014 fixed by the promissory note
We promise to pay China Export Corporation or order
The sum of pound sterling Ten Thousand Only
                    For and on behalf of the
                       Trading company
                          London
```

圖 5-10　本票樣式

三、本票的種類

根據中國《票據法》關於本票的規定和國際上關於本票種類的劃分方法，中國《票據法》所調整的本票種類有：

(1) 即期本票。根據本票付款期限的不同，國際上本票可分為即期本票和遠期本票。所謂即期本票是見票即付的本票；遠期本票包括定日付款本票、出票後定期付款的本票和見票後定期付款的本票。中國《票據法》第七十三條第一款只規定了「本票是出票人簽發的，承諾自己在見票時無條件支付確定的金額給收款人或者持票人的票據」，因此，中國《票據法》只調整「見票時無條件支付」的即期本票，而不調整遠期本票。

(2) 銀行本票。根據簽發本票的主體不同，國際上本票可分為企事業單位和個人簽發的商業本票和銀行簽發的銀行本票。中國《票據法》第七十三條第二款規定「本法所稱本票，是指銀行本票」，所以，中國票據法只調整銀行本票，而不調整商業本票。

(3) 記名本票。根據本票上是否記載收款人的名稱，國際上本票可分為記名本票和無記名本票。中國《票據法》第七十六條規定，本票必須記載收款人名稱，否則，本票無效；所以，中國《票據法》只調整記名本票。

中國《票據法》之所以只調整即期本票、銀行本票和記名本票，而不調整遠期本票、商業本票和無記名本票，其原因是因為中國的社會主義市場經濟尚處於起步階段，信用制度還很不成熟。本票具有通過信用進行融資的功能，如果利用不當，流通中的本票沒有相應的貨幣或商品作為保障，有可能產生信用膨脹，並擾亂經濟秩序，特別在目前中國信用制度尚不健全的階段，上述情況更有可能發生。所以，中國《票據法》在現階段只調整信用度較高的即期本票、銀行本票和記名本票。

四、本票與匯票的異同

本票與匯票的異同見表5-1。

表5-1　　　　　　　　　　　　　**本票與匯票的異同**

	種類　項目	匯票	本票
不同點	性質不同	無條件支付命令	無條件支付承諾
	基本當事人不同	出票人、付款人、收款人	制票人/付款人、收款人
	有否承兌行為	有	沒有
	提示的形式不同	有提示承兌和提示付款兩種形式	只有提示付款
	主債務人不同	出票人在承兌前是主債務人，在承兌后成為從債務人	制票人在流通期間始終是主債務人
	退票時是否作拒絕證書	需要	不需
相同點	(1) 都以無條件支付一定金額為目的； (2) 出票人(或制票人)都是票據的債務人； (3) 對收款人的規定相同； (4) 對付款期限的規定相同； (5) 有關出票、背書等行為相同。		

任務五　國際結算票據——支票

一、支票的概念

中國《票據法》第八十二條規定：支票(Cheque, Check)是出票人簽發的,委託辦理支票存款業務的銀行或者其他金融機構在見票時無條件支付確定的金額給收款人或者持票人的票據。

英美等國的票據法把支票看成匯票的一種形式。英國《票據法》規定：「支票是以銀行為付款人的即期匯票。它是銀行存款人(出票人)對銀行(付款人)簽發的授權銀行對某人或其指定人或持票人即期支付一定金額的無條件書面命令。」支票有兩個主要特點：一是付款人有資格限制；二是見票即付。

支票的出票人必須在付款銀行有存款,其簽發支票的票面金額不得超過其在銀行的存款。凡票面金額高於其在銀行存款的支票,稱為空頭支票。空頭支票的持有人向付款銀行提示支票要求兌付時會遭到拒絕,支票的出票人也要負法律責任。

二、支票的記載項目

根據《日內瓦統一票據法》的規定,支票必須具備以下項目：
(1)寫明其為「支票」字樣；
(2)無條件支付命令；
(3)付款銀行名稱和地址；
(4)出票人名稱和簽字；
(5)出票日期和地點(未載明出票地點者,以出票人名稱旁的地點為出票地點)；
(6)寫明「即期」字樣；
(7)一定金額貨幣；
(8)收款人或其指定人。
支票樣式如圖 5-11 所示。

```
Cheque for GBP 5,000.00                                    No.5451016

London, 1st Jan. 2014
Pay to the order of British Trading company
The sum of pound sterling five thousand only
To : National Westminister Bank Ltd.
London                                         For London Export Corporation
```

圖 5-11　支票樣本

三、支票的使用必須具備的條件

(1)支票的出票人必須是銀行的存款戶。這就要求出票人在銀行要有存款,在銀行沒有存款的人絕對不可能成為支票的出票人,因為沒有存款的支票得不到付款。

(2)出票人在銀行必須有足夠的存款。支票的出票人所簽發的支票金額不能超過其

在銀行的存款金額,如果銀行允許在一定限度內透支,則透支金額不超過銀行允許的範圍,出票人不得開立空頭支票。

(3)出票人與銀行簽有使用支票的協議,應預留簽字樣本或印鑒。

(4)支票的出票人必須使用存款銀行統一印製的支票。支票不能像匯票和本票一樣,由出票人自製,而必須向存款銀行購買統一印製的支票簿。

(5)支票為見票即付。支票都是即期的,付款銀行必須見票即付,所以支票無需註明付款期限,由於支票沒有遠期,因而不需辦理承兌手續。

(6)支票的付款人僅限於銀行。匯票可以是銀行、企業或個人。

四、支票的種類

(一)根據支票的支付方式分類

1. 現金支票

現金支票是指出票人簽發的委託銀行支付給收款人確定數額的現金的支票。只能用於提現,不能轉帳(見圖5-12)。

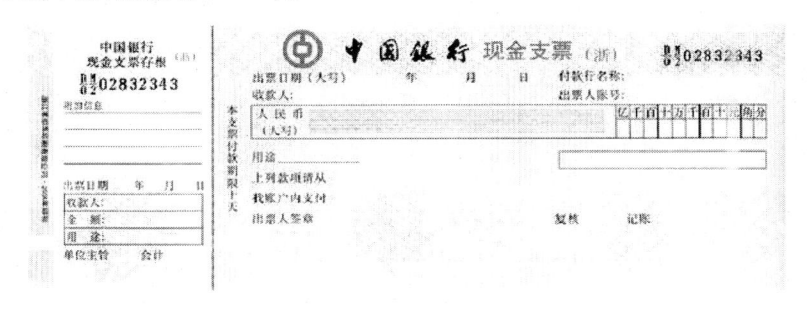

圖5-12 現金支票樣本

2. 轉帳支票

轉帳支票是指出票人簽發給收款人憑以辦理轉帳結算,或委託銀行支付給收款人確定金額的支票。轉帳支票只能用於轉帳,不能支取現金(見圖5-13)。

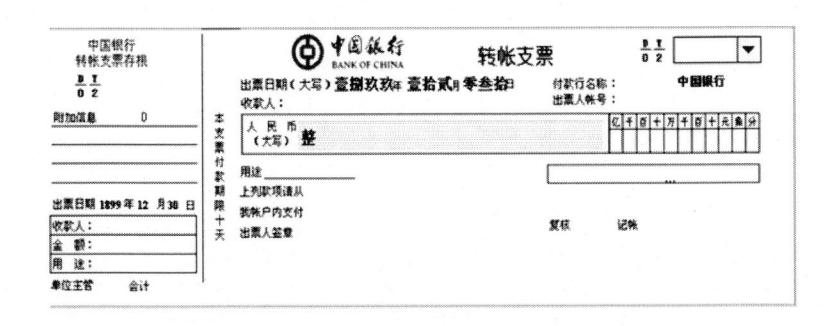

圖5-13 轉帳支票樣本

(二)根據支票的抬頭分類

1. 記名支票

記名支票是指註明收款人名稱的支票。除非記名支票有限制轉讓的文字,否則,記

名支票即為指示性抬頭的支票,可以背書轉讓,記名支票在取款時,必須由收款人簽章並經付款行驗明其真實性。

2. 無記名支票

無記名支票又稱空白支票、來人支票,是指沒有記載收款人名稱或只寫付來人的支票。任何人只要持有此種支票,即可要求銀行付款且取款時不需要簽章,銀行對持票人獲得的支票是否合法不負責任。

(三)根據支票是否有特殊限制或特殊保障分類

1. 普通支票

普通支票又稱非劃線支票,無兩條平行線的支票或對付款人無特殊限制或保障的一半支票。普通支票的持票人可以持票向付款行提取現金,也可以通過其他往來銀行代為轉帳,只要提示支票合格,付款銀行就立即付款。因此,萬一丟失,容易被冒領,且很難返回,為了防止冒領,就產生了支票特有的劃線方法。

2. 劃線支票

劃線支票是指由出票人或持票人在普通支票正面劃有兩條平行線的支票。劃線支票的持有人只能委託銀行收款,不能直接提取現金,即對支票取款人加以限制,限制於銀行或銀行的客戶,便於核查票款去向。劃線支票可以起到防止遺失后被人冒領,保證收款人的利益的作用,根據平行線內是否註明收款銀行,劃線支票又分為普通劃線支票和特殊劃線支票。

(1)普通劃線支票

一般劃線支票,指不註明收款銀行的劃線支票,收款人可以通過任何一家銀行收款。

(2)特殊劃線支票

特殊劃線支票指在平行線中註明了收款銀行的支票。對特殊劃線支票,付款行只能向劃線中指定的銀行付款,當付款行為指定銀行,則只能向自己的客戶轉帳付款。如果付款銀行將票款付給了非劃線中指定銀行,應對真正所有人由此發生的損失負賠償責任。賠償金額以票面金額為限。

普通支票可以經劃線成為劃線支票,一般劃線支票可以經記載指定銀行而成為特殊劃線支票,但特殊劃線支票不能回復成一般劃線支票,一般劃線支票不能回復成普通支票,即再劃上平行線、寫上任何內容都不得塗消,記載仍舊有效。

3. 保付支票

保付支票是付款銀行在支票上記載「照付」或「保付」等同義詞,由付款銀行負擔絕對付款的義務的支票。

五、支票的止付

支票的止付指出票人撤銷其開出的支票的行為。支票的止付,應由出票人向付款銀行發出書面通知,要求某張支票(號碼、日期、金額、收款人名稱等)停止付款。

當出票人遺失支票,要求付款銀行止付時,該銀行應告訴持票人立即與出票人聯繫,由出票人發出書面通知,止付才能成立。

做法:一般出票人可先以電話通知付款銀行止付,隨后發出書面止付通知,付款行在接到出票人口頭止付通知后,如果支票被提示,銀行所能做的只是推遲付款,以等待出票人的書面確認。

【實例 5-5】我某公司在廣交會上與外商簽訂了一份出口合同,並憑外商所給的以國外某銀行為付款人的、金額為 6 萬美元的支票,在 2 天后將貨物裝運出口。隨後,我出口公司將支票通過中國國內銀行向國外付款行托收支票時,被告之該支票為空頭支票。試分析我方應吸取的教訓。

【精析】此案例屬於利用空頭支票進行詐騙的案件,我方應吸取的教訓:應瞭解客戶資信情況,加強與國外銀行聯繫,掌握支票的使用,避免造成損失。

六、支票與匯票的異同

支票與匯票的異同見表 5-2。

表 5-2　　　　　　　　　　支票與匯票的異同

種類　項目	匯票	支票
性質不同	委託書	出票人對受票行的付款授權書
出票人、受票人身分是否受限制	沒有限制	出票人只能是銀行的存款客戶,受票人只能是吸收存款的銀行
有否承兌行為	有	沒有
提示的形式不同	有提示承兌和提示付款兩種形式	只有提示付款
主債務人不同	出票人在承兌前為主債務人,出票人在承兌後為從債務人	出票人在流通期間始終是主債務人
付款期限不同	有即期和遠期之分,因此必須有到期日的記載	只有即期付款,沒有到期日的記載
是否有保付行為	沒有,但可以有第三方的保證行為	可以有帳戶銀行的保付行為
能否止付	沒有,在被承兌后,承兌人必須付款	可以有止付

應知考核

■ 主要概念

　　國際結算　匯票　本票　支票　出票　提示　承兌　EDI 票據　對價　商業承兌匯票　銀行承兌匯票　即期匯票　遠期匯票　光票　跟單匯票　特別背書　空白背書　限制性背書　有條件的背書　退票　記名支票　無記名支票　普通支票　劃線支票　支票的止付

■ 基礎訓練

一、單選題

1. 在下列背書中,沒有使票據權發生轉移的背書是(　　)。
　　A.有條件的背書　　　　　　　　B.不得轉讓背書
　　C.委託收款背書　　　　　　　　D.記名背書
2. 如果匯票上註明「At three month after sight pay to...」,則此種匯票(　　)。

A.應提示承兌

B.不應提示承兌

C.可以提示承兌也可以不提示承兌

D.無須承兌

3. 一張出票日為1月31日的遠期匯票,付款期限是「At one month after date pay to...」,則其到期日為(　　)。

 A.2月28日   B.3月2日

 C.3月3日   D.以上都不是

4. 表示匯票金額的方法正確的是(　　)。

 A.About USD200   B.USD200

 C.USD200 plus interest   D.以上都對

5. 某銀行簽發一張匯票,以另一家銀行為受票人,則這張匯票是(　　)。

 A.商業匯票   B.銀行匯票

 C.商業承兌匯票   D.銀行承兌匯票

6. 在匯票的使用過程中,使匯票一切債務終止的票據行為是(　　)。

 A.提示   B.承兌

 C.背書   D.付款

7. 某支票的簽發人在銀行的存款總額低於他所簽發的支票票面金額,則他簽發的這張支票被稱為(　　)。

 A.現金支票   B.轉帳支票

 C.個人支票   D.空頭支票

8. 承兌交單方式下開立的匯票一定是(　　)。

 A.即期匯票   B.遠期匯票

 C.銀行匯票   D.銀行承兌匯票

9. 若匯票受款人一欄內寫明「Pay to the order of...」則該匯票(　　)。

 A.不可流通轉讓   B.可以經背書轉讓

 C.無須背書,即可流通轉讓   D.由出票人決定是否可以轉讓

10. 90天假遠期信用證,出口商在填製匯票時,應在付款期限欄目中(　　)。

 A.打上 AT SIGHT   B.填 90 DAYS

 C.打上「……」或「＊＊＊＊＊＊」 D.留空白

二、多選題

1. 匯票上關於收款人的記載又稱「抬頭」,其填寫方法主要有(　　)。

 A.限制性抬頭   B.空白抬頭

 C.指示性抬頭   D.來人抬頭

2. 匯票的出票日期是指匯票簽發的具體日期,其作用是(　　)。

 A.決定匯票的有效期   B.決定到期日

 C.決定那個出票人的行為能力   D.決定付款人的渡口效力

3. 托收結算方式根據是否隨附有貨運單據,可分為(　　)。

 A.付款交單   B.承兌交單

 C.光票托收   D.跟單托收

4. 付款交單可分為即期付款交單和遠期付款交單,與即期付款交單相比,遠期付款交單的特點有(　　)。
  A.出口商開具的是遠期匯票　　　　B.進口商應先予承兌匯票
  C.進口商承兌匯票取得單據　　　　D.匯票到期才付款贖單
5. 支票與匯票的區別在於(　　)。
  A.前者只能用作結算工具,后者既可做結算和押匯工具,又可以作為信貸工具
  B.前者無須承兌,后者的遠期匯票通常要經過承兌
  C.前者的提示期限較短,后者的提示期限相對要長得多
  D.前者可以止付,后者在承兌后不可撤銷

三、簡答題
1. 簡述國際結算的性質和特點。
2. 簡述國際結算中的慣例。
3. 簡述票據的作用。
4. 簡述匯票與本票的異同,匯票與支票的異同。
5. 簡述匯票的票據行為包括哪些?

應會考核

■技能案例

【案例背景】

  2014年12月25日,A市甲公司財務人員到乙銀行A分行營業部要求兌付9張每張價值1,000美元的由美國丙公司發行的旅行支票。該銀行業務人員審核后發現,這些旅行支票與運通公司的票樣相比,支票的印刷粗糙,估計是彩色複印機所制;票面金額、徽標等沒有凹凸感;復簽底線也非由小字母組成,而是一條直線,估計是複印機無法分辨原票樣的細微字母;票面在紫光燈光下泛白色,沒有水印。經仔細查詢審核,該行確認這些旅行支票為偽造票據,予以沒收。

  經查,這些偽造的旅行支票是丁公司出具給甲公司抵債用的,甲公司準備兌付后還貸款。

【技能思考】

請結合本項目的內容對本案例進行分析,通過此案例我們可以得到什麼啟示?

■實踐訓練

【實訓項目】

背書

【實訓情境設計】

有一張匯票如下：

Exchange for USD 1,200.00　　　Shanghai, 3 Sep, 2014

At 90 days after sight this First exchange（the second exchange unpaid）pay to the order of

　　　　　　　　Bank of China, Shanghai

The sum of US dollars One Thousand Two Hundred Only

To Bank of ABC, New York　　　　For Shanghai Textile Export & Import Co., Ltd
455 Madison Avenue　　　　　　　No.12 Nanjing Road（east）
New York NY 10017　　　　　　　Shanghai
U.S.A.　China

【實訓任務】

如果中國銀行上海分行要將此匯票背書給中國銀行紐約分行（Bank of China, New York Branch），請你為之做一個限制性背書。

項目六
國際結算方式——匯款

■知識目標
理解：國際結算方式中順匯法和逆匯法；
熟知：匯款方式在國際貿易中的具體應用及風險防範；
掌握：匯款方式的概念、當事人及種類、流程。

■技能目標
學生應掌握匯款業務的流轉程序及銀行間頭寸的劃撥辦法。

■情意目標
學生能夠具有匯款方式的實務操作和相關單據的填寫能力，熟知 SWIFT 的應用和格式。

■教學目標
教師要培養學生能夠運用所學的匯款業務理論及業務知識進行實踐操作，處理匯款業務。

【項目引例】

上海 A 銀行某支行有一筆美元匯出，匯款通過其分行匯款部辦理，分行經辦人員在審查時發現，匯款申請書中收款銀行一欄只填寫了「Hong Kong and Shanghai Banking Corp. Ltd.,（匯豐銀行）」，而沒有具體的城市名和國家名，由於匯豐在世界各地有眾多的分支機構，匯出行的海外帳戶行收到這個匯款指令時肯定無法執行。為此，經辦人員即以電話查詢該支行的經辦人員，后者答稱當然是香港匯豐銀行，城市名稱應該是香港。本行經辦人員即以匯豐銀行香港分行作為收款人向海外帳戶行發出了付款指令。事隔多日，上海匯款人到支行查詢，稱收款人告知迄今尚未收到該筆款項，請查閱於何日匯出。分行匯款部當即再一次電海外帳戶行，告知收款人稱尚未收到匯款，請復電告知劃付日期。帳戶行回電稱，該筆匯款已由收款銀行退回，理由是無法解付。這時，匯出行再仔細查詢了匯款申請書，發現收款人的地址是新加坡，那麼收款銀行理應是新加坡的匯豐銀行而不是香港的匯豐銀行，在徵得匯款人的同意后，重新通知其海外帳戶行將該筆匯款的收款銀行更改為「Hong Kong and Shanghai Banking Corp. Ltd., Singapore」，才最終完成了這筆匯款業務。

分析：本案例中該筆匯出款項最初之所以沒有順利解付的原因就在於沒有準確向匯出行提供收款銀行地址和名稱。本案例提示我們匯款人正確填寫匯款申請書的重要性，

特別是對於收款人或收款銀行的詳細地址包括城市名稱和國家名稱更是不能填錯或漏填。對於銀行工作人員來說,應該認真審查匯款申請書,當發現匯款人填寫不全時務必請其詳細填寫,以防匯錯地址,導致收款人收不到款或被人誤領。如果由於某些原因不能確切知道收款行或收款人的詳細地址時,應向知情的當事人詢問清楚,不能主觀推測。這樣有利於合理保護匯款人和收款人的權益。

【知識支撐】

任務一　國際結算方式概述

一、國際結算方式的概念

國際結算方式又稱為支付方式,通常是指在一定的條件下,使用一定的貨幣結清債權、債務關係的過程中所採用的方式,也就是債務人向債權人償還債務的方式。

國際結算方式的內容包括:①買賣雙方為了保證買方可靠地獲得代表貨物所有權的單據及賣方安全地收匯,所採取的交單與付款方式;②結算過程中,買方、賣方和相關銀行之間各自權責的確定;③訂明具體的付款時間、使用貨幣、所需單據和憑證;④相關銀行之間的匯款頭寸劃撥安排;⑤交易雙方為了加速資金的週轉,以提高經營效益,結合結算方式,爭取銀行融資的安排。

二、國際結算方式的分類

(一)根據匯兌的方向,可劃分為順匯法和逆匯法

1. 順匯法(Remittance)

順匯法又稱匯付法,它是付款人主動將款項交給銀行,委託銀行採用某種結算工具支付給收款人的結算方式。由於在這種結算方式下資金的流動方向與結算工具的傳遞方向相同,故稱順匯法,具體如匯款方式。其基本流程如圖6-1所示:

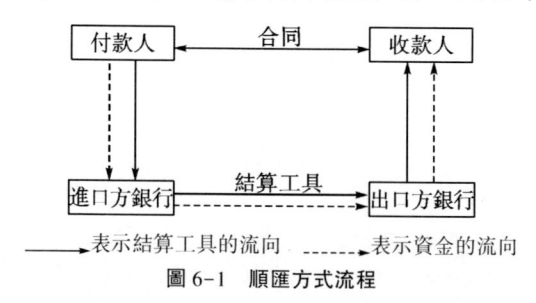

圖6-1　順匯方式流程

2. 逆匯法(Reverse remittance)

逆匯法又稱出票法,是由收款人(債權人)出具匯票,委託銀行向國外的付款人(債務人)收取一定金額的結算方式。由於在這種結算方式下資金的流動方向與結算工具的傳遞方向相反,故稱逆匯法,具體如托收方式和信用證方式。其基本流程如圖6-2所示:

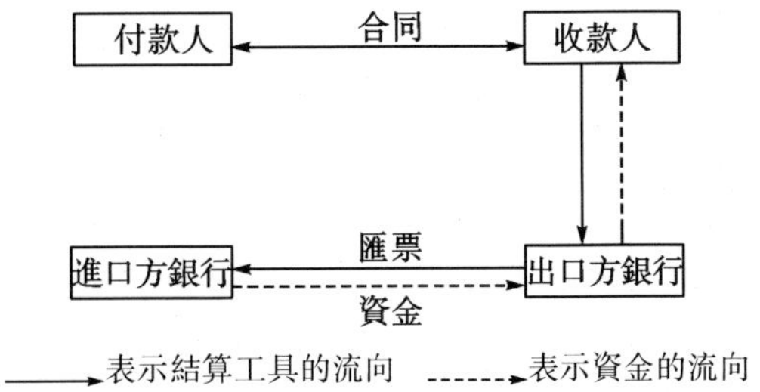

```
付款人 ←—合同—→ 收款人
                      ↑
                      ¦
                      ¦
進口方銀行 ←—匯票—— 出口方銀行
         ----資金--→
```

——→ 表示結算工具的流向   ----→ 表示資金的流向

圖 6-2　逆匯方式流程

(二) 根據提供信用的角度,可劃分為以商業信用為基礎和以銀行信用為基礎的結算方式

1. 商業信用為基礎的結算方式

以商業信用為基礎的結算方式是指銀行對結算中的收付雙方均不提供信用,只是接受委託,辦理款項的收付,如匯款方式和托收方式。

2. 銀行信用為基礎的結算方式

以銀行信用為基礎的結算方式是指銀行為交易提供信用保證的結算方式,如信用證方式和銀行保函方式等。

任務二　國際結算方式——匯款

一、匯款方式概述

(一) 匯款方式的概念

匯款(Remittance)又稱匯付,是匯出行應匯款人的要求,以一定的方式,把一定的金額,通過其國外聯行或代理行作為匯入行,付給收款人(Payee)的一種結算方式。匯款是順匯方式。可單獨使用,也可與其他結算方式結合使用。既能適用於貿易結算,也可適用於非貿易結算,凡屬外匯資金的調撥都是採用匯款方式。所以它是基本的結算方式,是銀行的主要外匯業務之一。

(二) 匯款方式的當事人

(1) 匯款人(Remitter)即付款人,指向銀行交付款項並委託銀行將該款交付給收款人的人;在國際貿易中,匯款人即進口商。其責任是填寫匯款申請書、提供匯出的款項並承擔相關費用。匯款申請書是匯款人與匯出行之間的契約,也是匯款人的委託指示,要求匯款人應填寫明確清楚。

匯款申請書主要內容有:①匯款種類的選擇;②收款人姓名、地址;③開戶行名稱、地址、帳戶;④匯款人姓名、地址;⑤匯款金額及幣別;⑥匯款附言。匯票申請書樣本如圖6-3所示。

外5（四联）

中国银行汇出汇款申请书
APPLICATION FOR OUTWARD REMITTANCE

致：中国银行_____分行
TO: BANK OF CHINA, _____ BRANCH

日期：
DATE:

0068501

本行编号 TT
OUR REF

请用打字机填制·
PLEASE FILL IN BLOCK LETTERS

汇款金额 AMOUNT	AMOUNT IN FIGURES（小写）
	AMOUNT IN WORDS（大写）
汇款人 BY ORDER OF	名称 NAME
	账号 ACCOUNT NO.
中转行之名称及地址 INTERMEDIATE BANK'S NAME & ADDRESS	SWIFT CODE: 清算代码: CHIPS ABA. FED ABA.
	收款人开户银行在中转行账号 BENE BANKER'S A/C NO.
收款人开户银行 名称及地址 BENE'S BANKER NAME & ADDRESS	SWIFT CODE: CHIPS UID:
收款人 BENEFICIARY'S NAME & ADDRESS	
	收款账号 BENEFICIARY'S A/C NO.
汇款附言 DETAILS OF PAYMENT	

汇款形式 FORM OF REMITTANCE	□ 电汇 T/T □ 票汇 D/D	银行费用承担人 ALL BANKING CHARGES ARE TO BE BORNE BY	□ 汇款人 REMITTER □ 收款人 BENEFICIARY

第一联 银行业务凭证留底

请按照费行背面所列条款办理上述汇款
PLEASE EFFECT THE ABOVE REMITTANCE SUBJECT TO THE CONDITIONS OVERLEAF

银行专用栏 FOR BANK USE ONLY			申请人签章 APPLICANT'S AUTHORISED SIGNATURE
经办	复核	核印	
科长意见：	处长意见：	行长意见：	（账户预留印鉴）

联系人及电话 (CONTACTING PERSON & PHONE NO.)

图6-3 汇出汇款申请书

（2）收款人或受益人（Payee/Beneficiary）指被汇款人委托银行交付汇款的对象；在国际贸易中，收款人即出口商。其权利是凭证取款。

（3）汇出行（Remitting bank）是受汇款人的委托，汇出汇款的银行。通常是汇款人所

在地的銀行或進口方銀行。進口方銀行辦理的是匯出匯款業務(Outward remittance)，其職責是按匯款人的要求通過一定的途徑將款項匯交收款人。

(4)匯入行(Paying bank)或解付行，是受匯出行的委託辦理匯款業務的銀行。而將款項解付給受益人的銀行是解付行。當收款人與匯入行在同城時，匯入行和解付行可能是同一家銀行；當收款人與匯入行不在同城時，匯入行可能委託其與收款人同城的聯行充當解付行。匯入行或解付行是收款人所在地的銀行或出口方銀行。出口方銀行辦理的是匯入匯款業務(Inward remittance)。其職責是證實匯出行的委託付款指示的真實性，通知收款人取款並付款，同時也有權在收妥頭寸后再解付款項。

(三)匯款的特點

1. 商業信用

銀行僅憑匯款人的指示轉移相關款項，不負責傳遞單據，更不承擔任何付款或擔保責任。預付貨款的項下，出口人是否及時交貨、所交貨物是否符合合同的約定，進口人是否全額、及時付款，全憑買賣雙方的商業信用。因此存在商業信用風險。

2. 資金負擔不平衡

預付貨款項下，賣方可利用預付款備貨、裝貨，減輕自行墊付資金的負擔。貨到付款項下，進口人可在收貨后甚至可在出售貨物后支付貨款。

3. 手續簡便、費用低廉

匯付方式在小額交易的貨款、訂金及一些貿易從屬費用時經常使用。匯付方式因便快捷而受到相互信任的貿易方或跨國公司內部母、子公司之間交易者的青睞。

二、匯款方式的分類

根據匯款過程中所使用的支付工具的不同，匯款可以分為電匯、信匯和票匯三種方式。在目前的實際業務操作中，信匯使用很少，主要採用電匯方式，票匯一般用於小額支付。

(一)電匯(Telegraphic Transfer, T/T)

1. 電匯概念和流程

電匯是匯出行應匯款人的申請，通過加押電報或電傳或SWIFT指示和授權匯入行解付一定金額給收款人的匯款方式。相對而言，電匯費用高，但速度快，使用最廣泛。在進出口貿易中，電匯業務流程如圖6-4所示。

①匯款人填寫電匯申請書，並向匯出行付款；
②匯出行向匯款人出具電匯回執；
③匯出行拍發電傳、電報或SWIFT給匯入行；
④匯入行核對密押後將電匯通知書送達收款人；
⑤收款人將收款收據蓋章，交給匯入行；
⑥匯入行借記匯出行帳戶，解付匯款給收款人；
⑦匯入行將付訖借記通知書寄給匯出行。

2. 電匯匯款的兩種方式

(1)採用電報或電傳方式匯款

電報匯款分為書信電、普通電和加急電三個等級，自從出現了電傳和SWIFT以後，就分為普通電和加急電兩個等級。電傳方式類似於直接電報，經由電傳機拍發出去。因

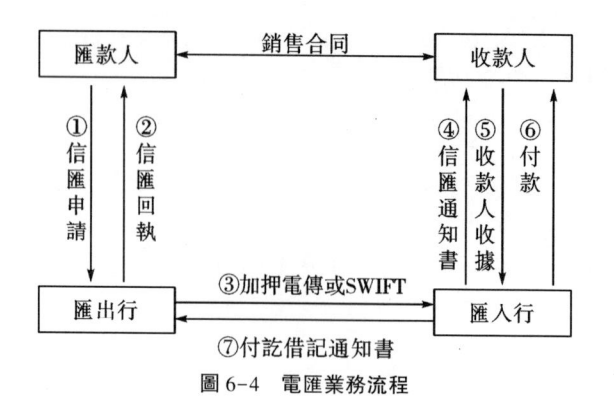

```
         匯款人 ←──銷售合同──→ 收款人
          │ │                    ↑ ↑ ↑
         ①│ │②                  ④│ ⑤│ │⑥
        信│ 信                   信│ 收│ 付
        匯│ 匯                   匯│ 款│ 款
        申│ 回                   通│ 人│
        請│ 執                   知│ 收│
          │ │                   書│ 據│
          ↓ │                    │ │ │
         匯出行 ──③加押電傳或SWIFT──→ 匯入行
                ←⑦付訖借記通知書──
```

圖 6-4 電匯業務流程

此,電傳和電報的內容大體相同。一般來說,有以下內容:

FM:(匯出行名稱)
TO:(匯入行名稱)
DATE:(發電日期)
TEST:(密押)
OUR REF. NO._____(匯款編號)
NO ANY CHARGES FOR US(我行不負擔費用)
PAY (AMT) VALUE (DATE) TO(付款金額、起息日)
(BENEFICIARY)(收款人)
MESSAGE _____(匯款附言)
ORDER _____(匯款人)
COVER _____(頭寸撥付)

例如:

FM:BANK OF ASIA, FUZHOU
TO:THE HONGKONG AND SHANGHAI BANKING CORP., HONGKONG
DATE:21ST MAY
TEST 2356 OUR REF. 208TT0737 NO ANY CHARGES FOR US PAY HKD10000. VALUE 21ST MAY TO HKABC100 QUEEN'S ROAD CENTRAL ORDER FUZHOU LIGHT IMP. AND EXP. CORP. MESSAGE COMMISSION UNDER CONTRACT NO.1001 COVER DEBIT OUR ACCOUNT.

(2)採用 SWIFT 系統的電匯方式

SWIFT 客戶匯款主要用 MT100、MT103 電文根式,MT103 電文在涵蓋 MT100 基礎上,增加了國際反洗錢的信息,而且還能把匯款資料以靠背方式提供給第三方使用,大大方便了銀行客戶。

MT 103 是匯款人或受款人一方,或兩者為非金融機構之匯款電文。電文內容是銀行替非銀行客戶承做個人或公司匯款所設計的。MT 103 Single Customer Credit Transfer(顧客匯款:匯款人或付款人一方,或兩者為非金融機構)格式如表 6-1 所示:

表 6-1　　　　　　　　　　　　MT103 格式

Status(M 或 O)	Tag(項目編號)	Field Name(項目名稱)
M	20	發電行編號(Transaction Reference Number)
M	23B	銀行作業代號(Bank Operation Code)
O	23E	指示代號(Instruction Code)
O	26T	交易形態代號(Transaction)
M	32A	生效日/幣別代號/銀行間清算金額(Value Date/Currency Code/Interbank Settled Amount)
O	33B	幣別/指示之金額(Currency/Instructed Amount)
O	36	匯率(Exchange Rate)
M	50K	匯款顧客(Ordering Customer)
O	51A	發電機構(Sending Institution)
O	52a	匯款申請機構(Ordering Institution)
O	53a	發電行之通匯行(Sender's Correspondent)
O	54a	收電行之通匯行(Receiver's Correspondent)
O	55a	第三補償機構(Third Reimbursement Institute)
O	56a	中間銀行(Intermediary Institution)
O	57a	設帳機構(Account With Institution)
M	59a	受益顧客(Beneficiary Customer)
O	70	付款明細(Remittance Information)
O	71A	費用明細(Details of Charges)
O	71F	發電行之費用(Sender's Charges)
O	71G	收電行之費用(Receiver's Charges)
O	72	發電行致收電行之訊息(Sender to Receiver Information)
O	77B	申報之規定 Regulatory Report
O	77T	Envelope Contents

註：

M：Mandatory(必要填列之字段)　　O：Optional(自由選項填列之字段)

【實例 6-1】SWIFT MT103 匯出匯款實例

1. 匯款銀行：ICBCTWTP007
2. 匯款申請人：LISA CHOU(匯款銀行之客戶)
3. 受益顧客：JOHN MULLER
4. 受益顧客之設帳銀行：DEUTDEFF(Deutsche Bank AG, Frankfurt Am Main)
5. 匯款銀行(ICBCTWTP007)帳設於花旗銀行紐約(CITIUS33)，請花旗銀行紐約扣匯款銀行之帳，並將款項進德意志銀行紐約分行(DEUTUS33)帳，德意志銀行紐約分行再將該款項貸記德意志銀行法蘭克福(DEUTDEFF)之帳。

```
         SENDER    : ICBCTWTP007
           RECEIVER : CITIUS33
                      Citibank N.A. New York, NY USA
           {1: F01ICBCTWTPAXXX5935694894}
           {2: I103BOTKJPJTXXXN}
Customer
           {3: {108:
           {4:
           ------------------------------------
           : 21  : Transaction Reference Number
                  AAAHTS40000123
           : 23B : Bank Operation Code
                  CRED
           : 32A : Value Date, Currency, Amount
                  030105USD165000,
           : 50K : Ordering Customer
                  LISA CHOU
                  NO.6, FU SHIN NORTH ROAD
                  TAIPEI TAIWAN
           : 56A : Intermediary
                  DEUTUS33
           : 57A : Account with Bank SWIFT Address
                  DEUTDEFF
銀行
           : 59  : Beneficiary Customer
Bank
                  /1001234567
                  JOHN MULLER
                  203 STRASSE FRANKFURT
                  GERMANY
Customer
           : 70  : Remittance information
                  e-Mail No. 123
           : 71A : Details of Payment
                  SHA
           : 72  : Bank To Bank Information
                  /ACC/Deutsche Bank AG, Frankfurt Branch
                  -}
                  {5: {MAC: 8723569D}
                  {CHK: 10365F3D2375}
```

```
         50      Ordering

         SENDER

         MT103
         
         RECEIVER

         56A     Intermediary

         57A     Account with

         59      Beneficiary
```

(二) 信匯 (Mail Transfer, M/T)

1. 信匯概念和流程

信匯是匯出行應匯款人的要求，以航郵方式將信匯委託書 (M/T advice) 或支付委託書 (payment order) 寄給匯入行，授權其解付一定金額給收款人的一種匯款方式。其速度慢、費用低，目前在實務中比較少用。在進出口貿易中，信匯業務流程如圖 6-5 所示。信匯業務程序與電匯基本相同，僅在第三步不同：匯出行郵寄信匯委託書或支付委託書給匯入行，而不是採用電訊方式授權。

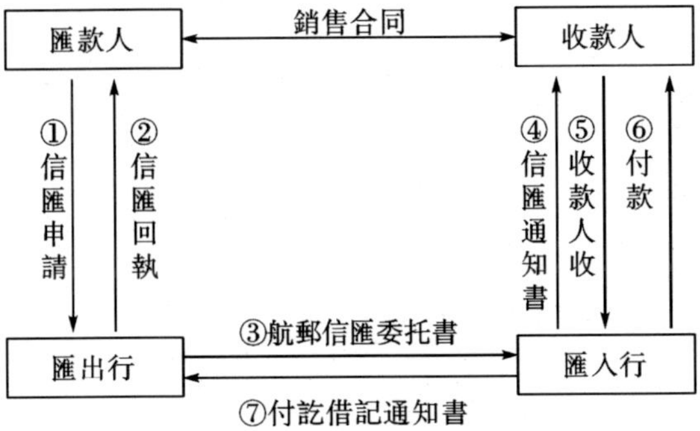

圖 6-5　信匯業務流程

①匯款人填寫信匯申請書,並向匯出行付款;
②匯出行向匯款人出具信匯回執;
③匯出行製作委託書,郵寄給匯入行;
④匯入行核對簽字后將信匯通知書送達收款人;
⑤收款人將收款收據蓋章,交給匯入行;
⑥匯入行借記匯出行帳戶,解付匯款給收款人;
⑦ 匯入行將借記通知書寄給匯出行完成匯款。

2. 信匯業務的結算工具

信匯業務的結算工具有兩種:信匯委託書(mail transfer advice)和支付委託書(payment order)(見圖6-6)。

樣式一　信匯委託書

中國銀行廣州分行
BANK OF CHINA, GUANGZHOU BRANCH

下列匯款,請即照解,如有費用請內扣。
我已貸記你行賬戶。
Please advise and effect the following payment less your charges if any. In cover, we have CREDITED your A/C with

日期
Guangzhou

此致
TO

| 信匯号碼 | 收款人 | 金額 |
No. of Mail transfer	To be paid to	Amount

大写金額
Amount in Words:
匯款人
By order of

附言
Message

中　國　銀　行　廣　州　分　行
FOR BANK OF CHINA, GUANGZHOU BRANCH

樣式二　支付委託書

```
           中 國 銀 行 支 付 委 托 書
                  BANK OF CHINA
                  PAYMENT ORDER
                                      GuangZhou
          致
          TO

  支付通知書號碼          收款人              金額
  No. of payment order   To be paid or credited to   Amount


大寫金額
Amount in Words :
匯款人                       附言
By order of                 Remarks
☐ you are authorized to debit our account with you
☐ we have credited your a/c with us.
                              中國銀行廣州分行
                          BANK OF CHINA, GUANGZHOU BRANCH
```

圖 6-6　信匯委託書和支付委託書樣式

(三)票匯(Remittance by banker's demand draft, D/D)

票匯是匯出行應匯款人的申請,代匯款人開立以其分行或代理行為解付行的銀行即期匯票(banker's demand draft),支付一定金額給收款人的一種匯款方式。其特點是方便、靈活。票匯業務流程與電匯和信匯稍有不同,如圖6-7所示。

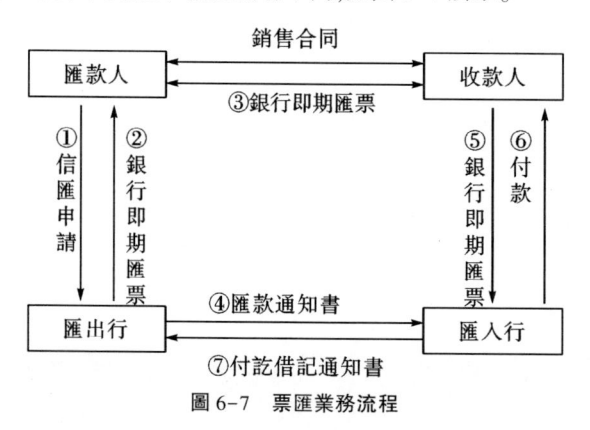

圖 6-7　票匯業務流程

①匯款人填寫票匯申請書,並交款付費給銀行;
②匯出行開立銀行即期匯票交給匯款人;
③匯款人自行郵寄匯票給收款人或親自攜帶匯票出國;
④匯出行開立匯票后,將匯款通知書郵寄給國外代理行;
⑤收款人持匯票向匯入行取款;
⑥匯入行驗核匯票與票根無誤后,解付票款給收款人;
⑦匯入行把付訖借記通知書寄給匯出行;

（四）電匯、信匯、票匯三種匯款方式的比較（見表 6-2）

表 6-2　　　　　　　　　電匯、信匯、票匯的比較

方式	利	弊	成本	速度
T/T	較安全,款通過銀行付給指定的收款人;匯款人可充分利用資金;減少利息損失	銀行不能占用資金;匯款人要多付電訊費和手續費	高	最快
M/T	銀行可占用客戶的資金	速度較慢,有可能在郵寄中延誤或丟失	較低	比 T/T 慢
D/D	匯入行不必通知取款;背書后可流通轉讓;匯出行可占用客戶資金	可能丟失、被竊	最低	最慢

三、匯款的償付

匯出行在辦理匯出業務時,應及時將匯款金額撥交給其委託付款的匯入行,這種行為稱為匯款的償付(reimbursement of remittance cover),俗稱「撥頭寸」。每筆匯款都必須註明撥頭寸的具體指示。根據匯出行和匯入行帳戶的開設情況,頭寸撥付的方式有以下幾種。

（一）授權借記：匯出行在匯入行開有帳戶

匯出行在委託匯入行解付款項時,應在信匯委託書或支付委託書上註明撥頭寸的指示「Please debit our a/c with you.」或「In cover , we authorized you to debit the sum to our a/c with you.」(「請借記」或「授權借記」),匯入行收到信匯委託書或支付委託書,即被授權憑以借記匯出行帳戶,同時可以撥付頭寸解付給收款人,並以借記報單(註明「your account debited」)通知匯出行。此筆匯款業務即告完成(見圖 6-8)。

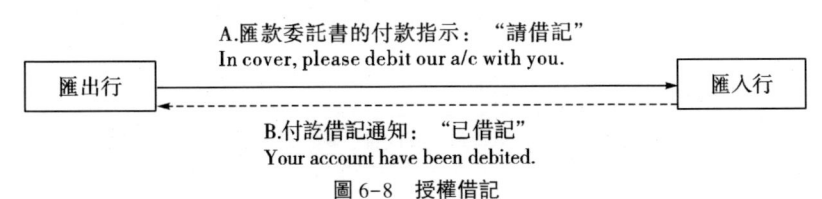

A.匯款委託書的付款指示："請借記"
In cover, please debit our a/c with you.

匯出行　→　匯入行
　　　　←

B.付訖借記通知："已借記"
Your account have been debited.

圖 6-8　授權借記

（二）主動貸記：匯入行在匯出行開有帳戶

匯出行在委託匯入行解付款項時,應在信匯委託書或支付委託書上註明撥頭寸的指示「In cover , we have credited the sum to your a/c with us.」(「已貸記」或「主動貸記」),匯入行收到信匯委託書或支付委託書,表明匯款頭寸已撥入自己的帳戶,即可使用頭寸解付給收款人(見圖 6-9)。

在匯出行和匯入行雙方互開帳戶的情況下,匯出行會選擇第一種方式。因為從匯出行收到付款人支付的款項到匯入行借記匯出行的帳戶,其間的資金被匯出行所占用,對匯出行有利,所以在實務中,「請借記」或「授權借記」這種方式較為多用。

（三）共同帳戶行轉帳

匯出行與匯入行有共同的帳戶行,即雙方在同一家銀行開有帳戶,通過該銀行進行轉帳。為了償付款項,匯出行一方面向匯入行發出委託解付匯款的通知,其中撥頭寸指

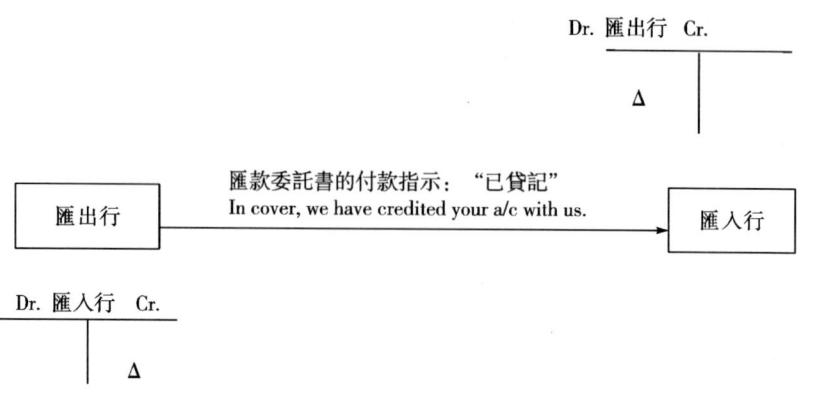

```
                                                    Dr. 匯出行 Cr.
                                                         |
                                                         Δ

                    匯款委託書的付款指示："已貸記"
       匯出行  ──────────────────────────────→  匯入行
                    In cover, we have credited your a/c with us.

   Dr. 匯入行 Cr.
        |
        Δ
```

圖 6-9 主動貸記

示為「In cover, we have authorized X Bank to debit our a/c and credit your a/c with them.」。另一方面向共同帳戶行發出銀行轉帳通知書(bank transfer)，要求其先借記匯出行的帳戶，然后再貸記匯入行的帳戶，將頭寸撥付匯入行在該帳戶行的帳戶。匯入行收到匯出行的電匯撥頭寸指示及 X 帳戶行的貸記報單，即可解付給收款人。這種方式手續較前者複雜，一筆業務需要有兩個信息傳遞時間(見圖 6-10)。

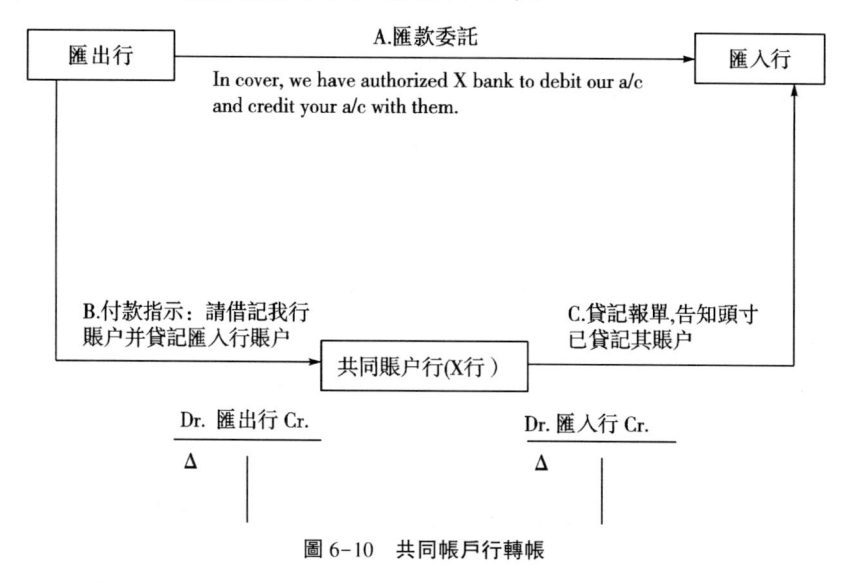

```
                         A.匯款委託
       匯出行  ──────────────────────────────→  匯入行
              In cover, we have authorized X bank to debit our a/c
              and credit your a/c with them.
         │                                              ↑
         │ B.付款指示：請借記我行          C.貸記報單,告知頭寸
         │   賬戶并貸記匯入行賬戶            已貸記其賬戶
         ↓                                              │
                      共同賬戶行(X行)  ────────────────┘

   Dr. 匯出行 Cr.                    Dr. 匯入行 Cr.
        |                                 |
        Δ                                 Δ
```

圖 6-10 共同帳戶行轉帳

(四) 各自帳戶行轉帳

匯出行和匯入行沒有共同的帳戶行，即雙方在不同銀行開有帳戶，必須通過兩家或兩家以上的銀行進行轉帳。為了償付，匯出行在匯出匯款時，主動通知其帳戶行將款撥給匯入行在其他代理行開立的帳戶。同時匯出行向匯入行委託解付匯款的通知，其中撥頭寸指示為「In cover, we have instructed X Bank pay / remit the proceeds to your a/c with Y Bank.」。匯入行在收到 Y Bank 貸記報單后，即可解付(見圖 6-11)。

图 6-11　各自帐户行转帐

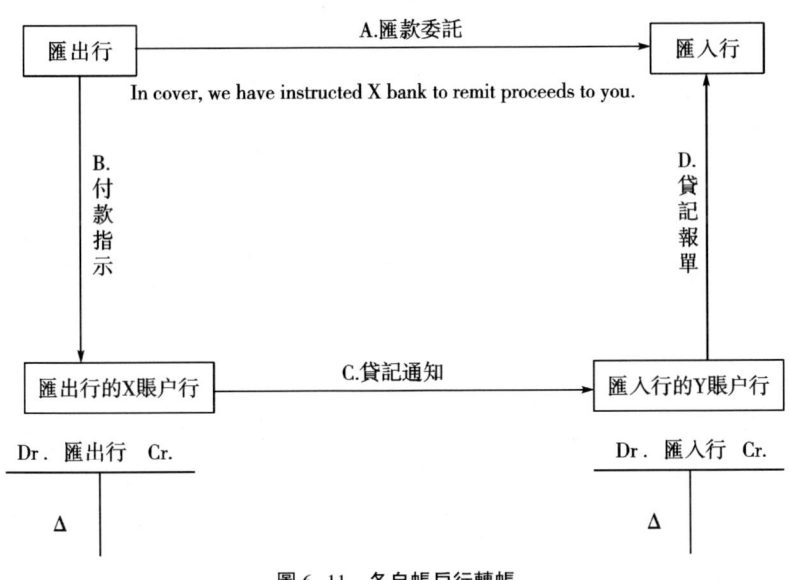

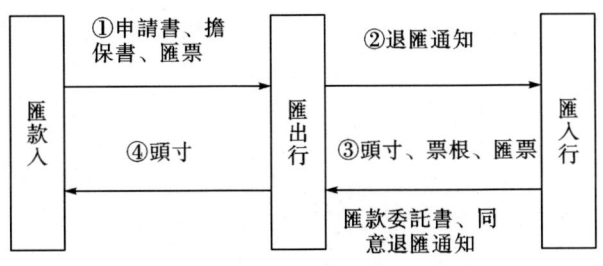

四、汇款的退汇

汇款的退汇(Cancellation of the remittance)是指在汇款解付前的撤销。退汇可能由收款人提出,也可能由汇款人提出。

(一)收款人退汇

收款人退汇比较方便,在电汇、信汇时,只要他拒收电汇、信汇,通知汇入行,汇入行可以将汇款委托书退回汇出行。必要时说明退汇的原因,然后由汇出行通知汇款人前来办理退汇,取回款项。在票汇时,收款人退汇,只要将汇票寄给汇款人,然后汇款人到汇出行办理退汇手续即可。

(二)汇款人退汇

汇款人退汇的处理手续比较复杂。退汇的原则:须在汇入行解付款项之前。票汇方式下,汇票已寄给收款人或估计汇票已在市场上流通,则汇款人就要直接找收款人交涉。汇款人退汇较为常见,其程序如图 6-12 所示:

图 6-12　退汇程序

具體說明如下：

①匯款人向匯出行填交退匯申請書，詳細說明退匯理由，必要時提交擔保書（票匯下，出具，擔保若發生重付，由匯款人負責）。如果票匯退匯，須將匯票背書后交匯出行。

②匯出行對申請書進行審查，確認退匯理由合理后，向匯入行發出退匯通知，並要求退回匯款時已劃撥的頭寸。

③匯入行核對退匯通知書的印押，查清匯款確未付款后，退回匯款頭寸，並寄回匯款委託書、匯票等，且一併寄上退匯通知。

④匯出行收到退回頭寸后，將其退給匯款人。有關匯票上加蓋退匯圖章註銷。

(三) 匯入行退匯

在電匯和信匯方式下，若收款人遲遲不來取款，過了一定時期，匯入行有權主動通知匯出行註銷，辦理退匯。

任務三　匯款在國際貿易中的應用及風險防範

一、匯款在國際貿易中的應用

在國際貿易中，使用匯款方式結清買賣雙方債權債務，主要有預付貨款、貨到付款和憑單付匯三種方式。

(一) 預付貨款

預付貨款（payment in advance）是指買方先將貨款通過銀行匯交賣方，賣方收到貨款后，根據買賣合同規定，在一定時間內或立即將貨發運至進口商的一種匯款結算方式。預付貨款是對進口方而言的，對出口方來說，就是預收貨款，又稱「先結后出」。

這種方式對賣方最為有利，他甚至可以無償占用進口商的資金，做一筆無本生意，根本沒有什麼風險，掌握了貨物出口的主動權。

但對進口商是不利的，不僅進口商的資金被占用，會造成利息損失，影響自身資金週轉；而且進口商在付款後要承擔不能按時、按量、按質收到合同規定的貨物的風險。

因此，進口商有時為了保障自身利益，可以規定匯入行解付匯款的條件，如賣方收取貨款時，必須提供銀行保函，由銀行擔保賣方如期履行交貨義務，保證提供全套裝運單據，否則擔保行負責退還預收貨款，並加付利息等。

進口商之所以願意以這種方式，原因在於：

(1) 出口商的商品是國內外市場上緊俏商品，進口商迫切需求取得高額利潤。

(2) 進口商雙方關係十分密切，有的買方是賣方在國外的聯號。

(3) 出口商的貨物旺銷，進口商為了保證購到貨物，以預先付款為附加條件來吸引出口商成交。

(4) 在成套設備、大型機械、大型運輸工具如飛機船舶等，或者在工程承包交易中，或者在專為進口商生產的特訂商品交易中，出口商往往要求預付一定比例的預付貨款作為定金（down payment），或採用分期付款方式，定金和分期支付的款項採用匯付方式。

(二) 貨到付款

貨到付款（payment after arrival of the goods）是出口商先發貨，進口商收到貨物后，立即或在一定期限內將貨款匯交出口商的一種匯款結算方式。它實際上是屬於賒帳交易

(open account transaction),具有延期付款(deferred payment)性質。

對進口商有利:①進口商不承擔風險,貨不到或貨不符合要求就不付款,在整個交易中占據主動;②往往在收到貨后過一段時間再付款,所以可以占用出口商的資金;

對出口商不利:①先發貨,要承擔買方不付款的風險;②貨款往往不能及時收回,資金被占用,造成一定損失。

貨到付款在國貿中有售定和寄售兩種方式:

(1)售定(cash on delivery)

售定是買賣雙方簽訂合同,在合同中明確規定了貨物的售價及付款時間等條款,進口商按實收貨物數量將貨款匯交出口商的一種匯款結算方式。

售定在中國是對港澳地區出口鮮活商品的一種特定的結算方式,由於鮮活商品出口時間性較強或以實收貨物數量結算,出口商就採取先發貨,出口單據隨同貨物直接交給進口商,待收到貨物時,進口商按實收貨物數量、規定的價格、期限將貨款通過銀行匯交出口方。所以售定方式又稱「先出后結」。

(2)寄售(consignment)

寄售指出口方(委託人,寄售方)將貨運交給進口國的約定代銷人(受託人),暫不結算貨款,僅委託其按照雙方約定的條件和辦法代為銷售的方式。當商品售出后,所得貨款,由代銷人扣除佣金和其他費用后交給寄售方,這種方式貨價和付款時間均不確定。出口商承擔的風險很大,能否收回貨款取決於國外受託人的營銷能力。因此採用寄售時必須十分重視受託人的資信和經營能力。一般寄售方式只適用於推銷新產品、處理滯銷品或一些不看實物難以成交的商品。

(三)憑單付匯

1. 憑單付匯的概念

憑單付匯(Cash Against Documents,CAD)又稱交單付現,是進口商通過銀行將款項匯給出口商所在地銀行(匯入行),並指示該行憑出口商提交的貨運單據即可付款給出口商的一種結算方式。

2. 憑單付匯的特點

(1)有條件的匯款

一般匯款都是無條件的,而交單付現則是有條件的匯款。即買方匯付貨款,賣方收取貨款以裝運交單為前提條件。

(2)風險較均衡

對於預付貨款的買方和貨到付款的賣方,一旦付了款或發了貨就失去了制約對方的手段,屆時,買方能否順利地收到符合合同規定的貨物,或賣方能否順利地收回貨款,完全取決於對方的信用。所以在預付貨款和貨到付款下,買賣雙方風險的承擔是極不平衡的。

而交單付現下,由於賣方交單時才能收取貨款,所以對進口商而言可以防止在預付貨款下可能出現的出口商支取貨款后不及時交貨的風險;對出口商而言,只要及時交貨,便可立即支取全部的貨款,避免了在貨到付款下可能出現的發了貨后收不回款的風險。所以這種結算方式對買賣雙方都有一定的保證作用,對進出口商都顯公平,易被雙方所接受。

3. 憑單付匯的影響

對於進口商來說,交單付現相當於預付貨款,會造成資金占用;同時要防止出口商以假單據、假貨進行詐騙的風險。因此,加強對交易對方的資信調查是必要的。

對於出口商來說,交單即可收匯。但匯款是可撤銷的,在匯款尚未被支取之前,匯款人隨時可以通知匯款行將匯款退回,所以出口商在收到銀行的匯款通知后,應盡快發貨,盡快交單收匯。

二、匯款方式的風險防範

匯付方式應用的增加有其特殊的原因。因為其他結算方式如信用證結算方式等是以社會經濟結構穩定、經濟秩序良好、銀行體系完善、企業經營正常為前提。在缺乏上述前提時,即缺乏銀行信用時,只能使用商業信用。這一現象在最近幾年來的中俄貿易中比較突出。在這些年的中俄貿易中信用證的使用可謂是鳳毛麟角。自從1991年蘇聯解體以后,俄羅斯處在經濟轉軌時期,市場經濟還不成熟、完善,銀行信用體系存在缺陷,特別是1998年8月金融危機爆發后俄羅斯最大的幾家商業銀行突然破產,致使銀行信用更加下降,以銀行信用為基礎的信用證業務難以開展起來。而同中國往來的大部分是中小企業,其資力有限,難以開出信用證,所以更多地使用匯付結算方式。

從貿易角度來看,如果雙方缺乏信任,則採用該方式風險很大。因此,企業對匯付風險的防範首先在於加強信用風險管理,同時,為了保障其權益,減少風險,可以在買賣合同中規定保障條款,以獲得銀行信用擔保或第三方的商業信用加入。例如:在買賣合同中可約定賣方收取貨款時,必須提供銀行保函,由銀行擔保賣方如期履行交貨義務,保證提供全套裝運單據等。

從銀行角度來看,國際間資金償付作為銀行的基本業務在整個業務流程中環節較多,涉及面廣,加強風險防範與控制,是一項非常重要的基礎工作。銀行收到付款指示時,由電腦系統自動識別與控制,對指示行所有的付款指示在確認已收妥相應的頭寸后方予以解付,以避免頭寸風險的發生。對於經常發生頭寸風險問題的國外匯款銀行,應格外注意。當退匯時,銀行要注意按國際慣例辦事,防範頭寸風險。

應知考核

■ 主要概念

國際結算方式　順匯法　逆匯法　匯款　電匯　信匯　票匯　匯款的償付　匯款的退匯　預付貨款　貨到付款　交單付現

■ 基礎訓練

一、單選題

1. 進出口業務中,M/T表示(　　)。
　　A.電匯　　　　　　　　　　B.票匯
　　C.信匯　　　　　　　　　　D.托收
2. 接受匯出行的委託將款項解付給收款人的銀行是(　　)。
　　A.托收銀行　　　　　　　　B.匯入行

C.代收行　　　　　　　　　　　D.轉遞行
3. 在匯付方式中,能為收款人提供融資便利的方式是(　　)。
　　A.信匯　　　　　　　　　　　B.票匯
　　C.電匯　　　　　　　　　　　D.遠期匯款
4. 下列各項中,不是匯付方式當事人的是(　　)。
　　A.匯款人　　　　　　　　　　B.匯出行
　　C.匯入行　　　　　　　　　　D.提示行
5. 屬於順匯方法的支付方式是(　　)。
　　A.匯付　　　　　　　　　　　B.托收
　　C.信用證　　　　　　　　　　D.銀行保函
6. 倫敦一家銀行委託國外代理行向收款人辦理匯款解付,則頭寸的撥付方式為(　　)。
　　A.主動借記對方帳戶　　　　　B.主動貸記對方帳戶
　　C.授權借記對方帳戶　　　　　D.授權貸記我方帳戶
7. (　　)是中國南方沿海三省對港澳地區出口某些鮮活商品的一種特定的結算方式。
　　A.延期付款　　　　　　　　　B.賒銷
　　C.售定　　　　　　　　　　　D.預付貨款
8. 對進口商不利的貿易結算匯款方式是(　　)。
　　A.延期付款　　　　　　　　　B.賒銷
　　C.售定　　　　　　　　　　　D.預付貨款
9. 不必限定在匯入行取款的匯款方式是(　　)。
　　A.電匯　　　　　　　　　　　B.信匯
　　C.票匯　　　　　　　　　　　D.以上都是
10. 對出口商有利的貿易結算匯款方式是(　　)。
　　A.先結后出　　　　　　　　　B.賒銷
　　C.延期付款　　　　　　　　　D.售定

二、多選題
1. 匯付包括(　　)。
　　A.D/D　　　　　　　　　　　B.T/T
　　C.M/T　　　　　　　　　　　D.D/A
2. 匯付方式通常涉及的當事人是(　　)。
　　A.匯入行　　　　　　　　　　B.匯款人
　　C.收款人　　　　　　　　　　D.匯出行
3. 國際貿易中,匯付方式通常用於(　　)。
　　A.預付貨款業務　　　　　　　B.隨訂單付款業務
　　C.交貨付現業務　　　　　　　D.交單付現業務
4. 關於順匯的描述正確的是(　　)。
　　A.債務人主動向債權人付款　　B.資金流向結算工具的傳遞方向相同
　　C.包括匯款和托收兩種形式　　D.不僅有商業信用也有銀行信用

5. 信匯業務以(　　　)作為結算工具,通過航空郵寄至匯入行,委託其解付。
   A.信匯委託書　　　　　　　　B.支付委託書
   C.電報證實書　　　　　　　　D.票根

三、簡答題
1. 簡述國際結算方式的順匯法和逆匯法。
2. 簡述電匯操作的流程。
3. 簡述匯款的償付中頭寸的撥付方式。
4. 簡述匯款在國際貿易中是如何應用的。
5. 簡述匯款方式的風險防範措施。

應會考核

■ 技能案例

【案例背景】

中國某出口企業 A 與另一國的進口企業 B 之間簽訂了一份進出口貿易合同,合同中規定:支付條款為裝運月份前 15 天電匯付款。但是,在后來的履約過程中,B 方延至裝運月份的中旬才從郵局寄來銀行匯票一張。為保證按期交貨,我出口企業於收到匯票次日即將貨物托運,同時委託 C 銀行代收票款。一個月後,接到 C 銀行通知,因該匯票系偽造,已被退票。此時,貨物已抵達目的港,並已被進口方憑出口企業自行寄去的單據提走。事後我出口企業 A 進行追償,但進口方 B 早已人去樓空,我方遭受錢貨兩空的重大損失。

【技能思考】

請結合本項目的內容對本案例進行分析,此案例對我們有什麼啟示?

■ 實踐訓練

【實訓項目】

匯付業務流程圖

【實訓情境設計】

大連某機電進出口公司向香港 N 公司出口機電設備,貿易合同規定 N 公司應預付 15%的貨款,金額為 20 萬美元。N 公司用電匯方式支付預付款,匯出行是香港渣打銀行,匯入行是中國銀行上海分行。

【實訓任務】

請畫出該筆電匯業務的流程圖。

項目七
國際結算方式——托收

■ **知識目標**
理解:托收方式的概念、種類、當事人及流程;
熟知:托收方式的風險及其防範、資金融通的方式;
掌握:即期付款交單托收業務、遠期付款交單托收業務、承兌交單托收業務的流程及托收項下銀行間頭寸的劃撥辦法。

■ **技能目標**
學生掌握進出口托收業務操作。

■ **情意目標**
學生能夠具有較強的綜合分析能力和實際操作能力,能夠從理論和實踐的角度掌握基本知識點。

■ **教學目標**
教師要培養學生能夠運用托收的基本原理進行案例分析和實踐操作,並知道如何防範托收風險和資金融通。

【項目引例】

2014年3月15日,出口商A與美國B進口公司簽訂買賣合同,約定支付方式為即期付款交單。同年5月19日,出口商A將貨物通過海運從上海運往紐約,並取得海運提單。出口商當日就持全套單據以及美國代收行D銀行的資料前往當地的中國某銀行C辦理托收。當地C銀行在審查全套單據後,簽發了托收指示函並將全套單據和托收指示函寄給美國代收行D。美國代收行D於6月11日簽收裝有全套單據和托收指示的郵件。6月20日美國代收行D在B公司未付款的情況下,自行放單給B公司,B公司於6月25日將貨物全部提走,且於當日向出口商A表示無力付款,儘管A多次向B交涉,都無果而終,出口商A損失巨大。

分析:本案例中由於代收行美國D銀行違反托收的國際慣例,在進口商B沒有付款的情況下,就將全套單據交與進口商,致使出口商A錢貨兩空,代收行負有不可推卸的責任,出口商可向代收行提出索賠。

【知識支撐】

任務一　托收方式概述

一、托收方式的概念

國際商會《托收統一規則》(URC522)第二條規定：托收(Collection)是指由接受託收指示的銀行依據所收到的指示處理金融單據、商業單據以便取得付款或承兌，或憑付款或承兌交出商業單據或憑其他條款或條件交出單據。

金融單據(Financial Documents)是指匯票、本票、支票或其他用於取得付款的類似憑證；商業單據(Commercial Documents)是指發票、運輸單據、物權單據或其他類似單據，或者一切不屬於金融單據的其他單據。

根據 URC522 的定義，托收方式適用於國際貿易結算和非貿易結算。在托收業務中，托收是建立在商業信用基礎之上的，最大的特點就是「收妥付匯、實收實付」，出口商以開具票據的方式，委託當地銀行進口商收取款項。因此，托收中資金的流動方向與結算工具的傳遞方向相反，故托收是逆匯方式。

二、托收方式的當事人

(一)委託人

委託人(principal, consignor)，是指出具匯票和提供單據委託銀行向付款人收取貨款的人。由於委託人經常開具匯票委託銀行向國外債務人收款，所以他往往也被稱為出票人(drawer)，在國際貿易實務中，一般為出口商(exporter)。

(二)托收行

托收行(remitting bank)，又稱寄單行，是指接受委託人委託向付款人收取貨款，同時又是委託國外聯行或代理行向付款人收款的出口地銀行，通常也是債權人所在地銀行。托收銀行僅被允許根據托收委託書的指示和《托收統一規則》辦理，不能擅自超越、修改、疏漏、延誤委託人在委託書上的批示，否則由此而引起的后果將由托收行負責。

(三)代收行

代收行(collection bank)，是指接受託收行委託向付款人收款，並將單據交給付款人的進口地銀行，又稱受託行，包括除托收行以外的參與辦理托收的任何銀行。代收行通常是托收行在債務人(付款人)所在地的聯行或代理行。

(四)付款人

付款人(payer)，也是匯票中的受票人(drawee)，是根據托收委託書，由代收行向其提示單據和匯票，並要求其付款的人。托收業務中的付款人也即國際貿易實務中的進口商(importer)，債務關係中的債務人。

(五)提示行

提示行(presenting bank)是指向付款人提示匯票和單據的銀行。它也是進口商銀行。若代收行與付款人有直接的帳戶往來，則提示行與代收行是同一家銀行，這種情況在實務中較常見。否則，若代收行使用它選擇的一家銀行作為提示行，這時提示行與代

收行就分別是兩家銀行。

(六) 需要時的代理人

需要時的代理人(customer's representative in case of need)是指委託人指定的在付款地的代理人。托收結算方式對於出口商來說意味著先發貨後收款，一旦發生受票人對代收行提示的匯票拒付，貨物到達目的港后就可能會因無人照料而受損(如延長了在進口國海關倉庫存放時間而增加了倉儲費用等)。為避免這一情況的發生，出口商可以在付款地事先指定一代理人，由代理人在發生拒付事件后代為料理貨物存倉、投保、運回或轉售等事宜。委託人在向托收行提交托收申請書時必須註明此代理人的權限。一般出口商直接請代收行作為需要時的代理人。

托收下四大當事人之間存在三個合同關係：一是委託人與付款人之間的銷貨合同關係，雙方按購貨合同履行各自的義務；二是委託人與托收行之間的委託代理合同，即委託人填寫的托收申請書，托收行應按委託人的指示辦理相關業務；三是托收行與代收行之間的委託代理合同，即托收委託書，代收行作為代理人應嚴格執行托收行的指示辦理代收業務(見圖7-1)：

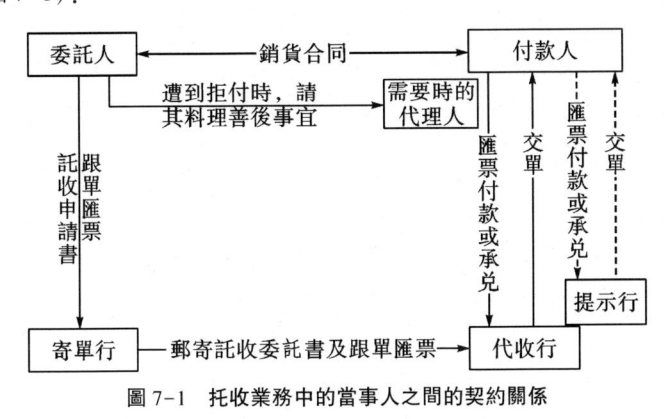

圖7-1 托收業務中的當事人之間的契約關係

三、托收的性質和特點

(一) 商業信用

托收方式與匯款方式一樣，都屬於商業信用，即進出口商雙方能否取得合同規定的貨物或按期收到合同規定的貨款分別取決於對方的資信，沒有第三者的保證。托收項下的銀行只是接受委託辦理收款業務，與當事人之間的關係是委託代理關係，他們對於托收過程中遇到的一切風險、費用和意外事故等不承擔責任。

(二) 較匯款方式安全

托收方式比匯款方式安全。首先，對於出口商來說，進口商必須在付款之後，或進口商向銀行書面表示負責付款，即承兌后，才能掌握貨權，所以托收方式使得出口商在控製貨權、安全收回貨款方面比貨到付款更有保證，比貨到付款或賒銷安全。其次，對於進口商來說，出口商按合同裝運貨物，進口商被提示單據時，說明了貨物確實已經裝運，才能付款或承兌。這樣與預付貨款下進口商先付款后收貨相比，其利益更有保障。而且在承兌交單方式下，對進口商更為有利，因為承兌后即可贖單提貨。等到到期日，用銷售所得

款項支付出口商的貨款，不必另籌資金，這等於出口商給予進口商全額資金融通，對進口商加速資金週轉很有利。

(三) 資金負擔仍不平衡

托收項下，進出口商的資金負擔仍不平衡。表現在：在進口商支付貨款之前，貨物占用的資金全部由出口商承擔，所以出口商的資金負擔較重，而進口商基本不負擔資金。但在進口商支付貨款之前，貨物的所有權屬於出口商的，出口商可以憑物權單據向銀行申請融資，辦理出口押匯，以減輕資金負擔過重的壓力。

(四) 手續較雜、費用較高

從托收和匯款方式的流程來看，托收的業務流程要比匯款更複雜，手續稍多些，費用自然要高些。

四、托收的種類

按是否隨附商業單據可以分為光票托收與跟單托收。

(一) 光票托收

光票托收（Clean Collection）是指出口商僅憑金融票據，不隨附商業票據的托收。實際業務中，用於光票托收的金融單據可包括銀行匯票、本票、私人支票和商業匯票等。它不涉及貨權的轉移或貨物的處理，處理比較簡單。一般只用於貿易從屬費用和非貿易款項的收取。

(二) 跟單托收

跟單托收（Documentary Bill for Collection）是出口商將匯票連同貨運單據一起交給銀行委託代收貨款，即附帶商業票據的托收。根據交付單據的條件分為付款交單和承兌交單。跟單托收最實質的要件是代表物權的貨運單據。國際貿易中貨款的托收大多採用跟單托收。

1. 付款交單

付款交單（Documents Against Payment，D/P）是指被委託的代收行必須在進口商付清票款以後，才能將貨運單據交給進口商的一種托收方式。付款交單的特點是先付款後交單，付款人付款之前，出口商仍然掌握著對貨物的支配權，因此其風險較小。

根據付款時間不同又分為即期付款交單和遠期付款交單。

(1) 即期付款交單（D/P at sight）：當代收行向進口商提示匯票和單據時，立即付款贖單（見圖 7-2）。

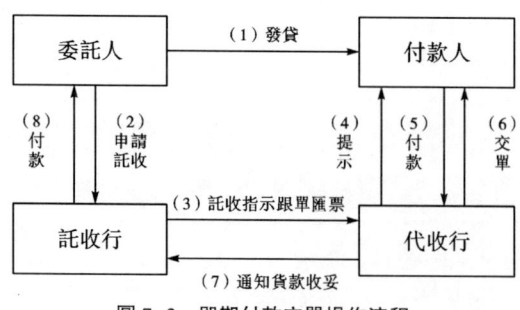

圖 7-2　即期付款交單操作流程

(2) 遠期付款交單(D/P after sight)：出口商開出遠期匯票,附帶單據通過托收行一併寄代收行,代收行收到單據後,立即向出口商提示遠期匯票和單據,進口商審核後隨即予以簽字承兌,代收行收回匯票及單據,待匯票到期時再向進口商提示,要求其付款,再收到其貨款後將單據交進口商(見圖7-3)。

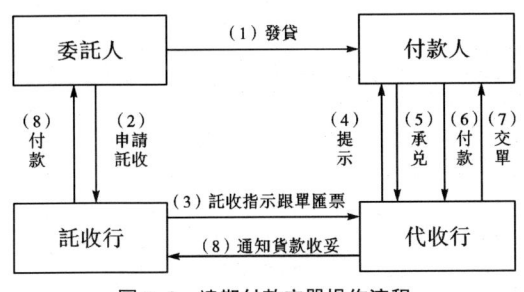

圖7-3 遠期付款交單操作流程

另外,有些國家或地區在法律中規定,將進口遠期付款交單以承兌交單方式處理,從而增加了出口商的風險。因此,對使用遠期付款交單應十分謹慎,可在托收指示中特別註明「付款後才能交單」(deliver documents only after payment was effected)。

2. 承兌交單

承兌交單(Documents Against Acceptance, D/A)是指被委託的代收行根據托收指示,於付款人承兌匯票後,將貨運單據交給付款人,付款人在匯票到期時履行付款責任的一種托收方式。它適用於遠期匯票的托收。這種方式因為出口商在進口商承兌匯票後就不能控制單據而風險較大,承兌的期限越長,風險越大。在實際出口業務中,應避免或者嚴格控制採用承兌交單方式,在不得不使用承兌交單方式時(如推銷滯銷產品或產品競爭力較差等情況),也應盡可能縮短承兌的期限。其業務流程如圖7-4所示。

客戶(出口商)向銀行提交單據或匯票時,要在銀行事先印就的空白的「客戶交單聯繫單」上填寫相關的事項,並交給銀行,銀行憑以點收客戶所提交的單據,和按客戶所選擇的結算方式,辦理相關的業務手續。

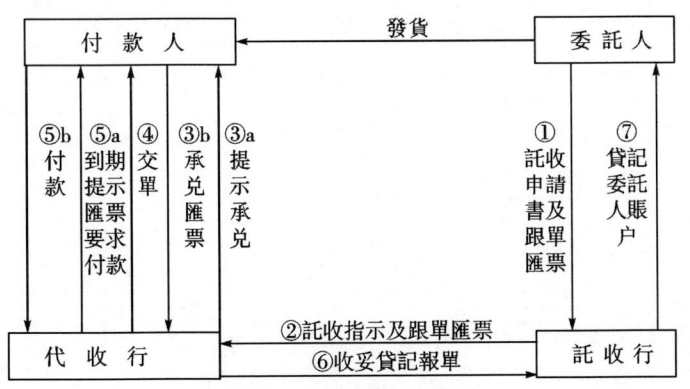

圖7-4 承兌交單業務流程

五、托收指示

(一)托收指示的概念

托收指示(collection instruction)是托收行寄送托收單據給代收行的寄單面函(covering letter)。URC522 要求托收的所有單據必須伴隨著托收指示,註明托收受到其約束,並做出完全和準確的指示,銀行僅被允許根據該項托收指示所做出的各項指示和按照 URC522 辦理。除非托收指示另有授權,代收行將不會理會除向其發出托收的一方或銀行以外的任何一方或銀行的任何指示。因此,托收行的主要責任就是嚴格按照委託人的托收申請書繕制托收指示,做到托收指示的內容與托收申請書的內容嚴格一致。

(二)托收指示的內容

根據,URC522 第四條規定,托收指示應包括下列各項適用的內容。托收申請書如圖 7-5 所示。

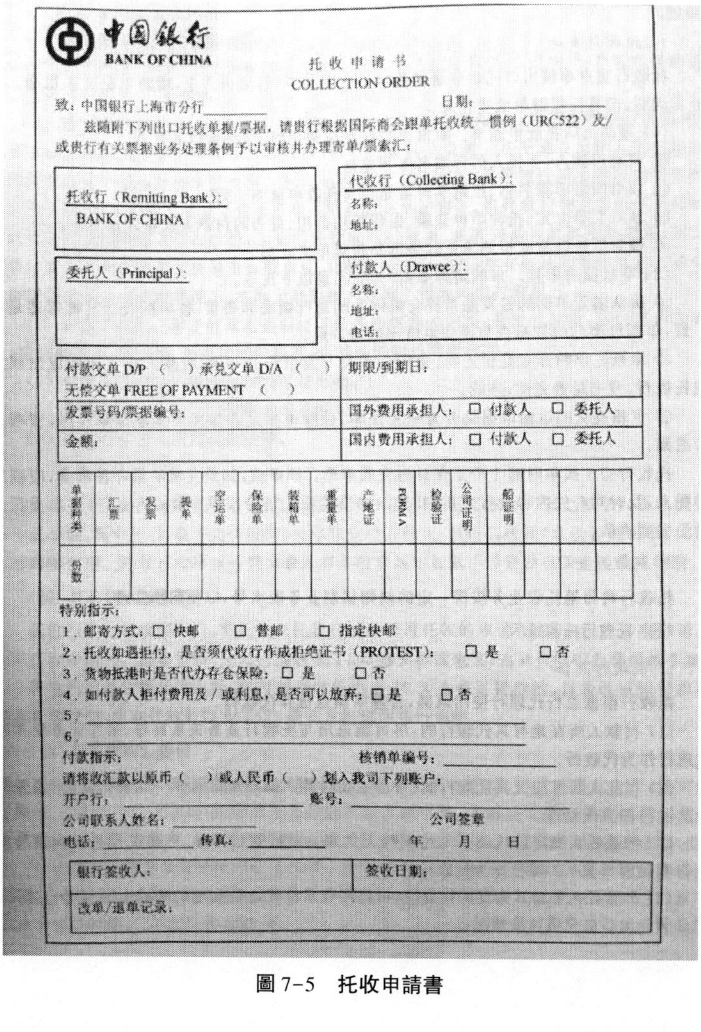

中国银行
BANK OF CHINA

托收申请书
COLLECTION ORDER

致:中国银行上海市分行________ 日期:________

兹随附下列出口托收单据/票据,请贵行根据国际商会跟单托收统一惯例(URC522)及/或贵行有关票据业务处理条例予以审核并办理寄单/票索汇:

托收行(Remitting Bank): BANK OF CHINA	代收行(Collecting Bank): 名称: 地址:
委托人(Principal):	付款人(Drawee): 名称: 地址: 电话:
付款交单 D/P ( ) 承兑交单 D/A ( ) 无偿交单 FREE OF PAYMENT ( )	期限/到期日:
发票号码/票据编号:	国外费用承担人: □ 付款人 □ 委托人
金额:	国内费用承担人: □ 付款人 □ 委托人

单据种类	汇票	发票	提单	空运单	保险单	装箱单	重量单	产地证	FORM A	检验证	公司证明	船证明			
份数															

特别指示:

1. 邮寄方式: □ 快邮 □ 普邮 □ 指定快邮
2. 托收如遇拒付,是否须代收行作成拒绝证书(PROTEST): □ 是 □ 否
3. 货物抵港时是否代办存仓保险: □ 是 □ 否
4. 如付款人拒付费用及/或利息,是否可以放弃: □ 是 □ 否
5. ________
6. ________

付款指示: 核销单编号:________

请将收汇款以原币( )或人民币( )划入我司下列账户:

开户行:________ 账号:________

公司联系人姓名:________ 公司签章

电话:________ 传真:________ 年 月 日

银行签收人:	签收日期:
改单/退单记录:	

圖 7-5 托收申請書

(1)托收行、委託人、付款人、提示行(如有)的詳情,包括全稱、郵政地址和SWIFT地址(若有)、電傳、電話、傳真號碼。

(2)托收金額及貨幣種類。

(3)所附單據及每一項單據的份數。

(4)取得付款及/或承兌的條款和條件。據以交單的條件:付款和/或承兌;其他條件,並有責任確保交單條件表述清楚、意思明確。

(5)要求收取的費用,註明是否可以放棄。

(6)如有應收利息,應註明下列內容:利率、計息期、所適用的計息基礎,並註明可否放棄。

(7)使用何種付款方法及通知付款的方式。

(8)發生拒絕付款、拒絕承兌和/或與其他指示不符時的指示。

(三)托收指示的重要性

URC522指出,托收指示的重要性主要有以下三點:

(1)所有托收業務都必須附有一個單獨的托收指示,該項托收業務離不開該托收指示。

(2)代收行僅被托收指示中載明的指示所引導。

(3)代收行不從其他地方(包括托收委託當事人之外的其他人和托收委託當事人在托收指示之外的其他地方所提出的指示)尋找指示,也沒有義務審核單據以獲得指示;即使個別單據上帶有指示,銀行也不予理會。

托收指示應包含 URC522 第四條所規定的內容,同時必須註明「本項托收業務按照國際商會的第522號出版物的規定辦理」(This collection is subject to Uniform Rule for Collection —1995 Revision ICC. Publication No.522)。否則就容易引發各當事人之間的異議糾紛,而使對方不願意接受辦理該項托收業務。

(四)托收指示中的收款指示

收款指示是托收指示中除交單條件外的另一重要內容,所要解決的是雙方銀行間的頭寸劃撥問題。根據托收行與代收行之間帳戶設置情況的不同而採用不同的收款指示,常用的有以下三種。

1. 托收行在代收行開立帳戶

托收行在出口托收指示中的收款指示是「收妥款項,請貸記我行在你行帳戶,並以航郵或電報通知我行」(Upon collection, please credit the proceeds to our a/c with you under airmail/cable advice to us.)。當代收行將收妥的款項貸記托收行帳戶,並發出貸記報單,托收行收到貸記報單,得知款項已收妥后,即可貸記委託人帳戶,完成此筆托收業務(見圖7-6):

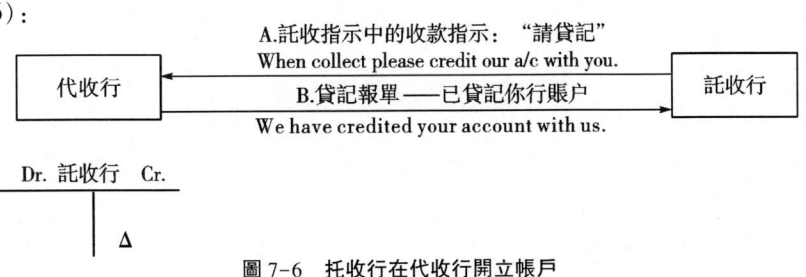

A.托收指示中的收款指示:"請貸記"
When collect please credit our a/c with you.

代收行 ← B.貸記報單——已貸記你行賬戶 → 托收行
We have credited your account with us.

Dr. 托收行 Cr.

圖7-6 托收行在代收行開立帳戶

2. 代收行在托收行開立帳戶

托收行在出口托收指示中收款指示是「請代收款項並以航郵或電報授權我行借記你行在我行的帳戶」(Please collect the proceeds and authorize us by airmail/cable to debit your a/c with us.)。代收行收妥款項後,向托收行發出支付委託書(payment order),授權托收行借記其帳戶。托收行收到支付委託書後,先借記代收行的帳戶,再貸記委託人帳戶,完成此筆托收業務中的頭寸劃撥(見圖 7-7):

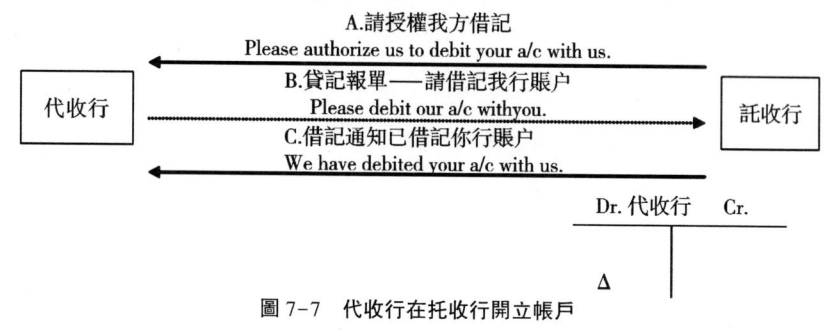

```
                    A.請授權我方借記
        ←───── Please authorize us to debit your a/c with us. ─────
代收行       B.貸記報單——請借記我行賬戶                          託收行
        ─────── Please debit our a/c with you. ───────→
              C.借記通知已借記你行賬戶
        ←───── We have debited your a/c with us. ─────
                                        Dr. 代收行    Cr.
                                              △
```

圖 7-7　代收行在托收行開立帳戶

3. 托收行與代收行非帳戶行關係

這種方式是由托收行指示代收行將收妥的款項交指定的托收行的帳戶行貸記。這時托收行在出口托收指示中的收款指示是「請代收款項並將款項匯至 XX 銀行貸記我行在該行的帳戶,並請該行以航郵或電報通知我行」(Please collect and remit the proceeds to XX Bank for credit our account with them under their airmail / cable advice to us.)。代收行收妥款項匯交 XX 銀行貸記托收行帳戶並通知托收行。托收行收到 XX 帳戶行貸記報單後,即可貸記委託人帳戶,完成此筆托收業務(見圖 7-8):

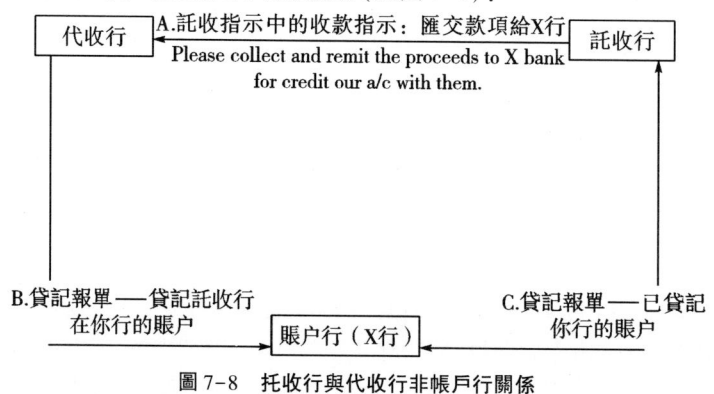

```
                A.託收指示中的收款指示:匯交款項給X行
代收行 ←───── Please collect and remit the proceeds to X bank ───── 託收行
                    for credit our a/c with them.

  B.貸記報單——貸記托收行                         C.貸記報單——已貸記
     在你行的賬戶                                      你行的賬戶
    ─────────────→ 賬戶行(X行) ←─────────────
```

圖 7-8　托收行與代收行非帳戶行關係

六、托收匯票

托收匯票通常是跟單的商業匯票,它除了具備一般匯票的必要記載事項外,還應加註:①交單條件(在付款期限前註明 D/A 或 D/P);②出票條款(通常以「Drawn against shipment of (merchandise) for collection」為固定格式),以表明開立匯票的原因。托收匯票的出票人是出口商或賣方,付款人是進口商或買方,收款人可以有三種形式表示:出票人抬頭,托收行抬頭和代收行抬頭。

1. 出票人抬頭

出票人抬頭即以委託人或出口商為收款人(見圖 7-9)。

(1)委託人向托收行提交全套單據時可做成空白背書或以托收行為被背書人的記名背書(見圖 7-10 第一部分)。

(2)托收行將單據寄給代收行時,應以代收行作為被背書人,做成托收背書。(見圖 7-10 第二部分)

```
Exchange for USD5,000.00                    Hong Kong    10 July.200x.


At sight pay this first bill of exchange (second unpaid) to the order of ourselves the sum of five thou-
sand US dollars only.
Drawn against shipment of (merchandise) for collection.
To buyer or importer
London                                                    For seller or exporter
                                                                     Hong Kong
                                                                     Signature
```

圖 7-9　出票人為抬頭人的匯票

```
(匯票背面)
                  Seller's name, place
                  ____signature____    (第一部分)

For collection Pay to the order of
collecting bank, place
                  For remitting bank, place
                  ____signature____    (第二部分)
```

圖 7-10　空白背書或托收背書

出票人為抬頭人的匯票的流通,其流通過程如圖 7-11 表示:

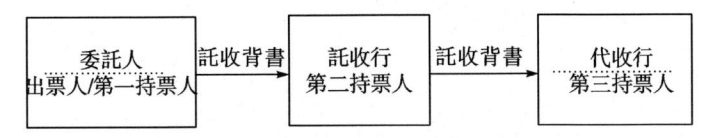

委託人 出票人/第一持票人 →托收背書→ 托收行 第二持票人 →托收背書→ 代收行 第三持票人

圖 7-11　出票人為抬頭人的匯票的流通

2. 托收行抬頭

托收行抬頭如圖 7-12 所示：

```
Exchange for USD5,000.00                          Hong Kong    10 July.2014.
    D/P At 30 days sight pay this first bill of exchange (second unpaid) to the order of remitting bank the
sum of five thousand US dollars only.
    Drawn against shipment of (merchandise) for collection.
    To buyer or importer
    London                                        For seller or exporter
                                                               Hong Kong
                                                               Signature
```

圖 7-12　托收行為抬頭人的匯票

寄單時匯票由托收行做成托收記名背書，背書給代收行如圖 7-13 所示：

```
(匯票背面)
For collection Pay to the order of collecting bank, place
        For remitting bank, place
                signature
```

圖 7-13　托收記名背書

托收行為抬頭人的匯票，其流通過程如圖 7-14 表示：

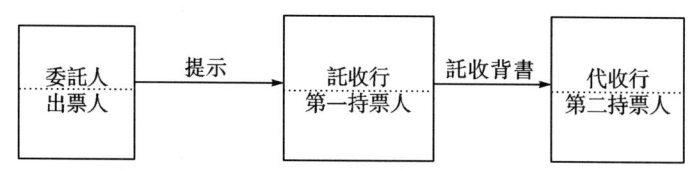

委託人/出票人 ——提示——→ 托收行/第一持票人 ——託收背書——→ 代收行/第二持票人

圖 7-14　托收行為抬頭人的匯票的流通

3. 代收行抬頭

代收行抬頭，即直接以代收行為收款人，如圖 7-15 所示：

```
Exchange for USD5,000.00                          Hong Kong    10 July.200x.
    D/P  At 30 days sight pay this first bill of exchange (second unpaid) to the order of collecting bank
the sum of five thousand US dollars only.
    Drawn against shipment of (merchandise) for collection.
    To buyer or importer
    London                                        For seller or exporter
                                                               Hong Kong
                                                               Signature
```

圖 7-15　代收行為抬頭人的匯票

這種抬頭方式可以避免背書。代收行為抬頭人的匯票，其流通過程如圖 7-16 所示：

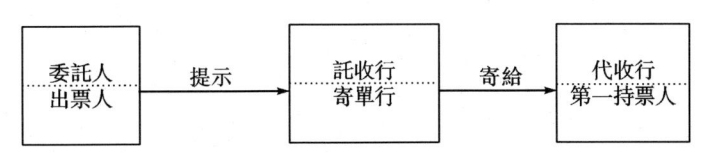

```
委託人      提示      託收行      寄給      代收行
出票人    ────▶    寄單行    ────▶    第一持票人
```

圖 7-16　代收行為抬頭人的匯票的流通

任務二　託收業務資金融通

一、託收方式中銀行對出口商的融資

(一)託收出口押匯

託收出口押匯(collection bills purchased)是指銀行有追索權地向出口商購買跟單匯票的行為，是託收行向出口商提供的一種資金融通方式。其基本做法是：銀行憑出口商開立的以進口商為付款人的跟單匯票以及所附的商業單據為質押，將貨款扣除利息及費用后，淨額付給出口商。託收行成為跟單匯票的持票人，又稱押匯行。等到代收行收妥款項並將頭寸撥給託收行，託收行敘做託收出口押匯的墊款才得以歸還。如果出現拒付，押匯行有權向出口商追索票款及利息。

由於託收方式是屬於商業信用，託收項下的付款人是進口商。對於押匯行而言，其墊款能否收回取決於進口商的資信，銀行敘做託收出口押匯實際上是將原來由出口商承擔的風險轉移到託收行，因此風險較大，一般銀行都不太願意做。在實務中，銀行對託收出口押匯的要求較高，如要求進口商的資信良好、押匯單據必須是全套貨運單據、必須取得出口信用保險、出口貨物是暢銷的等，此外還要求收取較高的押匯利息和手續費用。

(二)出口貸款

出口貸款(advance against collection)。出口商在其流動資金不足的情況下可以要求託收行發放少於託收金額的貸款，到期時還貸。它相當於以部分貨款做押匯。

(三)使用融通匯票貼現融資

使用融通匯票貼現融資(accommodation bill for discount)。出口商利用開立帶有質押的融通匯票，由託收行承兌后，通過貼現公司貼現融資。具體地，出口商可事先與託收行或其他銀行訂立承兌信用額度協議(acceptance credit agreement)，貨物出運后，出口商開立一張遠期融通匯票，以訂立協議的銀行(即託收行)作為受票人，以出口商作為出票人和收款人，金額略低於託收匯票，期限略長於託收匯票，並以託收跟單匯票作為融通匯票的質押品，一起交給託收行，託收行在對融通匯票承兌后，送交貼現公司貼現，出口商即可得到淨款融資。託收行將託收跟單匯票寄代收行，收取貨款后，向貼現公司付融通匯票到期日應付的票款。

二、託收方式中銀行對進口商的融資

(一)信託收據

信託收據(Trust Receipt, T/R)融資。這是進口商表示願意以代收行受託人的身分代銀行提貨，承認貨權屬於銀行，並保證在匯票到期日向銀行付清貨款的一種書面文件，它

是在遠期付款交單條件下代收行向進口商提供的資金融通方式。這種融資有一定的風險。

憑信託收據借得貨物運輸單據所提取的貨物，其所有權並不隨貨物的轉移而轉移。進口商的義務是：①將信託收據項下的貨物與其他貨物分開保管；②售得的貨款應交付給代收行，或暫代代收行保管，並在帳目上與自有資金明確分開；③不得將信託收據項下的貨物抵押給他人。代收行是信託人，其權利是：①可以隨時取消信託，收回貨物；②可隨時向進口商收回已經售出貨物的貨款；③若進口商倒閉破產清理，對該信託收據項下的貨物和貨款有優先債權。

若在托收指示中註明「D/P at XX days after sight to issue trust receipt in exchange for documents，簡稱 D/P,T/R」(遠期付款交單憑信託收據借單)，是出口商允許進口商以開立信託收據方式借得貨運單據提貨，則到期進口商不向代收行繳清貨款的風險由出口商自己承擔；若代收行在未得到出口商的授權，自行給進口商提供這項融資，則風險應由代收行承擔。

(二)融通匯票融資

進口商利用開立不帶有質押的融通匯票，由代收行承兌后，通過貼現公司貼現融資。具體地，進口商可事先與代收行或其他銀行訂立承兌信用額度協議，當進口商收到代收行的通知書要求他付款時，可開立一張遠期融通匯票，以訂立協議的銀行(即代收行)作為受票人，以進口商作為出票人和收款人，要求代收行在對融通匯票承兌后，送交貼現公司貼現，進口商即可得到淨款用來支付給代收行。待融通匯票到期，進口商將提取的進口貨物銷售所得的貨款歸還融通匯票到期的票款。

任務三　托收業務風險及其防範

一、托收項下的風險

托收仍是出口商先出運商品后收款，所以是相對有利於進口商，不利於出口商的一種結算方式。托收項下的風險主要指出口商面臨的風險。

(一)進口商經營風險

這是來自進口商破產或倒閉、喪失支付能力的風險。

(二)市場風險

這是來自國際市場行市下跌，買方借故不履約，拒不付款的風險；或進口商利用不贖單給賣方造成被動，借以壓低合同價格的風險。

(三)進口國國家風險

這是指進口國由於政治或經濟的原因，加強外管，使進口商無法領到進口許可證或申請不到進口所需的外匯，造成貨抵進口國無法進口或不能付款的風險。

(四)其他風險

如由以上情況所導致的貨到目的地后發生的提貨、存倉、保險費用和貨物變質、短量的風險；轉售貨物可能發生的價格損失的風險；貨物轉運的費用負擔以及因儲存時間過長被當地政府拍賣的風險。

二、托收項下風險的防範

鑒於該方式對出口商風險大,為了保證收匯安全,應採取相應的防範措施:

(一)加強對進口商的資信調查

托收是出口商先出運商品后收款的結算方式,出口商能否順利地收回貨款完全依賴於進口商的資信狀況,所以出口商必須事先詳細地調查進口商的資信和經營狀況,成交的合同金額不宜超過其經營能力和信用程度。

(二)選擇適當的商品採用托收方式

採用托收的出口商品種類,應是那些市場價格相對平穩、商品品質穩定、交易金額不大的商品或是向國際市場推銷(試銷)的新產品。

(三)選擇合理的交單條件

出口商應盡量地選擇即期付款交單方式。如果一定要使用遠期付款交單方式,應把握好付款期限,一般應掌握在不超過從出口地到進口地的運輸時間,不宜過長。應盡可能地避免使用承兌交單方式。

(四)選擇好價格條款

應爭取以 CIF 簽訂合同。因為 CIF 項下由賣方投保,萬一貨物出事,買方拒付,出口商仍然掌握貨運單據,控製貨物的所有權,出口商可憑保險單向保險公司索賠,直接獲得賠款,不至於造成重大損失。

(五)瞭解進口國的有關規定

出口商應隨時注意瞭解進口國的有關貿易法令、外管條例等方面的內容,避免貨到目的地不準進口或收不到外匯的損失。

(六)投保出口信用險

現在很多國家都開辦了出口信用保險業務,即對買方不付款和買方國家因國家風險導致不能如期付款的損失進行保險。如中國出口商可以向中國出口信用保險公司投保「短期出口信用保險」,這項保險業務適用於以付款交單和承兌交單為結算方式、且期限不超過 180 天的出口合同。投保該險后,如果進口商無力支付貨款、不按期支付貨款、違約拒收貨物,或因進口國實行外匯和貿易管制、發生戰爭和騷亂而給出口商造成的損失,保險公司將予以賠償。

應知考核

■ **主要概念**

托收　光票托收　跟單托收　付款交單　即期付款交單　遠期付款交單　承兌交單　托收指示　托收匯票　托收出口押匯　出口貸款　信託收據

■ **基礎訓練**

一、單選題

1. 在托收業務中,以下關係中不屬於委託代理關係的是(　　)。
   A.委託人和委託行　　　　　　B.委託行和代收行
   C.代收行和付款人　　　　　　D.委託人和「需要時的代理」

2. 以下不屬於代收行義務的是(　　)。
　　A.收到單據應與托收指示核對,如單據有遺失立即通知委託行
　　B.按單據的原樣,根據托收指示向付款人提示
　　C.對於匯票上承兌的形式,負責表面上完整和正確之責
　　D.在匯票遭到拒絕承兌或拒絕付款時,負責作成拒絕證書
3. D/P,T/R 意指(　　)。
　　A.付款交單　　　　　　　　　B.承兌交單
　　C.付款交單憑信託收據借單　　D.承兌交單憑信託收據借單
4. 承兌交單方式下開立的匯票是(　　)。
　　A.即期匯票　　　　　　　　　B.遠期匯票
　　C.銀行匯票　　　　　　　　　D.銀行承兌匯票
5. 托收出口押匯是(　　)。
　　A.出口地銀行對出口商的資金融通
　　B.出口地銀行對進口商的資金融通
　　C.進口地銀行對出口商的資金融通
　　D.進口地銀行對進口商的資金融通
6. 在托收業務中,如發生拒付,為了照料處理存倉、保險、重行議價、轉售或運回等事宜,委託人可指定一個在貨運目的港的代理人辦理,這個代理人是(　　)。
　　A.委託行　　　　　　　　　　B.需要時的代理
　　C.代收行　　　　　　　　　　D.承運人
7. 進口商付清貨款后,代收行往往會(　　)記托收行帳戶並向托收行發去相應通知書,托收行收到通知書後將貨款(　　)記出口方帳戶。
　　A.借,貸　　　　　　　　　　B.借,借
　　C.貸,貸　　　　　　　　　　D.貸,借
8. 即期付款交單中,出口商往往開立(　　),通過代收銀行向進口商提示。
　　A.即期匯票　　　　　　　　　B.遠期匯票
　　C.銀行匯票　　　　　　　　　D.銀行承兌匯票
9. 在跟單托收業務中,出口商不能通過採取(　　)方式來減少和消除風險。
　　A.調查瞭解進口商的資信和作風
　　B.盡可能爭取「到岸價格」(CIF)交易,爭取自辦保險
　　C.盡可能爭取即期付款交單方式
　　D.盡可能爭取承兌交單方式
10. 光票托收一般不用於(　　)的收取。
　　A.出口貨款尾款　　　　　　　B.出口貨款
　　C.佣金　　　　　　　　　　　D.樣品費

二、多選題

1. 托收中的 D/P 與 D/A 的主要區別是(　　)。
　　A.D/P 是跟單托收,D/A 是光票托收
　　B.D/P 是付款后交單,D/A 是承兌后交單
　　C.D/P 有即期付款和遠期付款,D/A 是遠期付款

D. D/P 是遠期付款，D/A 是即期付款
2. 下列採用順匯的結算方式有（　　）。
   A. 信匯　　　　　　　　　　B. 托收
   C. 電匯　　　　　　　　　　D. 票匯
3. 下列採用逆匯的結算方式有（　　）。
   A. 信匯　　　　　　　　　　B. 托收
   C. 電匯　　　　　　　　　　D. 信用證
4. 托收根據所使用的匯票不同，可分為（　　）。
   A. 付款交單　　　　　　　　B. 承兌交單
   C. 光票托收　　　　　　　　D. 跟單托收
5. 屬於商業信用的國際貿易結算方式是（　　）。
   A. 信用證　　　　　　　　　B. 托收
   C. 匯付　　　　　　　　　　D. 匯款

三、簡答題
1. 簡述托收方式的當事人。
2. 簡述托收的性質和特點。
3. 簡述托收指示中的收款指示。
4. 簡述托收方式中銀行對出口商的融資和對進口商的融資。
5. 簡述托收項下風險如何防範？

應會考核

■ 技能案例

【案例背景】

中國某出口商 C 公司與中東地區進口商 B 公司簽訂一批合同，向其出售 T 恤衫，付款條件均為 D/P 45days。從 1 月至 10 月份，C 公司相繼委託某托收行辦理托收業務 10 筆，指明通過 A 銀行代收貨款，付款條件為 D/P 45days，付款人是 B 公司，金額共計 150 萬美元。托收行均按托收申請書中指示辦理。A 銀行收到跟單匯票後，陸續以承兌交單（D/A 45days）的方式將大量單據放給進口商。其中多張承兌匯票已逾期，但承兌人一直未曾付款，使 C 公司蒙受重大損失。托收行向 A 銀行提出質疑，要其承擔擅自放單之責任，但 A 銀行以當地習慣抗辯，稱當地認為 D/P 遠期與 D/A 性質相同，推諉放單責任，拒絕承擔義務。

【技能思考】

請結合 D/P 和 D/A、票據的角度和出口商的角度綜合作出分析。

■實踐訓練

【實訓項目】

托收業務流程圖

【實訓情境設計】

廣州雲海進出口公司向英國 F 公司出口玩具一批,合同支付條款規定採用 D/P at sight,貨款金額為 10 萬美元。托收行是中國銀行廣州分行,匯入行是匯豐銀行倫敦分行。合同支付條款規定採用 D/P at 30 days after sight。

【實訓任務】

請畫出該筆托收業務的流程圖。

項目八
國際結算方式——信用證

■ 知識目標

理解：信用證的概念、特點及作用；銀行保函、備用信用證和福費廷的概念；

熟知：信用證業務流程的各個環節的工作要點；銀行保函的主要內容；備用信用證的性質；國際保理的功能；福費廷業務流程；

掌握：信用證的開證形式與主要內容；進出口信用證結算實務。

■ 技能目標

學生能夠運用信用證的基本原理進行案例分析，具有實際的操作能力。

■ 情意目標

學生能夠具備讀懂信用證的能力，理解信用證結算方式的應用問題，能夠學會對各種信用證的識別、流程和具體運用。

■ 教學目標

教師要培養學生在正確理解信用證的基本知識和《UCP600》條款的基礎上，掌握信用證業務的實務操作技能，並能在出現國際貿易和國際結算糾紛時運用國際慣例解決實務問題。

【項目引例】

中國青島某出口公司收到一份國外開來的信用證，在審核信用證無誤后，青島出口公司按信用證規定將5,000噸鋼材裝船起運，就在其將單據送交當地銀行議付之際，突然接到開證行通知，稱開證申請人已經破產倒閉，因此開證行不再承擔付款責任。問：出口公司應如何處理？為什麼？

分析：該出口公司應繼續交單並要求銀行對合格的單據履行付款職責。根據《UCP600》的相關規定，信用證屬於銀行信用，由開證行承擔第一性的付款責任。開證行的付款責任獨立於開證申請人之外，不因開證申請人的破產倒閉或拒付而免責。該案例中，開證申請人雖已破產倒閉，但只要開證行依然存在，就必須根據信用證的約定憑受益人提交的相符的單據付款，而不能免責。

【知識支撐】

任務一　信用證概述

一、信用證的概念

(一)信用證

信用證(Letter of credit,L/C)，根據國際商會《跟單信用證統一慣例》的解釋，信用證是指由銀行(開證行)依照客戶(申請人)的要求和指示或自己主動，在符合信用證條款的條件下，憑規定單據，向第三者(受益人)或其指定的人進行付款，或承兌和(或)支付受益人開立的匯票，或授權另一銀行進行該項付款，或承兌和支付匯票，或授權另一銀行議付。簡言之，信用證是銀行開立的一種有條件的承諾付款的書面文件，這裡的「銀行」指開立信用證的銀行，「條件」是指受益人交來的單據與開證行開出的信用證中所要求的內容相一致，即「相符交單」，如提單、發票、保險單等，「付款承諾」就是開證行自己或授權另一家銀行對受益人進行付款、承兌、保證、議付。它強調開證行的付款或承兌必須是在受益人提供的信用證規定的並與信用證條款相符的單據的情況下才能進行，這表明信用證是一家銀行對信用證受益人的有條件的付款承諾。

因此，跟單信用證方式是在商品交易雙方商業信用的基礎上，加上了開證行的信用。保兌信用證方式還加上了保兌銀行的信用，從而增強了這一結算方式的可靠性。同時，還需要驗證信用證的真實性和開證銀行的支付能力，以及出口商的資信。在跟單信用證業務中，代表資金收付關係的匯票及/或發票的流動方向，與資金的流動方向相反。據此，信用證結算方式是逆匯方式。

(二)信用證的特點

1. 信用證方式屬於銀行信用，開證行負第一性付款責任

開證行負第一性付款責任是指出口商交來的單據要符合信用證條款，開證行不管進口商是否能夠付款，在相符交單的條件下都必須付款給受益人或被指定銀行。開證行承擔了第一性的、首要的付款責任，而不能以開證申請人的情況為由，拒絕付款；而且，開證行對受益人的付款是終局性的，沒有追索權，從而體現了信用證的銀行信用。《UCP600》第七條b款規定：開證行自開立信用證之時起，即不可撤銷地承擔承付責任。

《UCP600》第八條規定：「保兌行自對信用證加具保兌之時起，即不可撤銷地承擔承付或議付的責任」，「只要規定的單據提交給保兌行，或提交給其他任何指定銀行，並且構成相符交單，保兌行就必須承付或無追索權地議付」。在保兌信用證業務中，則由保兌銀行承擔第一性付款責任。

因此，信用證結算方式是以開證行(若有保兌行)的銀行信用增強交易雙方的商業信用。

2. 信用證是一項自足文件，不依附於貿易合同而獨立存在

《UCP600》第四條規定：就性質而言，信用證與可能作為其開立基礎的銷售合同或其他合同是相互獨立的交易，即使信用證中含有對此類合同的任何援引，銀行也與該合同無關，且不受其約束。因此，銀行關於承付、議付或履行信用證項下其他義務的承諾，不

受申請人基於其與開證行或與受益人之間的關係而產生的任何請求或抗辯的影響。受益人在任何情況下，不得利用銀行之間或申請人與開證行之間的合同關係。開證行應勸阻申請人試圖將基礎合同、形式發票等文件作為信用證組成部分的做法。

因此，在信用證業務中，當事人只受信用證條款的約束，不受貿易合同條款或開證申請書的約束。

3. 信用證業務處理的是單據而不是貨物

《UCP600》第五條規定：銀行處理的是單據，而不是單據可能涉及的貨物、服務或履約行為。只要受益人交來的單據符合信用證條款，指定的銀行就必須付款。因此，信用證交易把合同的貨物交易轉變成只管單據是否相符的單據交易。在保兌信用證業務中，保兌銀行向受益人的付款依據，也能是信用證和信用證項下的單據，不能是開證行或開證申請人或其他任何的情況。

正是由於信用證的這一性質，《UCP600》第十四條 g 款規定：提交的非信用證所要求的單據將不予理會，並可被退還交單人。同條 h 款規定：如果信用證含有一項條件，但未規定用以表明該條件得到滿足的單據，銀行視為未作規定並不予理會。如果一份信用證上出現上述 h 款所指出的條款，則該條款就被稱為「非單據條款」。通知行、議付行以至受益人可以不理會這樣的非單據條款。

(三) 信用證的作用

採用信用證支付方式，給進出口雙方以及銀行都帶來了一定的好處。信用證在國際結算中的作用主要表現在以下幾個方面：

1. 對出口商的作用

(1) 保證出口商憑單取款

信用證支付所遵循的原則是單證嚴格相符，出口商提交的單據只要做到與信用證規定相符，銀行就保證支付貨款。在信用證支付方式下，出口商交貨後不必擔心進口商到時不付款，而是由銀行承擔付款責任，這種銀行信用要比商業信用可靠。因此，信用證支付為出口商收取貨款提供了較為安全的保障。

(2) 保證出口商得到外匯

在嚴格實行外匯管制和進口管制的國家裡，進口商要開立信用證，首先要得到本國外匯管理當局的批准，只有使用外匯的申請得到批准后，方能向銀行提出開證的申請。這樣，出口商若能按時收到信用證，就說明進口商已獲得相關的外匯。因此，可以保證出口商履約后如期收到有關的外匯。

(3) 可以取得資金融通

在出口商資金週轉困難時，可憑進口商開來的信用證做抵押，向出口地銀行申請打包貸款 (packing credit)，用以收購、加工、生產出口貨物和打包裝船；或出口商在收到信用證后，按規定辦理貨物出運，並將匯票和信用證規定的各種單據提交議付行議付，通過押匯可及時取得貨款。這是出口地銀行對出口商提供的資金融通，從而有利於資金週轉，擴大出口。

2. 對進口商的作用

(1) 保證取得代表貨物所有權的單據

在信用證方式下，無論是開證行、付款行、保兌行的付款，還是議付行的議付貨款都要對有關單據表面的真偽進行審核，只有單證相符、單單相符才履行付款義務。因此，可

以保證進口商交付貨款后,取得代表貨物所有權的單據,特別是提單。

(2)保證按時、按質、按量收到貨物

進口商可以通過信用證條款來控制和約束出口商交貨的時間、交貨的品質和數量,如在信用證中規定最遲的裝運期以及要求出口商提供由信譽良好的公證機構出具的品質、數量或重量證明書等,從而保證進口商按時、按質、按量收到貨物。

(3)提供資金融通

進口商在申請開證時,需要交納一定的押金,有些國家的銀行對信譽良好的開證人還可減免押金,而全部貨款待單據到達后再支付,這樣就減少了資金的占用。如採用遠期信用證時,進口商還可憑信託收據向銀行借單、先行提貨、轉售、使用,到期再向開證行支付貨款,這就為進口商提供了資金融通的便利。

3. 對銀行的作用

開證行接受開證申請人的開證申請后,即承擔了開立信用證和履行付款的責任,這是銀行以自己的信用做出的保證,是一種銀行信用。因此,開證申請人在申請開證時要向銀行交付一定的押金或擔保品,為銀行利用資金提供便利。此外,在信用證業務中,銀行每提供一項服務均可取得一定的收益,如開證費、通知費、議付費、保兌費、修改費、利息、手續費等收入。

總之,信用證支付方式在進出口貿易中可起到以下兩個作用:

(1)安全保證作用。信用證支付方式是一種銀行信用,它把進口人履行的付款責任,轉為由銀行來履行,保證了出口方能迅速安全地收到貨款,進口方能收到代表貨物的單據,有效地緩解了買賣雙方互不信任的矛盾,使進出口貿易能夠順利地進行。

(2)資金融通作用。在信用證業務中,銀行不僅提供信用和服務,還可以通過打包貸款、敘做出口押匯向出口人融通資金;通過憑信託收據、敘做進口押匯向進口人融通資金。

二、信用證的當事人

(一)開證申請人(Applicant)

開證申請人是指向銀行申請開立信用證的人,即進口人或實際買方。開證申請人的責任是:①完整、明確地填寫開證申請書,即向開證行明確地指示所要開立的信用證的條款內容;②按照開證行的要求繳納開證手續費和開證保證金;③若為交足開證保證金,則在開證行依全套符合信用證規定的單據向受益人付款后,向開證行補足所差款項,並贖得全套單據;其權利是:①要求開證行嚴格按照信用證要求審查受益人提交的單據,並僅對符合信用證規定的單據付款;②在有關情況發生較大變化時,可以要求開證行向受益人發出信用證修改書。

(二)受益人(Beneficiary)

受益人是指信用證上所指定的有權使用該證的人,即出口人或實際供貨人。受益人的權利是:①有權審查信用證及信用證修改書的內容,並對其中認為不可接受的條款向開證行要求修改或刪除;②有權依照信用證條款和條件提交匯票及/或單據要求取得信用證的款項;③受益人交單后,如遇到開證行倒閉,信用證無法兌現,則受益人有權向進出口商提出付款要求,進口商仍應負責付款。受益人的責任是:必須提交符合信用證條款規定的全套單據。

(三) 開證行 (Issuing bank)

開證行是指接受開證申請人的要求和指示或根據其自身的需要,開立信用證的銀行。開證行一般是進口商所在地銀行。開證行是以自己的名義對信用證下的義務負責的。具體地說,開證行的責任是:①按照開證申請書的內容,開立信用證;②受益人提交符合信用證規定的單據,由自己或者指定銀行履行付款、承兌和/或延期付款;③在開證申請人或受益人提出修改信用證的要求,並認為其要求可接受的情況下,出具信用證修改書,並自修改書出具之時,就受修改書的約束,除非受益人拒絕了修改書;④在其他銀行根據其開立的信用證辦理了議付、付款之后,向這些銀行償付。開證行的權利是:①向開證申請人收取開證手續費和開證保證金;②對不符合信用證條款規定的單據,有權拒絕付款;③在受益人提交了符合信用證條款規定的單據情況下,若開證申請人未交或者未交足開證保證金卻破產或進入破產程序,則開證行在向受益人付款后,有權處理該信用證項下的單據,以補償自己對受益人的付款。

(四) 通知行 (Advising bank)

通知行是指受開證行的委託將信用證通知受益人的銀行。通知行是受益人所在地的銀行。其責任是:①驗核信用證的真實性並及時澄清疑點;②及時向受益人通知或轉遞信用證。如通知行不能確定信用證的表面真實性,即無法核對信用證的簽署或密押,則應毫不延誤地告知從其收到指示的銀行,說明其不能確定信用證的真實性。如通知行仍決定通知該信用證,則必須告知受益人它不能核對信用證的真實性;③若決定不通知信用證,則必須毫不延誤地將該決定告知開證行。通知行的權利是:①向受益人收取通知費;②在開證行在信用證或其面函中要求通知行對信用證加具保兌時,可根據自己的考慮,決定是否接受該項要求,並將決定告知開證行。

(五) 保兌行 (Confirming bank)。

《UCP600》第二條規定:保兌行指根據開證行的授權或要求對信用證加具保兌的銀行,保兌指保兌行在開證行承諾之外做出的承付或議付相符交單的確定承諾。未接受開證對其開立的信用證加具保兌請求的銀行,不能稱為保兌行。保兌行的權利是:①向開證行收取保兌費;②決定是否將自己的保兌責任擴展到開證行出具的修改書的條款,但必須把自己的決定通知開證行和受益人;③審查受益人提交的單據是否符合信用證的要求;④在單據符合信用證規定、並向受益人支付了款項后,有權向開證行要求償付所付款項以及有關的利息。保兌行的主要責任是:①接受受益人提交的符合信用證條款規定單據,並向受益人終局性地支付信用證所承諾的款項;②通過通知行向受益人傳遞信用證修改書,若在通知修改書時,未特別聲明其保兌責任僅限於信用證原條款範圍,則表明其保兌責任已延展到所通知的修改書條款。

(六) 議付行 (Negotiating bank)

議付銀行是指根據開證行的授權買入或貼現受益人提交的符合信用證規定的匯票及/或單據的銀行。議付行的責任是:①按照信用證條款的規定,審查受益人提交的全套單據;②在確認受益人提交的單據符合信用證條款規定后,向受益人辦理議付;③在辦理議付后,向開證行、或保兌行、或信用證指定的銀行寄單索償。其權利是:①向受益人收取議付費;②如果開證行發現單據不符合信用證要求的情況存在,拒絕償付,則議付行向受益人行使追索權。

(七)付款行(Paying bank)

付款銀行是開證行授權進行信用證項下付款或承兌並支付受益人出具的匯票的銀行。通常,付款銀行就是開證行,也可以是開證行指定的另一家銀行。如果開證行資信不佳,付款行有權拒絕代為付款。但是,付款行一旦付款,即不得向受益人追索,而只能向開證行索償。

(八)償付行(Reimbursing bank)

償付行是開證行指定的對議付行或付款行、承兌行進行償付的代理人。為了方便結算,開證行有時委託另一家有帳戶關係的銀行代其向議付行、付款行或承兌行償付,償付行償付后再向開證行索償,償付行的費用以及利息損失一般由開證行承擔。償付行不接受和審查單據,因此如事後開證行發現單證不符,只能向索償行追索而不能向償付行追索。如果償付行沒有對索償行履行付款義務,開證行有責任向索償行支付索償行向受益人支付的款項及有關的利息(見圖8-1)。

償付授权书
REIMBURSEMENT AUTHORIZATION ON LETTER OF CREDIT

To: Reimbursement Unit   Date:____
                             letter of credit No.____
                             For$ ____ Valid until____

Gentlemen:

We have advised the above sight/usance through__ designating you as the reimbursing bank.
Please honour reimbursement requestes by debiting our account with you as follows:
( )All charges are for our account.
( )All charges are for beneficiary's account.
( )Accept drafts at ___ days after date/sight.
Acceptance commission and discount charges (if any) are for our/beneficiary's account.
( )Special instructions

                                          Yours very truly_____

圖8-1 償付授權書

(九)承兌行(Accepting bank)

遠期信用證如要求受益人出具遠期匯票的,會指定一家銀行作為受票行,由它對遠期匯票做出承兌,這就是承兌行。如果承兌行不是開證行,承兌后又最后不能履行付款,開證行應負最后付款的責任。若單證相符,而承兌行不承兌匯票,開證行可指示受益人另開具以開證行為受票人的遠期匯票,由開證行承兌並到期付款。承兌行付款后向開證行要求償付。

三、信用證的開證形式與主要內容

(一)信用證的開證形式

根據信用證開立方式不同,可將信用證分為信開信用證和電開信用證。

1. 信開信用證

信開信用證就是開證行繕制成信函格式、並通過郵寄方式送達通知行的信用證。信開信用證是開證的通常形式。信用證的英文名稱為「Letter of credit」,就是因為信用證初創時是採用信函形式開立的。信開信用證一般是開立正本一份,副本數份,其中正本和

一份副本以郵寄方式寄給通知行,經通知行審證后,其中正本交付給受益人,供其辦理隨后各項手續所用,副本供通知行存檔備查。另一份副本交申請人供其核對,以便發現有與開證申請書不符或其他問題時,可及時修改。

2. 電開信用證

電開信用證就是用電訊方式開立和通知的信用證,電開信用證所用電訊方法一般可以是電報、電傳或 SWIFT 方式。通知行收到電開信用證,需複製一份作為副本存檔備查。電開信用證可分為簡電開本和全電開本。

(1)簡電開立信用證(brief cable)。即將信用證金額、有效期等主要內容用電文預先通知出口商,目的是使出口商早日備貨。

傳統的電開信用證發出后,開證行往往還通過通知行,向受益人發出一份「電報證實書(Cable Confirmation)」,供受益人核對原先的簡電開證。通知行應在收到的電報證實書上顯眼處加蓋「電報證實書」的印戳,提醒受益人不能將電報證實書錯當又一份信用證,而重複出運貨物。

由於通信技術的發展和電信費用的降低,一般電開本信用證記載的內容也日趨完整全面,因此,《UCP600》第十一條 a 款規定:「以經證實的電訊方式發出的信用證或信用證修改即被視為有效的信用證或修改文據,任何后續的郵寄確認書應被不予理會。如電訊聲明『詳情后告』(若類似用語)或聲明以郵寄確認書為有效的信用證或修改,則該電訊不被視為有效的信用證或修改。開證行必須隨即不遲延地開立有效的信用證或修改,其條款不得與該電訊矛盾。」

(2)全電開立信用證(full cable)。是開證行以電文形式開出的內容完整的信用證。開證行一般會在電文中註明「This is an operative instrument no airmail confirmation to follow.」,后面不註有「隨寄證實書」字樣。這樣的信用證有效,可以憑以交單議付。由於電訊技術的發展,特別是各國從事國際結算的中等以上的商業銀行基本上都參加了 SWIFT,全電開證已經成為普遍使用的方式。

(二)信用證的主要內容

信用證上記載的事項必須明確、完整,否則會導致當事人之間的糾紛。現在各開證行的開證格式基本參照的是「最新標準跟單信用證格式」。跟單信用證的樣本如表 8-1 所示。

表 8-1　　　　　　　　　　跟單信用證的樣本

MT700	Issue of a Documentary Credit	Page 00001
BASIC HEADER		F01 BKCHCNBJA400, 1253, 409337
APPLICATION HEADER		0, 710, 1503, 050316　　　　　　　　　　BSCHHKHHA 3486, 119921, 050316, 1503 N
		* NATIONAL AUSTRALIA BANK, SYDNEY
		* SYDNEY
		* INTERNATIONAL TRADE PROCESSING
USER HEADER		SERVICE CODE　　103:
		BANK. PRIORITY　　113:

表8-1(續)

		MSG USER REF. 108:
		INFO. FROM CI 115:
SEQUENCE OF TOTAL	*27:	1/1
FORM OF DOC. CREDIT	*40A:	IRREVOCABLE
DOC. CREDIT NUMBER	*20:	9052BTY0512004
DATE OF ISSUE	31C:	150323
APPLICABLE RULES	*40E:	UCP LATEST VERSION
DATE AND PLACE OF EXPIRY	*31D:	DATE 150425 PLACECHINA
APPLICANT	*50:	AUSTRALIA INTERNATIONAL TRADING CO. LTD. 3/27 - 29 RICHARDSON AVENUE, GLENELG NORTH, ADELAIDE, AUSTRALIA
BENEFICIARY	*59A:	TONGCHUANG WIRE MESH FACTORY 1602 WIRE MESH WORLD BUILDING ANPING COUNTY HEBEI, CHINA
CURRENCY CADE, AMOUNT	*32B:	CURRENCY USD AMOUNT 10,654.56
AVAILABLE WITH⋯BY⋯	*41D:	ANY BANK BY NEGOTIATION
DRAFTS AT⋯	42C:	SIGHT
DRAWEE	42A:	CTBAAU2SITS
		* NATIONAL AUSTRALIA BANK, SYDNEY * SYDNEY
PARTIAL SHIPMENTS	43P:	NOT ALLOWED
TRANSHIPMENT	43T:	ALLOWED
PORT OF LOADING	44E:	QINHUANGDAO, HEBEI
PORT OF DISCHARGE	44F:	MELBORNE, AUSTRALIA
LATEST DATE OF SHIPMENT	44C:	150415
DESCRIPTION OF GOODS	45A:	STAINLESS STEEL WIRE MESH, CIF MELBORNE
DOCUMENTS REQUIRED	46A:	
(1) COMMERCIAL INVOICE IN DUPLICAT		
(2) PACKING LIST IN DUPLICAT		
(3) FUMIGATION CERTIFICATE IN DUPLICATE		
(4) INSURANCE POLICIES OR CERTIFICATES ENDORSED IN BLANK, COVERING INSTITUTE CARGO CLAUSES(A), INSTITUTE WAR CLAUSES(CARGO), AND INSTITUTE STRIKES CLARSES (CARGO), FOR NOT LESS THAN THE FULL INVOICE VALUE PLUS 10 PERCENT		

表8-1(續)

(5)FULL SET OF CLEAN「ON BOARD」BILL OF LADING TO THE ORDER OF SHIPPER ENDORSED IN BLANK MARKED「PREIGHT PREPAID」AND NOTIFY APPLICANT	
ADDITIONAL COND.	47A:
(1)TELEGRAPHIC TRANSFER REIMBURESEMENT CLAIMS ARE SPECIFICALLY PROHIBITED UNDER THIS CREDIT	
(2)DISCREPANCY FEE OF USD 35.00 WILL BE DEDUCTED FROM THE PROCEEDS OF EACH PESENTATION OF DISCREPANT DOCUMENT	
(3)THE AMOUNT OF EACH DRAFT MUST BE ENDORSED ON THE REVERSE OF THIS CREDIT BY THE NEGOTIATING BANK	
DETAILS OF CHARGES	71B: ALL BANK CHARGES OUTSIDE AUSTRALIA ARE FOR ACCOUNT OF BENEFICIARY.
PRESENTATION PERIOD	48: DOCUMENTS MUST BE PRESENTED AT PLACE OF EXPIRATION WITHIN 15 DAYS OF ON BOARD DATE OF BILL OF LADING.
CONFIRMATION	*49: WITHOUT
REIMBURSING BANK	53A: CTBAAU2SITS *NATIONAL AUSTRALIA BANK *SYDNEY
INSTRUCTIONS	78:
DRAFTS AND DOCUMENTS ARE TO BE SENT IN ONE LOT BY COURIER TONATIONAL AUSTRALIA BANK PBS TRADE SERVICES, 343 GEORGE ST, SYDNEY NSW 2000, AUSTRALIA. WE HEREBY UNDERTAKE THAT PAYMENT WILL BE MADE, IN ACCORDANCE WITH YOUR INSTRUCTIONS, UPON PRSENTATION OF DRAFTS AND DOCUMENTS DRAWN IN CONFORMITY WITH THE TERMS AND CONDITIONS OF THIS CREDIT.	
TRAILER	:MAC:48E8293E CHK:656F2B15C677

信用證內容主要包括：

(1)開證行名稱。

(2)信用證類型；《UCP600》第七條規定，從2007年7月1日《UCP600》實施起，從形式上講，不能再有可撤銷信用證。

(3)開證行的信用證編號；凡隨后有關該信用證的文件、單據等，都應加註信用證的號碼，以便於查對和辦理相關手續。

(4)開證地點和日期。開證地點是指開證行所在地；開證日期是指信用證開立的日期。

(5)有效日期和地點：①有效日期，即受益人提交單據的最后期限，超過這一期限開證行就不再承擔付款責任，也稱為到期日，所有信用證都應規定到期日。信用證若未規定其有效期限，則該信用證無效。此外，信用證還應規定最遲裝運日和最遲交單。若信用證中未規定最遲交單日，可默認為裝運(以運輸單據簽發日為憑)后21天內交單，但必須是在信用證有效期內。國際商會認為，一份信用證規定的最遲裝運日期到信用證有效到期日之間的天數，正好是該信用證規定的最遲交單期，則該信用證是好的信用證。②有效地點，即交單地點，也稱到期地，它是單據必須在到期日或之前進行提示的地點。一

般為開證行指定的銀行所在地。最好是出口地銀行，以便受益人掌握交單取款的時間。如果有效地點是開證行，受益人應考慮能否接受該規定，因為受益人必須在到期日前，使單據到達開證行，但受益人很難控製單據的郵寄時間，也就有可能造成信用證過期失效。

(6) 申請人的名稱和地址。

(7) 受益人，可使用以信用證出口商品並提交相關單據向開證行要求付款的當事人的名稱和地址。

(8) 通知行。此處填寫將信用證通知給受益人的銀行名稱和地址，參考編號下面不應填寫任何其他內容(此處僅供通知行使用)。

(9) 金額，包括貨幣名稱和具體金額。金額應分別由大寫和小寫表示，在整數大寫金額后面，要加「only」，以防塗改。貨幣名稱使用標準化國際三字符代碼，如 USD、GBP、JPY 等。若金額前有 About、Approximately、Circa 等詞語，表示允許有 10% 的增減幅度。

(10) 指定銀行及信用證的可用性。信用證在此處要表明指定銀行及其可用性的細節。①指定銀行。指定銀行可以是保兌行、付款行、承兌行或議付行。②信用證類型。信用證類型是按信用證的使用方式即受益人兌現信用證的方式劃分的。所有的信用證必須清楚地表明，該證適用於即期付款、延期付款、承兌或議付的其中一種。方法是在所選中項目的小方格加註「X」來表示。③受益人的匯票。如果信用證的條款明確要求出具匯票，在此小方格標上「X」，同時表明匯票的受票人和匯票的到期日。有一點非常重要，即匯票的受票人不應是開證申請人。

(11) 分批裝運。可以在允許或不允許的方格內標上「X」，以表明申請人對受益人裝運貨物時的要求。

(12) 轉運。《UCP600》第十九條「涵蓋至少兩種不同運輸方式的運輸單據」的 b 款規定：轉運指在從信用證規定的發送、接管或發運地點至最終目的地的運輸過程中，從某一運輸工具上卸下貨物，並裝上另一運輸工具的行為(無論其是否為不同的運輸方式)。c 款規定：ⅰ.運輸單據可以表明貨物將要或可能被轉運，只要全程運輸由同一運輸單據涵蓋；ⅱ.即使信用證禁止轉運，註明將要或者可能發生轉運的運輸單據仍可接受。《UCP600》第二十三條 b、c 款和第二十四條 d、e 款也分別對空運單據和公路、鐵路或內河水運單據規定有相同意思的條款。

《UCP600》從第十九條到第二十七條用了大量的篇幅規定了各種運輸單據及對運輸單據內容的處理規範。特別應注意有關轉運和分期裝運的定義及其應用的條文。

(13) 買方投保。僅在信用證不要求提交保險單據，而且申請人表示他已經或將要為貨物投保時，方可在此方格內標「X」。根據國際商會的《2000 年國際貿易術語解釋通則》的解釋，在交易採用海洋運輸方式時雙方選擇 FAS、FOB 或 CFR 價格，或採用其他運輸方式時雙方選擇 EXW、FCA 或 CPT 價格情況下，都應該由進口商自行辦理貨物運輸的投保手續。在這些情況下，信用證的這一欄目中，就應該在方格內標上「X」。

(14) 信用證中的裝運條款通常是：

(From)……

運至(For Transportation to)……

不得遲於(Not Later than)……

起運地指發貨人將貨物交給承運人或其代理人的地方。當貨物從一個內陸國家運出或起運地為內陸時，及貨物採用聯合運輸、空運、陸運和郵包形式運送時，起運地不應

規定一個海港裝運,而要根據《UCP600》的條款處理。目的地必須清楚,避免縮寫、模糊用語。要求起運地和目的地必須使用全稱,因為不是每個人都知道「P.R.C.(中國)」的含義。也不能使用諸如 main ports、west European ports 等表達不具體的港口。「Not later than」的意思是「on or before」,即包括所指定的日期在內;若信用證用「from」、「before」或「after」,按《UCP600》第三條的解釋,分別表示「從……開始」、「在……之前」或「在……之…后」,則都不包括所提到的日期。而根據《UCP600》第三條的解釋,「to」、「until」、「till」、「from」及「between」等詞語用於確定發運日期時包含所提及的日期;「on or about」或類似用語則應視為規定的事件發生在指定日期的前后五個日曆日之間,起訖日期計算在內。

對於實際裝運日期的認定,《UCP600》第十九條 a 款第二項規定「運輸單據的出具日期將被視為發運、接管或裝船的日期」;《UCP600》第二十條 a 款第二項也規定「提單的出具日期將被視為發運日期」;隨后的第二十一條關於不可轉讓的海運單、第二十二條的關於租船合同提單、第二十三條關於空運單據、第二十四條關於公路、鐵路或內陸水運單據和第二十五條關於快遞收據、郵政收據或投郵證明,都有相應的規定,相關的單據簽發日期將被視為發運日期。

(15)~(21)中間空白處用來填寫信用證要求受益人提交的各種單據的具體內容。

(15)貨物描述。①貨物描述應盡可能地簡潔明瞭,貨物描述不應羅列過多細節。應避免在信用證中所要求的單據無法獲得,或規定的細節不能在一種或幾種單據中實現。②數量和價格。貨物數量前面有 About、Approximately、Circa 或類似詞語,則數量有 10%增減幅度,如以重量、長度、容積作為數量,則有 5%增減幅度。相關的貿易術語,例如:CIF Rotterdam、CFR New York,FOB Hamburg 應作為信用證條款和條件的一部分加以規定,且最好包括在貨物描述中。

(16)規定的單據。信用證一般列明需要提交的單據,分別說明單據的名稱、份數和具體要求(正本還是副本、出單人、有關內容等)。單據應按下述順序列出:商業發票、運輸單據、保險單據、其他單據,例如產地證明書、分析證明書、裝箱單、重量單等。

(17)商業發票。除非信用證另有規定,必須表面看來是由信用證指定的受益人出具,必須以申請人的名稱為抬頭,且無須簽字;必須表明貨物描述與信用證的描述相符。

(18)運輸單據。《UCP600》第十九條至第二十七條明確了對各種運輸單據的要求,以及可接受或拒受何種運輸單據的理由。

(19)保險單據。①保險單據種類。《UCP600》第二十八條規定,保險單據,例如保險單或預約保險項下的保險證明書或者聲明書,必須看似由保險公司或承保人或其代理人或代表出具並簽署的。如果保險單據表明其以多份正本出具,所有正本均須提交。從長期的業務中看,凡信用證要求提交保險單,受益人就不能以保險憑證替代;如果要求提交保險憑證,受益人則可以提交保險單或保險憑證兩者中的任何一種。但暫保單將不被接受。保險金額,除非信用證另有規定,保險單據必須使用與信用證同樣的貨幣,其最低投保金額是:貨物的 CIF 價(成本、保險加運費)或 CIP 價(運費和保險費付至指定目的地)之金額加 10%,但這僅限於能從單據表面確定 CIF 或 CIP 的價值的情況。否則,銀行將接受的最低投保金額為信用證要求付款、承兌或議付金額的 110%,或發票金額的 110%,兩者之中取金額較大者。申請人可有理由另行規定,例如,他可以希望:要求不同的最低百分比,確立一個固定的百分比 ,確立一個最低和最高的百分比。②險別。按照《UCP600》第二十八條,如果規定保險單據,信用證應規定所投保的險別及附加險。如果

信用證使用諸如「通常險別」或「慣常險別」以及類似的不明確的用語,則無論是否有漏保的風險,保險單據將被照樣接受。信用證規定「投保一切險」時,開證行就應知道,按《UCP600》第三十六條規定,銀行將接受下列保險單據:含有任何「一切險」的批註或條文,無論是否帶有「一切險」的標題,即使保險單據表明不包括某種險別,銀行對於沒有投保的任何險別概不負責。

（20）其他單據。對上述單據之外的其他單據的要求,如商品檢驗證書、產地證、裝箱單、重量單、已裝運通知等。

（21）特別條件。在實務中開證行使用特別條款說明與《UCP600》精神相悖的一些特別要求,信用證特別條款通常表示:銀行費用由誰承擔條款和有關裝運的特別規定。如限制某國籍船只裝運,裝運船只不允許在某港口停靠或不允許採取某航線、佣金條款等。但這些條件應當要求受益人提交相應單據或者在某特定單據上必須對這樣特別條件有所說明。否則,這樣的條款將被視為「非單據條款」而不被理會。

（22）交單期限。《UCP600》第六條 d 款第一項規定:信用證必須規定一個交單的截止日。規定的承付或議付的截止日將被視為交單的截止日。《UCP600》第十四條 c 款規定:如果單據中包含一份或多份受第十九、二十、二十一、二十二、二十三、二十四或二十五條規定的正本運輸單據,則須由受益人或其代表在不遲於本慣例所指的發運日之後的二十一個日曆日內交單,但是在任何情況下都不得遲於信用證的截止日。」

（23）第一,通知指示(僅用於「致通知行的通知書」)。「X」標註將放在三個小方格中的一個,表示通知行是否被要求在通知信用證時:①不要加上它的保兌;②加上它的保兌;③如受益人要求時,它被授權加上其保兌。《UCP600》第八條 d 款規定:如果開證行授權或要求另一銀行對信用證加具保兌,而其並不準備照辦,則其必須毫不延誤地通知開證行,並可通知此信用證而不加保兌。

第二,銀行間的指示(僅用於「致通知行的通知書」)。①開證行應在此處表明,依照《UCP600》第十三條 a、b 及 c 款的規定,信用證所指定的付款、承兌或議付的銀行為何處、如何及何時獲得償付,例如:a.借記我行開設在你行的帳戶;b.我行將貸記你行開設在我行的帳戶;c.向××行索償(開證行的代理行,即償付行)。②如果付款、承兌或議付銀行為另一家銀行索償時,應注意《UCP600》第十三條的規定。

（24）頁數。開證行必須註明所開出信用證的頁數。

（25）簽字開證行在「致通知行的通知書」和「致受益人的通知書」上都要簽字。

在實務操作中,信用證大多都是採取 Telex、SWIFT 等形式開具。Telex(電傳)開具的信用證費用較高,手續繁瑣,條款文句缺乏統一性,容易造成誤解。SWIFT 信用證內容具有方便、迅速、安全、格式統一、條款明確的特點,而在實務中被廣泛使用。SWIFT 是環球銀行間金融電訊協會(Society for Worldwide Interbank Financial Telecomunication)的簡稱。該組織是一個國際銀行同業間非盈利性的國際合作組織,專門從事於各國之間非公開性的國際間的金融業電訊業務,凡採用 SWIFT 信用證,必須遵守 SWIFT 使用手冊的規定,使用 SWIFT 手冊規定的代號(Tag),現以 SWIFT 信用證為例介紹其代號。目前開立 SWIFT 信用證的格式代號為 MT700 和 MT701,以下對 MT700 格式做簡單介紹。中國銀行在電開信用證或收到的信用證電本中,SWIFT 信用證也占了很大比例。部分開證格式如表 8-2 所示。

表 8-2　　　　　　　　　　　MT700 的部分開證格式

M/O 項目類型	Tag 代號	Field Name 欄位名稱	Content/Options 內容
M	27	Sequence of Total 合計次序	信用證的頁次
M	40A	Form of Documentary Credit 跟單信用證類別	信用證的類型
M	20	Documentary Credit Number 信用證號碼	開證行編製的流水號
O	23	Reference to Pre-Advice 預通知的編號	預先通知號碼
O	31C	Date of Issue 開證日期	信用證開立的日期
M	31D	Date and Place of Expiry 到期日及地點	信用證規定的最遲提交單據的日期和地點
O	51a	Applicant Bank 申請人的銀行	開立信用證的銀行的名稱和代碼
M	50	Applicant 申請人	一般為進口商的名稱和地址
M	59	Beneficiary 受益人	一般為出口商的名稱和地址
M	32B	Currency Code, Amount 幣別代號、金額	開證行承擔付款責任的最高限額和幣種
O	39A	Percentage Credit Amount Tolerance 信用證金額加減百分比	信用證金額上下浮動允許的最大範圍）該項目的表達方法較為特殊，數值表示百分比的數值，如：5/5，表示上下浮動最大為 5%
O	39B	Maximum Credit Amount 最高信用證金額	信用證最大限制金額
O	39C	Additional Amounts Covered 可附加金額	額外金額，表示信用證所涉及的保險費、利息、運費等金額
M	41A	Available With…By… 向…銀行押匯，押匯方式為…	指定的有關銀行及信用證總付的方式
O	42C	Drafts at… 匯票期限	匯票付款日期，必須與 42A 同時出現
O	42A	Drawee 付款人	匯票付款人名稱，必須與 42C 同時出現。
O	42M	Mixed Payment Details 混合付款指示	混合付款條款
O	42P	Deferred Payment Details 延遲付款指示	遲期付款條款
O	43P	Partial Shipments 分批裝運	表示該信用證的貨物是否可以分批裝運

表8-2(續)

M/O 項目類型	Tag 代號	Field Name 欄位名稱	Content/Options 內容
O	43T	Transshipment 轉運	表示該信用證是直接到達,還是通過轉運到達
O	44A	Loading on Board/Dispatch/Taking in Change at/from… 由…裝船/發運/接管地點	裝船、發運和接收監管的地點
O	44B	For Transportation to… 裝運至…	貨物發運的最終地
O	44C	Latest Date of Shipment 最后裝運日	裝船的最遲的日期,44C 與 44D 不能同時出現
O	44D	Shipment Period 裝運期間	船期
O	45A	Description of Goods and/or Services 貨物描述及/或交易條件	(貨物描述)貨物的情況、價格條款。
O	46A	Documents Required 應具備單據	各種單據的要求
O	47A	Additional Conditions 附加條件	特別條款
O	71B	Charges 費用	表明費用是否有受益人(出口商)出,如果沒有這一條,表示除了議付費、轉讓費以外,其他各種費用由開信用證的申請人(進口商)支付
O	48	Period for Presentation 交單期限	信用證項下全套單據必須提交的期限
M	49	Confirmation Instructions 保兌指示	開證行是否要求保兌的指示
O	53A	Reimbursement Bank 清算銀行	償付行
O	78	Instructions to the Paying/Accepting/Negotiation Bank 對付款/承兌/議付銀行之指示	開證行對付款行、承兌行、議付行的指示
O	57A	「Advise Through」Bank 通知銀行	通知行
O	72	Sender to Receiver Information 銀行間的通知	附言

任務二 信用證的種類

在國際結算中信用證種類很多,從不同的角度可劃分為不同的種類。一份信用證可以具有多種信用證的特徵。如一份信用證可以同時具備即期的、不可撤銷的、加具保兌

的、可轉讓的、可循環的特徵。每一種信用證都是與進出口業務的實際需要緊密聯繫在一起的,在實際應用中要注意選擇適用。

一、光票信用證和跟單信用證

(一)光票信用證(Cash/Clean Credit)

光票信用證是指不隨附單據的信用證,其主要用於非貿易項下,隨著國際結算方式的不斷演變和發展,其功能已被旅行支票和信用卡取代,現在已經很少見到。光票信用證的主要內容是:申請人向銀行申請開立信用證,並交受益人,受益人可在信用證有效期內,在信用證總額的範圍內,一次或數次向指定銀行憑匯票或支取收據支取現金。

(二)跟單信用證(Documentary Letter of Credit)

在付款、承兌和議付時,需要隨附商業發票、商品檢驗證書、產地證、裝箱單、保險單(若交易雙方以 CIF、CIP 等由出口方辦理貨物運輸保險手續)、運輸單據等商業單據,並視情況決定是否需要匯票的信用證。國際貿易結算中使用的信用證絕大多數是跟單信用證。跟單信用證的核心是單據,銀行通過掌握物權單據來掌握貨權,通過轉移物權單據轉移物權,根據單據提供貿易信貸,保證付款,促進國際貿易的發展。

二、不可撤銷信用證(Irrevocable L/C)

不可撤銷信用證,是指信用證一經開出,即使開證申請人提出修改或撤銷的要求,如果未徵得開證行、保兌行(如有)以及受益人同意,信用證既不得修改也不能撤銷。對不可撤銷的信用證而言,在其規定的單據全部提交指定銀行或開證行,並符合信用證條款的條件下,便構成開證行一項確定的付款保證,即只要受益人提供與信用條款相符的單據,開證行必須履行其付款責任。因此,不可撤銷信用證較好地體現了跟單信用證作為一項合同,其當事雙方——開證行與受益人的平等地位,對受益人收取貨款較有保障,在國際貿易中,當選擇信用證結算方式時,普遍要求使用不可撤銷信用證。

但要注意信用證業務的實踐,確實有一些信用證在形式上是「不可撤銷」的,但卻包含了軟條款,或使信用證生效受限,或使開證行不承擔本應由其承擔的信用證責任。

對於信用證中所有的軟條款,受益人都必須要求開證行刪除或修改,以確認信用證的不可撤銷性。

三、保兌信用證和不保兌信用證

(一)保兌信用證(Confirmed L/C)

保兌信用證,是指開證行開出的信用證,由另一家銀行保證對符合信用證條款規定的單據履行付款義務。換句話說,一份信用證上除了有開證銀行確定的付款保證外,還有另一家銀行確定的付款保證。這家參加保兌、承擔保兌責任的銀行稱為保兌行,保兌行通常是通知行,但也可以是其他銀行。

保兌信用證的產生,主要是由於受益人一般在對開證行的資信不夠瞭解或不信任,或對進口國家的政治或經濟形勢有所顧慮,因此很可能提出保兌要求;另外,有的開證行,由於自身實力有限,擔心自己所開出的信用證不被受益人接受或不易被其他行議付,可能主動要求另一家銀行對該信用證加具保兌。被授權對信用證加具保兌的銀行可以不保兌該信用證,但必須將自己的決定及時告知開證行。信用證經另一家銀行保兌后,

對出口方受益人而言,就取得了兩家銀行的付款保證。按《UCP600》第八條 B 款規定,信用證一經保兌,即構成保兌行在開證行以外的一項確定承諾。《UCP600》第八條 a 款規定,保兌行對信用證所負擔的責任與信用證開證行所負擔的責任相當。即當信用證所規定的單據提交到保兌行或任何一家指定銀行時,在完全符合信用證規定的情況下則構成保兌行在開證行之外的確定承諾。保兌行在付款後,即使開證行倒閉或無理拒付,保兌行對受益人也沒有追索權。UCP 第八條 c 款規定:其他指定銀行承付或議付相符交單,並將單據轉往保兌行之後,保兌行即承擔償付該指定銀行的責任。無論另一家被指定是否於到期日期前,已經對相符提示予以預付或者購買,對於承兌或延期付款信用證項下相符交單的金額的償付在到期日辦理。保兌行償付另一家被指定銀行的承諾獨立於保兌行對於受益人的承諾。

信用證加保兌的做法:

(1)開證行在給通知行的信用證通知書中授權另一家(通知行)在信用證上加保,如「Adding your confirmation.」。

(2)通知行以加批註等方法列入信用證條款,以示該信用證具有保兌功能,如「This Credit is confirmed by us.」。

銀行只能對不可撤銷信用證加具自己的保兌。保兌行有權決定是否將自己的保兌責任延展到信用證的修改書條款,並將自己的決定在傳遞修改書的同時,通知開證行和受益人。因此,受益人要注意保兌行的保兌責任是否延展到修改書的條款。

若保兌行是出口地銀行,則受益人必須向保兌行交單;若保兌行不是出口地銀行,則受益人在向出口地銀行交單時應提請接受交單的銀行,必須向保兌行寄單索償或索匯,而不能繞開保兌行徑向開證行寄單索匯或索償。

(二)不保兌信用證(Unconfirmed L/C)

不保兌信用證,是指沒有另外一家銀行加以保證兌付的信用證,即僅有開證行承擔付款責任。在國際上使用的信用證中絕大多數是不保兌信用證,因為只要開證行信譽好,付款就是有保證的。加保兌只是非正常情況下的變通做法。

四、即期付款信用證、延期付款信用證、承兌信用證和議付信用證

(一)即期付款信用證(Sight Payment Credit)

即期付款信用證是指定一家銀行憑受益人提交的單證相符的單據立即付款的信用證。這種信用證一般有「L/C is available by payment at sight」等類似詞句,或者開證行在信用證上表明支付方式的欄目「by payment at sight」前的框格中打上「X」號。即期付款信用證的受益人將單據交給指定付款行,經審核單據相符付款。

由開證行充當付款銀行的即期付款信用證被稱為「直接付款信用證(straight credit)」。這種信用證所使用的貨幣通常是開證行所在國的貨幣。當信用證使用貨幣並非開證行所在國貨幣時,開證行就需要指定其本身在該貨幣結算中心的帳戶作為被指定的付款銀行。如果付款行不是開證行時,付款行在付款后寄單給開證行索償或按規定方式索償款項,該付款的銀行也可稱為代付行。即期付款信用證可以規定需要或不需要匯票。如需要提供匯票,則匯票付款人應是開證行或被指定的付款行。開證行驗單后對受益人的付款是無追索權的。被指定的付款行憑受益人的匯票付款后,也沒有追索權,但可以用快捷的辦法向開證行索償,且應於索償同日起息。

(二) 延期付款信用證(Deferred Payment Credit)

延期付款信用證,是指開證行在信用證上規定貨物裝運后若干天付款或交單后若干天付款的信用證。這種信用證一般有「L/C is available by deferred payment at XX days after date of or sight...」等類似詞句,或者開證行在信用證上表明支付方式的欄目「by deferred payment at...」前的框格內打上「X」號。

使用這種信用證是基於買賣雙方簽訂的遠期合同。延期付款信用證不要求受益人開立匯票。這是開證申請人為了避免承擔其國內印花稅的負擔而提出的。但因此,受益人就不可能利用遠期票據貼現市場的資金,如需資金只能自行墊付或向銀行借款。由於銀行貸款利息高於貼現利率,這種信用證的貨物成交價要比銀行承兌遠期信用證方式的貨價略有提高。

為了預防可能的被詐欺風險,未經開證行授權,在延期付款信用證項下,被指定銀行不宜對受益人提供融資。而受益人則可通過要求開證行提供另一家銀行(如在不由開證行擔任付款行時的付款行或償付行)對該延期付款信用證加具保兌,來降低風險。

(三) 承兌信用證(Acceptance Credit)

承兌信用證是指規定出具遠期匯票,受益人將遠期跟單匯票提交給匯票付款行,經審單相符,該行在匯票上履行承兌行為,並在確定的到期日付款的信用證。開證行在信用證上表明支付方式的欄目「by acceptance of draft at...」前的框格內打上「X」號,就表明該信用證為承兌信用證。承兌信用證項下,受益人必須簽發匯票,信用證應在隨後條款中明確匯票的受票人和付款時間等內容,而受票人不能是開證申請人。

承兌信用證的特點是在承兌前,銀行對受益人的權利與義務是以信用證為依據,承兌后單據與匯票脫離。承兌銀行成為匯票的承兌人,按票據法的規定應對出票人、背書人、持票人承擔付款的責任。如果承兌行不是開證行,承兌行則寄單至開證行索償,說明匯票承兌及到期日,於到期日付款。如果受益人急需要資金,可以提前要求承兌行貼現取得貨款,但要扣除貼現息。承兌信用證的開出往往是基於買賣雙方的遠期付款的合同。

在實務中,信用證所指定的付款行在承兌該信用證所要求的匯票后,並不將已承兌的匯票通過寄單行寄還出票的受益人,而是向受益人發出承兌通知書或承兌通知電,並自行保存匯票於承兌到期日付款,以避免已承兌匯票在寄送過程中發生遺失等事故給最終付款造成困難。受益人收到承兌電或承兌書后,如欲加速資金週轉,可以憑承兌電或承兌書向商業銀行或貼現公司辦理貼現,但相關的商業銀行或貼現公司卻無法利用這樣的承兌電或承兌書辦理再貼現。

(四) 議付信用證(Negotiable Credit)

1. 議付信用證的概念

《UCP600》第二條規定:議付意指被指定銀行在相符交單下,在其應償付的銀行工作日當日或之前,通過向受益人墊付或者同意墊付款項的方式,購買相符交單項下的匯票(其付款人為被指定銀行之外的銀行)及/或單據的行為。開證行在信用證上表明支付方式的欄目「by negotiation」前的框格內打上「X」號,即表明該信用證為議付信用證。議付信用證項下,若開證申請人要規避其國內印花稅的需求,則要求受益人不簽發匯票。

議付信用證是指受益人在發運貨物后可將跟單匯票或不帶匯票的全套單據交給銀行,請求其墊付票款的信用證。出口地銀行經審單確認受益人已滿足相符交單的要求,

即可根據受益人的申請購買匯票、單據,墊款扣除從議付日到預計收款日的利息、議付費、單據郵寄及電訊等費用(若該信用證在此前也由議付行通知受益人,而暫未向受益人收取信用證通知費,則此時應一併收取)后將淨款付給受益人,並背批信用證,然后按信用證規定單寄開證行,向開證行或償付行索償。銀行這種付出對價的行為就是議付(Negotiation),在中國俗稱「出口押匯」。當開證行以確鑿的理由說明受益人提交的單據存在不符點時,議付銀行對受益人的議付有追索權。但如果保兌行議付,則對受益人無追索權。議付后,銀行根據信用證規定寄出匯票、單據索償。

2. 議付信用證的種類

(1)按是否限定由某一家被指定的銀行議付,議付信用證可分為限制議付信用證和自由議付信用證。

①限制議付信用證(restricted negotiable L/C),是指只能由開證行在信用證中指定的銀行進行議付的信用證。限制議付信用證通常有「This credit is restricted with XXX bank by negotiation.」等類似文句。產生限制議付信用證的原因可能是多方面的,其中最主要一點是開證行為了給自己在受益人所在國家的分支機構、聯行或代理行帶來業務收入。限制議付信用證使受益人喪失了自由選擇議付行的權利,對受益人不利;不僅如此,若開證行指定的限制議付的銀行遠離受益人所在地,將給受益人帶來許多不便,增加受益人的成本和費用,還可能延誤交單。一家銀行經常開立限制議付信用證,也可能導致未被其選擇為議付行的代理行採取「投桃報李」的對待,結果將影響正常與代理行的業務往來。因此,實務中,限制議付信用證的使用較有限。

②自由議付信用證(freely negotiable L/C)是指可以在任何銀行議付的信用證,也被稱為公開議付信用證(open negotiable L/C)。信用證中通常有「This credit is available with any bank by negotiation.」等文句,根據自由議付信用證,受益人可持相關單據就近向任何辦理國際結算的商業銀行提交,委託其辦理結算。這對受益人很方便,因此,在貿易洽商時,若雙方選擇以議付信用證方式辦理結算,出口商可要求進口商申請開立自由議付信用證。

(2)《UCP600》第二條中對「議付」所下的定義包括了「向受益人墊付或者同意墊付款項,購買相符交單項下的匯票及/或單據的行為」兩種情況,按議付行向受益人實際預付信用證規定款項的時間劃分,則議付信用證可分為即期議付信用證和遠期議付信用證。這是《UCP600》對《UCP500》相關規定的一項變動,《UCP600》不再像《UCP500》那樣強調「僅審核單據而未付給對價並不構成議付」。信用證的一般業務程序如圖8-2所示。

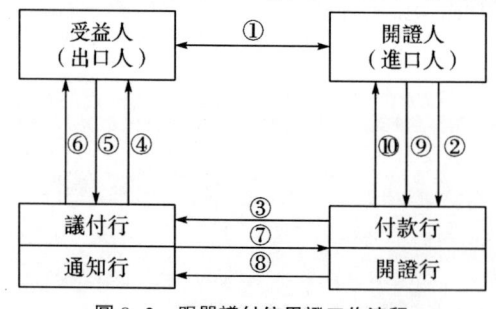

圖8-2 跟單議付信用證工作流程

說明：

①進口人(開證人)與出口人(受益人)訂立買賣合同，規定以信用證方式支付貨款。

②進口人向當地銀行提出申請，填寫開證申請書，交納押金或提供其他擔保，請開證行開證。

③開證行根據申請書內容，向出口人(受益人)開出信用證，並寄發給通知行請其通知受益人。

④通知行核對印鑒(或密押)無誤后，將信用證通知受益人。

⑤出口人(受益人)審核信用證與合同相符后，按信用證規定裝運貨物，並背齊各項貨運單據，開立匯票，在信用證有效期內送交當地銀行(議付銀行)請求議付。

⑥議付銀行按信用證條款審核單據無誤后，按照匯票金額扣除利息，把貨款墊付給受益人(押匯)。

⑦議付行將匯票和貨運單據寄開證行或其指定的付款行索償。

⑧開證行或其指定的付款行核對單據無誤后，付款給議付行。

⑨開證行通知開證人付款贖單，開證人驗單無誤后付清貨款。

⑩開證行將貨運單據送交進口人(開證人)。

五、假遠期信用證(Usance Credit Payable at Sight)

假遠期信用證，是指在買賣雙方商定以即期信用證付款的交易中，開證申請人出於某種需要，要求受益人開具遠期匯票，但受益人可以即期收到足額款項，由開證申請人承擔貼現利息和有關費用的信用證。因此，假遠期信用證也被稱為買方遠期信用證(buyer's usance L/C)。判斷一個信用證是否為假遠期信用證，通常是根據信用證是否具有「遠期信用證可即期議付」等內容的條款來確定，信用證中通常有以下類似內容的條款：

「Usance draft can be negotiated at sight, discount and acceptance fee will for account of the applicant.」；

「Usance draft can be negotiated at sight, interest will be bore by the buyer.」；「Usance draft under this credit can be negotiated at sight.」；

「Draft at 180 days after sight... This credit must be negotiated at sight basis.」。

(一)假遠期信用證與普通遠期信用證和即期信用證、遠期信用證的區別

(1)假遠期信用證項下的買賣合同規定的支付條件一般為即期信用證付款。遠期信用證的買賣合同的支付條件則明確規定以遠期信用證方式付款；

(2)假遠期信用證和遠期信用證均要求開立遠期匯票，即期信用證則規定開立即期匯票或不使用匯票；

(3)假遠期信用證規定匯票的貼現利息及承兌手續費等費用概由開證申請人負擔。遠期信用證的遠期匯票由於收匯而產生利息、貼現息等一般由受益人負擔，即期信用證沒有貼現利息等問題；

(4)假遠期信用證和即期信用證能即期收匯，而遠期信用證不能即期收匯；

(5)即期信用證項下，申請人即期付款贖單，遠期信用證和假遠期信用證項下，申請人在到期日付款。

(二) 使用假遠期信用證的原因

(1) 一些國家的銀行利息一般較商人之間的借貸利息低，進口商使用假遠期信用證，就是充分利用銀行信用和較低的貼現息來融通資金，減輕費用負擔，降低進口成本；

(2) 一些國家由於外匯較緊張，外匯管理條例規定進口交易一律須遠期付款。因此，銀行只能對外開立遠期信用證。在即期付款的交易中，進口商就採用遠期信用證，而願意承擔貼現息、利息和費用的假遠期做法。

(三) 使用假遠期信用證應注意的問題

(1) 要審核來證中假遠期條款。如來證明確規定開證銀行負責即期付款或遠期匯票可以在國外貼現，所有貼現利息及費用均由開證申請人或開證銀行負擔的，一般可以接受；

(2) 有的來證雖規定開證申請人負擔利息及有關費用，但遠期匯票不能貼現，待匯票到期一併收取本息，由於這種信用證實質是「遠期加利息」而非「假遠期」，特別是利息率不明確的，應該慎重考慮；

(3) 如來證僅規定受益人可以即期收匯而沒有明確何方負擔有關費用，應要求開證申請人明確責任后，再給予考慮。

六、可轉讓信用證和不可轉讓信用證

(一) 可轉讓信用證 (Transferable L/C)

可轉讓信用證是指信用證的受益人 (第一受益人) 可以要求授權付款、承擔延期付款責任、承兌或方針的銀行 (統稱「轉讓行」)，或當信用證是自由議付時，可以要求信用證中特別授權的轉讓行，將該信用證全部或部分轉讓給一個或數個受益人 (第二受益人) 使用的信用證。

在國際貿易實務中，可轉讓信用證的第一受益人通常是中間商，他們利用其國際交往關係向國外進口商出售商品，自己並非實際供貨人。中間商與國外進口商成交后，將信用證轉讓給實際供貨人辦理裝運交貨，以便從中賺取差價利潤。中間商要求國外進口商開立可轉讓信用證，是為了轉讓給實際供貨人。但是，信用證的此類轉讓並不等於銷售合同的轉讓，倘若信用證的受讓人 (即第二受益人) 不能按時交貨，或提交的單據有不符點，第一受益人仍應對銷售合同規定的賣方義務負連帶責任。

1.《UCP600》第三十八條對可轉讓信用證的規定

(1) 銀行無辦理信用證轉讓的義務，除非其明確同意。

(2) 只在開證行在其開立的信用證中明確註明可轉讓 (「transferable」) 的信用證才能轉讓，類似文句有「This Credit is Transferable」或「Transfer to be Allowed」；可轉讓信用證可應受益人 (第一受益人) 的要求，通過銀行辦理轉讓，轉為全部或部分由另一受益人 (第二受益人) 兌用。

(3) 信用證中若使用諸如「Divisible」、「Fractionable」、「Assignable」、「Transmissible」等用語，並不能使信用證可轉讓，因此銀行可不予理會。

(4) 信用證通常只能轉讓一次，即由第一受益人轉讓給第二受益人；已轉讓信用證不得應第二受益人的要求轉讓給任何其后受益人。第一受益人不視為其后受益人。而且，只要信用證不禁止分批裝運或分批支款，可轉讓信用證可以分為若干部分分別轉讓，這些轉讓的總和將被視為只構成信用證的一次轉讓。

(5)可轉讓信用證必須通過銀行辦理,而不能由第一受益人自行轉讓給第二受益人。應第一受益人要求辦理可轉讓信用證轉讓手續的銀行被稱為轉讓行。開證行可以特別授權某銀行為辦理信用證轉讓,也可以由自己擔任轉讓行。既非開證行、也非保兌行的轉讓行沒有對該信用證承擔付款或議付責任。

(6)信用證只能按原證中規定的條款轉讓,但對於信用證金額、貨物單價、信用證的到期日、最後交單日、裝運期限這5項中的任何一項或全部均可以減少或提前;而對於必須投保的保險金額比例可以增加。此外,還可以用第一受益人名稱代替原證中的開證申請人名稱,但若原證中明確要求原申請人的名稱應在除發票以外的單據上出現時,必須要求照辦。

(7)若信用證允許部分支款或部分發運,該信用證可分部分地轉讓給數名第二受益人。

(8)在信用證轉讓后,第一受益人有權以自己的發票替換第二受益人的發票,其金額不得超過信用證規定的原金額;若信用證規定了單價,應按原單價開具發票。經替換發票后第一受益人可以在信用證項支取其自己的發票與第二受益人之間的可能差價。第二受益人或代表第二受益人的交單必須交給轉讓行。

(9)如果第一受益人應提交自己的發票和匯票(若有的話),但未能在第一次要求時照辦,或第一受益人提交的發票導致了第二受益人的交單中本不存在的不符點,而其未能在第一次要求時修正,轉讓行有權將從第二受益人處收到的單據照交開證行,並不再對第一受益人承擔責任。

(10)除非另有約定,第一受益人必須承擔轉讓信用證的有關各項費用;並且在第一受益人未付清這些費用之前,轉讓行沒有辦理轉讓的義務。

(11)可轉讓信用證轉讓給多個第二受益人之後,如有修改,則一個或多個第二受益人接受或拒絕對信用證的修改,不影響其他第二受益人拒絕或接受對信用證的修改;換言之,若某一已轉讓信用證有兩個或多個第二受益人,則允許這些第二受益人對該信用證的修改持有不同的態度——接受或拒絕。

在實務中,可轉讓信用證上一定要加「THIRD PARTY DOCUMENTS ACCEPTABLE」,這樣受讓人(第二受益人)的名稱、地址就可以出現在單據裡。如果受讓人是國內的一家出口商,提單上可以作為 SHIPPER,在產地證上也可以作為 SHIPPER,就可以辦理產地證。

2. 可轉讓信用證業務流程

可轉讓信用證業務處理中,涉及的當事人及業務流程相對複雜。轉讓行就是通知行或議付行並且由轉讓行兼做第二受益人的通知行或議付行的情況下,可轉讓信用證的業務流程大致有下列幾個環節:

(1)中間商分別與進口商和實際供貨人簽訂貿易合同。
(2)進口商根據合同規定,申請開立可轉讓信用證。
(3)開證行開出可轉讓信用證。
(4)通知行將可轉讓信用證通知中間商(第一受益人)。
(5)中間商(第一受益人)向轉讓行提出轉讓信用證。
(6)轉讓行將信用證轉讓並通知實際供貨人(第二受益人)。
(7)實際供貨人(第二受益人)將貨物出運后,備齊單據向議付行交單。

(8)議付行通知中間商(第一受益人)替換發票和匯票。
(9)中間商(第一受益人)替換發票和匯票要求議付。
(10)議付行向開證行交單索匯。
(11)開證行對單證審核無誤后付款或償付。
(12)開證行通知進口商付款贖單。

(二)不可轉讓信用證(Non-Transferable L/C)

不可轉讓信用證是指信用證項下的權利只能是受益人本人享有,不能以轉讓形式給他人使用。若受益人不能執行信用證條件,信用證只能作廢。凡未註明「可轉讓(transferable)」字樣的信用證都是不可轉讓信用證。

七、背對背信用證(Back to Back L/C)

背對背信用證,又稱為對應信用證(Counter L/C),是指中間商收到進口方開來的、以其為受益人的原始信用證(Original L/C,又稱為主要信用證 Master L/C)后,要求原通知行或其他銀行以原始信用證為基礎,另外開立一張內容相似的、以其為開證申請人、開給另一受益人的新的信用證。在國際貿易中,主要是在信用證不允許轉讓的情況下,或者實際供貨人不接受買方國家銀行信用證作為收款保障時,出口中間商憑以他為受益人的、國外開立的信用證作為抵押品,要求他的往來銀行開立以實際供貨人為受益人的信用證。例如,香港地區中間商收到了一出口孟加拉國的紡織面料的信用證,但真正的供貨商在內地,於是,香港中間商以該孟加拉國的信用證作抵押,向香港某銀行申請要求開立以自己為開證申請人、內地的供貨商為受益人的信用證,新證的內容與孟加拉國的來證內容相似,則該新證就是背對背信用證。

對應信用證與原始信用證相比較,所要求的商品是同樣的,一般都要求使用中性包裝,以便中間商做必要改裝或再加工;若該商品屬於易損商品,則數量上可能略多,以備若有損耗,可以滿足原始信用證的要求。就兩證本身比較,對應信用證金額和商品單價均應低於原始信用證,以便中間商有利可圖;對應信用證有效期、最遲裝運期和最遲交單期都應早於原始信用證,以便中間商的再加工和辦理商品轉口手續。

可轉讓信用證與背對背信用證的區別如下:

(1)可轉讓信用證是將以出口商為受益人的信用證全部或一部分轉讓給供貨人,允許供貨人使用。可轉讓信用證是一份信用證。而背對背信用證則與原證完全是兩個獨立的信用證,兩者同時存在。

(2)可轉讓信用證的權利轉讓要以開證申請人及開證銀行准許為前提;而背對背信用證的開立則與原證開證申請人及開證銀行無關。可轉讓信用證的受讓人,即第二受益人,與第一受益人居於同等地位,均可獲得開證銀行的付款保證;而背對背信用證的受益人不能獲得原證開證行的付款保證,只能得到背對背信用證開證銀行的付款保證。

(3)可使用可轉讓信用證的銀行如果開出新證,不因信用證轉讓而改變該行的地位或增加其責任;而背對背信用證如果經通知行開立,則其地位即改變為背對背信用證的開證行。

(4)國際商會的《UCP600》第三十八條對可轉讓信用證的限制,對背對背信用證就起不了作用。背對背信用證一般用於由於某些限制而不能開立可轉讓信用證的情況,或者是用於當開證申請人不打算開立可轉讓信用證的情況。

(5)可轉讓信用證的轉讓條款內容受到原信用證的一定約束,而背對背信用證的條款可變動的幅度則大得多。

背對背信用證的信用證開立、傳遞流程如圖8-3所示:

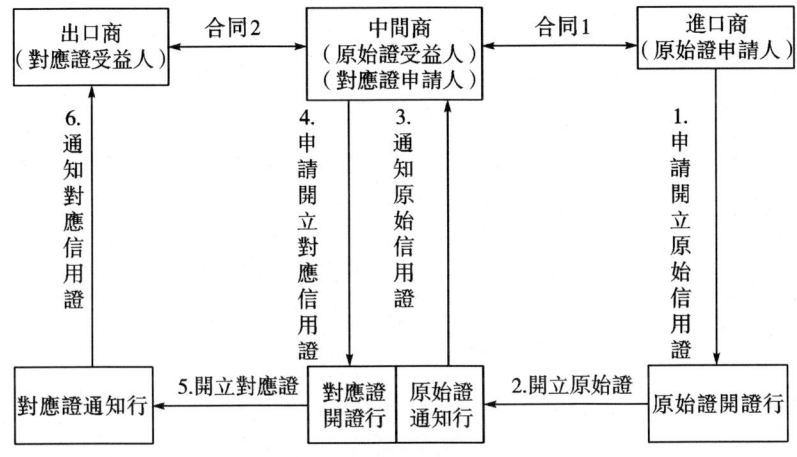

```
┌─────────────┐  合同2   ┌─────────────┐  合同1   ┌─────────────┐
│   出口商    │◄────────►│   中間商    │◄────────►│   進口商    │
│(對應證受益人)│          │(原始證受益人)│          │(原始證申請人)│
│             │          │(對應證申請人)│          │             │
└─────────────┘          └─────────────┘          └─────────────┘
      ▲                    ▲       ▲                     ▲
      │6.通知對應信用證    │4.申請 │3.通知                │1.申請開立原始信用證
      │                    │開立   │原始
      │                    │對應   │信用
      │                    │信用證 │證
      ▼                    ▼       ▼                     ▼
┌─────────────┐  5.開立對應證 ┌──────┬──────┐ 2.開立原始證 ┌─────────────┐
│對應證通知行 │◄──────────── │對應證│原始證│◄──────────── │原始證開證行 │
│             │              │開證行│通知行│              │             │
└─────────────┘              └──────┴──────┘              └─────────────┘
```

圖8-3 背對背信用證開立、傳遞流程

八、對開信用證(Reciprocal L/C)

對開信用證是指兩張信用證的開證申請人互以對方為受益人而開立的信用證。開立這種信用證是為了達到貿易平衡,以防止對方只出不進或只進不出。第一張信用證的受益人就是第二張信用證(也稱回頭證)的開證申請人;同時,第一張信用證的開證申請人就是回頭證的受益人。其信用證的通知行也往往就是回頭證的開證行。

這種信用證一般用於來料加工、補償貿易和易貨交易。當對開信用證用於易貨貿易時,兩張信用證的金額相等或大體相等,而且兩證的種類一樣,兩份信用證的有效期、最遲裝運期和最遲交單期一樣或相近,以督促雙方同時或在相近時間內出運貨物和向銀行交單,通過相互對抵,完成結算。若對開信用證用於加工貿易,則兩證金額必然有一定的差距,這差距就是受委託加工方的加工費的毛收入。兩證要求規定對方受益人出運商品的最遲裝運期和交單期必然有先有後,而信用證本身又要同時到期,以便對抵後由委託方向加工方支付加工費——即兩份信用證金額的差額,因此,這兩份信用證規定的期限種類必然不同,如加工方通過銀行向委託方開出的是遠期信用證,而委託方開出的則是即期信用證。對開信用證兩證可同時互開,也可先後開立。

對開信用證的生效方法是:①兩張信用證同時生效。第一證先開出暫不生效,俟對方開來回頭證,經受益人接受後,通知對方銀行,兩證同時生效。②兩張信用證分別生效。第一證開立後立即生效,回頭證以後另開,或第一證的受益人,在交單議付時,附有一份擔保書,保證在若干時間內開出以第一證開證申請人為受益人的回頭證。分別生效的對開信用證只有在易貨雙方互相信任的情況下才會開立,否則先開證的一方要承擔對方不開證的風險。對開信用證的流程如圖8-4所示。

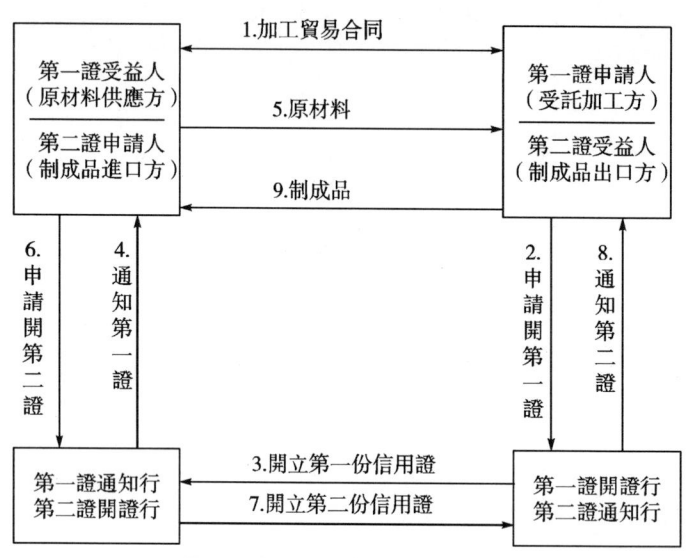

```
┌─────────────────┐  1.加工貿易合同   ┌─────────────────┐
│ 第一證受益人    │◄──────────────►│ 第一證申請人    │
│(原材料供應方)   │   5.原材料       │(受託加工方)     │
│ 第二證申請人    │────────────────►│ 第二證受益人    │
│(制成品進口方)   │   9.制成品       │(制成品出口方)   │
│                 │◄────────────────│                 │
└──┬───────────▲─┘                  └─▲───────────┬──┘
   │6.         │4.                    │2.         │8.
   │申         │通                    │申         │通
   │請         │知                    │請         │知
   │開         │第                    │開         │第
   │第         │一                    │第         │二
   │二         │證                    │一         │證
   │證         │                      │證         │
   ▼           │                      │           ▼
┌─────────────────┐  3.開立第一份信用證 ┌─────────────────┐
│ 第一證通知行    │◄──────────────────│ 第一證開證行    │
│ 第二證開證行    │────────────────────►│ 第二證通知行    │
└─────────────────┘  7.開立第二份信用證 └─────────────────┘
```

圖 8-4　對開信用證開立、傳遞流程

對開信用證與背對背信用證有某些類似之處:各有兩份信用證,其中某一份信用證的受益人又是另一份信用證的開證申請人。但兩者的區別也是顯而易見的:

(1)貿易背景不同。背對背信用證通常在中間商參與的轉口貿易下使用;而對開信用證通常在易貨貿易或者加工貿易中使用,並且一般不存在中間商的參與,是進出口雙方的直接貿易。

(2)信用證中貨物的名稱不同。背對背信用證中,前后兩個信用證的貨物名稱相同,只是裝運期、有效期等與貨物本身無關的條款,以及貨物的單價、總價格等不同;而對開信用證前后兩個信用證的貨物不同。

(3)信用證生效的要求不同。背對背信用證前后兩個信用證的生效時間是確定的,只要開立信用證,就已生效,而對開信用證的生效時間是不確定的,開立了信用證,未必一定生效,需要根據信用證的條款規定來判斷生效時間。換言之,背對背信用證是彼此相關但又互相獨立的兩份信用證,而對開信用證則是彼此互相依存的兩份信用證。

(4)對開的兩份信用證申請人分別就是對方申請開立的信用證的受益人,而背對背信用證只有中間商才既是原始信用證的受益人,又是對應信用證的申請人,最初的出口商和最終的進口商則分別只是對應信用證的受益人和原始信用證的申請人。

九、循環信用證(Revolving L/C)

循環信用證是指信用證的全部或部分金額使用后,仍可恢復原金額繼續多次使用的信用證。國際貿易中買賣雙方訂立長期合同,分批交貨,進口商為節省開證費用和減少手續,常利用循環信用證方式結算。它對出口商來說,也可以減少逐筆催證和審證手續,保證收回全部貨款。循環信用證的特點是:信用證被出口商全部或部分利用后,能夠重新恢復原信用證的金額而即可再使用,周而復始,一直到規定的循環次數或規定的總金額達到為止。

循環信用證有按時間循環和按金額循環兩種。

按時間循環的信用證是受益人在一定時間內(如一個月)可支取信用證規定的金額，支取后在下次的一定時間內仍可再次支取。

按金額循環的信用證是受益人在一定的金額使用完畢后，仍可在信用證規定的條件下，恢復支取一定的金額。

此外，循環信用證還可分為累積循環信用證和非累積循環信用。即上次未用完的余額可以移至下次合併使用的信用證為累積循環信用證(Cumulative Revolving L/C)；上次余額不能移至下次合併使用的信用證為非累積循環信用證(Non-Cumulative Revolving L/C)。其具體的循環方式有三種：

(1)自動循環使用：出口商可按月(或按一定時期)支取一定金額，不必等待開證行的通知，信用證就可在每次支款后自動恢復到原金額。

(2)非自動循環使用：出口商每次支取貨款后，必須等待開證行的通知，才能使信用證恢復到原金額再加以利用。

(3)半自動式循環使用：出口商每一次支取貨款后，經過若干天，如果開證行未提出不能恢復原金額的通知，信用證即自動恢復原金額。

十、預支信用證(Anticipatory Credit)

預支信用證允許出口商在裝貨交單前可以支取部分或全部貨款。由於預支款是出口商收購及包裝貨物所用，預支信用證又叫打包放款信用證(Packing L/C)。申請開立預支信用證的進口商往往需要開證行在信用證中加列預支條款。根據允許預支貨款的條件的不同，部分預支信用證可分為紅條款信用證(Red Clause L/C)和綠條款信用證。其有關允許受益人預支信用證部分金額的條款分別以紅色或綠色書寫或打印，使之更醒目。紅條款信用證提供預支款項的方式可以是以貨款墊付或以議付方式預先購買受益人的單據。待受益人向墊款的銀行提交信用證規定的單據時，墊款的銀行可從正式議付金額中扣回原先墊款及墊款期間的利息，將所余的淨額付給受益人。若受益人屆時不能向墊款的銀行提交信用證規定的單據，墊款的銀行可向開證銀行追索墊付的款項。綠條款信用證要求受益人在貨物裝運前以提供預支款項的銀行的名義，將貨物存入倉庫，並將存倉單據交給墊款銀行，以支取預支款項。銀行則憑受益人開立的匯票(或收據)及貨物存倉單，向受益人墊款。若受益人屆時不能向墊款的銀行交單，則銀行可以通過處理上述的存倉單，收回所墊付的款項。

銀行按信用證規定應受益人請求預支款項后，往往要求受益人把正本信用證交出，以控制受益人向該行交單。如果受益人預支了款項卻未發貨交單，預支行可以要求開證行償付。開證行償付后再向開證申請人追索。由於有這種風險，進口商只有對出口商資信十分瞭解或在出口商是可靠、穩定的貿易夥伴時，才會向開證行提出開立預支信用證的要求。

任務三　進出口信用證結算實務

一、進、出口商雙方經洽商簽訂交易合同

進出口商雙方經洽商簽訂合同。合同除規定交易的商品種類、數量、品質、價格條件、運輸、保險、交付時間、檢驗、索賠、仲裁等事項的一致意見外，還需要明確該筆交易以信用證方式辦理結算，以及所選擇的信用證的種類、金額、付款期限、到期日、進口商通過當地銀行開立信用證的最遲時間以及信用證的主要內容等。

二、進口商向當地銀行申請開立信用證

進口商必須在合同所要求的或合同簽訂后的合理期限內，向當地信譽良好的商業銀行申請開立以出口商為受益人的信用證。在這個環節上，進口商（開證申請人）要辦理以下手續：

（一）確定申請開立信用證的前提條件

申請開立信用證的前提條件是本筆業務須符合國家的貿易管制政策和外匯管制政策。例如，進口商品屬於中國許可證管轄範圍內的，應提供許可證或登記證明、機電產品登記表等；申請人屬於外匯管理局需要進行「真實性審查」的企業，或不在外匯管理局公布的「進口單位名錄」的企業，需要提供國家外匯管理局或其分支機構出具的備案表等。

（二）選擇開證行、填寫開證申請書

進口商一般是在自己的開戶行中選擇信譽較好的作開證銀行，這樣做，容易被受益人接受，並減少可能產生的費用。

開證申請書（Application for Issuing Letter of Credit）既是開證行開立信用證的根據，又是開證行與開證申請人之間法律性的書面契約，它規定了開證申請人與開證行的責任（見圖8-5）。

開證申請書主要依據貿易合同中的有關主要條款填製，申請人填製后最好連同合同副本一併提交銀行，供銀行參考、核對。但信用證一經開立則獨立於合同，因而在填寫開證申請時應審慎查核合同的主要條款，並將其列入申請書中。

（三）填寫開證擔保書

開證時申請人必須與開證行簽訂「開證擔保協議」。「開證擔保協議」一般由開證銀行根據信用證業務的慣例，事先印就格式供申請人在需要時填寫。

三、開證行開出信用證和修改信用證

開證行如接受申請人的開證申請，就必須在合理的工作日內開出信用證，信用證交通知行通知受益人。

（一）開證銀行審查開證申請人的申請開證文件

（1）審查開證申請書。重點審核：①申請書的內容有無違反國際慣例的條款；②申請人的英文名稱與所遞交申請的企業名稱是否相符；③受益人名稱地址是否齊全；④申請開證的金額大小寫是否一致；⑤貨物描述中的單價、貨量及總價是否相符合；⑥貨物名稱及規格是否齊全；⑦申請書中所要求的單據條款有無自相矛盾之處；⑧嚴格審核信用證

IRREVOCABLE DOCUMENTRY CREDIT APPLICATION

TO: BANK OF CHINA　　　　　　　　Date:

Beneficiary(name and address)		L/C No.
		Ex-Card No.
		Contract No.
		Date and place of expiry of the credit
Partial shipments	Transshipments	☐Issue by airmail
☐allowed ☐not allowed	☐allowed ☐not allowed	☐With brief advice by teletransmisson
Loading on board /dispatch/taking in charge at/from		☐Issue by express delivery
Not later than		Amount (both in figures and words)
For transportation to		
Description of goods:		Credit available with
		☐by sight payment　☐by acceptance
		☐by negotiation
		☐by deferred payment at　　against the documents detailed herein
		☐and beneficiary's draft for 　% of the invoice value
		at　　on
Packing:		☐FOB　　☐C&F　　☐CIF
		☐or other terms

Documents required:(marked with x)

1. (　)Signed Commercial Invoice in copies indicating L/C No.　　and Contract No.　　.
2. (　)Full set of clean on board ocean Bills of Lading make out to order and blank endorsed, marked "freight[ ]to collect/[ ]prepaid[ ]showing freight amount" notifying　　.
3. (　)Air waybills showing "freight[ ]to collect/[ ]prepaid[ ]indicating freight amount" and consigned to　　.
4. (　)Memorandum issued by　　　　　　consigned to　　.
5. (　)Insurance Policy Certificate in copies for　　% of the invoice value showing claims payable in Chin in currency of the draft, blank endorsed, covering([ ]Ocean Marine Transportation/[ ]Air Transportation/[ ]Over Land Transportation)All Risks, War Risks.
6. (　)Packing List/Weight memo in copies indicating quantity/gross and net weights of each package and packing conditions as called for by the L/C.
7. (　)Certificate of Quantity/Weight in copies issued by an independent surveyor at the loading port, indicating the actual surveyed quantity/weight of shipped goods as well as the packing condition.
8. (　)Certificate of Quantity in copies issued by[ ]manufacturer/[ ]public recognized surveyor[ ].
9. (　)beneficiary's certified copy of cable/telex dispatched to the accountees within hours after shipment advising [ ]name of vessel/[ ]flight No./[ ]wagon No.　, date , quantity, weight and Value of shipment.
10. (　)Beneficiary's Certificate certifying that extra copies of the documents have been dispatched according to the contract terms.
11. (　)Shipping Co's certificate attesting that the carrying vessel is chartered or booked by accountee or their shipping agents:
12. (　)Other documents , if any:

Additional instructions:
1.(　)All banking charges outside the opening bank and are for beneficiary's account.
2.(　)Documents must be presented within days after the date of issuance of the transport documents but within the validity of this credit.
3.(　)Third party as shipper is not acceptable. Short Form/Blank Back B/L is not acceptable.
4.(　)both quantity and amount 　% more or less are allowed.
5.(　)Prepaid freight drawn in excess of L/C amount is acceptable against presentation of original charges voucher issued by shipping Co./Air Line /or its agent:
6.(　)All documents to be forwarded in one cover , unless otherwise stated above.
7.(　)Other terms, if any:

Account No.:　　　　　　　with　　　　　　　　　　　(name of bank)
Transacted by:　　　　　　(Applicant: name signature of authorized person)
Telephone No.:　　　　　　　　　　　　　　　　　　(with seal)

圖 8-5　不可撤銷跟單信用證開證申請書

申請書上的附加條款及其他特別需要說明的條款；⑨審核申請書中有無公章、法人代表章和財務專用章；⑩開證申請人是否填明全稱、地址、郵政編碼以及聯繫電話、聯繫人等。

鑒於信用證是以規定的單據為業務辦理的對象,《UCP600》第四條 b 款指出:開證行應勸阻申請人試圖將基礎合同、形式發票等文件作為信用證組成部分的做法。《UCP600》第十四條 h 款還規定:如果信用證含有一項條件,但未規定用以表明該條件得到滿足的單據,銀行視為未作規定並不予理會。因此,開證行在審查開證申請書時,應要求申請書對信用證條款內容都應有相應的單據或相應單據需體現的內容為要求,而剔除沒有達到上述要求的內容。

(2)審查開證申請人的資信情況。開證申請人的資信好壞,直接關係到開證銀行受理該筆業務后,能否按照國際慣例順利付款,以及開證銀行自身資信會不會受到影響等。銀行通過審核申請人的基本材料,可以瞭解申請人資信的基本情況。這些材料主要有:申請人的營業執照;進出口業務批件;企業組織機構代碼;稅務登記證;企業的各種印鑒,包括公章、法人章、財務專用章、業務專用章等。

(3)查驗進口開證應提供的有效文件。檢查根據國家有關外匯、外貿管理的規定,進口商應提交的有關文件及其文件的有效性和可靠性。

(二)審查該筆業務的貿易背景

銀行在開立信用證前,應對該筆業務的貿易背景進行認真審核。一般情況下,開立信用證需要有貿易背景。要特別注意無貿易背景的信用證、熱門商品及開立無貨權憑證的信用證。

(三)落實開證抵押

開證抵押的方法主要有三種:

(1)收取保證金。開證申請人申請開證時,開證行通常收取一定額度或一定比例的現款保證金,以減少開證申請人的資金被占壓的情況,同時降低開證行墊付資金的風險。對此類保證金,通常計付活期利息。若申請人在開證行有存款,則可以用存款作抵押。

(2)以出口信用證作抵押。用自有外匯支付貨款的開證申請人,如果其資信較好,又有經常性的金額較大的出口業務,開證行可以用其出口信用證作抵押。但應注意的是,出口信用證的金額應當大於需支付的進口金額,且收款時間即信用證的有效期也必須早於付款時間。

(3)憑其他銀行保函。開證行向申請人收取押金,目的是為了避免付款后得不到償還的情況發生。因此,倘若申請人能夠提交其他銀行為其出具的保函,開證行也可以開證。

(四)開立跟單信用證

(1)開證行根據本身的代理行協議,正確選擇國外通知行。為了有利於及時驗核信用證的真實性和通知信用證,開證行應選擇自己在受益人所在地的聯行或代理行為通知行。

(2)開證之前每筆信用證都應在信用證開證登記本上進行登記、編號,登記內容包括:信用證號碼、開證日期、開證貨幣及金額、通知行、開證申請人、合同號等。

(3)繕打信用證。根據申請人開證方式要求及開證申請書內容,選擇正確的開證方式,並繕打信用證。

(4)復核信用證。信用證繕制完成后,應根據開證申請書的內容,逐一仔細審核,確保信用證內容完整、準確。經部門經理核簽后,以 SWIFT 方式開出信用證。

(五)信用證的修改

由於交易的有關情況發生變化或者開證申請書條款與交易合同存在不一致或者信用證開立出現失誤等原因,申請人或受益人可能要求開證行對已經開出的信用證進行修

改。開證行接受這一要求並修改信用證,應注意以下情況:

1. 信用證修改的生效

(1)《UCP600》第十條 b 款規定:開證行自發出修改之時起,即不可撤銷地受其約束。

(2)同一條款還規定:保兌行可將其保兌擴展至修改,並自通知該修改之時起,即不可撤銷地受其約束。但是,保兌行可以選擇將修改通知受益人而不對其加具保兌。若如此,其必須毫不延誤地將此告知開證行,並在其給受益人的通知中告知受益人。

以上條款表明,在開證行發出信用證修改和保兌行表明其保兌擴展至修改起,只要受益人未明確表示拒絕修改,則開證行和保兌行就受修改條款的約束。

(3)《UCP600》第十條 c 款規定:在受益人告知通知修改的銀行接受修改之前,原信用證(或含有先前被接受的修改的信用證)的條款對受益人仍然有效。受益人應提供接受或拒絕修改的通知。如果受益人未能給予通知,當交單與信用證以及尚未表示接受的修改的要求一致時,即視為受益人已作出接受修改的通知,並且從此時起,該信用證即被修改。

(4)《UCP600》第十條 f 款規定:修改中關於除非受益人在某一時間內拒絕修改,否則修改生效的規定應不被理會。這就明確否定了曾經有過的所謂「默認接受」的說法。

以上條款表明,若受益人表態接受修改,則修改成立,開證行應按照修改后的信用證(即信用證上未被修改的條款仍然有效,被修改的條款則以修改后的條款為準)審查單據;若受益人拒絕修改,或者受益人未表示是否接受修改,則修改無效,開證行只能按照信用證原條款審查單據。

(5)《UCP600》第十條 e 款規定:對同一修改的內容不允許部分接受,部分接受將被視為拒絕修改的通知。如果受益人收到的修改書中有多項修改內容,受益人只願接受其中部分,則必須通過通知行,向開證行表示拒絕該份修改,同時希望開證行另行開立一份修改,這后一份修改將只包含受益人願意接受的修改條款。如果開證行按照受益人的要求,再次開立修改書,並傳遞給了受益人,為受益人所接受,則前一份修改不生效,而后一份修改生效。

(6)《UCP600》第三十八條 f 款規定:對於可轉讓信用證,如果信用證轉讓給數名第二受益人,其中一名或多名第二受益人拒絕對信用證的修改,並不影響其他第二受益人接受修改。對接受者而言該已轉讓的信用證即被相應修改,而對拒絕修改的第二受益人而言,該信用證未被修改。在出現這種情況時,開證行面臨的隨后審查不同第二受益人提交的單據所依據的信用證條款就將有所不同;對接受修改的第二受益人所提交的單據,要依據修改后的信用證條款,而對拒絕或未接受修改的第二受益人所提交的單據,則只能依據原信用證條款。這就說明,開證行開立可轉讓信用證的責任將明顯增加。

(7)《UCP600》第九條 a 款指出:非保兌行的通知行通知信用證及修改時不承擔承付或議付的責任。

2. 信用證修改的傳遞

信用證的修改必須通過原信用證的通知行通知受益人;《UCP600》第十條 d 款規定:通知修改的銀行應將任何接受或拒絕的通知轉告發出修改的銀行。信用證的修改申請書如圖 8-6 所示。

APPLICATION FOR AMENDMENT

TO:BANK OF TIANJIN

DATE OF AMENDMENT:

AMENDMENT TO OUR DOCUMENTARY CREDIT NUMBER:	NO.OF AMENDMENT
APPLICANT	ADVISING BANK
BENEFICIAR(BEFORE THE AMENDMENT)	AMOUNT

THE ABOVE MENTIONED CREDIT IS AMENDED AS FOLLOWS:

SHIPMENT DATE EXTENDED TO＿＿＿＿＿＿＿

EXPIRY DATE EXTENDED TO＿＿＿＿＿＿＿

AMOUNT INCREASE/DECREASE BY ＿＿＿＿＿ TO ＿＿＿＿＿

OTHER TERMS:

BANKING CHARGES.

ALL OTHER TERMS AND CONDITIONS UNCHANGED.
AUTHORIZED SIGNATURE

圖 8-6　信用證修改申請書

四、通知行審證及將信用證通知受益人

當通知行收到開證行信開或電開的信用後,應作好如下工作。

(一)受理來證

通知行收到國外開來的信用證應立即核驗印鑒或密押,並簽收登記。一經核符,立即通知受益人。

《UCP600》第八條 c 款規定:通知行可以通過另一銀行(第二通知行)向受益人通知信用證及修改。第二通知行通知信用證或修改的行為表明其已確信收到的通知的表面真實性,並且其通知準確地反應了收到的信用證或修改的條款。之所以需要第二通知行,是因為有時開證申請人會應受益人的提請,向開證行提示通知行的名稱,但該通知行並非開證行的代理行。為了有效地傳遞信用證,同時尊重申請人的指示,開證行就在選擇自己的代理行的同時,囑其再通過開證申請人指示的通知行將信用證傳遞給受益人。這時,信用證就將出現「advise through」另一家銀行傳遞信用證的情況,這就表示,開證行授權第一通知行通過第二通知行(second advising bank)向受益人傳遞信用證。第二通知行的責任與第一通知行責任完全相同。

(二) 審證

(1) 信用證可接受性的審核。①審查來證國家是否與中國建立正式外交關係及對中國的政治態度。②審查開證行資信、實力、經營作風，要求開證行必須是中國銀行的代理行或海外分行。對有風險的、信用證金額超過對其授信額度的來證，應分別情況，建議受益人向開證行提出以下要求：由第三家銀行加保；加列允許電索條款；由償付行確認償付；要求改為分批裝運；向通知行繳納保證金；修改有關條款。所謂「授信額度」是指信用證金額與開證行的資產總額的比例。為了規避風險，一家銀行所辦理的任何一筆業務的金額都不應該超過其資產總額的一定比例。③審查信用證有無軟條款。如發現有軟條款，應對其劃線以提請受益人注意和要求開證行修改或刪除，使信用證正式生效和開證行確認自己的第一性付款責任。

(2) 信用證可操作性的審核。①審核正、副本信用證號是否一致。②來證貨幣是否為中國有外匯牌價的可兌換貨幣，大小寫金額是否一致。③來證條款之間、要求的單據之間是否存在矛盾。要求受益人提交的單據是否合理，受益人能否出具或在當地獲得，如信用證要求受益人提交領事發票，若保留這一條款，受益人就不僅要增加許多費用——因為外國的大使館都集中在首都，而大多數地方沒有進口國的領事館，受益人為得到進口國的領事發票就將增加不少費用支出，而且還很難掌握獲得領事發票的準確時間，這就可能影響按時交單。④信用證的兌用方式，即信用證屬於即期付款、延期付款、承兌或議付信用證中的哪一種。⑤信用證的有效到期地點。正常情況下，信用證的有效到期地點應在受益人所在國，即確認受益人在信用證規定的有效到期日在其所在地向指定銀行交單為有效。⑥對出口地銀行寄單方式、索匯/索償的線路安排是否明確而合理。避免索匯線路迂迴而延長索匯或索償的時間，無形中減少本應得到的收益。⑦信用證上是否註明該證依據國際商會《UCP600》開立。在信用證上說明開立依據，已成為各國銀行的普遍做法。⑧注意開證行對通知行加具保兌的安排。通知行應在全面審證的基礎上，加強考核開證行的經營情況，權衡加具保兌的風險，以決定是否應開證行或受益人的要求加具保兌。一旦決定保兌與否之後，應盡快通知開證行和受益人。

(三) 通知信用證

(1) 編號與登記。信用證審核無誤后，應編製信用證通知流水號，並在信用證上加蓋「XX 銀行信用證專用通知章」，同時對信用證作接收登記。

(2) 通知信用證。完成上述審查信用證后，繕制通知面函，並在 1 個工作日內通知受益人。

五、受益人按信用證的要求向指定銀行交單

在審核信用證無誤后，或者在開證行修改了原先信用證中受益人不能接受的條款后，受益人即可根據信用證要求在規定的期限內發貨、製作單據。受益人繕制和備妥信用證規定的單據后，即可到銀行交單。

受益人向銀行交單，除了應備齊信用證規定的單據種類、份數外，還特別要注意信用證對交單時間的規定。舉例如下：某信用證規定的信用證有效到期日為某年的 8 月 14 日，有效到期地點為受益人所在國家 (城市)，最遲裝運日期為當年的 7 月 31 日，最遲交單期為貨物裝運后 14 天，並且不能晚於信用證的有效到期日。受益人於當年 7 月 20 日完成貨物裝運，並得到承運人當天簽發的運輸單據。那麼，該項信用證業務中，受益人向

當地銀行交單的最后日期只能是當年 8 月 3 日。

《UCP600》第二十九條 a 款規定：如果信用證的截止日或最遲交單日適逢接受交單的銀行非因第三十六條所述原因（不可抗力）而歇業，則截止日或最遲交單日，視何者適用，將順延至重新開業的第一個營業日。b 款要求：如果在順延后的第一個銀行工作日交單，被指定銀行必須在其致開證行或保兌行的面函中聲明是在根據第二十九條 a 款順延的期限內提交的。c 款規定上述的情況不適用於對最遲裝運日的確定。

受益人在確認全部單據備齊后，可填寫銀行提供的空白的交單聯繫單，並附上全部單據向銀行交單。

六、出口地銀行審查受益人提交的單據並向開證行寄單索匯

(一) 出口地銀行接受受益人提交的單據

出口地銀行受理單據。面對受益人提交的單據，出口地銀行對照「客戶交單聯繫單」上的記載，進行一一清點並登記，特別是正本單據的種類和各自的份數。《UCP600》第三條規定：單據可以通過書簽、摹樣簽字、穿孔簽字、印戳、符號表示的方式簽署，也可以通過其他任何機械或電子的證實方法簽署。在點收受益人提交的單據的同時，要對照同時提交的信用證及修改（若有，並被受益人接受），確認兩者之間不存在矛盾。然后可以在客戶交單聯繫單上做相應的批註。

(二) 出口地銀行審單

1. 審單的步驟

審單的步驟包括：①信用證有效性的審核。審核出口商隨單據提供的信用證是否系信用證正本（對副本或複製信用證一律不予接受），信用證修改書及其附件是否齊全、有效期是否已過、金額是否用完。②清點單據。清點隨信用證提供的單據種類、正本份數，以確認所提供的單據是否符合信用證要求。③以信用證為中心，按信用證條款從上到下、從左到右逐條對照單據，仔細審核，以確定信用證內容能在單據上得到體現。審單過程中，若發現有不符點，應及時記錄，並根據具體情況聯繫修改或採取其他安全收匯措施。④以發票為中心，審核其他單據，確保單單相符。

2. 審單的標準

《UCP600》第十四條 a 款規定：按指定行事的被指定銀行、保兌行（若有的話）及開證行須審核所提交的單據，並僅基於單據本身確定其是否在表面上構成相符交單。《UCP600》第二條規定：相符交單指與信用證條款、本慣例的相關適用條款以及國際標準銀行實務一致的交單。具體來說，銀行審核信用證項下單據的標準可以歸納成以下四句話：「單證相符，單單相符，符合法律，符合常規」。同時，交單時間也應該符合信用證規定。

「單證相符」，就是以信用證及修改（若有，並被受益人接受）條款為依據，逐一地審查其規定受益人提交的單據，要求這些單據的種類、份數、具體內容以及交單的行為都符合信用證及修改（若有的話）條款的規定。這是銀行的縱審。

「單單相符」，就是以商業發票為中心，審核各項商業和金融單據，要求同一份信用證項下的所有單據的相關內容一致或不矛盾。這是銀行的橫審。

「符合法律」，是指對於已經有相關法律對單據的規定，信用證上往往可能不另加規定或不再提及。儘管如此，在審核信用證項下的單據時，還是要根據相關法律要求來審

核有關單據。

「符合常規」，是指對於在國際貿易中的常規性的要求，儘管信用證上沒有相應的條款規定，但審核信用證項下單據時，也不能忽略這些常規性的要求。

交單時間要符合信用證的規定。信用證對受益人履約的時間規定了以下三點：①信用證的有效到期日；②受益人最遲裝運日期；③受益人向指定銀行最遲提交單據的日期。前兩項具體規定了某年、月、日，第三項則包括兩點：①在信用證的有效期內；②貨物裝運后（以運輸單據簽發日期為據）次日起算的若干天內。例如，某信用證規定，該信用證的有效到期日為某年4月30日（有效到期地點為受益人所在地），最遲裝運期為當年4月16日，要求受益人在貨物裝運后的14天內向銀行交單。若受益人較早已備妥貨並聯繫好裝運，貨物於當年4月5日完成裝運，並得到承運人簽發的正本運輸單據，則該受益人必須在當月19日之前向銀行提交全套合格的單據，若到當月20日或遲於當月20日向銀行交單，即使沒有超過信用證的有效到期日（當月30日），由於交單日期距離完成貨物裝運日期超過了14天，雖然各項單據的種類、正本的份數以及單據上的文字記載都符合信用證規定，仍然要被判斷為沒有滿足「相符交單」的要求。

在橫審和縱審中，一旦發現單據中存在不符點，應及時記錄到審單記錄表上。

3. 發現單據不符點后的處理

出口地銀行在審核單據中，如果發現存在與信用證條款不一致或信用證的規定不能在單據上得到證實或單據之間彼此矛盾等現象，都將被視為單據存在不符點。在實務操作中，有些不符點是可以避免或通過更正或重制來滿足相符的要求。但由於客觀情況的變化，例如船只誤期、航程變更、意外事故等，使得差錯無法避免，以及存在不符點的單據並非受益人製作，這種不符點無法通過採取上述手段消除，這時可供選擇的方案如下：

（1）由受益人授權寄單。這是指在受益人授權下，將帶有不符點的單據以等待批准方式寄送給開證行（保兌行——若有的話）。由開證行（保兌行）審查單據後決定是否接受單據。

（2）電提方式。如果不符單據已無法更改，單據涉及金額較大，出口地銀行可以用電訊方式向開證行提出不符點，徵詢開證行的意見，電文中要求開證行迅速電復是否同意接受單據，這就是電提。常見的電提不符點有：起運港或裝運港有誤、金額有出入、貨物品名與信用證略有不同，提單上有批註，嘜頭有誤等。如果開證行復電表示同意接受帶有不符點的單據，並在電文中說明「if otherwise in order」，即認定單據在其他方面已達到「相符」的要求。電提方式的特點是解決問題快，並且單據由出口地議付行掌握，對出口方而言較為穩妥，即使在未獲議付授權的情況下，出口方也可及時處理貨物及有關問題。但是往來的電報費用均由出口方承擔。國際商會第535號出版物案例研究的第4個案例指出：開證行接受不符點，授權出口地銀行按信用證原規定的向受益人兌付的方式辦理，即可認為開證行視同不符點已作必要修改或補充，從而滿足相符交單的要求。電提方式適用於金額較大、分別向兩地寄單、向付款行或償付行索匯等情況。

（3）表提方式。若單據中的不符點已無法更改，涉及的金額較小，受益人（出口方）可事先將單據中的不符情況通知開證申請人（進口方），若申請人同意接受單據時，則申請人向出口地銀行出具擔保書。出口地銀行憑擔保書議付寄單，並在寄單面函中具體指出不符點所在。表提方式適用於金額較小、來證規定單到開證行付款的情況，對於向付款行、償付行索匯者亦可酌情採用。

（4）在受益人或受益人的往來銀行提供擔保的條件下，按照信用證原有的安排，向受益人辦理相應的兌付，而由受益人承擔有關的各項費用和利息，並保留對受益人的追索權。

（5）改作托收寄單。如果單據不符點較多或單據中有嚴重不符點（如超過最遲裝運期、超過信用證效期、貨物溢裝、金額超出信用證規定）時，可以考慮改作托收寄單，出口地銀行在寄單面函中將單證不符點一一向開證行說明。當議付單據改為托收寄單時，出口方貨款的收回已失去了銀行保障。能否將貨款收回只能取決於進口方信用。這種方式只能在不得已的情況下採用。

4. 銀行審單的時間

《UCP600》第十四條 b 款規定：按指定行事的被指定銀行、保兌行（若有的話）及開證行各有從交單次日起的至多五個銀行工作日用以確定交單是否相符。這一期限不因在交單日當天或之后信用證截止日或最遲交單日屆至而受到縮減或影響。

(三) 向開證行或保兌行（若有的話）寄單索匯

在信用證業務中，由於開證銀行（保兌銀行——若有）在受益人相符交單條件下，承擔第一性付款責任，銀行間的頭寸劃撥安排，要比匯款、托收方式下的銀行間頭寸劃撥更複雜。國際商會為此專門制訂了其第 525 號出版物《跟單信用證項下銀行間償付統一規則》。

在確認受益人滿足「相符交單」要求，或者經修改、補充后滿足「相符交單」的要求后，出口地銀行就可以寄單索匯了。

(1) 寄單行寄單索匯的基本要求。①仔細閱讀信用證的「寄單指示」和「償付條款」；②熟悉有關帳戶的分佈情況；③採用迅速快捷的方法寄單索匯。

信用證項下償付條款通常有單到付款、向償付行索匯、主動借記和授權借記等方式。

第一，單到付款：議付行向開證行寄單索匯，開證行審單無誤后才付款，即開證行見單付款。信用證上償付條款措詞通常為「Upon receipt of the documents in compliance with credit terms, we shall credit you're a/c with us/remit the proceeds to the Bank named by you.」。

第二，向償付行索匯：有些信用證指定了第三家銀行代為償付，這家銀行即償付行（一般是信用證貨幣的發行國）。開證行在信用證上的指示為「In reimbursement of your negotiation under this credit, please draw on our a/c with ABC Bank (reimbursing bank).」。

第三，主動借記：指開證行（或其總行）在議付行開有帳戶，信用證規定議付行在辦理議付后可立即借記其帳。相關指標為「Please debit our a/c with you under your cable/airmail advice to us.」。

第四，授權借記：指開證行在議付行開有帳戶，議付行只有在開證行收到正確單據並授權其帳戶行借記時，才借記開證行的帳戶。相關指示為「Upon receipt of the shipping document in compliance with the terms of L/C, we shall authorize you to debit our a/c with you.」。

(2) 信用證項下的寄單路線。信用證項下的寄單路線一般有兩種情況：①匯票寄償付行，其餘單據寄開證行。國外開證行在信用證中授權另一家銀行作為信用證償付行時，往往要求將匯票寄往該償付行。寄單索匯時，應根據信用證要求將匯票寄往償付行，其餘單據寄往開證行。②全部單據寄往開證行。如果信用證規定將全部議付單據寄往

開證行,則應照辦無誤。不符點出單時,無論信用證的寄單路線如何規定,都應將所有單據寄往開證行。在保兌信用證項下,則應該將全部單據分成兩封航空掛號信寄給保兌行。

(3)寄單方式。通常,信用證項下的寄單方式有兩種:①一次寄單,即將全套單據放入一個信封一次性寄出;②二次寄單,即將全套議付單據分為兩部分,分別寄出,實務中多採用第二種方式,以避免一次性寄單時萬一遇到該航班途中發生事故,影響單據的安全送達。兩次寄出的單據中,分別應至少包括每一種單據的正本一份(若正本單據不止一份的話)。如果某一種單據只有一份正本,則應在第一次寄單時寄出。分兩次寄單的目的是倘若第一次所寄單據遺失,可以憑第二次寄出的單據辦理結算。

七、開證行或保兌行審單付款

(一)開證行或保兌行審單

開證行或保兌行審單的標準與出口地銀行審單的標準是一樣的,即「單證相符,單單相符,符合法律,符合常規」。

《UCP600》第十四條 b 款規定,按指定行事的被指定銀行、保兌行(若有的話)及開證行各有從交單次日起的至多五個銀行工作日用以確定交單是否相符。這一期限不因在交單日當天或之后,信用證截止日或最遲交單日到期受到縮減或影響。

(二)發現單據存在不符點時的處理

《UCP600》第十六條 a 款規定:當按照指定行事的被指定銀行、保兌行(若有的話)或者開證行確定交單不符時,可以拒絕承付或議付。

同條 b 款規定:當開證行確定交單不符時,可以自行決定聯繫申請人放棄不符點。然而,這並不能延長第十四條 b 款所指的期限。

同條 c 款規定:當按照指定行事的被指定銀行,保兌行(若有的話)或者開證行決定拒絕承付或議付時,必須給予交單人一份單獨的拒付通知。該通知必須聲明: i .銀行拒絕承付或議付;及 ii .銀行拒絕承付或議付所依據的每一個不符點;及 iii.(a)銀行留存單據聽候交單人的進一步指示;或者(b)開證行留存單據直到其從申請人處接到放棄不符點的通知,並同意接受該放棄,或者其同意接受對不符點的放棄前,從交單人處收到其進一步指示;或者(c)銀行將退回單據;或者(d)銀行將按之前從交單人處獲得的指示處理。

同條 d 款規定:第十六條 c 款要求的通知必須以電訊方式,如不可能,則以其他快捷方式,在不遲於交單之翌日起第五個銀行工作日結束前發出。

同條 e 款規定:按照指定行事的被指定銀行、保兌行(若有的話)或者開證行在按照第十六條 c 款 iii 項(a)點或(b)點發出了通知之後,可以在任何時候將單據退還交單人。

同條 f 款規定:「如果開證行或保兌行未能按照本條行事,則無權宣稱交單不符。」

根據《UCP600》的上述規定,若認為單據未滿足相符交單要求,開證行或保兌行必須在收到單據的次日起,五個銀行工作日內一次性、清晰明確地向受益人提出全部的不符點,並在拒付通知中說明對不符單據的處理辦法。如果這項通知無法採用電訊方式發出,則應該採用其他快捷方式發出。這是構成有效的拒付的要求。

若開證行或保兌行未能按照《UCP600》第十六條的規定行事,則無權宣稱交單不符。

(三)確認相符交單后的處理

根據《UCP600》第十六條的規定,開證行和保兌行必須在收到單據次日起的五個銀

行工作日內判斷其收到的單據是否滿足了相符交單的要求,如果確認單據已滿足要求,就必須按照信用證所約定的方式向受益人辦理付款、延期付款或承兌。

開證行或保兌行對受益人的付款都應是無追索權的,即終局性的。

八、開證行請申請人付足款項並將單據交申請人

開證行通過寄單行向受益人付款後,若申請人原先已經交足了開證保證金,即可向申請人交單;若申請人原先未交足開證保證金,則應馬上通知申請人贖單,開證行贖單通知稱為「AB單」(Accepted Bill)。申請人在接到開證行的贖單通知後,必須立即到開證行付款贖單。申請人在贖單之前有權審查單據,如果發現不符點,可以提出拒付,但拒付理由一定是單單之間或單證之間表面不符的問題,而不是就單據的真實性、有效性以及貨物質量存在的問題提出拒付。實務中有時儘管存在不符點,如果不符點是非實質性的,申請人也願接受單據,就不能是有條件的,而且必須在合理時間付款。

申請人向開證行付款贖單後,在該項貿易選擇以海洋運輸方式下,即可憑海運提單向有關承運人提貨;在該項交易選擇其他運輸方式時,則分別按該方式的相關提貨要求辦理提貨。至此,該項交易的結算過程結束。

任務四　其他結算方式

一、銀行保函

(一)銀行保函的概念

保函(Letter of Guarantee, L/G or Bonds)又稱保證書,是指銀行、保險公司、擔保公司或個人(擔保人)應申請人的請求,向第三方(受益人)開立的一種書面信用擔保憑證,保證在申請人未能按雙方協議履行其責任或義務時,由擔保人代其履行一定金額、一定期限範圍內的某種支付責任或經濟賠償責任。其中,由銀行簽發的擔保書就稱為銀行保函。

依據保函項下受益人取得擔保人償付的條件,或擔保人履行其擔保責任的條件,或保函與其基礎業務合同(如商務合同)的關係,保函可以分為從屬性保函和獨立性保函兩種。

(1)從屬性保函是商務合同的一個附屬性契約,其法律效力隨商務合同的存在而存在,隨商務合同的變化而變化。在從屬性保函項下,銀行承擔第二性的付款責任(secondary obligation),即當受益人索賠時,擔保人要調查申請人履行其基礎合同的事實,確認存在申請人違約情節時,擔保銀行才依據被擔保人的違約程度承擔相應的賠償責任。從屬性保函的上述情況增加了受益人實現其保函項下權益的複雜性和相關的手續,使用難免不便;而且,在從屬性保函項下,擔保銀行收費不多,卻容易被捲入貿易糾紛,影響自己的聲譽。這就產生了對獨立性保函的要求。

(2)獨立性保函是根據商務合同開出,但開出后,即不依附於商務合同而存在的具有獨立法律效力的法律文件,即自足性契約文件。在獨立性保函下,擔保行承擔第一性的償付責任(primary obligation),即當受益人在獨立保函項下提交了書面索賠要求及保函規定的單據時,擔保行就必須付款,而不管申請人是否同意付款,擔保行也無需調查商務合

同履行的事實。與從屬性保函相比較,獨立性保函使得受益人的利益更有保障,並簡化了受益人主張其合同權利的手續,擔保行也可避免陷入商務糾紛之中,因此,現代保函以獨立性保函為主。

獨立性保函主要由銀行簽發。由銀行簽發的保函通常被稱為銀行保函。擔保銀行根據保函的規定承擔絕對付款責任,故銀行保函一般為見索即付保函。所謂見索即付保函,根據國際商會制定的《見索即付保函統一規則》(簡稱《URDG458》)第二條的規定,是「指任何保證、擔保或其他付款承諾,這些保證、擔保或付款承諾是由銀行、保險公司或其他組織或個人出具的,以書面形式表示在交來符合保函條款的索賠書或保函中規定的其他文件(諸如工藝師或工程師出具的證明書、法院判決書或仲裁書)時,承擔付款責任的承諾文件」。據此,見索即付保函的擔保行對受益人承擔的是第一性的、直接的償付責任。

(二)銀行保函的主要內容

根據《URDG458》第三條的規定,銀行保函內容應清楚、準確、全面,但應避免列入過多細節。其主要內容包括:

1. 保函的當事人

保函應詳細列出主要當事人,即申請人/委託人、受益人、擔保行的名稱和地址。若有通知行、保兌行或轉開行,還應列明通知行、保兌行或轉開行的名稱和地址。

2. 開立保函的依據

保函開立的依據是基礎合同。保函應在開頭或序言中說明與基礎合同的關係,如投標保函、履約保函、付款保函等。在保函中提出開立保函依據的基礎合同,主要是為了說明提供保函的目的及防範的風險,而且也意味著根據何種基礎關係對擔保提出要求。關於基礎合同的文字一般都很簡明扼要,除了申請人、受益人的名稱,還包括基礎合同簽訂或標書提交的日期、合同或標書的編號,有時也包括對標的的簡短陳述,例如貨物供應等。保函指出基礎合同並不會把獨立性保函變成從屬性保函。

3. 擔保金額及金額遞減條款

銀行作為擔保人的責任僅限於當申請人不履行基礎合同時,負責向受益人償付一定金額的款項,因此,擔保合同中必須明確規定一個確定的金額和貨幣種類(擔保的金額可以用與基礎合同不同的幣種表示)。對於擔保行來說,明確保函項下的特定債務是十分重要的,否則將遭受難以承擔的風險。一般情形下,擔保金額只是所擔保債務的一定比例,受益人的要求不能超過擔保的最大數額,即使其能證明所遭受的損害或應得的利息遠遠超過這個數額。

擔保金額遞減條款的作用在於隨著申請人逐步履行基礎合同,擔保的最大數額相應減少。在預付金退還保函中,該條款普遍使用。例如,申請人的工程進度已實現了預付金的全部價值時,擔保金額就遞減為零。保函中一般都會規定金額遞減的方法。有時,保函中沒有這項規定,而是在反擔保中做出相應規定。在貨物供應合同中,指定出口商提交某些單據,例如,以出口商自己為受益人的跟單信用證。在建築工程承包合同和機器設備安裝合同中,當申請人提交運輸單據或第三方提交單據證實貨物已經到達或項目的前期階段已經完成時,擔保的金額就相應減少。在履約保函中,擔保金額遞減條款並不常見,因為履約保函的數額通常只是整個合同價值的一定比例。

4. 先決條件條款

保函生效的先決條件是為了保護申請人的利益。這項條款規定擔保在先決條件滿足后才能生效,而不是自保函開立之日起生效。因此,只有先滿足了與基礎合同有關的某些重要的先決條件時,受益人才能對保函項下的償付提出要求。例如,洽商中,當事一方要求對方提交履約保函,以示談判誠意。出口商認為在合同訂立前,進口商就提交履約保函,可以表明其對交易是慎重的,其財務狀況是值得信賴的。但是,對進口商來說,儘管這樣做可以加強其談判實力,但畢竟談判尚未結束,商務合同還未訂立,因而往往不願意在這個階段就提供履約保函。在這種情況下,折中的辦法是進口商雖然按照出口商的要求開立履約保函,但是在保函中加入一個條款規定「合同締結時本保函才生效」或者「合同中的先決條件已經滿足時,本保函才生效」。有些保函也可同時使用上述兩種方法,如「本保函在我方(擔保銀行)收到帳戶方的書面確認經我方簽發書面修正書后生效」。但是,銀行往往不願意接受這樣的條件,因為其很難判斷先決條件是否已經滿足。銀行、受益人和申請人在這一點上難以達成共識。解決這一問題有兩種方法:一是在申請人提供的反擔保中,強調銀行審查先決條件是否滿足的責任僅限於盡到合理的注意,或者在銀行與債務人的關係方面免除銀行的審查義務;二是提交某些單據來證明先決條件已經滿足,最適合且最常用的單據就是來自於申請人的聲明。銀行往往願意接受后一種方法。受益人則面臨著先決條件已經滿足、申請人卻拒絕提交聲明的風險。但是這種情況在實踐中很少出現,因為一旦申請人拒絕提交這樣的聲明,也就剝奪了他自己在基礎合同中的利益,這時基礎合同也不能生效。

當根據基礎合同的條款受益人應先支付一筆預付金或開立跟單信用證時,申請人就應將履行這項義務作為履約保函生效的先決條件。

在預付金保函和留置金保函中,一般都要規定在出口商收到預付金或承包商收到留置金以後,保函才能生效。有時預付金保函或留置金保函中明確規定預付金或留置金要轉到申請人在擔保銀行的帳戶上,以保持申請人帳戶的收支平衡,為銀行提供附屬擔保品。

5. 要求付款的條件

擔保行在收到書面索賠書或書面索賠書與保函中規定的其他文件(如有關證明書、法院判決書或仲裁裁決書)后,認為這些文件表面上與保函條款一致時,即支付保函中規定的款項。如果這些文件表面上不符合保函條款要求,或文件之間表面上不一致時,擔保行可以拒絕接受這些文件。

保函項下的任何付款條款均應是書面規定,保函規定的其他文件也應是書面的。

6. 有效期條款

(1)保函生效日期

除非保函另有規定,否則保函自開立之日起生效。在預付金保函、履約保函和付款保函中,這意味著保函一旦生效,即使根據基礎合同債務人履行合同義務的期限尚未到來,受益人也可以對擔保行提出要求。為了避免這種風險,可以將保函的生效與擔保的先決條件聯繫起來,或在保函中規定其生效條件。例如,保函規定:保函自訂立之日起若干天后生效或者保函開立之日起若干天內受益人不得對擔保提出索賠要求。在履約保函、維修和/或留置金保函中,在后一保函中加入生效條款,可以避免受益人同時就兩個保函提出索賠要求。例如,維修保函中規定解除履約保函是維修保函生效的條件。

(2) 保函失效日期

在保函中應規定保函失效日期。具體方法有三種：①規定一個具體的日曆日期為保函失效日期，這是最常用的方法；②將保函的有效期與基礎合同直接聯繫起來。如將失效期限和基礎合同的履行的期限或投標的期限協調起來，規定合同的履行的期限或投標的期限加上若干個日(月)為保函的失效期(根據基礎合同的性質可以加上 3~12 個月不等)。有的保函規定為從開立之日起若干個日(月)內有效。這種方法不如前一種方法明確，容易對保函的有效期產生爭議；③綜合前兩種方法，如規定保函在基礎合同履行完畢再過若干日(月)終止，但最遲不遲於某一具體的日曆日期，並以兩者中的較早者為準。應避免使用僅僅規定在申請人履行了合約義務后保函失效的條款。因為在這種情況下，有可能出現由於受益人破產、倒閉等使得申請人無法履約而擔保行的擔保責任卻無法得以解除的情況。

不管銀行保函中是否規定失效條款，當保函退還給擔保行或受益人書面聲明解除擔保行的責任時，則不管是否已將保函及其修改書還給擔保行，都認為該保函已被取消。

(3) 保函延期條款

投標保函與履約保函往往賦予受益人將保函有效期延長的權利，即經受益人要求，保函的有效期可以適當延長。在評標的日期或最后完成的期限難以預先確定時，或者受益人和申請人、擔保人在保函的有效期難以達成一致意見的情況下，往往會使用延期條款。與受益人企圖要求的無期限保函相比，延期條款有利於銀行和申請人。但是，延期條款也可能使申請人處於一種危險境地，因為受益人經過請求可以使保函多次地延長。在見索即付保函中雖然沒有延期條款，但申請人仍然可能因為受益人提出付款或延期的要求而面臨相同的風險。

(4) 退還保函條款

保函中應規定，保函到期后，受益人應將保函退回擔保行。這樣做既便於擔保行辦理註銷手續，也可避免發生不必要的糾紛。但在實踐中，退還保函的條款有時難以奏效。如果在保函中有這樣的條款，也應明確規定該條款與受益人的權利無關。

(5) 失效期條款的欠缺

若保函中未規定失效期，除了例外情況，就意味著保函是無限期的。在某些特定情況下，也可能出現保函沒有規定失效期。這些特殊情況是：以提交法院判決和裁決為付款條件的保函在開立時通常都不提及失效期，這是司法保函的一般實踐；以稅收機構和提供政府補助的機構為受益人的付款保函，以及為擴大信貸便利以其他銀行為受益人的付款保函也可能是無期限的。在后一種情況下，保函通常規定，擔保銀行在向受益人發出通知后，經過一段合理的時間，可以撤銷保函。這時，如果主債務人不能安排新的保函，受益人將不再繼續給予先前授予主債務人的信貸便利。除了上述兩種情況外，無期限的見索即付保函已經很少見了。這是因為受益人可以提出付款或延期的要求，或者在保函中直接加入延期條款，這就已經能夠充分保護受益人的利益了。

(三) 銀行保函的作用

1. 提供擔保

即在主債務人違約時給予債權人以資金上的補償。在銀行擔保下，受益人獲得支付的權利僅依賴於保函中規定的條款和條件。銀行一旦同意開立獨立性保函，擔保銀行就為主債務人承擔了對受益人的一切義務。擔保銀行向受益人支付了保函的款項，就取得

了對主債務人的立即追索權。因此，擔保銀行處於一種信貸風險中，它通常要求以補償來降低這種風險，而不是作為一個保險人行事。這種補償通常由申請人提供抵押或另一家銀行為申請人提供反擔保來實現。

2. 均衡當事人所承擔的風險

從廣義上說，特別是從主債務人和債權人的觀點來看，銀行保函代表了當事人承擔的風險。當事人承擔風險的程度或者範圍取決於付款條件的類型。在見索即付保函（demand guarantee）下，受益人只需提供表面與保函要求一致的單據就可以得到付款，而擔保銀行作為值得信賴的金融機構，既因其信譽良好，也因為它有對主債務人的立即追索權，通常都會毫不延遲地付款。如果主債務人認為他自己已經正確履行了合同義務，那麼他想重新取回已經支付的款項就會有相當的困難。比如，一個主債務人已經正確履行了合同，但受益人憑見索即付保函，通過提交與保函表面一致的單據，向擔保行索償並得到支付。主債務人因此向法院提起訴訟或向仲裁機構申請仲裁並勝訴，但面臨著以下風險：判決或裁決因受益人是一個政府機構而得不到執行。相反，如果沒有這種保函，若主債務人沒有正確履行合同，受益人因此向法院提起訴訟或向仲裁機構提請仲裁並勝訴，受益人要承受判決或裁決因主債務人破產或者是一個政府機構而得不到執行的風險。

3. 見索即付保函的清償功能

受益人認為主債務人違約時，通過提交與保函要求表面一致的單據就可以得到支付，而無需首先證實主債務人的違約。見索即付保函另一個非常重要的作用是能使受益人通過實現擔保對債務人施加壓力，使主債務人按照他的要求完成合同。這種持續的壓力對主債務人來說是促使其迅速、充分地履行義務的強制性壓力。

4. 作為一種融資工具

在主債務人需要向受益人支付預付款或進行中間付款時，銀行保函可以作為替代品，起到暫緩付款的作用，從而等於向主債務人提供了融資的便利。

5. 見證作用

銀行保函可以證明委託人的履約能力，從一開始就把不具備資格的人排除在外。因為提供保函就意味著不可撤銷的付款承諾，所以，在對債務人（委託人）的資金實力和履約能力進行全面審查並得到滿意的結果前，銀行是不會輕易做付款承諾的，而不能得到銀行為其開立保函的交易商也不會是一個值得信賴的貿易夥伴。

另外，世界銀行、亞洲開發銀行以及各國政府的貸款都以得到相應的擔保為前提條件。這些貸款項下的項目，凡超過一定的金額，必須採用國際競爭性招標，無論國內或國際企業投標都要按招標書要求提交投標保函，中標簽約時提供履約保函等。可見，銀行保函已經成為國際貿易結算與融資的一個重要組成部分，在國際經濟交易中發揮著重要作用。

二、備用信用證

（一）備用信用證的概念

備用信用證是開證行根據開證申請人的申請，以自己的名義向受益人開立的承諾承擔某種責任的憑證，以保證貨款或預付款在到期或違約時，或某一不確定事件發生或不發生時，對受益人履行所規定責任的信用證。即在開證申請人未能履行合同規定其應履

行的責任時,受益人可提示備用信用證規定的單據(如匯票索款要求、所有權憑證、投資擔保、發票、違約證明等)或證明文件,從開證行得到其承諾的償付。

備用信用證雖然帶有「信用證」的名義,也確實是以開證銀行的信用加強交易的可信程度,但是,其性質則更貼近於銀行保函。正因為如此,聯合國才將備用信用證與獨立保函一併制定公約。也正因此,備用信用證又被稱為「擔保信用證」或「保證信用證」(Guarantee Letter of Credit)。

(二)備用信用證的性質

根據國際商會於1998年4月6日正式頒布、並自1999年1月1日生效的第590號出版物《國際備用信用證慣例》的規定,備用信用證的性質有:

(1)不可撤銷性。除非信用證另有規定,否則,備用信用證一經開立,在其有效期內,未經受益人的同意,開證行不能單方面地修改或撤銷其在該備用信用證下的責任。

(2)獨立性。開證行對受益人的義務,不受任何適用的協議、慣例和法律下開證行對受益人的權利和義務的影響。

(3)跟單性。備用信用證的辦理以該備用信用證規定的單據為對象。備用信用證與跟單信用證是一致的,不過,跟單信用證只適用於有形商品貿易,不同種類的跟單信用證所要求受益人提交的單據可能存在某些差別,如應開證申請人的要求,受益人開立匯票與否,或匯票的付款期限可能有所不同;保險單據的提供與否取決於交易選擇價格術語的不同;檢驗證書的種類取決於商品的種類及進口國的法律規定等;但是,基本的單據如商業發票、運輸單據等則是必然要求的。然而,備用信用證由於適用的範圍很廣,因此所要求的單據彼此差別可能很大。

(4)強制性。備用信用證一經開立,開證人即受其強制性約束,而不論開證人有否向開證申請人收取或收足開證保證金或其他形式的某種擔保,也不論受益人是否收到該備用信用證。

備用信用證的這些基本性質與跟單信用證的性質基本相同。正因此,國際商會的連續三個版本的《跟單信用證統一慣例》都規定了該慣例「適用於所有在其文本中明確表明受本慣例約束的跟單信用證,在其可適用的範圍內,包括備用信用證」。

三、國際保理

(一)國際保理的概念

國際保理(International Factoring)是指在國際貿易中出口商以賒銷(O/A)、承兌交單(D/A)等信用方式向進口商銷售非資本性貨物時,由出口保理商和進口保理商共同提供的一項集出口貿易融資、銷售帳務處理、收取應收帳款、買方信用調查與擔保等內容為一體的綜合性金融服務。在中國,也將這一業務稱為保付代理、托收保理、承購應收帳款等。

(二)國際保理業務的當事人

國際保理業務的當事人有四個:

1. 銷售商(Seller)

銷售商即國際貿易中的出口商,對所提供貨物和服務出具發票,將以商業發票表示的應收帳款轉讓給保理商敘做保理業務。

2. 債務人(Debtor)

債務人即國際貿易中的進口商,對由提供貨物或服務所產生的應收帳款負有付款責任。

3. 出口保理商(Export Factor)

這是根據保理協議接受供應商轉讓帳款的一方。出口保理商按照出口商申請書內容填製《信用額度申請書》並提交給有代理關係的進口保理商,代出口商向進口保理商申請額度。若進口保理商批准出口保理商所申請的額度,出口保理商即與出口商簽發出口保理協議。

4. 進口保理商(Import Factor)

這是根據與出口保理商的協議,為出口保理商就近調查進口商的資信,並依調查情況提出進口商的信用額度,在該額度內代收已由出口保理商轉讓過來的應收帳款,並有義務支付該項帳款的一方。

出口商以商業信用形式出賣商品,在貨物裝船后即將應收帳款無追索權地轉賣給保理商,從而使出口商的部分或全部應收款立即轉換成現金,實際上是將出口應收款貼現,或者說是將出口應收帳款賣斷給出口保理商。因此,保理業務從保理商角度也被稱為承購應收帳款。

在國際市場競爭越來越激烈的情況下,出口商為了爭得買主,必須在產品、價格和付款條件等諸多方面具有競爭力。就付款條件而言,在信用證(L/C)、付款交單(D/P)、承兌交單(D/A)和賒銷(O/A)中,最受進口商歡迎的莫過D/A和O/A支付方式。但在這兩種支付方式下,出口商承擔的風險太大,出口商往往因此而不願接受,從而失去貿易成交的機會。這就需要國際保理機構提供信用風險擔保和融資,使進出口雙方順利達成交易。因此,國際保理業務一般是在賒銷或托收方式下,為出口商提供信用擔保和融資而進行的。

出口商求助於保理商承購出口貨物款項有多種原因,特別是那些公司規模不夠大,在國外沒有設立信貸托收部或公司的出口地分散或公司從事不定期的出口等,使公司內部組織應收帳款的托收有困難,因此尋找保理商便於避免風險和及時收回貨款。國際保理對於擴大出口極為有利。

(三)國際保理的功能

1. 信用控製(Credit Control)

在國際貿易中,掌握客戶的資信狀況是為了避免和減少潛在的收匯風險。不僅需要掌握新客戶資信情況,對於長期的和經常性的老客戶也要密切關注其資信變化。一般中小公司有幾個至幾十個這樣的老客戶,而大公司則可以有幾百個之多。跟蹤調查這些客戶資信,根據變化情況制訂切合實際的信用銷售定額和採取必要的防範措施,對公司來說極為重要。但真正做到這一點卻不是那麼容易的,除了公司要有四通八達、渠道暢通的信息網來收集信息,還要瞭解各客戶所在國的外匯管制、外貿體系、金融政策、國家局等方面的變化,因為這些因素都直接影響著客戶的資信或支付能力。而這些對絕大多數出口商來說都是力所難及的。但保理商可以解決這個問題。保理商既可以利用全球保理行業廣泛的代理網絡和官方及民間的商情諮詢機構,也可以利用其母行廣泛的分支和代理網絡,從而通過多種渠道和手段獲取所需要的最新的可靠資料。而且,保理公司一般都設有專門的信息部門,擁有訓練有素的專業人才,負責收集研究有關各國政治、經

濟和市場變化的信息資料。這就使保理商具有一般出口商所沒有的優勢，能夠隨時瞭解出口商每個客戶的資信現狀和清償能力，使出口商在給予進口商商業信用時有所依據，確保對該客戶的賒銷能夠得到順利支付。

2. 出口貿易融資（Trade Financing）

保理業務最大的優點就是可以為出口商提供無追索權的貿易融資，且手續方便、簡單易行，既不像信用放款那樣需要辦理複雜的審批手續，也不像抵押放款那樣需要辦理抵押品的移交和過戶手續。在出口商賣斷單據后，能夠立即預支貨款，得到資金融通。若出口商資金雄厚，也可在票據到期后再向保理公司索要貨款。一般保理商在票據到期日前預付給出口商80%～90%的貨款（扣除融資利息），這樣就基本解決了在途和信用銷售的資金佔用問題。若出口商將單據賣斷給保理公司，就意味著一旦進口商拒付貨款或不按期付款，保理公司只能自己承擔全部風險，而不能向出口商行使追索權，因此，出口商可以將這種預付款按正常的銷售收入對待，而不必像對待銀行貸款那樣作為自己的負債。由此就改善了表示公司清償能力的主要參數之一的流動比率（流動資產與短期負債之比），有助於提高公司的資信等級和清償能力。

3. 收取應收帳款（Collection from Debtor）

放帳銷售或提供買方信用已成為國際市場競爭的必要手段，但隨之而來的就是應收帳款的回收和追討。中國一些大的外貿公司自己組織對應收帳款的催收，還有專門成立的「清欠辦公室」，常年專門從事追帳工作。有的企業由於拖欠數額巨大，這方面的人員就佔了全員的很大比重。而更多的出口商則難以有足夠的力量追討應收帳款。面對海外的應收帳款，由於在地區、語言、法律、貿易習慣等方面的差異，出口商往往心有餘而力不足。因此，借助專業追帳機構追討債款，有時非常必要。國際保理就能提供這種專業服務。這方面，保理商具有四大優勢：①專業優勢，包括專門的技巧、方法和專業的人員；②全球網絡優勢，利用國際保理商聯合會廣泛的代理網絡，在全世界多數國家和地區都有自己的合作夥伴；③資信優勢，除了自身有良好的信譽外，還能有效監督債務人的資信狀況；④法律方面優勢，與世界各地的律師機構和仲裁機構都有較密切的聯繫，能夠隨時提供一流的律師服務，對處理這類事務得心應手。因此，幫助企業進行國際商務帳款的信用管理，是國際保理的一個重要服務項目。企業與保理商簽訂長期的委託合同，開展國際信用管理的長期合作，是目前國際上的一種發展趨勢。

4. 銷售帳務處理（Maintenance of the Sales Ledger）

出口商將應收帳款轉讓給保理商后，有關的帳目管理工作也移交給了保理商。由於保理商一般是商業銀行的附屬機構或是與商業銀行關係密切的機構，商業銀行作為公共會計歷史悠久，擁有最完善的財務管理制度、先進技術、豐富經驗和良好裝備，能夠提供高效率的社會化服務。保理商同樣具備商業銀行的上述各種有利條件，完全有能力向客戶提供優良的帳務管理服務。出口商將售後帳務管理交給保理商代理后，可以減少財務管理人員及相應的開支和費用，集中精力於生產經營和銷售。特別是一些中小企業，或者一些具有季節性的出口企業，每年出口時間相對集中，最忙的時候往往感到人員緊張，於是可以委託保理商幫助企業承辦此項工作。出口商只需管理與保理商往來的總帳，不必管理具體的各類銷售分戶帳目。保理商的帳務管理是專業化的、綜合的，還可以根據出口商的需要，編製按產品、客戶、時間的銷售分帳戶統計資料，供出口商做銷售預測分析。

5. 買方信用擔保(Full Protection Against Bad Debts)

保理商根據對出口商的每個客戶資信調查的結果,逐一規定出口商對客戶賒銷的信用額度(Credit Limit),或稱信用限額。出口商在保理商核准的信用額度範圍內的銷售,叫做已核准應收帳款(Approved Receivables),超過額度部分的銷售,叫做未核准應收帳款(Unapproved Receivables)。保理商對已核准應收帳款提供百分之百的壞帳擔保。如進口商因財務上無償付能力或企業倒閉、破產等原因而導致不能履行合同規定的付款義務,保理商承擔償付責任。已經預付的款項不能要求出口商退款,尚未結清的餘額也必須按約定照常支付,其損失只能由保理商承擔。因此,只要出口商將對客戶的銷售控製在已核准額度以內就能有效地消除由買方信用造成的壞帳風險。但出口商必須保證這一應收帳款是正當的、毫無爭議的債務求償權,即出口商必須保證其出售的商品或提供的服務完全符合貿易合同規定且無產品質量、數量、服務水平、交貨期限等方面的爭議。因出口商違反合同引起貿易糾紛而造成的壞帳不在保理商的擔保賠償範圍之內。

四、福費廷

(一)福費廷的概念

福費廷(Forfaiting)方式,又被稱為「包買票據」或「票據包購」,福費廷是源自法語「A FORFAIT」的 Forfaiting 的音譯,意謂「讓權利予他人」,或者「放棄權利」、「放棄追索權」。具體地說,福費廷是票據的持有者(通常是出口商)將其持有的、並經進口商承兌和進口方銀行擔保的票據無追索權地轉讓給票據包買商(福費廷融資商)以提前獲得現金,而福費廷融資商在票據到期時向承兌人提示要求付款。福費廷融資商通常是商業銀行或其附屬機構,所使用的票據通常是出口商開立的匯票,或者進口商開立的本票。若是前者,需要進口商承兌和進口地銀行的擔保;若是後者,則只需進口地銀行擔保。票據的付款期限通常是半年到3~5年。

福費廷業務主要用於金額大、付款期限較長的大型設備或大宗耐用消費品的交易。選擇福費廷方式辦理結算,在進出口商洽商交易時,應就這一結算方式取得一致意見。

(二)福費廷業務的主要當事人

1. 出口商(Exporter)

出口商是在福費廷業務中向進口商提供商品或服務,並向福費廷融資商無追索權地出售有關結算的票據的當事人。這些票據既可能是出口商自己出具的匯票,也可能是進口商出具的本票。

2. 進口商(Importer)

進口商是以賒購方式接受出口商所提供的商品或服務,並以出具本票或承兌出口商出具的匯票而承擔票據到期付款的當事人。

3. 福費廷融資商(Forfaiter)

福費廷融資商又被稱為包買商,即為出口商提供福費廷融資的商業銀行或其他金融機構。融資商在無追索權地買進出口商提交的票據以向出口商融資后,即獲得屆時向進口商追討票款的權利,同時也承擔了屆時無法從進口商得到償付的風險。若某一項福費廷業務金額很大,單一融資商無力承擔,或者顧慮風險太大,則可能聯繫多個融資商組成福費廷辛迪加(Forfaiting Syndicate),聯合承擔該項福費廷的融資業務,按商定的比例,各自出資、獲得收益和承擔風險。

在融資商需要加速自己資金週轉,或者減少所承擔的風險,或者市場利率水平下降致使原先購入的票據價格上漲,及時出售可獲得較多收益的情況下,融資商也可能轉讓原先購入的票據。這種情況下,轉讓出票據的融資商就稱為「初級融資商(Primary Forfaiter)」,而受讓票據的融資商就稱為「二級融資商(Secondary Forfaiter)」。

4. 擔保人(Guarantor)

擔保人又稱保付人,即為進口商能按時付款做出擔保的當事人,通常是進口商所在地的大商業銀行。擔保人的介入,是因為僅僅憑進口商本身的承諾(無論是進口商開立本票,還是進口商承兌出口商開立的匯票),要支持一項福費廷業務的順利進行,都顯得不足,因此需要資金更為雄厚的銀行提供擔保。擔保的形式可以是銀行保函或備用信用證,也可以由擔保人在福費廷業務所使用的票據上加具保證。兩相比較,後者更為簡捷方便。銀行在福費廷使用的票據上加具保證,被稱為「保付簽字(Aval)」,Aval源自法語,銀行在有關票據上註明「Aval」字樣及被擔保人的名稱,並簽名后,被稱為保付人(Avalist)。保付人就成為所保付票據的主債務人。保付人的介入,提高了福費廷業務中票據的可靠性,降低了融資商的風險,使福費廷業務能得以較順利進行。

(三)福費廷業務流程(見圖8-7)

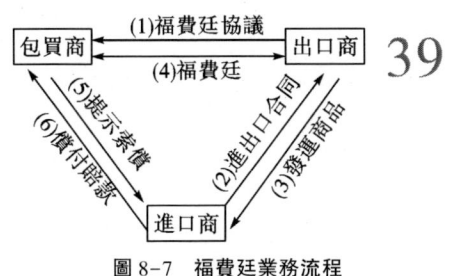

圖8-7　福費廷業務流程

(1)簽訂進出口合同與福費廷合同,同時進口商申請銀行擔保。

(2)出口商發貨,並將單據和匯票寄給進口商。

(3)進口商將自己承兌的匯票或開立的本票交給銀行要求擔保。銀行同意擔保后,擔保函和承兌后的匯票或本票由擔保行寄給出口商。

(4)出口商將全套出口單據(物權憑證)交給包買商,並提供進出口合同、營業執照、近期財務報表等材料;收到開證行有效承兌后,包買商扣除利息及相關費用後貼現票據,無追索權地將款項支付給出口商。

(5)包買商將包買票據經過擔保行同意向進口商提示付款。

(6)進口商付款給擔保行,擔保行扣除費用后把剩餘貨款交給包買商。

(四)福費廷方式的特點

1. 無追索權

融資商從出口商處購得票據屬於買斷性質,是沒有追索權的。因此,融資商承擔了福費廷業務中的最大風險。為了有效地防範風險,融資商必須嚴格審查有關票據及其中簽名的真實性,對擔保銀行也應有相應的要求,對向出口商貼現票據時所用的貼現率也要慎重計算后確定。

2. 中長期融資

福費廷業務是使用資本性貨物貿易或服務貿易的中長期融資。融資期限一般為三至七年,其中以五年左右居多,最長的可達十年。由於期限長,為了融資商能較好地收回資金,往往根據融資期限的長短,分成若干期辦理款項收付,如五年期融資則分為十期,則出口商開立付款期限不等的十張遠期匯票,相鄰的兩期付款時間間隔半年;或者由進口商開立付款期限不等的十張遠期本票,相鄰的兩期本票的付款時間間隔半年。若以銀行保函為進口商擔保,則銀行保函的有效期也應與融資期限相適應。

3. 固定利率

雖然融資商最初向出口商報出的購買票據的貼現率只是供出口商考慮的參考價,對融資商本身也不帶有約束力,但是這項參考價是融資商根據其工作經驗及綜合該項交易的有關各方面情況后提出的,還是有很大的可信度。若沒有新的大變動情況,則隨後融資商與出口商之間的有關福費廷業務的合同也就以該貼現率為實際採用的貼現率。由於融資商從出口商購買票據屬於買斷性質,即使以后市場利率發生變化,這項貼現率也不再改變。因此,在福費廷業務中,出口商在賣出票據時的利率是固定的,由此而提高向進口商報出的商品價格也是固定的。這一情況有利於進、出口商事先就能明確把握這方面的交易成本。

4. 批發性融資

福費廷業務是使用於資本性貨物的交易,成交的金額往往都比較大,一般都在50萬美元以上。儘管金額大,出口商在貨物出口后,將合格的票據交給融資商,就可以不被追索地得到貨款被扣減了貼息后的全部余額。而不像在保理業務中,出口商在出運貨物后,向保理商提交全套單據后,即時得到的只是全部貨款的80%左右的款項,其余的款項須等保理商從進口商收回貨款后才能支付給出口商。

5. 手續比較簡便

福費廷業務使用匯票或本票,手續比較簡便。由於有真實的交易為依託,出口商得到融資商的融資,要比申請銀行貸款容易。

6. 主要運用於資本性商品和大宗耐用消費品交易

選擇福費廷方式融資,出口商要將貼現利息、選擇費和承擔費等都計入商品的報價中,才能保證自己的預期收益,因此,報價往往較高。對於成交金額小、成交至實際交貨時間短的交易來說,這顯然不可取,而且成交金額小,出口商即使需要融資,也完全可以通過其他成本更低的方式實現。因此,福費廷方式主要運用於資本性商品和大宗耐用消費品交易,因為這些交易通常成交金額大,從成交到實際交貨時間長,出口商對融資的要求也比較迫切。對於市場價格波動劇烈的商品,由於融資風險大,融資商往往不願提供交易融資。很容易買到的、缺少差異性的商品,進口商也不願選擇福費廷方式以較高的價格購進。因此,這兩類商品通常不會成為福費廷方式下成交的商品。

(五)福費廷業務對當事人的主要作用

1. 對出口商的作用

(1)最大限度地降低了出口商的匯率風險和利率風險。福費廷業務使出口商本來只能遠期收回的貨款,不被追索地在貨物出口后的不久就能收回,這就使出口商避免了相應的匯率風險和利率風險。出口商雖然在將票據出售給融資商時承擔了票據的貼現利息、承擔費等費用,但這些費用都是在出口商與進口商達成交易合同之前已初步確定,這

就使得出口商可以將這些費用成本計入貨物的價款,而轉移給進口商。

(2)最大限度地消除了出口商的國家風險和信用風險。由於福費廷業務在前期的大量工作和貨物出運后的較短時間內,即可以得到進口商承諾付款和進口地銀行保證的票據,向融資商辦理無追索權的出售,出口商在該項交易中所承擔的進口國的國家風險和進口商以至擔保銀行的信用風險也就降到了最低限度。

(3)能有效地落實進口商的分期付款,有利於拓展資本密集型商品的出口。資本密集型商品的交易起點金額高,處理好進口商的分期付款問題——既解決了進口商資金不足,需要在獲得並運用資本貨物的過程中能產生收益來逐步償還貨物的價款,又能使出口商能有效地降低由於延期和分期收款而帶來的匯率風險、利率風險、國家風險和信用風險等一系列風險,就成為交易能否成功的關鍵。既然福費廷業務方式能有效地解決這一系列問題,也就有利於資本密集型貨物的國際交易的達成。

(4)有利於出口商的流動資金週轉,並改善出口商的資產負債狀況。福費廷業務方式能使出口商在出口貨物后,盡快收回貨款,從而加速了出口商的流動資金週轉,使其有效地避免了大量流動資金被占壓在待收項目下,以及大量借用銀行貸款。在國家實行出口退稅制度下,資本貨物通常是出口退稅的支持重點。福費廷方式能讓出口商盡快收回貨款,也就能盡快地辦理出口退稅手續,得到退稅款。因此,這兩方面都能大大改善出口商的資產負債狀況。

(5)有利於出口商保持其商業秘密。出口商在生產和出口資本密集型商品的過程中往往需要銀行提供流動資金的支持。申請銀行貸款是通常選擇的方式之一,但手續可能比較複雜,而且需要辦理公開登記等一系列手續。採用福費廷方式,手續相對簡單,融資商應對出口商及其交易情況保密。因此,採用福費廷方式有利於出口商保持其商業秘密。

(6)福費廷方式將使出口商提高其出口商品的對外報價以轉嫁貼息等多項費用的成本,對此,出口商應考慮加強其商品的非價格競爭力。由於福費廷方式中,融資商是各種風險的最終承擔者,其必然要通過必要地提高貼現率以及收取上述的多項費用等方式防範風險。這些費用將由出口商直接承擔。雖然出口商可以通過提高其出口商品的價格來轉移成本負擔,但過多地提高商品價格也就降低了商品的價格競爭力。為了彌補這一點,出口商就必須通過提高商品的品質、擴大商品的廣告宣傳和加強商品的售後服務等非價格競爭力,以爭取和維護其市場。

(7)出口商應有必要的措施保證有關匯票上進口商的承兌或進口商開立的本票真實有效,以及銀行擔保的有效,否則,就得不到免除被追索的保障。

2. 對進口商的作用

(1)福費廷方式可使進口商的分期付款安排得到出口商的接受,從而克服了進口商現匯不足又需要進口資本密集型商品的矛盾。

(2)福費廷方式下,融資商對票據的貼現是按固定貼現率計算貼息的,因此,出口商通過價格調整轉嫁給進口商的貼息負擔也是按固定貼現率計算的。換言之,進口商在分期付款條件下,由此事實上也得到了固定利率的融資,避免了融資期間的利率風險。

(3)在福費廷方式中,以進口商開立的本票(若該國法律允許進口商開立本票)可以比出口商開立匯票更為方便。就總體手續來看,福費廷方式也比使用買方信貸簡便。

(4)使用福費廷方式,如前所述,出口商將其承擔的多項費用計入貨物價格而轉移給

進口商;進口商還要因申請當地大銀行的擔保,而增加交付給大銀行的擔保費或者抵押物,由此增加了進口商的負擔。銀行為進口商提供擔保,要占用擔保銀行對進口商的授信額度,也可能縮小進口商進一步向銀行申請融資的空間。

(5)福費廷方式是以進口商承兌的匯票或進口商開立的本票為債權債務的憑證,從票據法律關係來說,進口商對此已有無可推脫的責任。因此,如果進口商認為出口商交付的貨物存在某些問題,就不能以拒付貨款的方式與出口商交涉。這就可能使進口商感到被動。為了避免這種情況的出現,在進出口商雙方洽商合同時,進口商就應考慮在合同中規定合同貨款的一定比例如 10%～15%作為「留置金」,不列入福費廷的結算範圍。留置金需待進口商檢驗商品合格後,才支付給出口商。

3. 對融資商的作用

(1)固定的貼現率使融資商可以較好地規避市場利率下降的風險。

(2)福費廷業務多為中長期融資,即使貼現率較低,由於融資的時間較長,融資商仍可獲得比較可觀而穩定的收益。

(3)在有可靠的銀行保證和持有有效的票據的條件下,若市場利率水平有所變化,融資商可以通過票據的再貼現,在二級市場轉讓出原先買進的票據,以及時回收和週轉資金。

(4)在買進的票據是有效的情況下,融資商對出口商沒有追索權。這使得融資商承擔了較大的匯率、利率、國家和進口商、擔保銀行的信用風險。為規避風險,融資商應對進口國的有關票據、銀行業務、外匯管理、進出口貿易管理等法律法規以至經濟發展等多方面情況有足夠的瞭解。同時,根據對風險的分析和判斷,對票據的貼現率以及承擔費等費用的收取方面,要有比較充分的考慮和計算。

(5)福費廷的融資商不能對擔保銀行或進口商採取「加速還款」的方法。在分期還款的商業貸款中,若借款人對其中某期貸款不能按時歸還本息,銀行可以要求借款人的當期和隨後各期的貸款本息立即歸還,否則可申請法院強制執行。這種安排被稱為「加速還款」。但福費廷業務中,如果出現擔保銀行或進口商對某到期票據不能按時償還,融資商不能對還未到期的票據採取「加速還款」的措施。這就可能加大融資商的風險。

4. 對擔保銀行的作用

由於福費廷業務的手續比銀行貸款等都來得簡便,銀行在決定是否為進口商提供擔保時,只要審查進口商的資信即可。而福費廷業務一般時間較長,擔保金額較大,擔保銀行向進口商收取的擔保費也可以比較多。在進口商能如約履行其最終付款責任的情況下,這些擔保費就成為擔保銀行的收入。但是,由於擔保銀行承擔著對所擔保票據的無條件付款的責任,為了規避風險,擔保銀行應密切關注被擔保人的經營動向。

應知考核

■主要概念

信用證　光票信用證　跟單信用證　不可撤銷信用證　保兌信用證　不保兌信用證　即期付款信用證　延期付款信用證　承兌信用證　議付信用證　假遠期信用證　可轉讓信用證　不可轉讓信用證　背對背信用證　對開信用證　循環信用證　預支信

用證　銀行保函　備用信用證　國際保理　福費廷

■ **基礎訓練**

一、單選題

1. 在信用證結算方式,銀行保證向受益人履行付款義務的條件是(　　)。
   A.受益人按期履行合同
   B.受益人按信用證規定交貨
   C.受益人提交符合信用證要求的單據
   D.開證申請人付款贖單

2. 信用證的匯票條款註明「drawn on us」,則匯票的付款人是(　　)。
   A. 開證申請人　　　　　　　B. 開證行
   C. 議付行　　　　　　　　　D. 受益人

3. 如果信用證的有效期是3月30日,而實際裝運日是3月1日,則最遲交單日為(　　)。
   A.3月22日　　　　　　　　B.3月30日
   C.A、B兩個日期均可　　　　D.3月15日

4. 根據《UCP600》規定,可轉讓信用證可以轉讓(　　)。
   A.一次　　　　　　　　　　B.二次
   C.多次　　　　　　　　　　D.沒有明確規定

5. 按照《UCP600》的規定,受益人最後向銀行交單議付的期限是不遲於提單簽發日後(　　)。
   A.11天　　　　　　　　　　B.15天
   C.21天　　　　　　　　　　D.25天

6. 在信用證結算方式下,銀行保證向受益人履行付款義務的條件是(　　)。
   A.受益人按期履行合同
   B.受益人按信用證規定交貨
   C.受益人提交符合信用證要求的單據
   D.開證申請人付款贖單

二、多選題

1. 在國際貿易中,常用於中間商轉售貨物交易的信用證是(　　)。
   A.對背信用證　　　　　　　B.對開信用證
   C.可撤銷信用證　　　　　　D.可轉讓信用證
   E.循環信用證

2. 某信用證每期用完一定金額後即可自動恢復到原來金額使用,無須等待開證行的通知,這份信用證是(　　)。
   A.自動循環信用證　　　　　B.非自動循環信用證
   C.半自動循環信用證　　　　D.按時間循環信用證

3. 審核信用證的依據是(　　)。
   A.開證申請書　　　　　　　B.合同
   C.《UCP600》的規定　　　　D.發票

4. 信用證結算方式所涉及的主要當事人有(　　)。

A. 受益人 B. 開證行
C. 通知行 D. 議付行
5. 開證行的責任包括(　　)。
A. 第一性付款責任 B. 審查單據與信用證是否一致
C. 審查單據與貨物是否一致 D. 按照申請人指示開證

三、簡答題
1. 簡述信用證的開證形式與主要內容。
2. 簡述銀行保函的主要內容。
3. 簡述備用信用證的性質。
4. 簡述國際保理的功能。
5. 簡述福費廷業務流程。

應會考核

■ 技能案例

【案例背景】

中國某進口公司從英國進口一批精密儀器，貨到中國口岸以後，發現存在較為嚴重的質量問題，進口公司遂要求開證行拒絕付款，但開證行以受益人提交的單據符合信用證規定為由拒絕了該出口公司的要求，並對受益人支付了貨款。

【技能思考】

請問開證行的做法是否正確？為什麼？

■ 實踐訓練

【實訓項目】

信用證開證申請書

【實訓情境設計】

2011年6月20日，上海華聯皮革製品有限公司(SHANGHAI HUALIAN LEATHER GOODS CO., LTD. 156 CHANGXING ROAD, SHANGHAI, CHINA)向 SVS DESIGN PLUS CO., LTD. 1-509 HANNAMDONG YOUNGSAN-KU, SEOUL, KOREA 出口 DOUBLE FACE SHEEPSKIN 一批，達成以下主要合同條款：

1. Commodity: DOUBLE FACE SHEEPSKIN
COLOUR CHESTNUT
2. Quantity: 3,175.25SQFT(平方英尺)
3. PACKING: IN CARTONS
4. Unit Price: USD7.40/SQFT CIF SEOUL
5. Amount: USD23,496.85

6. Time of shipment: During NOV.2011
   Port of Loading: SHANGHAI, CHINA
   Port of Destination: SEOUL, KOREA
   Partial shipment: ALLOWED
   Transshipment: PROHIBITED
7. Insurance: TO BE COVERED BY THE SELLER FOR 110% INVOICE VALUE COVERING
   ALL RISK AND WAR RISK AS PER CIC OF THE PICC DATED 01/01/1981.
8. Payment: BY IRREVOCABLE LETTER OF CREDIT AT 45 DAYS SIGHT TO REACH
   THE SELLER NOT LATER THAN JUNE 24, 2011, VALID FOR NEGOTIATION IN CHINA UNTIL THE 15TH DAY AFTER TIME OF SHIPMENT
   Document: (1) SIGNED COMMERCIAL INVOICE IN 3 FOLD
   (2) SIGNED PACKING LIST IN 3 FOLD
   (3) FULL SET OF CLEAN ON BOARD OCEAN B/L IN 3/3ORIGINALS ISSUED TO ORDER AND BLANK ENDORSED MARKED「FREIGHT PREPAID」AND NOTIFY THE APPLICANYT
   (4) CERTIFICATE OF ORIGIN IN 1 ORIGINAL AND 1 COPY ISSUED BY THE CHAMBER OF COMMERCE IN CHINA
   (5) INSURANCE POLICY/CERTIFICATE IN DUPLICATE ENDORSED IN BLANK FOR 110% INVOICE VALUE COVERING ALL RISK S AND WAR RISKS OF CIC OF PICC (1/1/1981).SHOWING THE CLAIMING CURRENCY IS THE SAME AS THE CURRENCY OF CREDIT

相關資料:
(1)信用證號碼:MO722111057
(2)合同號碼:HL20110315

SVS DESIGN PLUS CO., LTD 國際商務單證員金浩於 2011 年 6 月 23 日向 KOOKMIN BANK, SEOUL, KOREA 辦理申請電開信用證手續,通知行是 BANK OF CHINA, SHANGHAI BEANCH

IRREVOCABLE DOCUMENTARY CREDIT APPLICATION

TO: BANK OF CHINA Date: JUNE 25, 2011

Beneficiary(full name and address)		L/C No. MO722111059
SVS DESIGN PLUS CO., LTD.		Contract No. HL20110315
1-509 HANNAMDONG YOUNGSAN-KU,		Date and place of expiry of the credit
SEOUL, KOREA		NOV. 15, 2011 in CHINA
Partial shipment	Transshipment	Issued by teletransmission (which shall be the operative
not allowed	allowed	instrument)

Loading on board/dispatch/taking in charge at/from Amount (both in figures and words)	
SEOUL, KOREA	EUR23496.85
Not late than OCT. 31, 2011	SAY EURO TWENTY THREE THOUSAND FOUR HUNDRED NINETY SIX POINT EIGHTY FIVE ONLY
For transportation to SHANGHAI, CHINA	
Description of goods:	Credit available with ANY BANK IN CHINA
DOUBLE FACE SHEEPSKIN	by negotiation against the documents detailed herein
COLOUR CHESTNUT	and beneficiary's draft for 100% of the invoice value
3,175.25PCS	AT SIGHT
Packing: IN GUNNY BAGS	drawn on US.
	CFR

Documents required: (marked with ×)

1. (×) Signed Commercial invoice in 5 copies indicating invoice No., contract No.

2. (×) Full set of clean on board ocean Bill of Lading made out to order of issuing bank and blank endorsed

marked「freight」(×) to collect / (　) prepaid showing freight amount notify the applicant.

3. (×) Insurance Policy / Certificate in 2 copies for 120% of the invoice value showing claims payable in China in

currency of the draft, blank endorsed, covering (×) Ocean Marine Transportation / (　) Air Transportation

/ (　) Over Land transportation All risks.

4. (×) Packing List / Weight Memo in 5 copies indication quantity /gross and net weights for each package and

packing conditions as called for by the L/C.

5. (　) Certificate of Quantity / Weight in _____ copies issued by an independent surveyor at the loading port,

indicating the actual surveyed quantity / weight of shipped goods as well as the packing condition.

6. (　) Certificate of Quality in _____ copies issued by (　) manufacturer / (　) public recognized surveyor / (　).

7. (　) Beneficiary's Certified copy of FAX dispatched to the accountee within _____ after shipment advising (　)

name of vessel / (　) date, quantity, weight and value of shipment.

8. (　) Beneficiary's Certificate certifying that extra copies of the documents have been dispatched according to

the contract terms.

9. (　) Shipping Company's Certificate attesting that the carrying vessel is chartered or booked by accountee or

their shipping agents.

10. (×) Other documents, if any:

a) Certificate of Origin in 3 copies issued by authorized institution.

Additional Instructions:
………………………
Advising bank:
KOOKMIN BANK, SEOUL, KOREA

表(續)

【實訓任務】

根據背景資料和相關資料指出開證申請書中錯誤的地方。

項目九
國際結算中的商業單據

■ 知識目標

理解：各種國際結算商業單據的概念和作用；

熟知：國際結算中各種商業單據的內容；

掌握：國際結算中各種商業單據的製作及單據的填寫。

■ 技能目標

學生能夠掌握國際結算中各種商業單據的樣式，能對其內容按照規範的方法進行填寫。

■ 情意目標

學生能夠明確國際結算中各種商業票據在國際貿易和國際金融領域等經濟領域的重要性。

■ 教學目標

教師要培養學生具備實際的動手操作能力來繕制商業單據，能夠分辨出各種商業單據，並能夠理解商業單據在國際結算中的應用及其在操作中的注意事項。

【項目引例】

中國青島某出口公司收到一份國外開來的信用證，在審核信用證無誤后，青島出口公司按信用證規定將 5,000 噸鋼材裝船起運，就在其將單據送交當地銀行議付之際，突然接到開證行通知，稱開證申請人已經破產倒閉，因此開證行不再承擔付款責任。問：出口公司應如何處理？為什麼？

分析：該出口公司應繼續交單並要求銀行對合格的單據履行付款之責。根據《UCP600》的相關規定，信用證屬於銀行信用，由開證行承擔第一性的付款責任。開證行的付款責任獨立於開證申請人之外，不因開證申請人的破產倒閉或拒付而免責。該案例中，開證申請人雖已破產倒閉，但只要開證行依然存在，就必須根據信用證的約定憑受益人提交的相符的單據付款，而不能免責。

【知識支撐】

任務一　商業發票

一、商業發票的概念及其作用

(一)商業發票的概念

商業發票(Commercial Invoice)簡稱為發票(Invoice)，是在貨物裝出時，賣方開立的憑以向買方索取貨款的價目清單和對整個交易和貨物有關內容的總體說明。它是買賣雙方收付貨款、記帳、收發貨物、清關、納稅、報驗時的依據，也是買賣雙方索賠、理賠以及保險索賠的依據，更是進出口報關完稅必不可少的單據之一，同時還是辦理貿促會產地證、GSP產地證時，作為憑證由簽署機關留存的單據。

(二)商業發票的作用

(1)出口方出運商品的總說明。在涉及商品種類、規格較多的情況下，是出運商品的品種、規格、單價、數量、貨款的明細單。

(2)出口方向進口方索取所提供的商品、服務價款的單據。

(3)進口、出口雙方記帳的依據。以發票記載情況作為財務記帳的依據是各國工商企業的普遍做法。因此，商業發票上必須有關於所裝運貨物價值的詳細計算過程。

(4)進口、出口方報關和依法繳納關稅的依據。世界上絕大部分國家海關都是根據商業發票上的記載事項(如貨物種類、規格、數量、價值、產地等)來計徵關稅的。

(5)必要時(如：在不使用匯票的情況下——即期付款交單托收、即期付款信用證、延期付款信用證、議付信用證等情況下)，進口商為了規避其國內印花稅的負擔，往往要求出口商不出具匯票，此時，可以商業發票作為要求進口方付款的單據。

(6)進口方核對出口方所交付貨物是否符合合同/信用證規定的依據之一。

(7)在發生需索賠情況時，作為索賠方向理賠方提交的單據之一。

(8)全套商品單據的中心，在信用證業務中，要以商業發票作為中心，對其他商品單據做橫向的審查。

由於商業發票的特殊作用，在國際貿易中，商業發票通常是被要求提交份數最多的單據，在外匯短缺、對進口管制嚴格的一些發展中國家尤其如此。

二、商業發票的主要內容

各國以及不同的出口商所提供的商業發票形式上往往各不相同，針對不同的交易標的，商業發票也可能有一定的差別。儘管如此，商業發票的基本內容還是比較一致的。通常可將商業發票的內容分成首文、本文和結文三個部分。

(一)商業發票的首文部分

(1)註明「商業發票(Commercial Invoice)」字樣，在實務中常省略「商業(Commercial)」字樣，而僅註明「發票(Invoice)」。

(2)出口商的名稱、地址、電傳號碼等；在信用證結算方式中，應是信用證的受益人；若是可轉讓信用證，並且已被轉讓，在第一受益人又不擬以自己的發票取代第二受益人

的發票時,也可能向銀行提交由第二受益人簽發的商業發票。

(3)進口商的名稱、地址等,通常被稱為發票的「抬頭」;在信用證結算方式中,發票的抬頭通常是信用證的開證申請人,除非信用證另有規定。

(4)發票的號碼、開立日期和地點。發票的開立地點即開立人的所在地點。發票開立的日期,若出口方在雙方簽約后即製作發票,則發票開立日期甚至可能早於信用證開立日期;若在貨物裝運后開立,則不應晚於信用證的有效期限。

(5)進、出口交易合同的號碼。由於商業發票是出口方履行合同的說明,因此,發票上應有交易合同的號碼。在信用證結算方式中,還應有有關的開證銀行名稱、信用證開立日期及其號碼。這並非商業發票本身要求,但在信用證結算方式中,考慮到商業發票是出口商品的總說明,列上這些內容可便於結算工作,信用證也往往有這樣的要求。商業發票如圖9-1所示。

商业发票 COMMERCIAL INVOICE				
EXPORTER:		INVOICE No.:		
		INVOICE DATE:		
		L/C No.:		
TO:		L/C DATE:		
		S/C No.:		
		S/C DATE:		
TRANSPORT DETAILS:		TERMS OF PAYMENT:		
		BY L/C		
唛头 MARKS & NUMBERS	货名 DESCRIPTION OF GOODS	数量 QUANTITY	单价 UNIT PRICE	总值 AMOUNT
		TOTAL:		
TOTAL AMOUNT IN WORDS: SAY U. S. DOLLARS SIXTEEN THOUSAND ONLY WE HEREBY CERTIFY THAT THE GOODS ARE CHINESE ORIGIN				
				NINGBO TEXTILES IMP. AND EXP. CORPORATION

圖9-1 商業發票

(二)商業發票的本文部分

這一部分集中說明有關商品的情況,主要是:

1. 商品名稱及規格

在信用證結算方式中,商品名稱及規格應與信用證規定相一致;在貨物規格種類較多時,信用證上的貨物名稱通常比較簡單,在發票上則應該在寫明信用證上所指定的貨物名稱外,還應有對貨物各種規格的詳細描述,但這些描述應能被涵蓋在信用證對貨物描述的名稱內而不矛盾。除非信用證另有明確規定,發票上不能註明「已用過(used)」、「舊的(second-hand)」、「更新的(renew)」、「修整過(reconditioned)」之類詞語,否則,不可接受。在同一信用證涉及多種商品,其規格複雜,信用證上只作簡要規定,並提出「貨物詳情如隨附的形式發票」,在附有形式發票的情況下,商業發票上有關商品的詳細情況應符合信用證所附的形式發票規定,儘管形式發票的本義對交易雙方原無約束力,但在它被信用證所確認,並作為對受益人的要求后,其內容也就成為了信用證的組成部分。

2. 商品數量

(1)計量方法。①按商品的個數計量,如臺、輛、架、套等,在信用證的金額、單價或數量前沒有「about、circa」之類詞語時,發票上的金額、單價或數量沒有可伸縮的余地;②按度量衡單位計量的,如公噸、米、立方米、公升、碼等,可以有總量的5%的增減或伸縮的余地,但不能超過信用證規定金額。

(2)信用證對商品數量的規定。①若不允許分批裝運,則所有商品必須一次全部裝運,即數量不能少於規定;②對商品數量的規定有「約(about)」、「近似(approximately)」、「大約(circa)」、「左右(more or less)」一類詞語者,允許在規定數量上有不超過10%的增減幅度,若沒有這類詞語,則不能有這樣的增減幅度;③在允許有一定增減幅度的情況下,不同規格的商品,應分別計算其允許增減的數量。如果一份信用證規定數量和金額的溢短裝是5%,而該信用證項下的貨物有多種品種或規格,那麼整個單據上的商品數量和金額的溢短裝不能超過5%的同時,每一品種或規格的商品數量和金額也分別不能超過規定的5%。

3. 商品單價與總貨值

發票上的貨物單價和數量的乘積之和,應等於總貨值(發票金額)。發票上的這三項都必須與信用證規定一致。根據國際商會的有關規定,銀行不負責檢查商品單據中的計算細節,只負責核對其總量記載是否符合信用證規定,以及各項單據中的相關記載是否一致或不矛盾。若信用證有關於折扣或減讓等記載,則發票上也應有相應的記載。

4. 貨物的包裝與重量、尺碼、體積

發票上應有商品外包裝方式及數量的記載,如鐵桶、木箱、編織袋等各多少件,以及毛重、淨重等。在信用證業務中,這些記載都必須符合信用證的規定。

5. 價格條件

為了更明確地檢驗各單據的記載內容是否相符,發票上還應該體現交易雙方所約定的價格條件,即該項交易所採用的價格術語(Trade Term),因為它涉及交易雙方的各自權責,以及出口商所應提交的單據的種類,例如,在FOB和CFR等價格條件下,應由進口商自辦貨物運輸保險手續,就不能要求出口商提交貨物運輸的保險單;而在CIF和CIP等價格條件下,應由出口商辦理貨物運輸保險手續,提交相應的保險單就是出口商履行其合同責任的憑證之一。

6. 貨物裝運港和卸貨港名稱、運輸標誌、裝貨船名、裝船日期等

在FOB價格條件下,發票上應體現裝運港的名稱,在CFR或CIF價格條件下,則應

體現裝運港和目的港的名稱。運輸標誌俗稱「嘜頭(Shipping Mark)」，它通常由主標誌、目的港名稱、件號標註等幾項構成。在海運提單上，運輸標誌是一定要有的。在製作發票時，可以照樣填製，也可以「as per B/L No.××××」代替，以保證與相關的海運提單一致。若發票是在備貨和裝運前就已製作，隨后工作人員按發票整理和包裝貨物以備運，則不一定能準確地填上裝貨船名和裝船日期。

7. 其他內容

如信用證要求有進口許可證號碼、外匯使用許可證號碼等內容，發票上應照樣填製。在進口商要求出口商不要開立匯票的情況下，發票將作為要求進口商或開證行付款的單據，因此，發票上可以加註「收到貨款」的文句。

(三) 商業發票的結文部分

商業發票的結文部分主要是由發票的簽發人簽字和蓋章。在信用證業務中，即由信用證的受益人簽章。

三、其他形式的發票

(一) 形式發票(Proforma Invoice)

又稱為預開發票，這是出口商應進口商的要求，將擬出售的商品的名稱、規格、單價等條件做成非正式的參考性的發票，供進口商向本國有關管理當局申請進口審批和外匯使用審批所用。形式發票不能作為正式發票使用，對當事雙方都沒有約束力。

(二) 海關發票(Costoms Invoice)

這是一些國家規定在進口報關時，出口商必須提交有進口國海關規定格式和內容的專門發票。海關發票的作用是：便於進口國進行海關統計；是對不同來源的商品實行差別關稅的依據；便於核查進口商品價格，以查驗有無傾銷情況。

(三) 領事發票(Consular Invoice)

一些國家規定，外國出口商向其出口商品時，必須取得事先由進口國在出口國或其鄰近國家的領事簽證的發票，方能獲準進口。實行領事發票制度，是為了確認進口商品的原產地，以便實行進口配額制和差別關稅；驗核商品在出口國的價格，以審查有無傾銷情況；代替進口許可證；增加進口國駐外使、領館的簽證收入。接受提供領事發票的要求，勢必增加出口商的出口成本，延緩甚至耽誤出口安排。因此，若收到的信用證上有這樣的要求，宜要求刪除有關條款，或者修改為可採用出口國的商會等機構簽發的證明取代領事發票。目前，只有少數國家仍實行領事發票的做法。

(四) 製造商發票(Manufacturers' Invoice)

又稱為廠商發票，這是由出口商品的製造廠商提供的其產品的出口發票。其中有文句聲明所指的商品由發票的簽發人所製造(We heheby certify that we are the actual manufacturer of the goods invoiced.)。製造商發票可以出口國貨幣表示價格。

四、國際結算中對單據的要求

一般來說，國際結算中都會對提交的單據提出一定的要求。

(一) 對提交正本單據的要求

國際商會《UCP600》第十七條 a 款規定：信用證規定的每一種單據須至少提交一份正本。同條 d 款規定：如果信用證要求提交單據的副本，提交正本或副本均可。同條 e 款規

定:如果信用證使用諸如「一式兩份(in duplicate)」、「兩份(in two fold)」、「兩套(in two copies)」等用語要求提交多份單據,則應提交至少一份正本,其餘使用副本即可滿足要求,除非單據本身另有說明。

信用證要求受益人提交正本發票若干份,則受益人提交的商業發票中,應有相應份數註明「正本(Original)」字樣,並簽章;未註明是正本者,即可被認為是副本(Copy)。通常情況下,包括商業發票在內的每種商品單據都至少要提供一份正本。

(二)對正本單據的認定

《UCP600》第十七條 b 款提出的認定正本單據的原則是:銀行應將任何帶有看似出單人的原始簽名、標記、蓋章或標籤的單據視為正本單據,除非單據本身註明它不是正本。c 款規定除非單據本身另有說明,在以下情況下,銀行也將其視為正本單據:i.單據看來由出單人手寫、打字、穿孔或蓋章;或者 ii.單據看似使用出單人的原始信紙出具;或者 iii.單據聲明其為正本的單據,除非該聲明看似不適用於提交的單據。

《UCP600》第三條規定:單據簽字可用手簽、摹樣簽字、穿孔簽字、印戳、符號或任何其他機械或電子的證實方法為之。諸如單據須履行法定手續、簽證、證明等類似要求,可由單據上任何看似滿足該要求的簽字、標記、印戳或標籤來滿足。

單據的複印件若經過簽註「正本(ORIGINAL)」的處理,應被當作正本對待;否則只能作為副本;而任何電傳傳真機制作的單據只能作為副本處理。

五、信用證項下對商業發票的要求

(一)《UCP600》對商業發票的要求

《UCP600》第十八條對商業發票的規定是:① i.除第三十八條規定的情況外,必須看似由受益人出具;ii.除第三十八條 g 款規定的情況外,必須出具成以申請人為抬頭;iii.必須與信用證的貨幣相同;iv.無須簽名。②按指定行事的指定銀行、保兌行(若有)或開證行可以接受金額大於信用證允許金額的商業發票,其決定對有關各方均有約束力,只要該銀行對超過信用證允許金額的部分未作承付或者議付。③商業發票上的貨物、服務或履約行為的描述應該與信用證中的描述一致。

《UCP600》第三十八條 h 款規定,在可轉讓信用證業務中,第一受益人有權以自己的發票和匯票(若有)替換第二受益人的發票和匯票,其金額不得超過原信用證的金額。經過替換后,第一受益人可在原信用證下支取自己發票與第二受益人發票間的差額(若有)。同條 j 款還規定:如果第一受益人應提交自己的發票和匯票(若有),但未能在第一次要求時照辦,或第一受益人提交的發票導致了第二受益人的交單中本不存在的不符點,而其未能在第一次要求時修正,轉讓行有權將從第二受益人處收到的單據照交開證行,並不再對第一受益人承擔責任。

(二)審核商業發票的要點

商業發票是受益人提交的全套單據中的核心單據,又是受益人出運商品的總說明和明細單,內容多而集中,同時還是審核其他各項單據的參照,因此,在審核時應特別注意,既要全面,又要有重點。審核商業發票的要點如下:

(1)簽發人應是信用證指名的受益人,如果發票上有簽發人的地址,則該地址應是信用證上受益人的地址。經轉讓后的可轉讓信用證項下,若第一受益人沒有用自己的發票取代第二受益人出具的發票,則可以是第二受益人出具的發票,但這時應查看轉讓手續

是否符合信用證業務的規範要求。

(2)除非信用證另有明確規定,商業發票的抬頭人應是信用證的開證申請人。

(3)對商品的描述,如名稱、品種、品質、包裝等,應該與信用證規定完全一致;在信用證上有「大約」、「約」等詞語規定信用證金額或信用證規定的商品數量或單價時,可以允許有關金額或數量或單價有不超過10%的增減幅度;若信用證不是以包裝單位件數或貨物自身件數方式規定有關商品數量,則可以有不超過5%的增減幅度,但無論如何其價值都不能超過信用證規定的金額。

(4)如果信用證規定的貨物數量已經全部裝運,以及信用證規定的單價沒有降低,或者信用證以包裝單位的件數或貨物自身件數的方式規定貨物數量,則即使不允許部分裝運,只要信用證沒有規定特定的增減幅度或使用「約」或「大約」等詞語規定信用證金額或信用證規定的商品數量或單價,也允許支取的金額有5%的減幅。

(5)交易的價格條件必須與信用證規定一致。

(6)如果信用證和交易合同規定的單價中有「佣金」或「折扣」的記載,商業發票上也應用同樣的記載。

(7)如果信用證要求經公證人證實或證明,發票上應有相應的公證人的證實或證明。

(8)商業發票的正、副本份數應符合信用證的要求。

(9)如果信用證要求受益人手簽,應當照辦;簽發日期不能晚於信用證的有效到期日。

(10)商業發票上不能有「臨時的(provisional)」、「形式的(proform)」、「錯漏當查(E. & O. E. ——Errors and Omissions Excepted)」之類詞語或文句。

(11)商業發票上除發票自身號碼外,通常還應有相關信用證號碼和交易合同號碼,信用證業務中,應核對發票上記載的信用證號碼是否正確。

任務二　海運提單

一、海運提單的概念

海運提單(Bill of Lading B/L)簡稱提單,是承運人或其代理人在收到有關承運貨物時簽發給托運人的一種收據。是目前海運業務中使用最為廣泛和主要的運輸單據。它是證明托運的貨物已經收到,或已經裝載到船上,並允諾將其運往指定目的地交付收貨人的書面憑證。海運提單也是收貨人在目的港據以向船公司或其代理人提取貨物的憑證。

二、海運提單的性質和作用

(一)貨物收據

提單是由船長或船公司或其代理人簽發給托運人的表明貨物已經收訖的收據(Receipt for the Goods),它證明貨物已運至承運人指定的倉庫或地點,並置於承運人的有效監控之下,承運人許諾按收據內容將貨物交付給收貨人。因此,提單是托運人向銀行結匯的主要單據之一。

(二) 運輸契約的證明

提單本身並不是運輸契約,提單背面的條款一般由承運人單方擬訂並由承運人單方簽字,而不是由雙方協商擬訂。但提單條款的有關規定可以作為制約承運人與托運人或提單持有人等各方之間的權利與義務、責任與豁免,是處理他們之間有關海洋運輸方面爭議的依據。

(三) 物權憑證

提單是貨物所有權的憑證(Document of Title)。提單就是貨物的象徵。在國際貿易中正本提單作為錢與貨的銜接點,是賣方憑以議付、買方憑以提貨、承運人憑以交貨的依據。提單可以通過背書進行轉讓,轉讓提單意味著轉讓物權。賣方將物權(正本提單)轉讓給了銀行,就可以得到相應的貨款,買方只有將款項交付給銀行,才能得到物權(正本提單)並憑以提貨。正因為提單具有此性質,所以提單的持有人可憑提單向銀行辦理抵押貸款或敘作押匯,從而獲得銀行的融資。

三、海運提單的簽發

托運人在貨物裝運前,應先從有關的船公司(承運人)領得空白提單,並按交易合同和信用證的規定,填寫上有關貨物運輸的情況,然后送交船公司。裝運時,應隨附說明貨物細節的裝貨通知書(Shipping Note),並由托運人和承運人雙方代表在場核對清點裝船貨物情況,登記嘜頭、港口、號碼以及裝運貨物的數量或重量等,填製理貨卡(Tally Sheet)和船舶艙單(Manifest)。理貨卡送港口辦事員與原先托運人填寫的提單核對,船舶艙單則作為開立運費帳單的依據。這時,托運人通常可取得一份大副收據(Mate's Receipt)。大副收據一般被視為正式提單簽發前的初步收據。若進出口雙方商定由出口方交付運費(如以 CFR 或 CIF 價格成交),則在繳納運費后,船公司作為承運人代表船長簽署提單給托運人,並在提單上註明「運費已付(Freight Prepaid)」;若進出口雙方商定由進口商支付運費(如以 FOB 價格成交),則在提單上註明「運費待收(Freight Collect)」。同時,船公司收回原先簽發的大副收據。

海運提單發出正本(Original)和副本(Non-negotiable Copy)兩種。正本的份數按托運人的要求簽發。如果托運人只要求一套,而沒有說明具體的份數,則承運人可按照常規簽發正本提單一式兩份或一式三份,並在提單正面註明正本的份數,以便托運人或收貨人掌握。副本提單只是用於證明貨物托運或承運的情況,不作為貨物所有權的憑證,船公司不在副本提單上簽字,其份數可按托運人要求或船公司自行安排。副本中有一份被稱為「船長副本(Master's Copy)」,是隨船到達目的地后,供方向港口當局卸貨時清點貨物時所用。

由於正本提單是憑以提貨的有效文件,憑其中一份提貨后,其余正本提單即自動失效。因此,只有掌握全套正本提單,才能有效地掌握有關貨物的所有權。通常,信用證也要求受益人應向銀行提交全套正本海運提單(Full set clean on board B/L)。若進口商要求出口商在貨物出運后將一份正本提單直接寄給進口商,其余向銀行交付,辦理結算,出口商如果接受這樣安排,就將面臨進口商憑其直接得到的那份正本提單提貨,而出口商或銀行對進口商的付款失去控製的風險。

四、海運提單的當事人

海運提單的基本當事人是承運人和托運人。在實際操作中,還有收貨人(在提單業務中,往往被稱為提單的抬頭人)和被通知人。

(一)承運人(Carrier)

負責運輸貨物的當事人,也稱為船方。在實務中,他可能是船舶的所有者,也可能是租船人,租船以經營運輸業務是進口商,即收貨人(Consignee);而在 CFR 或 CIF 條件下,則是出口商,即發貨人(Shipper)。

(二)托運人(Shipper)

托運人是與承運人簽訂運輸合同的人。在實務中,依交易雙方選擇的價格條件的不同,也會有所不同,如在 FOB 條件下,是進口商負責聯繫承運人安排船只到裝運港接運貨物,托運人就是進口商;而在 CFR 或 CIF 價格條件下,是由出口商聯繫承運人,安排船只從裝運港裝運貨物,托運人就是出口商。

(三)收貨人(Consignee)

收貨人即提單的抬頭人,他可以是托運人本身,也可能是第三者。收貨人有在目的港憑海運提單向承運人提取貨物的權利。通過對海運提單的背書轉讓,實際的收貨人則是海運提單的受讓人(Transferee)或持單人(Holder)。在國際貿易的實務中,海運提單上的收貨人經常是做成可轉讓形式的,即做成「憑指示」形式。在信用證結算方式中,開證行往往要求海運提單上的收貨人做成「開證行的指示人」形式。

(四)被通知人(Notify Party)

被通知人不是提單的當事人,只是收貨人的代理人和接受承運人通知貨物已運抵目的地的人。信用證結算方式下,提單的「收貨人」通常是「開證行的指示人」,而開證申請人則通常是提單上的「被通知人」。貨到目的港后,承運人要通知被通知人,以便其及時聯繫有關銀行付款贖單,憑所贖得的海運提單報關提貨。

海運提單是物權憑證,可以通過背書轉讓流通。因此,海運提單在未做「不可轉讓(Non-negotiable)」的限定的情況下,又是「可流通轉讓的單據」。轉讓人與受讓人因流通轉讓而產生。轉讓人是原先持有海運提單的人,受讓人則是通過對海運提單背書轉讓后接受提單的當事人。他不僅有向承運人要求憑海運提單提貨的權利,還有在貨物遭受損失時,憑海運提單、保險單據以及其他有關單據向承保人要求理賠的權利,同時,也承擔了托運人在運輸合同中的責任。

五、提單的種類

在國際海上貨物運輸中所遇到的海運提單(ocean B/L or marine B/L)種類越來越多。通常使用的提單為全式提單(long form B/L)或稱為繁式提單,即提單上詳細列有承運人和提單關係人之間權利、義務等條款的提單。此外,還有簡式提單(short form B/L),即提單上印有「short form」字樣,而背面沒有印刷有關承運人與提單關係人的權利、義務條款,或者背面簡單註明以承運人全式提單所列條款為準。有時信用證會明確規定不接受簡式提單。在此介紹實踐中經常會遇到的一些提單基本種類和特殊情況。

(一)基本種類

基本種類提單是指在正常情況下,符合法律要求所使用的提單。由於提單分類的標

準不同,因此就有以下多種情況。

1. 按貨物是否已裝船

(1)已裝船提單(on board B/L;shipped B/L)

已裝船提單是指整票貨物全部裝船后,由承運人或其代理人向托運人簽發的貨物已經裝船的提單。該提單上除了載明其他通常事項外,還須註明裝運船舶名稱和貨物實際裝船完的日期。

(2)收貨待運提單(received for shipment B/L)

收貨待運提單簡稱待裝提單或待運提單,是承運人雖已收到貨物但尚未裝船,應托運人要求而向其簽發的提單。由於待運提單上沒有明確的裝船日期,而且又不註明裝運的船名,因此,在跟單信用證的支付方式下,銀行一般都不接受這種提單。

當貨物裝船后,承運人在待運提單上加註裝運船舶的船名和裝船日期,就可以使待運提單成為已裝船提單。

2. 按對貨物外表狀況有無不良批註

(1)清潔提單(clean B/L)

清潔提單是指沒有任何有關貨物殘損、包裝不良或其他有礙於結匯的批註的提單。

事實上提單正面已印有「外表狀況明顯良好(in apparent good order and condition)」的詞句,若承運人或其代理人在簽發提單時未加任何相反的批註,則表明承運人確認貨物裝船時外表狀況良好的這一事實,承運人必須在目的港將接受裝船時外表狀況良好的同樣貨物交付給收貨人。在正常情況下,向銀行辦理結匯時,都應提交清潔提單。

【同步案例9-1】

2012年大連經濟技術開發區一批貨物共100箱,自大連港運至紐約,船公司已簽發「已裝船清潔提單」,等貨到目的港,收貨人發現下列情況:①5箱欠交;②10箱包裝嚴重破損,內部貨物已散失50%;③10箱包裝外表完好,箱內貨物有短少。請問:上述三種情況是否應屬於船方或托運人責任?為什麼?

精析:①、②屬於船方責任,因其已簽發「已裝船清潔提單」,則應保證貨到目的港交貨時數量的完整和貨物外表狀況良好;③是裝貨短少,應屬賣方的責任。

(2)不清潔提單(unclean B/L or foul B/L)

指承運人在提單上加註有貨物及包裝狀況不良或存在缺陷,如水濕、油漬、污損、銹蝕等批註的提單。承運人通過批註,聲明貨物是在外表狀況不良的情況下裝船的,在目的港交付貨物時,若發現貨物損壞可歸因於這些批註的範圍,則可減輕或免除自己的賠償責任。在正常情況下,銀行將拒絕以不清潔提單辦理結匯。

實踐中,當貨物及包裝狀況不良或存在缺陷時,托運人會出具保函,並要求承運人簽發清潔提單,以便能順利結匯。由於這種做法掩蓋了提單簽發時的真實情況,因此承運人將會承擔由此產生的風險責任。承運人憑保函簽發清潔提單的風險有:

①承運人不能以保函對抗善意的第三方,因此承運人要賠償收貨人的損失;然后承運人根據保函向托運人追償賠款。

②如果保函具有欺騙性質,則保函在承運人與托運人之間也屬無效,承運人將獨自承擔責任而不能向托運人追償賠款。

③承運人接受了具有欺騙性質的保函后,不但要承擔賠償責任,而且還會喪失責任

限制的權利。

④雖然承運人通常會向「保賠協會」投保貨物運輸責任險,但如果貨損早在承運人接受貨物以前就已發生,則「保賠協會」是不負責任的,責任只能由承運人自負。

⑤如果承運人是在善意的情況下接受了保函,該保函也僅對托運人有效。但是,托運人經常會抗辯:貨物的損壞並不是包裝表面缺陷所致,而是承運人在運輸過程中沒有履行其應當適當、謹慎的保管和照料貨物的義務所致。因此,承運人要向托運人追償也是很困難的。

當然,實踐中承運人接受保函的情況還是時有發生的,這主要是因為當事人根據商業信譽會履行自己的保證所致。

3. 按提單是否記載收貨人

(1) 記名提單(straight B/L)

記名提單是指在提單「收貨人」一欄內具體填上特定的收貨人名稱的提單,記名提單只能由提單上所指定的收貨人提取貨物。記名提單不得轉讓。

記名提單可以避免因轉讓而帶來的風險,但也失去了其代表貨物可轉讓流通的便利。銀行一般不願意接受記名提單作為議付的單證。

(2) 不記名提單(open B/L;blank B/L;Bearer B/L)

不記名提單是指在提單「收貨人」一欄內記名應向提單持有人交付貨物(to the bearer 或 to the holder)或在提單「收貨人」一欄內不填寫任何內容(空白)的提單。不記名提單,無須背書,即可轉讓。也就是說,不記名提單由出讓人將提單交付給受讓人即可轉讓,誰持有提單,誰就有權提貨。

(3) 指示提單(order B/L)

指示提單是指在提單「收貨人」一欄內只填寫「憑指示」(to order)或「憑某人指示」(to the order of ...)字樣的提單。指示提單可經過記名背書或空白背書轉讓。指示提單除由出讓人將提單交付給受讓人外,還應背書,這樣提單才得到了轉讓。

如果提單的收貨人一欄只填寫「to order」,則稱為托運人指示提單。記載「to the order of the shipper」與記載「to order」是一樣的托運人指示提單。在托運人未指定收貨人或受讓人以前,貨物仍屬於托運人。如果提單的收貨人一欄填寫了「to the order of×××」,則稱為記名指示提單。在這種情況下,應由記名的指示人指定收貨人或受讓人。記名的指示人(「×××」)可以是銀行,也可以是貿易商等。

4. 按不同的運輸方式可分為

(1) 直達提單(direct B/L)

直達提單是指由承運人簽發的,貨物從裝貨港裝船后,中途不經過轉船而直接運抵卸貨港的提單。

(2) 轉船提單(transshipment B/L; through B/L)

轉船提單是指在裝貨港裝貨的船舶不直接駛達貨物的目的港,而要在中途港換裝其他船舶運抵目的港,由承運人為這種貨物運輸所簽發的提單。

(3) 多式聯運提單(combined transport B/L;intermodal transport B/L;multimodal transport B/L)

多式聯運提單是指貨物由海路、內河、鐵路、公路和航空等兩種以上不同運輸工具共同完成全程運輸時所簽發的提單,這種提單主要用於集裝箱運輸。多式聯運提單一般由

承擔海運區段運輸的船公司簽發。

5. 按提單簽發人不同

(1) 班輪公司所簽提單(班輪提單)(liner B/L)

這是指在班輪運輸中,由班輪公司或其代理人所簽發的提單。在集裝箱班輪運輸中,班輪公司通常為整箱貨簽發提單。

(2) 無船承運人所簽提單(nvocc B/L)

這是指由無船承運人或其代理人所簽發的提單。在集裝箱班輪運輸中,無船承運人通常為拼箱貨簽發提單,因為拼箱貨是在集裝箱貨運站內裝箱和拆箱,而貨運站又大多有倉庫,所以有人稱其為倉/倉提單(house B/L)。當然,無船承運人也可以為整箱貨簽發提單。

(二) 特殊情況

特殊情況提單是指在特殊情況下,可能是不符合法律規定或者對貨運業務有一定影響時所使用的提單。這類提單也有多種情況。

1. 預借提單(advanced B/L)

這是指由於信用證規定的裝運期或交單結匯期已到,而貨物尚未裝船或貨物尚未裝船完畢時,應托運人要求而由承運人或其代理人提前簽發的已裝船提單。即托運人為能及時結匯而從承運人處借用的已裝船提單。

當托運人未能及時備妥貨物,或者船期延誤使船舶不能如期到港,托運人估計貨物裝船完畢的時間可能要超過信用證規定的裝運期甚至結匯期時,就可能採取從承運人那裡借出提單用以結匯的辦法。但是,承運人簽發預借提單要冒極大風險,因為這種做法掩蓋了提單簽發時的真實情況。許多國家的法律規定和判例表明,一旦貨物引起損壞,承運人不但要負責賠償,而且還要喪失享受責任限制和援用免責條款的權利。

2. 倒簽提單(anti-date B/L)

這是指在貨物裝船完畢后,應托運人的要求,由承運人或其代理人簽發的提單,但是該提單上記載的簽發日期早於貨物實際裝船完畢的日期。即托運人從承運人處得到的以早於貨物實際裝船完畢的日期作為提單簽發日期的提單。由於倒填日期簽發提單,所以稱為「倒簽提單」。

由於貨物實際裝船完畢日期的遲於信用證規定的裝運日期,若仍按實際裝船日期簽發提單,肯定影響結匯,為了使簽發提單日期與信用證規定的裝運日期相吻合,以便結匯,托運人就可能要求承運人仍按信用證規定的裝運日期「倒填日期」簽發提單。承運人倒簽提單的做法同樣掩蓋了真實的情況,因此也要承擔由此而產生的風險責任。

3. 順簽提單(post-date B/L)

這是指在貨物裝船完畢后,承運人或其代理人應托運人的要求而簽發的提單,但是該提單上記載的簽發日期晚於貨物實際裝船完畢的日期。即托運人從承運人處得到的以晚於該票貨物實際裝船完畢的日期作為提單簽發日期的提單。由於順填日期簽發提單,所以稱為「順簽提單」。

由於貨物實際裝船完畢的日期早於有關合同中裝運期限的規定,如果按貨物實際裝船日期簽發提單將影響合同的履行,所以托運人就可能要求承運人按有關合同裝運期限的規定「順填日期」簽發提單。承運人順簽提單的做法也掩蓋了真實的情況,因此也要承擔由此而產生的風險責任。

(三)其他特殊種類提單

1. 艙面貨提單(on deck B/L)

艙面貨提單指將貨物積載於船舶露天甲板,並在提單上記載「on deck」字樣的提單,也稱甲板貨提單。積載在船艙內的貨物(under deck cargo)比積載於艙面的貨物可能遇到的風險要小,所以承運人不得隨意將貨物積載於艙面運輸。但是,按商業習慣允許裝於艙面的貨物、法律規定應裝於艙面的貨物、承運人與托運人協商同意裝於艙面的貨物可以裝於艙面運輸。另外,由於集裝箱運輸的特殊性,通常有1/3以上的貨物要裝於甲板,所以不論集裝箱是否裝於艙面,提單上一般都不記載「on deck」或「under deck」,商業上的這種做法已為有關各方當事人所接受。

2. 並提單(omnibus B/L)

並提單指應托運人要求,承運人將同一船舶裝運的相同港口、相同貨主的兩票或兩票以上貨物合併而簽發的一套提單。托運人為節省運費,會要求承運人將屬於最低運費提單的貨物與其他提單的貨物合在一起只簽發一套提單。即將不同裝貨單號下的貨物合起來簽發相同提單號的一套提單。

3. 分提單(separate B/L)

分提單指應托運人要求,承運人將屬於同一裝貨單號下的貨物分開,並分別簽發的提單(多套提單)。托運人為滿足商業上的需要,會要求承運人為同一票多件貨物分別簽發提單,如有三件貨物時,分別為每一件貨物簽發提單,這樣就會簽發三套提單。即將相同裝貨單號下的貨物分開簽發不同提單號的提單。

4. 交換提單(switch B/L)

交換提單指在直達運輸的條件下,應托運人要求,承運人同意在約定的中途港憑起運港簽發的提單換發以該中途港為起運港的提單,並記載有「在中途港收回本提單,另換發以中途港為起運港的提單」或「switch B/L」字樣。由於商業上的原因,為滿足有關裝貨港的要求,托運人會要求承運人簽發這種提單。簽發交換提單的貨物在中途港不換裝其他船舶,而是由承運人收回原來簽發的提單,再另簽一套以該中途港為起運港的提單,承運人憑后者交付貨物。

5. 交接提單(memo B/L)

交接提單指由於貨物轉船或聯運或其他原因,在不同承運人之間簽發的不可轉讓、不是「物權憑證」的單證。交接提單只是具有貨物收據和備忘錄的作用。有時由於一票貨物運輸會由不同的承運人來運輸或承運,為了便於管理,更是為了明確不同承運人之間的責任,就需要製作交接提單。

6. 過期提單(stale B/L)

過期提單指出口商在取得提單后未能及時到銀行議付的提單。因不及時而過期,形成過期提單,也稱滯期提單。根據《跟單信用證統一慣例》第四十三條的規定,如信用證沒有規定交單的特定期限,則要求出口商在貨物裝船日起21天內到銀行交單議付,也不得晚於信用證的有效期限。超過這一期限,銀行將不予接受。過期提單是商業習慣的一種提單,但它在運輸合同下並不是無效提單,提單持有人仍可憑其要求承運人交付貨物。

六、提單正面、背面內容

不同的船公司出具的海運提單可能有一定的不同,但基本內容都應具有。

(一)海運提單正面的內容

海運提單正面內容主要包括三個部分：

（1）由承運人或其代理人事先印就的內容，主要有：①海運提單的名稱。②承運人名稱及其地址、電報掛號、電傳號等情況。③以下帶契約性的陳述：裝船條款，說明承運人收到外表狀況良好的貨物（另有說明者除外），並已裝船，將運往目的地卸貨。其常用的英語文句是「Shipped on board the vessel named above in apparent good order and condition (unless otherwise indicated) the goods or packages specified here — in and to be discharged at the mentioned port of discharge...」。④商品包裝內容不知悉條款。說明承運人對托運人在海運提單上所填寫的貨物重量、數量、內容、價值、尺碼、標誌等，概不知悉，表示承運人對上述各項內容正確與否，不承擔核對責任。其常見的英語文句是「The weight, quality, content, value, measure, marks, being particulars furnished by the shipper, are not checked by the Carrier on loading and are to be considered unknown.」。⑤承認接受條款。說明托運人、收貨人和海運提單持有人表示同意接受提單背面印就的運輸條款、規定和免責事項。收貨人接受提單，就表明接受提單背面印就的、書寫的或加蓋印戳的條款。其常見的英語文句是「The Shipper, Consignee and the Holder of this Bill of lading hereby expressly accept and agree to all printed, written or stamped provisions, exceptions and conditions of this Bill of Lading, including those on the back hereof.」。⑥簽署條款。印明為了證明以上各節，承運人或其代理人簽發正本海運提單一式幾份，憑其中一份提取貨物後，其餘幾份即自動失效。其常用的英語文句是「In witness whereof, the Master or Agents of the vessel has signed—original (the above stated number) bill of lading, all of this tenor and date, one of which being accomplished, the others to stand void.」。

（2）由承運人或其代理人裝運時填寫的內容。這是承運人或其代理人在核對托運人預填的提單內容與實際裝船情況后填寫的內容。主要是：①運費交付情況，這應符合進出口雙方所商定使用的價格條件和信用證的規定，如在 CIF、CFR 等價格條件下，應填寫「運費預付（Freight Prepaid）」或「運費已付（Freight Paid）」字樣，在 FOB、FCA、FAS 等價格條件下，應是填寫「運費待收（Freight to Collect）」、或「運費在目的地支付（Freight Payable at Destination）」字樣。②海運提單的簽發日期、地點。③船公司的簽章。④船長或其代理人的簽章。⑤提單名稱及其編號。

（3）由托運人填寫的內容有：①托運人、收貨人及被通知人的名稱記載。②裝運港、轉船港和卸貨港的記載。③裝貨船名。④貨物情況記載：貨物名稱、包裝方式、包裝數量（重量、尺碼等——大、小寫，要一致）。⑤運輸標誌（嘜頭）。⑥外包裝狀況的記載。⑦運輸方式：是否分批裝運、直接運輸或轉船運輸。⑧「正本」的標註及正本提單份數等。這些內容雖由托運人填寫，但承運人通常都在其海運提單上印就了這些內容的相應空格。

(二)提單背面印就的運輸條款

提單背面印就的運輸條款規定了承運人和托運人各自的義務、權利和承運人的免責條款，這是承運人與托運人雙方處理爭議的依據。這些都是承運人事先印就的，托運人接受、使用印有這些條款的提單，就表示接受提單上印就的條款。換言之，這些條款和提單正面的內容一起，成為托運人與承運人之間運輸契約的內容。根據國際商會的規定，銀行不負責審查這些條款。

七、提單的背書轉讓

(一)不可流通形式的提單

提單上的抬頭人記載為具體的某人(某法人),被稱為記名提單,其性質是「不可流通的(Non-negotiable)」,又稱為直交提單。這類提單多用於進、出口商雙方關係密切、信任度高,或者本來就是跨國公司的內部貿易等。

(二)可流通形式的提單

1. 可流通的來人抬頭提單

其抬頭人欄內填寫的是「來人(to bearer)」。這類提單不須背書,僅憑交付即可轉讓,若遺失,不易補救,故風險很大,在實務中很少採用。

2. 可流通的指示人抬頭提單

其抬頭人欄內均有「憑指示(to order)」字樣。具體表達有以下三種情況:

(1)以開證行的指示人為抬頭人(to order of Issuing Bank)。這種提單經過開證行背書后,即可轉讓。若開證申請人向開證行付清信用證費用,開證行即可背書后將提單交付給申請人,由其向船公司提貨。

(2)以申請人的指示人為抬頭人(to order of applicant)。這種提單須經申請人背書后才能憑以提貨,若申請人未向開證行交清開立信用證的費用,開證行雖持有提單,仍然無法實際控制和處置有關的商品。因此,銀行不願接受這類提單。

(3)以托運人的指示人為抬頭人(to order of beneficiary)。

3. 可流通的記名抬頭人提單(Negotiable named consignee B/L)

憑記名抬頭提單提貨時,提貨人要出示身分證明,並交出一份正本提單換取貨物。該抬頭人也可以自己的名義背書轉讓提單。

八、提單上對裝船情況的記載

貨物裝運情況是出口商履約的關鍵之一和進口商關注的焦點之一。因此,提單上對裝船情況的記載很重要。通常都要求在提單上要有貨物「已裝船(On Board)」的記載。《UCP600》第二十三條 A 款規定,銀行將接受符合下列要求的單據,不論其名稱如何:

(一)註明貨物已裝船

(1)提單上印就「貨物已裝上具名船只(Shipped on board the vessel named above)」字樣,在貨物裝船后,簽發提單。提單簽發日,就視為貨物裝運日。這種提單目前已經很少用。

(2)提單上未印就「貨物已裝船」字樣,而是印有「收到貨物(Received the goods)」字樣。船公司或其代表在收到貨物后,即簽發提單,而貨物尚未裝船。因此,這時的提單只能稱為「收妥備運(received for shipment)」提單。由於這種提單無法證實貨物的實際裝運情況,進口商(開證申請人)或開證行都不會接受這類提單。但在有關貨物完成實際裝船后,提單的簽發人將要求出口商將原先簽發的收妥備運提單送交船公司,由船公司加註「已裝船」字樣,並說明裝貨船名、港口、裝船日期等情況。這時,原先的收妥備運提單就轉化為已裝船提單,而可被開證行和開證申請人所接受。

(3)提單上未印就「已裝船」字樣,卻寫有「預期船只(Intended Vessel)」字樣,在完成有關貨物的實際裝船后,在提單上加註「已裝船」情況,使提單成為「已裝船」提單。

(4)提單上未印就「已裝船」字樣,而註明的收貨地點或貨物接受監管的地點與信用證/合同規定的裝船地點不同,要在貨物實際裝船后,完成在提單上的「已裝船」批註,才成為開證行/開證申請人所要求和可接受的提單。

(二)提單上沒有對貨物及/或包裝有不良或缺陷情況的條文或批註

這即是指清潔提單要求,這也是國際貿易中進口商和開證行對海運提單的基本要求。所謂「包裝不良或缺陷情況」,常見的有「破裂」、「滲漏」、「折斷」、「被撬動」、「穿孔」、「撕破」、「被刮擦」、「損壞」、「變形」、「被雨淋」、「遭水浸」、「沾污」、「凹進」、「包裝損壞,部分商品外露」等。海運提單上有諸如此類的記載,內裝商品的品質就可能受到影響。海運提單上有這類的記載,該提單就成為「不潔提單(Unclean B/L)」或者稱為「骯髒提單(Dirty B/L)」。顧及利益可能受損,進口商往往不願接受這類提單,開證行在信用證中通常都要求受益人必須提交清潔提單。

(三)貨物的裝、卸港的記載要符合信用證規定

貨物的裝、卸港必須分別是出口和進口國家的港口,而不能是內陸地點,特別是卸貨港應是確定的某港口。對於世界上有同名的,例如美國和埃及各有一個叫做「亞歷山大——Alexandria」的港口,英國和加拿大各有一個叫做「利物浦——Liverpool」的港口等,應明確指出是哪一個國家的港口;對於在一個國家也有同名港口的情況,如在美國東北部的緬因州和西北部的俄勒岡州就分別有一個港口稱為 Portland 等,則應進一步明確其所在的州(省)情況。

任務三　其他貨物運輸單據

一、多式運輸單據(Multimodal Transport Document)

20 世紀 60 年代以來,以集裝箱為代表的貨物成組化(unitization)運輸迅速發展,逐漸成為現代化貨物運輸的重要形式。以集裝箱為例,成組化運輸是將小件包裝的貨物,在發貨地點集中整理裝入標準規格的集裝箱內,由大型裝卸機械和專門的運輸工具運至專用碼頭或目的地。集裝箱運輸節省了運輸包裝和刷嘜頭的費用,加強了防止盜竊、包裝破損和不良的外部因素侵蝕商品的能力,減少了運輸途中商品的損耗,提高了裝卸和運輸效率,降低了運輸成本和勞動強度。同一貨主運往同一目的地的貨物能裝滿一個集裝箱的,稱為整箱貨(Full Container Load,FCL)。整箱貨可運往集裝箱堆場(Container Yard,CY)裝箱。不足以裝滿一個集裝箱的,須與其他貨主運往同一目的地的貨物一起拼成一個集裝箱的,貨主可將貨物運往集裝箱貨運站(Container Freight Station,GFS),與其他貨主運往同一目的地的貨物一起拼裝集裝箱,這就稱為拼箱貨(Less than a Full Container Load,LCL),待裝滿集裝箱,再運往集裝箱堆場待運。

根據利用集裝箱方式運輸訂立的運輸合同而簽發的提單,被稱為集裝箱提單(Container B/L)。集裝箱提單適合海洋運輸,也適合多種運輸方式的結合,即多式運輸方式,例如:公路或鐵路的陸上運輸——海洋運輸——陸上運輸,海洋運輸——陸上運輸——海洋運輸,公路運輸——鐵路運輸——公路運輸等。從提單上記載的承運人接管貨物的地點和卸貨地點,可以瞭解貨物運輸的途徑和方式。多式運輸方式是指用兩種或兩種以上的運輸方式前後銜接將貨物從出口國的貨物接受監管地點運輸到進口國的交貨地點

或最終目的地。與托運人簽訂多式運輸合約,並履行承運人責任的當事人被稱為多式運輸經營人(Multimodal Transport Operator, MTO)。其可能是船公司、航空公司、鐵路公司、汽車運輸公司或者其代理人,也可能是並沒有船舶或者其他運輸工具的運輸行(Freight Forwarder)。其以自己的名義負責安排多式運輸的有關事項,即承擔了貨物全程運輸責任,並簽發多式運輸單據。多式運輸單據的英語名稱可以是:①Multimodal transport document;②Combined transport document;③Multimodal transport bill of lading;④Intermodal transport bill of lading;⑤Combined transport bill of lading。多式運輸經營人對其簽發的多式運輸單據上所體現的運輸全程(自接管所運輸的貨物起,至在目的地向收貨人交付貨物為止)負全部責任。

多式運輸單據可以作成可流通轉讓形式的,也可以記名收貨人而作成不可轉讓流通形式。可流通轉讓形式的多式運輸單據如同海運提單一樣,具有承運人給托運人的貨物收據、承運人與托運人之間的運輸合約和所運輸貨物的所有權的憑證這兩項性質。而不可轉讓流通形式只具有承運人給托運人的貨物收據和承運人與托運人之間的運輸合約兩項性質。當多式運輸單據是可流通轉讓形式時,根據單據上對收貨人記載的不同,在向收貨人交付貨物時的要求也有所不同:①當單據是來人抬頭時,貨物交付給最先提交了一份正本提單的人,該單據無須背書;②當單據是空白抬頭時,貨物交付給最先提交一份正本多式運輸運輸單據的人,該運輸單據須有空白背書;③當單據是記名的指定人抬頭時,貨物交付給提交一份正本多式運輸單據並提供能證明其身分的證明的人。若該運輸單據又被作成空白背書並轉讓,則貨物交付給最初提交一份正本的多式運輸單據並有適當的空白背書的人。當多式運輸單據是不可流通轉讓形式時,貨物交付給最初提交載有記名人的單據並能核實其身分的人。

多式運輸單據既是所運輸貨物的所有權憑證,也就如同海運提單,一般都作成正本一式兩份或一式三份,只有掌握了全套正本的多式運輸單據,才真正掌握了有關貨物的所有權。在信用證結算方式下,其份數應符合信用證規定。而且,其他各項記載也都應符合信用證的規定:貨物名稱、包裝方式和狀況、發貨人、抬頭人、被通知人、簽發人、運費的交付情況、貨物接受承運人監管的地點、貨物運輸的最終目的地以及裝運的時間等。其中對裝運時間的判斷方法是:①若多式運輸單據上已有事先印就的文字,說明貨物已裝運,則以多式運輸單據的簽發日期作為裝運的完成日期;②若多式運輸單據上有印章或其他註明方式,則加蓋印章或註明的日期作為裝運的完成日期。同時,多式運輸單據上不能有受租船合約約束的記載。在信用證接受受益人提交多式運輸單據的情況下,即使信用證規定不得轉運,也不能限制轉運的可能或實際採用。

適用於多式運輸單據的貿易條件主要是 FCA、CPT、CIP 等,因為這些貿易條件以托運人將貨物交付給承運人接管或監管為雙方責任轉移的界限,而不像 FOB、CFR、CIF 等貿易條件那樣,以貨物裝上運輸船只(在裝運港越過船舷)為雙方責任的分界線。多式聯運提單格式和聯運提單格式如圖 9-2、圖 9-3。

多式联运提单

Shipper			SINOTRANS	B/L No.
Consignee or Order			中国对外贸易运输总公司 CHINA NATIONAL FOREIGN TRADE TRANSPORTATION CORP. COMBINED TRANSPORT BILL OF LADING	
Notify Address			RECEIVED the goods in apparent good order and condition as specified below unless otherwise stated herein. The Carrier in accordance with the provisions contained in this document (1) undertakes to perform or to procure the performance of the entire transport from the place at which the goods are taken in charge to the place designated for delivery in this document, and (2) Assumes liability as prescribed in this document for such transport. One of the Bills of Lading must be surrendered duly indorsed in exchange for the goods or delivery order.	
Pre-carriage by	Place of Receipt			
Ocean Vessel Voy. No.	Port of Loading			
Port of Discharge	Place of Delivery	Freight Payable at	Number of Original B/L	
Container, Seal No. or Marks & Nos.	Number and Kind of Packages	Description of Goods	Gross Weight (kgs)	Measurement (m³)
ABOVE PARTICULARS FURNISHED BY SHIPPER				
FREIGHT & CHARGES	IN WITNESS where of the number of original Bills of Lading stated above have been signed, one of which being accomplished, the other(s) to be void.			
	Place and Date of Issue			
	Signed for or on Behalf of the Carrier as Agent(s)			

SUBJECT TO THE TERMS AND CONDITIONS ON BACK

圖 9-2　多式聯運提單

托运人 Shipper			B/L NO. 中国对外贸易运输总公司 北京 BEIJING 联运提单 COMBINED TRANSPORT BILL OF LADING
收货人或指示 Consignee or Order			RECEIVED the foods in apparent good order and condition as specified below unless otherwise stated herein. The Carrier, in accordance with the provisions contained in this document, 1) undertakes to perform or to procure the performance of the entire transport form the place at which the goods are taken in charge to the place designated for delivery in this document, and 2) assumes liability as prescribed in this document for such transport One of the bills of Lading must be surrendered duty indorsed in exchange for the goods or delivery order
通知地址 Notify Address			
前段运输 Pre-carriage by	收货地点 Place of Receipt		
海运船只 Ocean Vessel	装货港 Port of Loading		
卸货港 Port of Discharge	交货地点 Place of Delivery	运费支付地 Freight Payable at	正本提单份数 Number of Original Bs/L
标志和号码 Marks and Nos.	件数和包装种类 Number and Kind of packages	货　名 Description of goods	毛重(公斤)　尺　码(立方米) Gross weight(kgs.) Measurement(m³)
	以上细目由托运人提供 ABOVE PARTICULARS FURNISHED BY SHIPPER		
运费和费用 Freight and charges	IN WITNESS whereof the number of original bills of Lading stated above have been signed, one of which being accomplished, the other(s) to be void.		
	签单地点和日期 Place and date of issue		
	代表承运人签字 Signed for or on behalf of the carrier		代　理 as Agents

圖 9-3　聯運提單

二、航空運單(Air Transport Document)

(一)航空運單的概念

航空運單,又被稱為空運單據(Airway Bill, AWB),或空運發貨單(Air Consignment Note, CAN),是航空貨運部門簽發給托運人表示接受委託、承擔有關貨物空運責任的單據。

航空運輸具有速度快的特點,要求包裝輕便牢靠。在當代國際貿易發展迅速,其中高新技術產品和高附加值產品增長更為迅速的情況下,航空運輸方式得到了空前的重視。

(二)空運單據的性質和作用

空運單據的性質和作用包括:①是承運人與托運人之間運輸契約的證明;②是承運人收到托運人交付貨物的收據(「收據」的性質,如同海運提單,僅僅是運輸期間對有關貨物的代管權,而不是所有權);③不是所運輸貨物的所有權的憑證,是不可流通的單據,不能憑以提取貨物;④是承運人提供的運費帳單;⑤是進、出口商報關的憑據之一;⑥是承運人內部業務往來的依據。

(三)空運單據必須作成記名收貨人形式

航空單據是直交式(straight consigned manner)單據,它不是貨物所有權的憑證,不能作成可流通形式。貨物運抵目的地後,承運人通知收貨人後,只要證實收貨人的身分,就可以交付貨物,因此,空運單據必須作成記名收貨人形式。

鑒於航空運輸單據的這一特點,填寫航空運輸單據上的收貨人應多加注意。在信用證結算方式下,若以開證申請人為收貨人,則開證行和受益人都無法制約開證申請人付款,因為貨物到達目的地後,承運人只要驗明開證申請人的身分,就可以向其交貨,而不過問其是否已向開證行交清貨款和有關費用,開證行也無權干預承運人的交貨行為。若以開證行為收貨人,則只能在開證申請人向開證行交清了所有費用和款項後,才能得到開證行的許可,向承運人提取貨物。國際貿易中以空運方式運送貨物,用跟單托收方式結算,若要避免進口商提取貨物卻不付款的風險,要以銀行為空運單據的抬頭人,必須事先徵得銀行的同意。

(四)空運單據的制式

1945年成立的國際航空運輸協會(IATA)是由世界上一百多家民用航空公司組成的國際性聯合機構,設有北大西洋和北美、南美和加勒比地區、歐洲、亞太地區、非洲和中東六個地區技術處,總部設在瑞士日內瓦。其宗旨是:促進航空安全,建立規章,提供較便宜的航空運輸,為國際航空運輸合作提供各種便利。其活動內容包括:通過國際空運協會的票據結算所辦理成員公司之間的運費結算,解決技術問題,確定運費標準,訂立空運合同及條件的國際法,加強記錄、信息研究及國際合作。由其制訂和發出的整套航空運單包括:正本一式三份和副本一式九份,其具體情況是:

第1張正本,發給承運人(Original 1—For Issuing Carrier);

第2張正本,發給收貨人(Original 2—For Consigneee);

第3張正本,發給托運人,由其作為信用證所要求的運輸單據向銀行提交(Original 3—For Shipper);

第4張副本,作為交貨收據(Copy 4—Delivery Receipt);

第5張副本,發給目的地的航空港(Copy 5—For Airport of Destination);

第6張副本,發給第三承運人(Copy 6—For Third Carrier);

第7張副本,發給第二承運人(Copy 7—For Second Carrier);

第8張副本,發給第一承運人(Copy 8—For First Carrier);

第9張副本,發給銷售代理人(Copy 9—For Sales Agent);

第10張副本作為額外的副本,備作臨時所需(Copy 10—Extra Copy);

第11張副本作為收取航空運費的收據(Copy 11—Invoice);

第12張副本由發運地航空港當局收存歸檔(Copy 12—For Airport of Departure)。

在辦理航空貨物集中托運時,民用航空貨運代理公司簽發的該公司的航空運輸單據

被稱為分運單,分運單具有民用航空公司簽發的航空運輸單據同樣的性質和作用。

(五)空運單據的基本內容

(1)空運單據的正面內容。不同的航空公司出具的空運單據形式上存在一些差別,但在運單的正面都有以下基本內容:承運的航空公司名稱、航空運輸單據名稱、所運輸貨物的托運人和收貨人的名稱、發運貨物的機場和運輸目的地機場的名稱、所運輸貨物的名稱、數量/重量等情況、運輸保險情況、運雜費交納情況、承運人的簽字等。

(2)空運單據的背面內容。空運單據的背面印有航空公司的有關貨物運輸的規章或條款,主要用於規定承運人和托運人的各自責任、權利和義務等。空運單據如圖 9-4 所示。

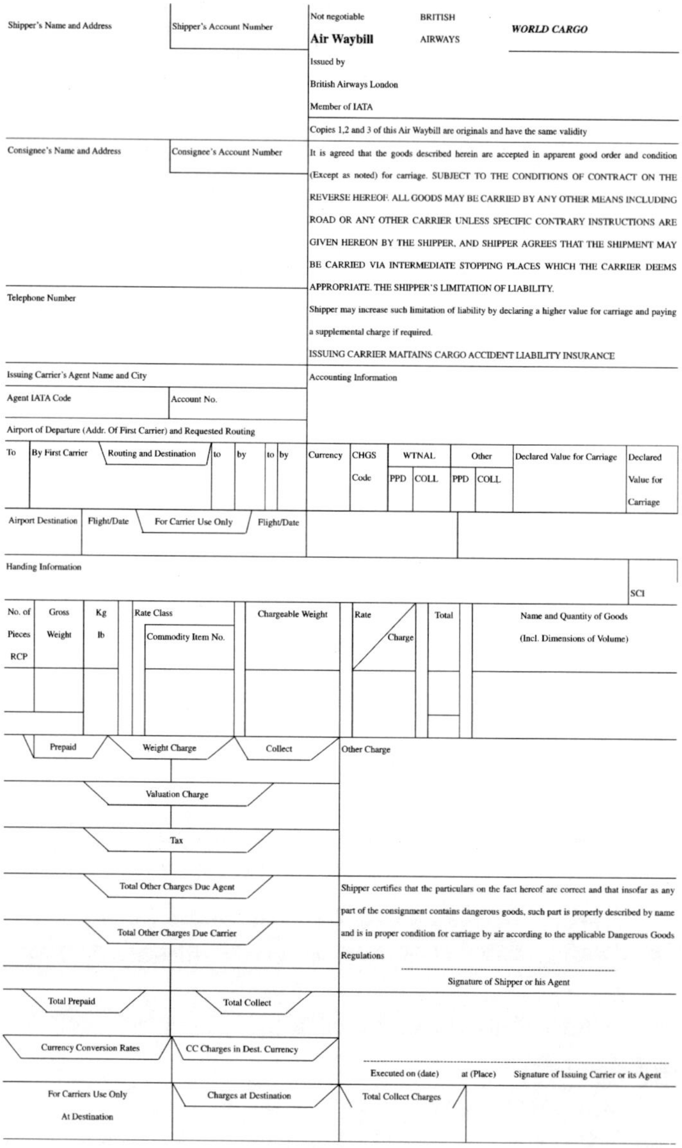
Shipper's Name and Address
Shipper's Account Number
Not negotiable
BRITISH AIRWAYS
Air Waybill
WORLD CARGO
Issued by
British Airways London
Member of IATA
Copies 1,2 and 3 of this Air Waybill are originals and have the same validity
Consignee's Name and Address
Consignee's Account Number
It is agreed that the goods described herein are accepted in apparent good order and condition (Except as noted) for carriage. SUBJECT TO THE CONDITIONS OF CONTRACT ON THE REVERSE HEREOF. ALL GOODS MAY BE CARRIED BY ANY OTHER MEANS INCLUDING ROAD OR ANY OTHER CARRIER UNLESS SPECIFIC CONTRARY INSTRUCTIONS ARE GIVEN HEREON BY THE SHIPPER, AND SHIPPER AGREES THAT THE SHIPMENT MAY BE CARRIED VIA INTERMEDIATE STOPPING PLACES WHICH THE CARRIER DEEMS APPROPRIATE. THE SHIPPER'S LIMITATION OF LIABILITY.
Shipper may increase such limitation of liability by declaring a higher value for carriage and paying a supplemental charge if required.
ISSUING CARRIER MAITAINS CARGO ACCIDENT LIABILITY INSURANCE
Telephone Number
Issuing Carrier's Agent Name and City
Accounting Information
Agent IATA Code
Account No.
Airport of Departure (Addr. Of First Carrier) and Requested Routing
To | By First Carrier | Routing and Destination | to | by | to | by
Currency | CHGS Code | WTNAL PPD COLL | Other PPD COLL | Declared Value for Carriage | Declared Value for Carriage
Airport Destination | Flight/Date | For Carrier Use Only | Flight/Date
Handing Information
SCI
No. of Pieces RCP | Gross Weight | Kg lb | Rate Class | Commodity Item No. | Chargeable Weight | Rate / Charge | Total | Name and Quantity of Goods (Incl. Dimensions of Volume)
Prepaid | Weight Charge | Collect
Other Charge
Valuation Charge
Tax
Total Other Charges Due Agent
Total Other Charges Due Carrier
Shipper certifies that the particulars on the fact hereof are correct and that insofar as any part of the consignment contains dangerous goods, such part is properly described by name and is in proper condition for carriage by air according to the applicable Dangerous Goods Regulations
Signature of Shipper or his Agent
Total Prepaid
Total Collect
Currency Conversion Rates
CC Charges in Dest. Currency
Executed on (date) at (Place) Signature of Issuing Carrier or its Agent
For Carriers Use Only At Destination
Charges at Destination
Total Collect Charges

圖 9-4 航空貨運單

各航空公司的運單格式可能有某些不同。
(六)空運單據適用的貿易條件
空運單據表明貨物已被承運人接受待運(goods have been accepted for carriage)，貿易條件為 FCA、CIP、CPT 時，出口商的責任是將貨物交給承運人或其代理人，就算完成了交貨，風險也已轉移給進口商。

三、公路、鐵路、內河運輸單據
(一)鐵路、公路、內河運輸的基本情況
鐵路運輸方式中貨物損壞程度低、受季節等自然因素影響小、運輸速度也比較快，在國際貨物運輸中起著重要作用，特別是在亞歐大陸的運輸中，更是如此。在 20 世紀 90 年代以前，中國與亞洲的朝鮮、越南、蒙古以及當時的蘇聯、東歐等國家簽訂有《國際鐵路貨物聯運協定》(簡稱《國際貨協》)，而西歐、北歐和中、南歐的 18 個國家也簽訂有《國際鐵路貨物運送公約》(簡稱《國際貨約》)。這就形成了兩大片鐵路運輸網。這兩個國際協定都分別規定了，在本片範圍內只需在發貨站辦理一次手續，憑一張運單，就可以把貨物運往任何一個車站。以后通過協商，簽訂跨片的鐵路運輸也可得到協調安排。這樣，亞歐大陸的鐵路運輸就可以使有關的當事人避免貨物繞道海洋運輸，特別是對內陸地點之間的貨物運輸，就更為便捷。冷戰結束后，有關的國際條約有一定的變動，但鐵路運輸對各國的好處，還是得到了各國的認可和接受。

公路運輸主要運用於邊境相鄰的國家之間，內河運輸則只是在兩國擁有共同界河的情況下，相對而言，其規模和使用影響都較小。

(二)鐵路、公路、內河運輸單據的基本性質
當國際貿易合同/信用證規定，有關貨物以鐵路、公路、內河運輸方式運輸時，進口商/開證行將接受相應的鐵路、公路、內河運輸單據。但這些單據都只是承運人給托運人的貨物收據(「收據」的性質)，如同海運提單，僅僅是運輸期間對貨物的代管權，而不是所有權)及承運人與托運人之間有關貨物運輸契約的證明，但不是有關貨物所有權的憑證。因此，鐵路運單一律作成收貨人記名抬頭。

在托運人將貨物交付給鐵路方面承運人后，承運人由發貨車站簽發鐵路運單，並加蓋當日日戳。中國使用的鐵路運單一式兩份，正本運單隨車、貨同行，到達目的地后，由承運人交收貨人作為提貨通知，副本交托運人作為交貨的收據。在托收或信用證結算方式中，托運人憑副本鐵路運單向銀行辦理結算手續以收回貨款。在貨物到達目的地之前，只要托運人仍持有副本運單，就可以指示承運人停運貨物，或將貨物運交他人。

(三)單據上註明對貨物收妥待運、發運、承運
鐵路、公路或內河運輸單據上應有對貨物收妥待運(received for shipment)、發運(dispatch)或承運(carriage)等說明。但《國際公路貨物運輸合同公約》和《國際鐵路貨物運輸公約》對公路運單和鐵路運單未做相應要求。國際商會第 511 號出版物指出，由於上述的國際公約已經明確了承運人的全部責任，因此，雖無上述文句，仍然可以接受。對所交來的運單，均可當作正本單據接受。

(四)鐵路、公路或內河運輸適用的貿易條件
國際商會規定的多種貿易條件都適用於上述三種情況，如：EXW、FCA、CIP、CPT、DAF、DDU、DDP 等。

在中國內地以鐵路運輸方式向中國香港、澳門地區出口貨物時,通常由中國對外貿易運輸公司承辦。承運人在貨物裝上運輸工具後,即向托運人簽發承運貨物收據(Cargo Receipt)。托運人在委託承運人運輸貨物時,要填寫委託書,承運貨物收據就在托運人填寫委託書時一併套制,並由承運人確認收妥貨物及裝上運輸工具後,填上運編號碼並簽章。這樣套制的運輸單據一式八份,其中背面印有「承運簡章」的一份是承運貨物的正本收據,其餘為副本收據。正、副本收據的運編號碼是一樣的。正本收據連同三份副本交付給托運人,托運人可憑該正本承運貨物收據向當地銀行辦理結算手續,收貨人則憑該正本收據在運輸的目的地領取貨物。托運人接受了正本收據,就表明接受了其背面印就的「承運簡章」,因此,正本收據也就成為了承運人與托運人之間有關貨物的運輸合同。

四、郵政收據和快郵專遞

(一)郵政收據(Post Receipt)的概念

萬國郵政聯盟(Universal Postal Union,UPU),簡稱為萬國郵聯,是為了調整各國之間的郵政服務,實現郵政業務現代化和使用最好的方法為各國運送郵件而建立的政府間組織,是聯合國的一個專門機構。其前身是1875年成立的郵政總聯盟,總部設在瑞士首都伯爾尼。此外,一些國家之間,根據雙方交往的需要,也簽訂了雙邊郵政協定。總重量不超過20公斤的小件物品在這些國家之間傳遞,不值得採用上述的海洋、航空、鐵路或公路運輸方式時,可選擇郵政寄送方式,向郵政部門辦理。由寄件人填寫郵局印就的空白郵政收據後,經郵政部門核實、收費並簽發給客戶,表明受理客戶郵寄包裹業務的書面憑證,就是郵政收據,也稱為郵寄證書(Certificate of Posting),或郵包收據(Postal Parcel Receipt,PPR)。郵政收據開立一式兩份,一份隨所寄物品一併發往目的地,由目的地郵局向收件人據以發出取件通知書,另一份交給寄件人作為辦理結算的憑證。由於郵局的業務機構分佈較廣,收寄手續也比較簡便,因此,少量、小件物品的傳遞,以郵政運輸最為方便。根據具體的傳遞手段的不同,郵政傳遞可分為普通郵政包裹和航空郵政包裹兩種。

相關手續通常是由寄件人將所要郵寄的包裹,在郵局營業時間送到郵局櫃臺辦理。

(二)快郵專遞收據(Courier or Expedited delivery Service Receipt,CSR/Courier Receipt)的概念

快郵專遞機構在受理客戶以快郵專遞包裹時,簽發給客戶的書面憑證就稱為快郵專遞收據。由於具體經辦的機構不同,其名稱也有所不同,最常見的是:Express Mail Service (EMS)、DHL Forwarder Airbill、Shipment Air Waybill 等。快郵專遞實行的是「桌至桌」服務,即發件人可以要求快郵專遞機構派人上門收取要傳遞的郵件,並負責將所傳遞的郵件直接送到收件人的住所或辦公室,而不像郵政包裹的傳遞,一般要求收件人憑通知和有關身分證件到郵局領取。因此,快郵專遞的傳遞速度要比郵政包裹快,且更方便客戶,收費標準也相應更高些。

最初的快郵專遞服務是傳遞文件、單據。較早受理快郵專遞業務的機構是中外運敦豪(DHL)。這是三名美國人於1969年創建的從舊金山到火奴魯魯的船運快遞公司,以後逐步發展成跨國快郵專遞公司,現由德國郵政100%控股。其辦理的快郵專遞業務是為客戶提供「桌至桌服務(Desk to Desk Service)」,即可以到寄件人的辦公室桌前收取要郵寄的郵件,並負責將郵件送至收件人辦公室的桌前。辦理快郵專遞業務的機構,常見的還有美國的快件公司(UNITED PARCEL SERVICE OF AMERICA,UPS)和中國郵政辦

理的快遞服務公司(EMS)。

(三)郵政收據和快郵專遞收據的性質

郵政收據和專遞或快郵機構收據都是運輸單據,但都只是貨物的收據和運輸合同的證明,而不是物權憑證,不可轉讓流通。這些運輸單據的收貨人都要作成記名抬頭,有關貨物直接交給收貨人。在信用證業務中,若開證行要有效地控製開證申請人向開證行償付,一般都要求作成開證行抬頭;若開證申請人在申請開立信用證時,已經交足了信用證保證金和開證手續費,則也可以允許以開證申請人為郵政收據或快郵專遞收據的抬頭人。

(四)郵政收據或快郵專遞收據的主要內容

郵政收據或快郵專遞收據除了事先印就的「郵政收據」或「快郵專遞收據」名稱以及郵局或快郵專遞機構有關收寄和收件人領取的規定注意事項外,寄件人應填寫寄件人和收件人的全稱、詳細地址,郵寄物品的名稱、價值等內容,經郵局或快郵專遞機構驗核后填寫郵寄物品重量及向寄件人收費金額,經辦人簽章,並蓋上收寄郵局或專遞機構當日日戳。寄件人接受該郵政收據或快郵專遞收據,就表明接受收據上所印就的規定注意事項,這些事項的規定,就成為雙方的合約內容。

五、審核運輸單據的要點

(1)運輸單據種類必須符合信用證規定。

(2)必須包括全套正本單據以及副本的份數(若有),必須符合信用證規定,正本單據上有承運人或其代理人的簽章,並蓋有其印章。

(3)運輸單據上顯示的裝運地、運輸目的地、轉運地(若有)必須符合信用證規定。

(4)裝運日期/運輸單據簽發日期必須符合信用證規定,即不晚於信用證規定的最遲裝運日期。

(5)海運提單上的收貨人應作成「開證行的指定人」或者如信用證所規定,如「To order」或「To order of shipper」,而開證申請人則被作成「被通知人」,同時應有被通知人的詳細地址,該地址應與信用證上開證申請人地址一致,以便卸貨港口當局在貨物到港后及時通知被通知人;航空運單、鐵路運單和公路運單等都不是物權憑證,這些運單上的收貨人應是信用證的開證申請人,其名稱和地址等都必須與信用證上所記載的一致。

(6)商品名稱可以使用統稱,但必須與商業發票上的表述一致或不矛盾。

(7)「運費已付」或「運費待收」的表述應與信用證上的價格條件相吻合,如 CFR 或 CIF 等價格條件下,出口商向進口商收取的款項中包括了運費,因此,在海運提單上應顯示「運費已收(Freight Prepaid)」或類似文句;若信用證顯示交易雙方以 FAS 或 FOB 等價格條件成交,該由進口商負責聯繫船公司辦理到裝運港接貨,則海運提單上應記載為「運費待收(Freight to be collected)」或類似文句。

(8)運輸單據上有無對商品外包裝的不良批註。

(9)運輸單據上對商品包裝件數的描述應與發票及其他單據上關於商品包裝件數的描述一致。

(10)嘜頭應與符合信用證規定的一致。

(11)應加背書的運輸單據是否都正確地加上了背書,在信用證未另做規定情況下,通常為空白背書。

任務四　保險單據

一、保險單據的概念與作用

(一) 保險單據的概念

保險公司接受投保人的投保申請后，認為可以接受的，便根據投保單的內容繕制保險單，作為保險合同成立的書面憑證。投保人則需參照信用證、貿易合同及發票等單據對保險單進行審核，以保證單證一致、單單一致，並和合同的規定相符。保險單一式若干份，保險公司留存一份，其余交給投保人，作為其議付的單據之一，同時保險單也是被保險人向保險人索賠的依據。

(二) 保險單據的作用

(1) 承保人給被保險人的承保證明。

(2) 承保人與被保險人之間保險契約的證明。

(3) 在發生保險標的滅失的情況下，被保險人向承保人索賠的依據和承保人理賠的依據；但此時被保險人應能證明自己是所滅失標的的所有者，即被保險人在提出索賠時，應能同時提交相應的物權憑證(如正本海運提單等)。

(4) 在 CIF、CIP 等應由出口商辦理貨物運輸保險手續的價格條件下，保險單據是出口商履約的證明之一。

(三) 保險單據的簽發人

保險單必須由保險公司或保險商或其授權的代理人簽發。有些貿易中，進、出口商委託保險經紀人(Insurance broker)代辦保險。英國保險法允許勞合社(Lloyd's Institute)的成員以其個人名義辦理保險業務，則勞合社的成員也可以成為保險單據的簽發人。

二、保險單據的內容

(一) 承保人名稱及地址

承保人，又稱為承保商，他應是保險公司或保險商等保險業務的經營者。在具體業務中，保險單據應由保險公司或保險商或其代理人簽發。

(二) 商業發票的號碼和保險單據的號碼

在保險單據上寫明保險單據和商業發票的號碼，便於在隨后的業務辦理中進行核對。

(三) 投保人(被保險人)

在 FOB、CFR 等價格條件下，由進口商自行向承保人辦理保險手續，保險單據上的投保人是進口商，出口商向銀行提交的單據中，沒有保險單據。在 CIF、CIP 等價格條件下，應由出口商向承保人辦理貨物運輸保險，並隨后在向銀行提交的單據中包括保險單據。這時的投保人應體現為出口商(信用證項下，即受益人)。

(四) 貨物描述、嘜頭和件數

保險單據上對貨物的描述可用統稱，但必須與信用證規定以及發票上貨物的描述一致，或者不矛盾，對貨物的數量的描述也必須與發票一致，並符合信用證的規定。對於運輸標誌(嘜頭)，應符合信用證規定，與運輸單據、發票一致，也可以「Shipping mark as per B/L No. XXXXX」方式，以保證與相關的海運提單保持一致。

(五) 裝載貨物工具名稱、裝運的起訖地點及開航日期

保險單據上必須填寫裝載貨物的工具名稱，由投保手續時在貨物裝運之前辦理，因此，保險單據上所填寫的其實是預期的裝運工具。投保人在得到保險單據後，應注意貨物實際裝運是否發生變化。裝運的起訖地點應按信用證規定填寫。同樣，鑒於在需要出口商提交保險單據的 CIF、CIP 等價格條件下，保險手續的辦理應先於貨物裝運，因此，在保險單據的開航日期欄內，難以準確填寫實際開航日期，通常以「as per B/L」表達。

(六) 承保貨幣與保險金額

保險單據上應以文字大寫和數字小寫兩種方式體現承保的貨幣與保險金額，兩者的表達應是一致的。《UCP600》第二十八條 f 款 i 項規定，保險單據必須表明投保金額，並用與信用證相同的貨幣表示。保險金額是承保人承諾，在保險有效期間，若發生保險責任範圍內的貨物全損，承保人將按保險金額向持有保險單據、貨物所有權單據和有效的貨物損失證明文件的當事人理賠；若貨物只是部分損失，則承保人將在保險金額的範圍內，根據損失的程度，給予相應的賠付。

《UCP600》第二十八條 f 款 ii 項規定：信用證對於投保金額為貨物價值、發票金額或類似金額的某一比例的要求，將被視為對最低保額的要求。如果信用證對投保金額未做規定，投保金額須至少為貨物的 CIF 價或 CIP 價格的 110%。

上述在 CIF 或 CIP 價格基礎上增加的 10%被稱為「保險加成」，是進口商對該筆交易的預期毛利潤。在貨物運輸途中，若沒有發生貨物損失事項，進口商可以按預期情況，收取並銷售貨物，以爭取獲得相應的利潤；若貨物遭受損失，則進口商仍然可以憑保險單據、貨物所有權憑證以及貨物損失程度的有關證實文件，向承保人索賠，並獲得相應的賠付。這樣，通過貨物運輸保險，進出口商就可以較小的金額，有限而且可以事先準確控制的保險費用支出，規避難以事先準確預測的貨物運輸風險及損失，而保障可預期的經營收益。在實務中，保險加成有時也有 20%的，但較多的還是 10%。

《UCP600》第二十八條 f 款 ii 項還規定：如果從單據中不能確定 CIF 或者 CIP 價格，投保金額必須基於承付或議付的金額，或者基於發票上顯示的貨物總值來計算，兩者之中取金額較高者。這是因為，在大型成套設備等商品的交易中，出口商常要求進口商在交易合同簽訂後，先支付一定比例（例如 20%）的預付款作為定金或保證金。在這種情況下，信用證及信用證項下的發票、匯票所顯示的金額都只是整個合同金額的其余部分（例如 80%）。但對有關貨物運輸的保險則必須覆蓋全部貨物，因此，要「基於承付或議付的金額，或者基於發票上顯示的貨物總值來計算，兩者之中取金額較高者」。

(七) 保費與保險費率

保費，又稱為保險費、營業保險費、毛保費、總保費等，是承保人為了承擔一定的保險責任而向投保人收取的費用，換言之，保險費是投保人根據保險合同的有關規定，為被保險人在承保人保險責任範圍內發生貨物滅失情況下，獲得經濟補償的權利，而付給承保人的代價。

保險費率，又稱為毛費率，是承保人按照保險金額向投保人收取保險費的比率。通常以百分比（%）或千分比（‰）表示。保險費率是承保人根據保險標的的危險程度、發生損失的概率、保險責任的範圍、保險期限的長短以及經營的成本等情況，進行確定的。其計算公式是：

保險費＝保險金額×保險費率。

在實際業務中，保險單據上的這兩欄，通常填寫為「AS ARRANGED」，這主要是因為保險企業之間存在既要互相協作又有互相競爭的一面，在確保自己在經營中有所贏利的前提下，適當降低費率是爭取客戶的重要手段之一。不在保險單據上具體載明保險費和保險費率，就可以在一定程度上保持自己的經營策略。

(八) 承保險別

承保險別(Condition)是指承保人所承擔的保險責任的範圍，對被保險人權利而言，則稱為投保險別。在信用證業務中，保險單據上註明的承保險別應符合信用證的規定。若信用證未明確規定投保險別，或者規定投保含義不明確的一般險(Usual Risks)或慣常險(Customary Risks)，銀行接受所提交的保險單據填列的險別，對未經投保的任何險別不予負責。

《UCP600》第二十八條 g 款規定：信用證應規定所需投保的險別及附加險(若有)。如果信用證使用諸如「通常風險」或「慣常風險」等含義不確切的用語，則無論是否有漏保之風險，保險單據將被照樣接受。h 款規定：當信用證規定投保「一切險」時，如保險單據載有任何「一切險」批註或條款，無論是否有「一切險」標題，均將被接受。即使其聲明任何風險除外。

(九) 理賠代理人和檢驗理賠地點

在 CIF 價或 CIP 價條件下，出口商按合同約定辦理國際貨物運輸保險後，要將保險單據連同其他單據通過銀行向進口商(在信用證業務中，則是向開證行或保兌行，或開證行指定的付款行)要求付款。若在運輸途中發生保險責任範圍內的事項，造成貨物全部或部分減失，將由進口商向承保人提出索賠。由於出口商往往是向本國的保險公司辦理投保手續，若進口商向出口國的保險公司索賠，或出口國的保險公司到進口國理賠，均不太方便。於是，為了便於就近及時索賠和理賠，保險公司在自己的業務辦理中就需要在國外建立廣泛的代理關係網絡，並在開立保險單據時，根據業務情況，在保險單據上指定其在進口國或其附近國家(地區)的有代理關係的同業作為理賠代理人，並將檢驗理賠地點指定為有關貨物運輸的目的地。

(十) 保險單據出具時間和地點

保險單據的出具時間既表明投保人投報時間，也是雙方達成保險契約關係的時間。在 CIF 價或 CIP 價條件下，正常的交易程序應是出口商先辦理貨物運輸保險手續，後辦理裝運手續，即保險單據的簽發日期應不晚於提單簽發日期。《UCP600》第二十八條 e 款規定：保險單據日期不得晚於發運日期，除非保險單據表明保險責任不遲於發運日生效。在信用證業務中，運輸單據的簽發日期若早於保險單據的簽發日期，將被認為是「單證不符」。

出單地點，即出具保險單據的承保人的所在地點，它涉及法律適用問題。一般而言，保險單據以出單地點所在國的法律為準。

(十一) 註明「正本(Original)」或「副本(Copy)」

保險單據上必須註明是「正本」或「副本」，其中正本保險單據才能作為索賠、理賠的依據，而副本只能說明辦理了有關貨物的投保手續，不能成為索賠權利的憑證。考慮到單據傳遞過程中的可能風險，正本保險單據通常都有復本。正本保險單據上應註明復本的份數。信用證業務中，復本的份數應符合信用證規定。在傳遞保險單據時，應注意只

有掌握了全套正本保險單據,連同相應的物權憑證,才能有效地控製有關的貨物及向承保人索賠的權利。

(十二) 附加保險條款

在某些業務中,承保人可能在保險單據上粘貼附加條款,或加蓋印戳以補充某些條款。凡有這類情況,這些附加或補充的條款應被視為該單據的組成部分。

《UCP600》第二十八條 i 款規定:保險單據可以援引任何除外條款。j 款規定:保險單據可以註明受免賠率或免賠額(減除額)的約束。

(十三) 保險公司簽章

保險單據通常由承保人或其代理人簽章,但是,英國保險法允許保險公司在出具海洋運輸保險單據時,以蓋章代替簽名。

保險單正面除了上述內容外,往往還印有其他一些文字,說明保險單是承保人與被保險人雙方的保險合同等情況。保險單的背面印有貨物運輸條款,表明承保的基本險別條款內容。保險單背面有時還粘貼附加條款,表明承保的附加險別條款內容。保險單的正文、貨物運輸條款、附加條款三者的關係是:貨物運輸條款、附加條款與正文矛盾時,以貨物運輸條款為準;貨物運輸條款與附加條款矛盾時,以附加條款為準。

不同的保險公司所設計的保險單據格式可能有某些不同,但基本內容都應具備。

三、保險單據的種類

(一) 保險單 (Insurance Policy)

這是承保人就承保一個指定航程內某一批貨物運輸的保險責任,開立給投保人的書面憑證,俗稱為「大保單」。保險單的正面是上述有關貨物運輸保險情況的記載,背面是承保人事先印就的保險條款,包括承保人的保險責任範圍、該保險合同雙方的權利和義務、免責條款、解決爭議的條款、時效條款等事項。雖然保險條款是事先印就的,但若投保人接受了保險單,就表明接受了保險單背面所印就的保險條款,即該保險條款連同正面記載的貨物運輸保險情況就成為雙方的保險合同的內容。

在各種保險單據中,保險單的內容最完整。因此,在信用證允許接受保險憑證或保險聲明或聯合憑證時,都可以保險單取代;但信用證若規定受益人必須提交保險單時,則其他形式的保險單據不可接受。保險單樣本如圖9-5所示。

(二) 保險憑證 (Insurance Certificate)

這是承保人開立給投保人的簡化了的書面憑證,其正面內容與保險單完全一樣,與保險單具有同等效力,但所使用的紙張較薄,背面就沒有印相應的保險條款,俗稱為「小保單」。由於使用的紙張較薄,在郵寄單據時的郵費就可以相對省些。在發生索賠、理賠事項時,以保險單背面的保險條款為雙方處理的依據。但在信用證規定必須提交保險單時,受益人不能提交保險憑證。通常,保險憑證多用於近海貿易、小額貿易以及雙方已保持長期貿易關係的交易等情況。

(三) 保險聲明 (Insurance Declaration)

在進出口商之間保持著長期或者經常性交易的情況下,為了簡化投保的手續,投保人與承保人訂立了預約保險合同。凡在預約保險合同中規定範圍內的貨物,均由承保人自動承保,被保險人應根據其業務活動的實際情況,定期向承保人申報,以便承保人逐筆簽發保險單據。承保人將預約保險單的詳細內容事先印在經承保人簽署的空白保險憑

中保财产保险股份有限公司
The People's Insurance (Property) Of China, Ltd.

发票号码　　　　　　　　　　　　　　　　　　保险单号次
Invoice No.　JY08018　　　　　　　　　　　Policy No.　BJ123456

海洋货物运输保险单
MARINE CARGO TRANSPORTATION INSURANCE POLICY

被保险人 Insured:	HANGZHOU GARDEN ENTERPRISE	
中保财产保险有限公司（以下简称本公司）根据被保险人的要求，及其所缴纳约定的保险费，按照本保险单承担的险别和背面所载条款与下列特别条款承保下列货物运输保险，特签发本保险单。 This Policy of Insurance witnesses that the people's insurance (property) company of China, ltd., at the request of the insured and in consideration of the agreed premium paid by the insured, undertakes to insure the under mentioned goods in transportation subject to the conditions of Policy as per the clauses printed overleaf and other special clauses attached hereon.		
保险货物项目 Descriptions of Goods	包装　单位　数量 Parking　Unit　Quantity	保险金额 Amount Insured
LADIES JACKET THE DATE OF L/C: FEB. 25, 2008 THE NAME OF ISSUING BANK: EMIRATES BANK INTERNATIONAL, DUBAI	502 CTNS	USD 54,216.00
承保险别 Condition		货物标记 Marks of Goods
COVERING ALL RISKS OF CIC OF PICC (1/1/1981) INCL. WAREHOUSE TO WAREHOUSE AND I.O.P		J.B. ZJJY0739 L357/ L358 DUBAI, UAE C/No.: 1-502
总保险金额 Total amount insured: SAY U.S. DOLLARS FIFTY FOUR THOUSAND TWO HUNDRED AND SIXTEEN ONLY		
保费 Premium　as arranged	运输工具 Per conveyance S.S　QING YUN HE, VOY. No. 132S	开航日期 Slg. On or abt　APR. 17, 2008
启运港 FROM　SHANGHAI	TO　DUBAI, UAE	目的港
所保货物，如发生本保险单项下可能引起索赔的损失或损坏，应立即通知本公司下述代理人勘察。如有索赔，应向本公司提交保险单正本（本保险单共有2份正本）及有关文件。如一份正本已用于索赔，其余正本则自动失效。 In the event of loss or damage which may result in a claim under this policy, immediate notice must be given to the company's agent as mentioned hereunder. Claims, if any, one of the original policy which has been issued in two original (s) together with the relevant documents shall be surrendered to the company, if one of the original policy has been accomplished, the others to be void.		
赔款偿付地点 Claim payable at　DUBAI IN USD 日期　在 Date　APR. 19, 2014　at　SHANGHAI　General Manager.		中保财产保险股份有限公司 The People's Insurance (Property) Of China, Ltd.

图 9-5　保险单

證上，由被保險人在每批貨物啓運前填寫船舶名稱、航程、起航日期等內容，並加上副署，將保險憑證的副本送交給承保人，可代替啓運通知書，作為根據預約保險單向承保人作

出的申請。這份由被保險人根據預約保險合同和貨物出運情況簽署的單據經承保人確認后,就成為保險聲明。

(四)聯合憑證(Combined Certificate)

聯合憑證又稱為承保證明(Risk Note)或聯合發票。它是由保險公司以印戳方式,將承保險別、保險金額,以及保險編號等內容,加蓋在商業發票的空白處,作為保險公司承保的證明。這是保險單據與商業發票相結合的一種形式,是最簡單的保險單據。

(五)暫保單(Cover Note)

保險經紀人不是具有獨立經營資格的保險法人,他向進、出口商提供的單據只能稱為「暫保單(Broker's Cover Note)」,而不是正式的保險單,在國際結算中,銀行不接受暫保單。《UCP600》第二十八條 c 款明確規定了這一點。

四、保險單據的背書轉讓

在以 CIF 價或 CIP 價等貿易條件成交的交易中,出口商向銀行交單時,鑒於在 CIF、CIP 等價格條件下,所實行的是「象徵性交貨」,保險手續應在貨物裝運前就辦妥,貨物在裝運地裝上運載工具后,有關的風險和責任就轉移到進口商方面,倘若貨物在運輸途中發生保險責任範圍之內的滅失,將由進口商以提單和保險單據為憑據,向承保人提出索賠。因此,出口商在交單時,應對以自己為投保人的保險單據進行背書轉讓。在信用證項下,開證銀行為了能有效地控製有關貨物的所有權,即使未在信用證中明確規定保險單據要背書,受益人也應對保險單據背書。否則,銀行將不予接受。根據信用證規定和被保險人的不同情況,保險單據的背書可以有以下幾種:

(一)空白背書

若信用證規定了「Insurance policy(endorsed in blank)/(in negotiable form)」等,則受益人在向銀行交單時,就必須在保險單據的背面簽章和署明背書日期,而不寫明被背書人的名稱。在空白背書的情況下,持有保險單據者,就成為被保險人。

(二)記名背書

若信用證規定「Insurance policy endorsed to the order of MMM Bank,place」,則受益人應在保險單據上背書「To the order of MMM Bank,place」,並簽章和署明背書日期。在記名背書的情況下,被背書人就成為被保險人。

若信用證規定「Insurance policy endorsed to the order and benefit of our Bank(Issuing Bank)」,則受益人在保險單據上記名背書為「To the order and benefit of(Issuing Bank)」,並簽章和署明背書日期。開證銀行就成為被保險人。

若信用證規定:以議付行為被保險人,則議付行在向開證行寄單時,應將保險單據記名背書給開證行「To the order of Issuing Bank」,並簽章和署明背書日期。

在開證行成為保險單據的被背書人的情況下,一旦進口商向開證行付款贖單,開證行就可以記名背書保險單據給進口商。

(三)若保險單據上以進口商為被保險人,則出口商向銀行提交保險單據時,無須對保險單據背書

但實踐中,這種情況很少見,因為在進口商未付清貨款時,就將被保險人定為進口商,有可能使出口商和開證銀行陷於被動。

在被保險人是第三方、中性名稱或 bearer,賠付地點定為「Claim payable at(place)to

bearer or holder」情況下，在轉讓時，無須背書。

在 FOB 價、CFR 價等價格條件下，由進口商自辦保險，出口商沒有向銀行提交保險單據的責任，自然也就沒有對保險單據背書的問題。

五、審核保險單據的要點

（1）保險單據從表面上看，必須是保險公司或承保人或其代理人或代表出具並簽署的。若是代理人或代表簽署，則該簽署必須表明其係代表保險公司或承保人簽字。

（2）保險單據的種類應符合信用證的規定。若信用證要求受益人提交保險單，則受益人不能提交保險憑證或聯合憑證；若信用證要求允許提交保險憑證，則受益人提交保險憑證或保險單都可接受，但不能提交聯合憑證；若信用證允許提交聯合憑證或未明確規定提交保險單據的種類，則提交保險單、保險憑證或聯合憑證都可接受；但暫保單則絕對不能接受。

（3）無論信用證有無明確規定受益人要提交全套正本保險單據，都必須提交按保險單據上所註明的正本單據的份數，提交全套正本保險單據。若信用證未規定要提交全套正本保險單據，而保險單據上也沒有說明全套正本保險單據的份數，則受益人可以只交一份正本保險單據，其餘各份為副本。

（4）保險單據的簽發日期或保險單據上記載的承保的保險公司的保險責任生效日期應不晚於貨物裝運日期。

（5）保險單據上的被保險人如果不是開證行或保兌行或買方，則應有出口商的適當背書表明「過戶」。

（6）保險單據上記載的貨物名稱、嘜頭、裝運地點、運輸目的地、裝運日期、運輸工具名稱等應於運輸單據上的記載保持一致。由於事實上保險單據簽發在先，貨物裝運發生在后，簽發保險單據時未必能準確填寫上隨后實際的裝運日期和運輸工具等事項，因此，為了能滿足上述要求，保險單據上往往對上述事項的記載採取「As per B/L」方式解決。

（7）保險單據上記載的保險金額以及投保加成，均應當符合信用證的規定，並使用與信用證相同的貨幣。若信用證未具體規定，則應按照前述的《UCP600》第二十八條 f 款的規定。

（8）保險單據上記載的承保的險別應當符合信用證的規定。如果信用證使用了「通常風險」或「慣常險種」等含義不確切的詞語，則無論保險單據上記載承保的是什麼險種，銀行均可以接受。若信用證規定投保「一切險」，則只要保險單據上有關於「一切險」的批註或條款，均可接受。

（9）保險單據表明的承保的風險區間應至少涵蓋了從信用證規定的貨物接管地或發運地開始到卸貨地或最終目的地為止。

（10）保險單據上註明的賠款償付地點應符合信用證的規定，若信用證未明確對此的規定，則應當以貨物運輸的目的地或卸貨地點為準。

（11）保險單據上註明的賠款償付的代理人應是承保的保險公司在運輸目的地的代理人，保險單據上應有代理人的完整名稱和詳細的地址。

任務五　其他商業單據

一、產地證明書
(一) 產地證明書的概念

產地證明書(Certificate of Origin)，也稱為來源證書、原產地證書，或簡稱為「產地證」，是證明出口貨物原產地或製造地點的文件。

(二) 產地證明書的作用

(1)作為進口國海關實施差別關稅的依據。世界各國根據本國對外交往的需要，對來自不同國家的進口商品實行差別關稅，原產地證書為此提供了依據。

(2)提供進口國海關統計依據。世界各國都需要統計本國進口商品的來源分佈情況，作為分析本國對外貿易的發展狀況和制訂對外貿易政策的依據。原產地證書可作為該項統計的憑據。

(3)進口國實行進口配額限制的依據。各國根據本國產業結構情況和保護國內相關產業的需要，對於某些可能對國內產業、行業或企業形成較大競爭壓力的進口商品，以法規方式規定在一定時期內允許進口的限額，即進口配額，超過限額部分，或不允許進口，或必須交納較高稅率的進口稅后才能進口。在實施中，可以直接將配額分配給各國，即實行進口國別配額。這時，根據原產地證書分別統計來自不同國家的進口商品的數量或金額，就成為必要的措施。

(4)進口國保障進口商品符合衛生要求。加強對進口商品的檢疫是世界各國普遍實行的保護本國利益的措施。在某些國家或地區發生嚴重疫情等情況時，其他國家通常還要在一段時間內嚴格暫停從發生疫情的國家或地區進口有關的產品，直至疫情確實消除一段時間后。因此，要求出口商提供原產地證書，以證實產品並非來自疫區，符合對進口商品的衛生標準，方可準予進口，是各國的普遍要求。

(5)證明進口商品品質。一些產品的品質受產地的氣候、土壤、地質條件以及加工、裝配技術等因素影響較大，因此，某產地的產品可能具有其他產地同類產品所難以達到的水準。在這種情況下，交易雙方往往也將這些產品的原產地證書作為產品品質的證明。出於這項考慮而要求的原產地證書通常不僅要求證明出口國家名稱，還要具體說明產品的具體生產地名稱；而出於其余各項考慮所要求的產品原產地證書則往往證明了產品的原產國家名稱即可。

(三) 原產地證書的主要內容

原產地證書的主要內容如下：①標明「原產地證書」或相當意思的字樣以及編號；②出口商的名稱和地址；③收貨人的名稱和地址；④貨物運輸的裝、卸地點及運輸方式；⑤有關貨物的描述，包括貨物的名稱、數量、重量、包裝方式、包裝或運輸標誌，在信用證業務中，貨物名稱等各項內容的記載都應與信用證規定一致或不矛盾；⑥有關的商業發票的號碼；⑦出口商的聲明文句，如「茲聲明上述表述詳情正確無誤，所有商品都在中國生產，符合中華人民共和國原產地規則」並由簽署人簽名、註明簽署的日期和出口商簽章；⑧原產地證書簽發機構聲明，如「茲證明出口商的聲明正確無誤並由簽發人簽名、註明簽署日期、簽發地點和簽發機構簽章。原產地證書樣本如圖9-6所示。

1. Goods consigned from (Exporter's business name, address, country)	Reference No. GENERALISED SYSTEM OF PREFERENCES CERTIFICATE OF ORIGIN (Combined declaration and certificate) Issued in……(country) see Notes overleaf			
2. Goods consigned to (Consignee's name, address, country)	4. For official use			
3. Means of transport and route (as far as known)				
5. Item Number	6. Marks and numbers of packages	7. Numbers and kinds of packages, description of goods	8. Origin criterion (see Notes overleaf)	9. Gross weight and other quantity	10. Number and date of invoices
11. Certification It is thereby certified, on the base of control carried out, that the declaration by the exporter is correct。 Place and date, signature and Stamp of certifying authority	12. Declaration by the exporter 　　The undersigned hereby declares that the above details and statements are correct; that all the goods were produced in ……(country) and that they comply with the origin requirements specified for those goods in the Generalized System of Preferences for goods exported to ……(importing country). 　　Place and date, signature and Stamp of authorized signatory				

圖 9-6　原產地證書

(四)原產地證書的簽發人

　　原產地證書的簽發人由進、出口雙方在洽商貿易合同時確定，一般情況下，可以是出口商本身、出口商所在地的同業公會、商會、商品檢驗機構等。在信用證業務中，若沒有具體規定，則上述任何人出具的原產地證書都可接受；若要求受益人或廠商出具，而受益人提供了商會或商品檢驗機構出具的原產地證書，也可以接受；若要求由商會或商品檢驗機構出具原產地證書，則不能提交受益人出具的原產地證書來取代。中國的規定是，一般的出口商品原產地證書(不包括普遍優惠制原產地證書)，由商品檢驗機構或中國國際貿易促進委員會負責簽發；一般對出口商品證明中國生產或中國加工製造，國外需要證明具體產地的，經核實後，也予以證明。

(五)產地證的審核要點

　　(1)產地證的簽發機構必須符合信用證的規定。如果信用證只是籠統地要求「主管當局(Competent Authority)」簽發產地證，則由商品檢驗局或中國國際貿易促進委員會或商會簽發的產地證都可接受；如果信用證沒有具體要求，則受益人自己出具的產地證也可以被接受。

　　(2)產地證上的簽字、公證人證實或簽證等都必須符合信用證的要求。

　　(3)產地證上的進口商、貨物種類或名稱、件數等內容均應符合信用證的規定，並與商業發票及其他相關單據的記載一致或不矛盾。

　　(4)產地證上記載的產地必須符合信用證規定。

　　(5)產地證的簽發日期必須不晚於運輸單據的簽發日期。

　　(6)除非信用證明確允許，否則產地證只能是單獨簽發，而不能與其他內容的單據合

在同一份單據上。但如信用證沒有明確要求提供產地證，而只要求證明出運的貨物產自中國，則可以在商業發票上加列證明文句：茲證明裝運貨物原產地是中國(We hereby certify that the goods shipped are of Chinese Origin.)。這樣，商業發票同時也承擔了原產地證明的作用。

二、普遍優惠制原產地證書(General System of Preference Certificate of Origin, GSP Certificate of Origin)

(一)普遍優惠制的概念

根據1968年聯合國貿易與發展會議第二屆會議的決議，發達國家從發展中國家(地區)進口工業製成品和半製成品時普遍給予的優惠關稅待遇的一種制度。通過減少發達國家進口商從發展中國家進口製成品、半製成品的關稅負擔，增加其從發展中國家進口製成品和半製成品的積極性。1970年聯合國第25屆大會採納了這個提案，並確定了當時的18個發達國家制訂其本國的普遍優惠制計劃，到1987年已有28個發達國家實行普遍優惠制。

但是，在實際運用中，各給惠國的給惠方案之間存在一定的差別和限制，受惠國家和地區的範圍、受惠商品範圍、減稅幅度、進口商品數量限額以及產品的原產地的要求等各不相同，例如，長期以來，最大的發達國家美國就對社會主義國家、石油輸出國組織成員國以及被美國指為對美國「不友好」的國家不實行普遍優惠制，歐盟和日本僅對某些商品在一定配額內提供普遍優惠制關稅待遇。在實施中，不同國家的要求也有一定的差別，這些就使發展中國家享受普遍優惠制待遇受到不利的影響。但設立普遍優惠制畢竟是發展中國家在國際貿易領域開展長期鬥爭的勝利，實施這項制度對發展中國家發展自己的對外貿易是有利的。

(二)普遍優惠制的三項基本原則

(1)普遍的。即發達國家應給予發展中國家和地區出口的製成品和半製成品普遍的減免關稅的優惠待遇。

(2)非歧視的。即發達國家應使所有的發展中國家和地區都不被歧視地無例外地享受普遍優惠制的待遇。

(3)非互惠的。即發達國家應單方面給予發展中國家和地區關稅上的優惠，而不能要求發展中國家和地區提供反方向優惠。

(三)實行普遍優惠制的目的

通過發達國家對發展中國家和地區出口製成品和半製成品進口關稅的優惠，擴大發展中國家和地區製成品與半製成品的出口，可以增加發展中國家和地區的出口收益，促進發展中國家和地區的工業化，加速發展中國家經濟增長率的提高。

(四)普遍優惠制產地證書A格式(Generalised System of Prefernce Certificate of Origin Form A, GSP FORM A)

這是發展中國家的原產品出口到實施普遍優惠制關稅的國家，要享受給惠國減、免進口關稅的優惠待遇，必須提供的官方憑證。這是由聯合國貿易與發展會議優惠問題特別委員會一致通過的「格式A(GSP Form A)」。這是針對性比較廣泛的一種普惠制項下的證書。所有實施普遍優惠制的給惠國家都接受「格式A」。在具體填寫時，須按照各給惠國的有關規定辦理。普遍優惠制原產地證書與一般的原產地證書內容不同，可向各地

的商品檢驗局購買，由出口商填寫后，連同一份申請書和商業發票送商品檢驗局審核。經商品檢驗局審核並簽章后，即成為有效的普遍優惠制產地證書。全套普遍優惠制產地證書包括一份正本和兩份副本，正本可用於辦理結算和議付融資事宜，副本則只供寄單參考和留存備查。普遍優惠制證書樣本如圖 9-7 所示。

Goods Consigned from (Exporter's Business Name, address, country)	Reference No.
Goods consigned to (Consigner's name, address, country)	GENERALIZED SYSTEM OF PREFERENCES CERTIFICATE OF ORIGIN FORM A Issued in THE PEOPLE'S REPUBLIC OF CHINA
Means of transport and route (as far as known)	For official use

Item No.	Marks and numbers of packages	Description of Goods	Origin criterion	gross weight or other Quantity	number and date of invoice

Certification: It is hereby certified, on the basis of control carried out, that the declaration by the exporter is correct.	Declaration by the exporter: The undersigned hereby declares that the above details and statements are correct, that all goods were produced in＿＿＿＿CHINA＿＿＿＿ (country) and that they comply with the origin requirements specified for those goods in the Generalized Systme of Preferences for goods exported to.
Place and date, signature and stamp of certifying authority	Place and date, signature and stamp of authorized signatory

圖 9-7　普遍優惠制證書樣本

　　也有個別的給惠發達國家不要求發展中國家向其出口製成品或半製成品時，一定要提交普遍優惠制產地證書 A 格式，而可以使用其他形式的原產地證書，如新西蘭可以接受該國規定的簡化格式「59A」；澳大利亞可以接受由出口商簽發的簡化格式 A 證書，或出口商在普通商業發票上申報的簡易原產地證書，即在商業發票上加註以下聲明文句，如「(a) that the final process of manufacure of the goods for which special rates are claimed has been performers in China and (b) that not less than one-half of the factory cost of the goods is represented by the value of labour and manterials of China.」。

　　此外，一些發達國家根據自身情況和進口商品的情況，還提出一些其他產地證書的要求。例如，美國對向其出口商品要求的原產地聲明書有三種類型：格式 A 是單一國家聲明書 (Single Country Decaration)，聲明商品的原產地只有一個國家；格式 B 是多國家產地聲明書 (Multiple Country Declaration)，聲明商品的原材料是由幾個國家生產的；格式 C

是否定式聲明書（Negative Declaration），凡向美國出口紡織品，其主要價值或主要重量屬於麻或絲的原料，或其中所含羊毛量不超過17%，可使用這一格式。2004年12月31日以前，許多國家對進口紡織品實行配額制。當時歐洲經濟共同體（歐洲聯盟）對向其出口配額以內的紡織品，要求提供出口許可證和EEC紡織品產地證。這是針對品種配額和類別而設計的。根據世界貿易組織的決定，2005年1月1日起取消對紡織品進口的配額，於是，歐洲經濟共同體（歐洲聯盟）的上述原產地證書也就成為了過去。普遍優惠制產地證書申請書如圖9-8所示。

普遍优惠制产地证书申请书

申请人郑重声明：   PORM A NO _____

本人是正式授权代表出口单位办理和签署本声明的：

本项商品系在中国生产，最终销售国为_____，完全符合该给惠国给惠方案和国家商检局的有关规定，其原产地情况符合以下第_____条：

（1）"P"（完全自产，不含任何进口成分）；

（2）"W"其CCCN税则号为_____；

（3）"F"（对加拿大出口产品，其进口成分不超过产品出厂价值40%）。

本批商品的发票号为_____；FOB-_____美元；

毛重或其他数量为_____；

现提交商业发票副本一份，FORM A 原产地证书一正二副，及_____份，请审核签证。

本申请书及格式A的全部内容正确，如发现开虚作假，冒充格式A所列货物，自愿接受签证机构的处罚及负法律责任。

进口商特殊要求或申请人备注	

申请人（签名）：   申请单位（盖章）

    电话：

    日期：   年   月   日

注：（1）凡含有进口成分的商品，必须按要求提交（含进口成份受惠成本明细单）；（2）如因签证或给惠国要求查询，需要有关证件、资料时，申报单位要负责提供；（3）凡进口商有特殊要求的，应提供合同、信用证、来往函电及有关单据。

圖9-8 普遍優惠制產地證明書申請書

三、商品檢驗證書（Inspection Certificate）

（一）商品檢驗證書的概念

在國際貿易中，進、出口雙方為了維護自身利益以及國內的安全，都將在合同中商定對交易商品的各方面要求，並進行相應的檢驗工作。將檢驗的結果由檢驗機構出具相應的文件予以證實，這些文件就是商品檢驗證書。為了體現進、出口商的平等地位，有利於商品進出口的順利進行和結算工作的及時辦理，在國際貿易中通常採用以下方式安排檢驗：以出口商提交的商品檢驗證書作為結算的憑證，同時，允許進口商在收到商品後，對商品進行復驗。進口商檢驗進口商品後，若證實所進口的商品符合合同或信用證的規定，就只是收存這些出口商提交的商品檢驗證書而已；出口商所提交的出口商品檢驗證書則成為出口商履約、交貨的憑證。但若進口商檢驗結果，認為所進口的商品不符合合同或信用證的規定，則勢必以有關的商品檢驗證書為依據要求出口商、承運人或保險人給予賠付。

長期嚴格的出口商品檢驗及其證書，則成為出口國維護本國和企業的國際信譽和商品競爭力的有力工具。

（二）簽發檢驗證書的機構

這些機構有：①出口國政府設立的專業商品檢驗機構。②出口國的同業公會所設立的商品檢驗機構。③製造廠商的檢驗機構。④外國的商品檢驗機構。⑤進口商或其指定人。

一般認為，上述幾類檢驗證書的簽發人中，由政府設立的專業商品檢驗機構具有最高的專業權威。根據《UCP600》第十四條 f 款規定，「如果信用證要求提示運輸單據、保險單據和商業發票以外的單據，但未規定該單據由何人出具或單據的內容，只要所提交單據的內容看來滿足其功能，且其他方面與十四條 d 款相符，銀行將接受所提示的單據」。據此，若信用證未具體要求檢驗證書的簽發人，或者只要求製造廠商提供商品檢驗證書，而出口商則提供了專業商品檢驗機構出具的商品檢驗證書，應被認為是可以接受的；而若信用證要求受益人提交受益人自己出具的商品檢驗證書，受益人提交的是專業商品檢驗機構出具的商品檢驗證書，應被認為是可以接受的。

（三）常見的商品檢驗證書

常見的商品檢驗證書主要有以下這些：①品質檢驗證書（Inspection Certificate of Quality）；②分析檢驗證書（Inspection Certificate of Analysis）；③健康檢驗證書（Inspection Certificate of Health）；④衛生檢驗證書（Inspection Certificate of Sanitary）；⑤黃曲霉素檢驗證書（Inspection Certificate of Nonaflatoxin）；⑥數量檢驗證書（Inspection Certificate of Quantity）；⑦重量檢驗證書（Inspection Certificate of Weight）；⑧公量檢驗證書（Inspection Certificate of Conditioned Weight）；⑨產地檢驗證書（Inspection Certificate of Origin）；⑩獸醫檢驗證書（Inspection Certificate of Veterinary）；⑪植物檢驗證書（Inspection Certifiicate of Plant Quarantine）；⑫消毒檢驗證書（Inspection Certificate of Disinfection）；⑬熏蒸檢驗證書（Inspection Certificate of Fumigation）；⑭溫度檢驗證書（Inspection Certificate of Temperature）；⑮價值檢驗證書（Inspection Certificate of Value）；⑯驗殘檢驗證書等（Inspection Certificate of Damaged Cargo）。部分檢驗證書如圖9-9、圖9-10、圖9-11、圖9-12所示。

中華人民共和國出入境檢驗檢疫
ENTRY-EXIT INSPECTION AND QUARANTINE
OF THE PEOPLE'S REPUBLIC OF CHINA

編號 No.：

品質檢驗證書
QUALITY CERTIFICATE

發貨人 Consignor	
收貨人 Consignee	

品名 Description of Goods	標記及號碼 Mark & No.
報驗數量/重量 Quantity/Weight Declared	
包裝種類及數量 Number and Type of Packages	
運輸工具 Means of Conveyance	

RESULTS OF INSPECTION：
　　我們已盡所知和最大能力實施上述檢驗，不能因我們簽發本證書而免除賣方或其他方面根據合同和法律所承擔的產品質量責任和其他責任。
　　All inspections are carried out conscientiously to the best of our knowledge and ability. This certificate does not in any respect absolve the seller and other related parties from his contractual and legal obligations especially when product quality is concerned.

Official Stamp Place of issue：

Date of issue：
Authorized officer：
Signature：

圖 9-9　品質檢驗證書

中華人民共和國出入境檢驗檢疫
ENTRY-EXIT INSPECTION AND QUARANTINE
OF THE PEOPLE'S REPUBLIC OF CHINA

編號 No.：

數量檢驗證書
QUATITY CERTIFICATE

發貨人 Consignor	
收貨人 Consignee	

品名 Description of Goods	標記及號碼 Mark & No.
報驗數量/重量 Quantity/Weight Declared	
包裝種類及數量 Number and Type of Packages	
運輸工具 Means of Conveyance	

RESULTS OF INSPECTION：
　　我們已盡所知和最大能力實施上述檢驗，不能因我們簽發本證書而免除賣方或其他方面根據合同和法律所承擔的產品數量責任和其他責任。
　　All inspections are carried out conscientiously to the best of our knowledge and ability. This certificate does not in any respect absolve the seller and other related parties from his contractual and legal obligations especially when product quatity is concerned.

Official Stamp Place of issue：

Date of issue：
Authorized officer：
Signature：

圖 9-10　數量檢驗證書

中華人民共和國出入境檢驗檢疫
ENTRY-EXIT INSPECTION AND QUARANTINE
OF THE PEOPLE'S REPUBLIC OF CHINA
植物檢驗證書
PHYTOSANITARY CERTIFICATE

編號 No.:

發貨人名稱及地址 Name and Address of Consignor			
收貨人名稱及地址 Name and Address of Consignee			
品名 Name of Product		植物學名 Botanical Name of Plants	
報檢數量 Quantity Declared			標記及號碼 Mark & No
包裝種類及數量 Number and Type of Packages			
產地 Place of Origin			
到達口岸 Port of Destination			
運輸工具 Means of Conveyance		檢驗日期 Date of Inspection	

茲證明上述植物、之物產品或其他檢疫物已經按照規定程序進行檢查和//或檢驗,被認為不帶有輸入國或地區規定的檢疫性有害生物,並且基本不帶有其他的有害生物,因而符合輸入國或地區現行的植物檢疫要求。

This is to certify that plants, plant products or other regulated articles described above have been inspected and/ or tested according to appropriate procedures and are considered to be free from quarantine pests specified by the importing country/ region, and practically free from other injurious pests; and that they are considered to conform with the current phytosanitary requirements of the importing country/ region.

殺蟲和/ 或滅菌處理 DISINFESTATION AND/ OR DISINFECTION TREATMENT

日期 Date	藥劑及濃度 Chemical and Concentration	
處理方法 Treatment	持續時間及溫度 Duration and Temperature	

附加聲明 ADDITIONAL DECLARATION
簽章 Official Stamp _____ 簽證地點 Place of Issue _____ 簽證日期 Date of Issue _____
授權簽字人 Authorized Officer _____ 簽 名 Signature _____
中華人民共和國出入境檢驗檢機關及官員或代表不承擔簽發本證書的任何財經責任。
No financial liability with respect to this certificate shall attach to the entry-exit inspection and quarantine authorities of the P.R. of China or any of its officers or representatives.

圖 9-11　植物檢驗證書

中華人民共和國出入境檢驗檢疫
ENTRY-EXIT INSPECTION AND QUARANTINE
OF THE PEOPLE'S REPUBLIC OF CHINA

健康檢驗證書　　　　　　　　　　　編號 No.：
HEALTH CERTIFICATE

發貨人名稱及地址：Name and Address of Consignor＿＿＿＿＿＿＿＿＿＿
收貨人名稱及地址：Name and Address of Consignee＿＿＿＿＿＿＿＿＿＿
品名：Description of Goods＿＿＿＿＿＿＿＿＿＿＿＿＿＿＿＿＿＿＿＿＿
加工種類或狀態 State or Type of Processing＿＿＿＿＿＿＿＿＿＿＿＿＿＿
標記及號碼 Mark & No.：＿＿＿＿＿＿＿＿＿＿＿＿＿＿＿＿＿＿＿＿＿＿
報驗數量/重量 Quantity/Weight Declared：＿＿＿＿＿＿＿＿＿＿＿＿＿＿
包裝種類及數量：Number and Type of Packages＿＿＿＿＿＿＿＿＿＿＿＿
儲藏和運輸溫度：Temperature during storage and Transport＿＿＿＿＿＿
加工廠名稱、地址及編號(如果適用)：
Name，AddressAND Approval No. of the
Approval Establishment (if applicable)＿＿＿＿＿＿＿＿＿＿＿＿＿＿
啓運地：Place of Despatch＿＿＿＿＿到達國家及地點：Country and Place of Desination＿＿＿＿＿
運輸工具：Means of Conveyance＿＿＿＿＿發貨日期：Date of Despatch＿＿＿＿＿
中華人民共和國出入境檢驗檢機關及官員或代表不承擔簽發本證書的任何財經責任。
No financial liability with respect to this certificate shall attach to the entry-exit inspection and quarantine authorities of the P.R. of China or any of its officers or representatives.

圖9-12　健康檢驗證書

　　以上這些商品檢驗證書視交易商品的種類和實際需要，以及進出口國的有關規定，由進出口商雙方在洽商交易時選擇確定，而並非每一項交易都需要提交多種檢驗證書。如驗殘檢驗證書，一般只在進口商收到貨物並發現貨損後，才要求商品檢驗機構在檢驗後提出，而不會在商品出運時，由出口商提供。

四、包裝單(Packing List)、重量單(Weight List)和尺碼單(Measurement List)

　　包裝單、重量單和尺碼單都屬於商品包裝單據，由進、出口商商定，使用於不同的商品交易。除非信用證另有規定，這些單據通常由出口商填製。它們比商業發票更進一步地詳細說明了出運商品包裝和數量的具體情況，以便在商品到達目的地後，供進口國海關檢查和核對商品，以及進口商驗收商品時所用。這三種單據的號碼應與同一票貨物的商業發票的號碼一致，以利於業務辦理；若這三種單據要註明簽發日期，則該日期應與商業發票簽發日期一致或者略晚些。

(一) 包裝單

　　包裝單又稱為「裝箱單」，在同一批貨物交易中，若涉及規格品種多樣，勢必會出現不同的包裝物中的內裝貨物不同，或者每一件包裝物含有多種規格、品種的貨物。為了讓進口國海關和進口商能較方便地查驗和核對所進口的商品，包裝單應詳細列明其所包裝或放置的貨物品種、規格、式樣及其各自的數量或重量，即包裝單應是所包裝貨物的明細

清單,同時還要說明包裝材料和包裝方式。根據包裝材料、方式以及所包裝貨物的種類,包裝單還可能被稱為裝箱單、商品規格明細單等,但無論採用哪一種名稱,都應將所採用的名稱印在單據的正上方。

在同一批貨物中只有一種規格品種,但需要分裝成若干個包裝箱,也可以使用裝箱單的名稱。這時,除了在單據的正上方印明「裝箱單」名稱外,應在單據上說明每一個包裝箱中所包裝的商品的數量。裝箱單樣本如圖9-13所示。

PACKING LIST (I)

L/C No.＿＿＿＿＿＿＿＿＿＿ No.：＿＿＿＿＿＿＿＿＿＿
Invoice No.＿＿＿＿＿＿＿＿ Date：＿＿＿＿＿＿＿＿＿＿
Contract No.＿＿＿＿＿＿＿ Marks&Nos.：＿＿＿＿＿＿
Packing list of ＿＿＿＿＿＿＿＿＿＿

PACKING LIST (II)

TO：＿＿＿＿＿＿＿＿＿＿＿ INVOICE NO：＿＿＿＿＿＿＿
INVOICE DATE：＿＿＿＿＿＿＿＿＿＿
S/C NO：＿＿＿＿＿＿＿＿
FROM：＿＿＿＿＿＿＿＿ TO：＿＿＿＿＿＿＿＿
LETTER OF CREDIT NO.：＿＿＿＿＿＿＿ DATE OF SHIPMENT：＿＿＿＿＿＿

MARKS & NUMBERS	DESCRIPTION OF GOODS	QUANTITY	PACKAGE	G.W.	N.W.	MEAS.

TOTAL AMOUNT：SAY＊＊＊＊＊＊ONLY

圖9-13 裝箱單樣本

(二) 重量單

重量單又稱為「貨物重量證明書(Inspection Certificate on Cargo Weight)」,若同一批貨物的規格單一,且以重量為交貨的計量單位,則這時包裝單據記載的是這批貨物分裝成若干袋(箱、包等),以及每一袋(箱、包等)所包裝的重量。這種單據就是重量單。重量單應記載每一件包裝物的毛重、皮重、淨重,其記載的毛重、皮重和淨重應與實際情況一致,其中淨重應與發票、產地證記載一致。重量單也被稱為重量證明書。

(三) 尺碼單

尺碼單又稱為「體積證明書(Measurement List)」,用以表示每一個包裝單位的體積或者容積,其表示方法有兩種:或以包裝單位的長、寬、高的連乘式表示,或以按上式計算后的體積數(立方米)來表示。承運人在按重量或體積計算運費時,通常選擇其中運費較高者收費,同時根據體積和重量情況,考慮安排艙位。

除了上述單據外,根據進口國的規定和進口商的要求,出口商有時還要提交以下單據:受益人聲明(Beneficiary Statement)、保險聲明書(Insurance Declaration)或保險回執(Insurance Acknowlegement)、輪船公司證明(Shipping Company Certificate)、船長收據(Captain's Receipt)、出口許可證副本(Copy of Export Licence)等單據。

(四) 審核包裝單據的要點

(1)包裝單據的種類名稱和份數應符合信用證的規定。

（2）除非信用證另有規定，否則包裝單據應是獨立的單據，而不能與其他單據聯合使用，即不能將商品的包裝情況記錄在其他單據上，而不出具信用證規定的包裝單據。

（3）包裝單據上有關商品的名稱、規格、數量、重量、尺碼、包裝件數等內容，應符合信用證規定，並與商業發票及其他商業單據上的相關記載一致或不矛盾。

（4）包裝單據應經製單人員簽字。

應知考核

■ **主要概念**

商業發票　形式發票　海關發票　領事發票　製造商發票　海運提單　已裝船提單　收貨待運提單　清潔提單　不清潔提單　記名提單　不記名提單　指示提單　多式聯運提單　直達提單　轉船提單　多式運輸單據　航空運單　保險單　保險憑證　聯合憑證　暫保單　保險聲明　產地證明書

■ **基礎訓練**

一、單選題

1. 下列不屬於海運提單性質和作用的是(　　)。
   A.承運貨物的收據　　　　　　　B.貨物投保的憑證
   C.貨物所有權憑證　　　　　　　D.運輸合同的聲明

2. 目前在實際業務中，使用最多的海運提單是(　　)。
   A.記名提單　　　　　　　　　　B.不記名提單
   C.空白抬頭、空白背書提單　　　D.空白抬頭、記名背書提單

3. 按提單收貨人抬頭分類，在國際貿易中被廣泛使用的提單有(　　)。
   A.記名提單　　　　　　　　　　B.不記名提單
   C.指示提單　　　　　　　　　　D.班輪提單

4. 多式聯運提單的簽發人應(　　)。
   A.對運輸全程負責
   B.對第一程運輸負責
   C.接受第二程運輸承運人的委託向原貨主負責
   D.對第二程運輸負責

5. 海運提單日期應理解為(　　)。
   A.貨物開始裝船的日期　　　　　B.貨物裝船過程中任何一天
   C.貨物裝船完畢的日期　　　　　D.簽訂運輸合同的日期

6. 海運提單的抬頭是指提單的(　　)。
   A.SHIPPER　　　　　　　　　　B.CONSIGNEE
   C.NOTIFY PARTY　　　　　　　 D.VOYAGE NO.

7. 航空公司簽發的運單為(　　)。
   A.航空主運單　　　　　　　　　B.航空分運單
   C.提單　　　　　　　　　　　　D.承運合同

8. 航空分運單的合同當事人包括(　　)。

A.航空貨運代理公司和航空公司
B.航空貨運代理公司和發貨人
C.航空公司和發貨人
D.航空公司和提貨人

9. 必須經背書才能進行轉讓的提單是( )。
   A.記名提單   B.不記名提單
   C.指示提單   D.海運單

10 海運提單的抬頭是指提單的( )。
   A. Shipper   B. Consignee
   C. Notify Party   D. Carrier

二、多選題

1. 海運提單做成指示抬頭,CONSIGNEE 一欄可以填成( )。
   A.TO ORDER   B.TO ORDER OF SHIPPER
   C.CONSIGNED TO   D.TO ORDER OF ISSUING BANK

2. 根據《UCP 600》的分類,保險單據包括( )。
   A.保險單   B.保險憑證
   C.預約保險單   D.投保聲明
   E.保費收據

3. 以下關於保險憑證的說法正確的是( )。
   A.俗稱「小保單」,是一種簡約化的保險單
   B.即有正面內容,又有背面內容
   C.與保險單具有同等效力
   D.在實務中,保險單可以代替保險憑證

4. 商業發票是貨主準備全套出口文件時,首先要繕制的單據。在出口貨物裝運前的( )環節要使用商業發票。
   A.托運訂艙   B.商品報檢
   C.出口報關   D. 辦理投保

5. 不是物權憑證的運輸單據是( )。
   A.鐵路運單   B.空運單據
   C.快遞收據   D.不可轉讓海運單

三、簡答題

1. 簡述審核商業發票的要點。
2. 簡述海運提單的性質和作用。
3. 簡述審核運輸單據的要點。
4. 簡述審核保險單據的要點。
5. 簡述商業發票的主要內容及繕制中需要注意的事項。

應會考核

■ 技能案例

【案例背景】

一加拿大商人打算購買中國某商品,向中國某進出口公司報價:每公噸5,000加元CIF魁北克,1月份裝運,即期不可撤銷信用證付款。並要求我方提供已裝船、清潔的記名提單。

【技能思考】

請問此條件我方應如何考慮並答復?

■ 實踐訓練

【實訓項目】

繕制商業單據

【實訓情境設計】

出口商(托運人):DAYU CUTTING TOOLS I/E CORP
　　　　　　　　774 DONG FENG EAST ROAD,TIANJIN,CHINA
進口商(收貨人):FAR EASTERN TRADING COMPANY LIMITED
　　　　　　　　336 LONG STREET NEW YORK
發票日期:2011年5月15日
發票號:X118
合同號:MK007
信用證號;4I-19-03
裝運港:TIANJIN
中轉港:HONGKONG
目的港:NEWYORK
運輸標誌:FETC
　　　　　MK007
　　　　　NEW YORK
　　　　　C/No.1-UP
貨名:CUTTING TOOLS
數量:1500 SETS
包裝:紙箱裝,每箱3 SETS
單價:CIF NEW YORK USD 128/SET
原產地證書號:IBO12345678
商品編碼:1297,0400

保險單號：ABX999
保險單日期：2011年5月18日
保險加成率：10%
提單日期：2011年5月20日
船名航次：HONGXING V.777
險別：COVERING ICC（A）AS PER INSTITUTE CARGO CLAUSE OF 1982
賠付地點：NEW YORK IN USD

1. 商業發票

COMMERCIAL INVOICE

TO：(1)				INV. NO.	(2)		
				DATE：	(3)		
				S/C NO.	(4)		
				L/C NO.	(5)		
FROM	(6)T	VIA	(7)	TO	(8)	BY	(9)

MARKS & NUMBERS	DESCRIPTION OF GOODS	QUANTITY	UNIT PRICE	AMOUNT
(10)	(11)	(12)	(13)	(14)
TOTAL AMOUNT	(15)			

DAYU CUTTING TOOLS I/E CORP.

王焱

【實訓任務】

根據所給資料結合本項目的內容,繕制商業發票、原產地證明和保險單。

國家圖書館出版品預行編目(CIP)資料

國際匯兌與結算 / 李賀,趙昂 編著. -- 第一版.
-- 臺北市：崧博出版：財經錢線文化發行, 2018.11

　面；　公分

ISBN 978-957-735-594-2(平裝)

1.外匯交易 2.外匯投資

563.23　　　　107017195

書　　名：國際匯兌與結算
作　　者：李賀、趙昂 編著
發 行 人：黃振庭
出 版 者：崧博出版事業有限公司
發 行 者：財經錢線文化事業有限公司
E-mail：sonbookservice@gmail.com
粉絲頁　　　　　網　　址：
地　　址：台北市中正區延平南路六十一號五樓一室
8F.-815, No.61, Sec. 1, Chongqing S. Rd., Zhongzheng Dist., Taipei City 100, Taiwan (R.O.C.)
電　　話：(02)2370-3310　傳　真：(02) 2370-3210
總 經 銷：紅螞蟻圖書有限公司
地　　址：台北市內湖區舊宗路二段 121 巷 19 號
電　　話:02-2795-3656　傳真:02-2795-4100　網址：
印　　刷：京峯彩色印刷有限公司（京峰數位）

　　本書版權為西南財經大學出版社所有授權崧博出版事業有限公司獨家發行電子書及繁體書繁體版。若有其他相關權利及授權需求請與本公司聯繫。

定價：550 元

發行日期：2018 年 11 月第一版

◎ 本書以POD印製發行